U0555487

作者小传

易继明（1970 年 2 月—　），男，汉族，湖北省荆州市公安县人。1990 年获中南财经政法大学法学学士；1999年和2002年分别获北京大学法学硕士、法学博士。2002 年 7 月被华中科技大学破格晋升为教授。现为华中科技大学法学院教授、中国社会科学院法学研究所博士后研究人员、《私法》编辑部主编。曾在《法学研究》、《中国法学》和《中外法学》等刊物上发表学术 论文二十多篇，参与撰写或翻译《WTO 与中国法律改革》(2001 年)、《知识经济与法律》(2001)、《私有财产的法律保护》(2000)年和《日本专利法》(2001 年)等著作。个人学术兴 趣为私法一般理论、财产法和知识产权法。

中青年法学文库

私法精神与制度选择

——大陆法私法古典模式的历史含义

易继明 著

中国政法大学出版社

中青年法学文库

总　序

中华民族具有悠久的学术文化传统。在我们的古典文化中，经学、史学、文学等学术领域都曾有过极为灿烂的成就，成为全人类文化遗产的重要组成部分。但是，正如其他任何国家的文化传统一样，中国古典学术文化的发展并不均衡，也有其缺陷。最突出的是，虽然我们有着漫长的成文法传统，但以法律现象为研究对象的法学却迟迟得不到发育、成长。清末以降，随着社会结构的变化、外来文化的影响以及法律学校的设立，法学才作为一门学科而确立其独立的地位。然而，一个世纪以来中国坎坷曲折的历史终于使法律难以走上坦途，经常在模仿域外法学与注释现行法律之间徘徊。到十年文革期间更索性彻底停滞。先天既不足，后天又失调，中国法学真可谓命运多舛、路途艰辛。

70年代末开始，改革开放国策的确立、法律教育的恢复以及法律制度的渐次发展提供了前所未有的良好环境。十多年来，我国的法学研究水准已经有了长足的提高；法律出版物的急剧增多也从一个侧面反映了这样的成绩。不过，至今没有一套由本国学者所撰写的理论法学丛书无疑是一个明显的缺憾。我们认为，法学以及法制的健康发展离不开深层次的理论探索。比起自然科学，法学与生活现实固然有更为紧密的联系，但这并不是说它仅仅是社会生活经验的反光镜，或只是国家实在法的回音壁。法学应当有其超越的一面，它必须在价值层面以及理论分析上给实在法以导引。在建设性的同时，它需要有一种批判的性格。就中国特定的学术背景而言，它还要在外来学说与固有传统之间寻找合理的平衡，追求适度的超越，从而不仅为中国的现代化法制建设提供蓝图，而且对世界范围内重大法律课题作出创造性回应。这是当代中国法学家的使命，而为这种使命的完成而创造条件乃是法律出版者的职责。

“中青年法学文库”正是这样一套以法学理论新著为发表范围的丛书。我们希望文库能够成为高层次理论成果得以稳定而持续成长的一方园地，成为较为集中地展示中国法学界具有原创力学术作品的窗口。我们知道，要使这样的构想化为现实，除了出版社方面的努力外，更重要的是海内外中国法学界的鼎力推助和严谨扎实的工作。“庙廊之才，非一木之枝”；清泉潺潺，端赖源头活水。区区微衷，尚请贤明鉴之。

中国政法大学出版社

序

在我所结识的青年法学者里，易继明是一位对“私法”情有独钟的人。他不仅写了一些有关的论文，还创办了《私法》杂志。他的博士论文《私法精神与制度选择——大陆法私法古典模式的历史含义》可说是他在这方面研究的总结。现在这本书出版了，我想说几句话。

我国关于私法的研究，起步于上世纪八十年代初期。那时，我国法学者开始公开承认公私法之分，承认私法的存在。但是对于私法理论本身的研究，深入的研究，还是不多不够。近年来在民法典问题的带动下，这方面的研究逐渐深入。易继明的这本书可说是一个引人注意的成果。

作者在这本书里从研究私法精神的源头起步，提出将私法作为一个整体的学问进行研究，确认自然理性和权利思想是民法不变的理念。民法理念问题归根到底就是民法中怎样来对待人、如何实现自由人的问题。这是民法不变的理念。作者还提出，私法是一个国家和民族智慧的集中体现，在各国法律体系中都具有重要的基础性地位。人们在衡量一国法律是否成熟或达到某种文明程度的时候，主要关注其私法是否体系化和发展成熟。作者在论述私法理论和民法法典化时，主张永恒的理念与多元的方法并重。

作者的这些思想都是值得注意，值得研究的。

作者在书中提出了一个他认为并非杞人忧天的问题。他看到近年来民法内部分科越来越细，就担忧“我们是否会在专业的隔膜和门类复杂的学科分类中失去建构作为私人法律生活整体的能力?”对于这一点，我认为整体研究和分门研究都是不可少的，而且是相辅相成的。我们对私法的研究，应该由整体而分门，最后还应该逐步落实在立法和司法中。如此循环往复，才能更加深入，更加精密。

在我们的青年法学者中，与易继明着重研究私法的同时，还有一位夏勇研究员。他着重于研究公法。他们在某些方面，观点或许有所不同。但我认为他们的研究都是在我国法学研究中有一定成就的、相辅相成的。我相信他们的研究会殊途同归，都会促进我国的法治建设。

谢怀栻

2002 年 6 月

内容提要

通过对大陆法私法古典史的研究，本文认为，大陆法私法发展的精神家园实际上在古希腊时期便已经建构，而古罗马法律世俗化运动实现了对古希腊法的超越，由此才确立了大陆法私法的古典发展模式，并形成了我们今天所称的大陆法私法传统。这就打破了许多学者认为大陆法源自古罗马《十二表法》的说法。文章将大陆法私法发展推向了古代希腊，这不仅是一个时间概念上的突破；更主要的是，我们由此理解欧陆私法古典史，就可以了解到大陆法系发展的历史基础和价值内涵，并从中获得了一些有益于当前我国私法制度、学说和权利文化建设的具体命题或结论：（一）以“私的本位”为民法基本理念，确立私法在我国法律体系中的基础地位；（二）将私法作为一个整体看待，以比较法研究作为法律移植的学术起点，在制度建设中全面而客观地认识法典化现象，寻求实现我国民法现代化的多元方法；（三）理解国家兴衰、制度建构与私法文化的关系，培养私法精神，促进我国权利文化的形成。

Abstract

Through the study on the development of private law in the continental law system, this article introduces an argument that the foundation of private law in the continental law system was in fact laid during the ancient Greek era, and by secularization, Roman law transcended ancient Greek law, thus resulted in the classical model of private law and eventually established private law tradition in the continental law system. It holds that the continental law system originates from ancient Greek law, not *Lex Duodecim Tabularum*. So from the study on private law history in the European continent, the article not only makes a break in the legal history timetable, but also gives us a better understanding of the historical base, value contents of the continental law system development and help us to draw out some themes, conclusions significant to the construction of private law system, academic study and cultivating right－based culture in China: 1. "Private " is the basic idea of civil law, and we should take private law as the base of legal system; 2. Private law is an object of synthetic study, and we should start from comparative study, give a thorough research on codification, eventually find out various methods to complete Chinese civil law' s modernization. 3. Understanding the relationships between ups and downs of a nation, construction of legal system and private law culture, we should foster private law spirit and cultivate right－based culture.

目 录

Table of Contents

我们如果对任何事物，对政治或其他各问题，追溯其原始而明白其发生的端绪，我们就可获得最明朗的认识。

——［古希腊］亚里士多德：《政治学》*

---

* 吴寿彭译，商务印书馆 1965 年版，第 4 页。

引论

一、缘起及研究范围

坦率地说，本文的选题实际上是来自于一时的冲动。〔1〕毕竟，在今天民法勃兴的中国法学界，民法法典化的命题无疑是充满光环而又让人久久不能释怀的命题。〔2〕然而，当真正面对这一命题、

---

〔1〕这一时的冲动，却延续了我在北京大学法学院攻读法学硕士学位论文和博士学位论文的研究。这里，首先要感谢我硕士和博士阶段的导师罗玉中教授，是先生的悉心指导和宽容使得我的学术成长可以沿着自己的情感和思维奔走。其次，我也要感谢我们所处的时代。这个时代，不仅为我们提供了我们的前辈们无法想象思想和学术自由的空间，而且时代中的社会转型和制度建构又为我们自由的思想搭起了一个广阔的舞台。

〔2〕近年来，民法法典化问题成为理论界关注的热点，这种讨论集中在三次讨论会上，即分别在1994年10月和1999年10月5日至8日由中国政法大学与意大利罗马第二大学主持举办的两届"罗马法、中国法和民法法典化"国际研讨会和1997年1月在北京人民大会堂举办的纪念《民法通则》实施十周年研讨会。两届"罗马法、中国法和民法法典化"国际研讨会上所提交的大部分论文，后来分别收录出版于杨振山、[意]桑德罗·斯奇巴尼主编的《罗马法·中国法与民法法典化》(中国政法大学出版社1995年11月第1版)和《罗马法·中国法与民法法典化——物权和债权之研究》(中国政法大学出版社2001年11月第1版)两书中。纪念《民法通则》实施十周年研讨会上所提交的论文，也陆续在一些杂志上刊载，如杨振山文章《一部历史性的基本法律——纪念〈民法通则〉实施十周年》(载《中国法学》1997年第1期)；李开国文章《民法通则的历史功绩与历史局限》(载《现代法学》1997年第4期)等。

同时，由中国社会科学院法学研究所研究员梁慧星先生和中国人民大学法学院教授王利明先生分别主持的民法典及其各编的立法起草工作也正如火如荼地进行着。而厦门大学法学院教授徐国栋先生提出的"人法"与"物法"两编制的"新人文主义"的民法典思路，更是将学者们对民法典起草思路的探讨视为两种主义的论战。当然，在民法典制定和各编的设置上，也有一些新的主张，如中国社会科学院法学研究所研究员郑成思先生建言制定"财产法"而不是"物权法"等。这些论战，参见徐国栋(编)：《中国民法典起草思路论战——世界民法典编纂史上的第四大论战》，中国政法大学出版社2001年10月第1版；又参见梁慧星主编：《民商法论丛》(2001年第4号)总第21卷，金桥文化出版(香港)有限公司2001年12月第1版；又参见梁慧星：《是制定"物权法"还是制定"财产法"？——郑成思教授的建议引发的思考》和郑成思：《几点事实的澄清及我的总看法》，载"中国民商法律网站·学者论谈"(www.civillaw.com.cn)，2001年12月24日；等等。

此外，也有许多人撰文呼吁民法典的出台，例如，马俊驹、杨琴："论社会主义市场经济与民法的完善"，载《法学评论》1996年第1期；柳经纬、吴克友："关于制定民法典的条件是否成熟的几个问题"，载《中国法学》1998年第4期；王利明："论中国民法典的制订"，载《政治论坛》1998年第5期；高富平："民法法典化的历史回顾"，载《华东政法学院学报》1999年第2期；等等。

特别是对它追根溯源的时候，我才发现，早期大陆法私法并非如我所料地满足这一乡愿（或理论预期）；相反，我不禁惊讶于大陆法在远古时代所呈现出的绚丽多彩和波澜壮阔。我无法拒绝这份宽广和优雅！

“法律史通过回想过去的方法，为各个时代架桥”（米泰斯·H. Mitteis 语）。[1]——也许这并不是一个适用于任何一个部门法的观点，[2]然而，历史无疑是“揭示法律秩序个性的重要标识”。[3]在这里，我无意在时下热闹或曰“浮躁”的民法研究中去把玩一件古董，以示自身的超脱和悠然；的确，大陆法私法的早期形成和发展给人们带来的是一种历史的沉重和昭示，让你感到生命不能承受

---

〔1〕比较法学家根茨梅尔认为，法律史并不只是自身的内在运动，而是与社会历史互动的一个统一体，它具有内外的推动力和背景。“因此，法律史不是只管自己的，而是同时为法律的批判和法律的政策服务，也就是说为人们给理论的比较法赋予的最重要的目的服务”。参见［德］根茨梅尔：《论法律史与比较法的关系》，第334页；转引自［德］K·茨威格特、H·克茨：《比较法总论》，潘汉典、米健、高鸿钧、贺卫方译，潘汉典校，贵州人民出版社1992年9月第1版，第14页。

〔2〕有一种观点称，“法律史是历史而不是法律”，认为法律史与法律研究之间在逻辑、方法和材料等方面不相协调，进而认为职业法学家费心于历史是不必要的。事实上，这只是普通法的现实主义和实用主义的一种表现。尽管我们经常说大陆法传统富于激进和革命精神，但对于历史，正如历史法学派那样，法学家往往建立在深厚的历史情感之中，并对此保持应有的理性与尊重。而在普通法传统中则具有更多的历史性的东西，——正如我们所看到的，布莱克斯通、波洛克、梅特兰和梅因等都是在历史中“发现”英国法的。剑桥大学的S. F. C. 密尔松教授认为，英国法律的生命如此连绵不断，正是因为它的历史与传统从来没有像大陆法那样因一股脑儿地继受罗马法而消失，并一直生活于他们的法庭和司法实务之中。*See* C. H. S. Fifoot, *Frederic William Maitland*: *A Life*, Massachusetts: Harvard University Press（1971）, pp. 92－96; *See* S. F. C. Milsom, “Introduction”, *in* Sir F. Pollock & F. W. Maitland, *The History of English Law*: *before the time of Edward* Ⅰ, Cambrige: Cambrige University Press（1968）, vol. 1. civ.

〔3〕［日］大木雅夫：《比较法》，范愉译，朱景文校，法律出版社1999年4月第1版，第117页。

之重。实际上，社会发展史所揭示出的规律也恰恰是：古典的往往也是常新的或维新的。并且，"'古典'（classical）一词源自拉丁文 classicus，意为'第一流的'，通常用于指述约公元前600年至公元前300年间在希腊兴盛的文明和约公元前300年至公元300年间以罗马为中心盛极一时的文明。"〔1〕而严格意义上的所谓"古典法学"，就是指古希腊法和古罗马法。今天，我们也经常将近代法称作古典法学，但这更多地是因为它们对古希腊和罗马文化所起到的传承作用以及它们对现代社会所具有的经典性意义。〔2〕

尽管如此，但时至今日，渊源于古希腊的大陆私法传统被人忽

〔1〕其实，在古希腊文明和古罗马文明的兴盛期之间，还存在一个所谓的"希腊化文明"时期。这种文明是希腊因素与西亚因素的混合体。它在地域上以公元前323年亚历山大大帝完成的征服为基础，包括整个希腊、整个埃及以及直至印度边界的大半个亚洲。并且从公元前323年至基督诞生前不久，它一直保持着其与众不同的特征。所谓"希腊化的"（Hellenistic）是相对于"希腊的"（Hellenic；希腊语为 Helladic，即 Hellad + ikos）一个词汇。这两个词都派生于"Hellen"（即"希伦"；希腊语为 Hellad）一词。古希腊人称他们自己是希腊神话中的丢卡利翁与皮拉之子希伦（又译"赫楞"）的后裔，故名之。参见［美］菲利普·李·拉尔夫、罗伯特·E·勒纳、斯坦迪什·米查姆、爱德华·伯恩斯：《世界文明史》（上卷），赵丰等译，商务印书馆1998年5月第1版，第207页；又参见苏珊·五德福特、苏珊·谢弗－克兰德尔、罗莎·玛丽亚·莱茨：《剑桥艺术史：希腊和罗马、中世纪、文艺复兴》(1)，罗通秀、钱乘旦译，朱龙华校译，中国青年出版社1994年5月第1版，第182页；又参见［德］古斯塔夫·施瓦希：《希腊古典神话》，曹乃云译，译林出版社1995年5月第1版，第15页。

〔2〕当然，我们也可以将古希腊和古罗马时代的法律称为"古典的古代法"，而将18世纪的近代法称为"新古典主义时期的法律"。这种认识并不有悖于本文的看法；相反，它是一种较容易被人们接受的态度。

视姑且不论,[1] 对罗马法差强人意的曲解更是引起了人们诸多误读。当然，全面地重新解构这段历史，为本人力所不逮，且非本文所能包容。本文拟从以下四个方面入手来论述大陆法私法的古典时期的发展：(1) 从欧洲第一部成文法典即《格尔蒂法典》看大陆法私法的源流；(2) 发掘古希腊在大陆法私法传统形成中的意义；(3) 谈谈罗马法对古希腊法的超越；(4) 通过上面的论述，去探求大陆法私法古典传统中的一些经验、价值和方法，并由此揭示出私法精神与制度选择的历史契合的必然性，以及这种认识对于我们今天的意义。

二、几个基本概念的限定

(一) 私法和民法

1. 关于“私”的含义

在英语和法语中，“公”与“私”作为一组概念，被称为：“public－private”；“public－prive”。“public”一词，来源于拉丁语“publicus”。而“publicus”，则又派生于“populus”（人民），含有“属于、事关全体人民”之意。这显然是一个非指“官”，而是指“民”的词汇。而且，“publicus”还有“接受审查和监视而被公开”之意。另外，该词也与意指达到参加公共事务的资格年龄——即表

[1] 一般的看法认为，古希腊是政治法律思想的发源地，而私法传统则源自罗马法。如我国学者认为，“民法作为法律文化现象，起源于罗马私法。”或者是理所当然地认为“民法法系是以罗马法为基础发展起来的，讲民法的沿革需从罗马法讲起。”而且，将“希腊——罗马”法作为一种法系来看待的，除了绍塞尔—霍尔将它作为印欧法系之下的一个“子系”（untergruppe）以外，还鲜有论及古希腊对大陆法私法形成的贡献的著述。关于我国学者对民法或私法起源的看法，参见张俊浩（主编）：《民法学原理》，中国政法大学出版社 1997 年 7 月修订版，第 4 页；又参见魏振瀛（主编）：《民法》，北京大学出版社、高等教育出版社 2000 年 9 月第 1 版，第 5 页。关于绍塞尔—霍尔的论述，参见［德］K·茨威格特、H·克茨：《比较法总论》，潘汉典、米健、高鸿钧、贺卫方译，潘汉典校，贵州人民出版社 1992 年 9 月第 1 版，第 122 页。

示成年的“pubes”，有一定的联系。这与发端于希腊的意识有关。在古希腊，经济活动是在家庭的内部，由奴隶和作为市民的妻子等女性完成的；而只有自由人家长才可以作为拥有市民权者参加城邦的政治，——具体而言，就是在市民广场举行会议和裁判形式的对话以及进行某种共同行为（如战争等）。

这种“公”的传统，被英语和法语所继承，并延续下来。在英语中，“公”是指“属于特定国家和人民”。在18世纪法国的词典中，“公”被解释为“群众的最大部分”，是“公知或公明的”、“共同的”、“事关或属于人民全体的”。17世纪，在英语和法语中的“public”，都带有“公众”之意。后来，又产生了“论争的公众”和“作为批判者的公众”之意。

在德语中，从16世纪开始，“Öffentlich”一词作为“公共的”意义而被使用。起初，它的意义是“公知或公开”、“非秘密的或任何人都可见闻的”；在17世纪以后，便开始有了“国家”之意。而在18世纪，“Publikum”一词，意指“公众”而得到运用。但人们有理由相信，“直到18世纪末，德国才形成‘一个规模虽然偏小，但已经具有批判功能的公共领域（Öffentlichkeit）’。”〔1〕

关于“私”的含义，也来源于拉丁语，意指“被剥夺”的“privates”和“被隔离”的“privus”。具体说来，“privates”是指“剥夺他人所见所闻的现实性”。在古希腊和罗马的传统中，家庭中生活和生命的再生产，是通过奴隶和女性的勤劳来维持的；而这一切，都是隐藏在他人的目光之外的。古罗马的“in privato”，有时意指“在家宅之中”。“家”一语，是指“不暴露于众人环视之下

---

〔1〕参见H. U. Wehler, *Deutsche Gesellschaftsgeschichte*, Bd. 1, München, 1987, S. 303－331. 转引自［德］哈贝马斯：《公共领域的结构转型》（1990年版序言），曹卫东、王晓珏、刘北城、宋伟杰译，学林出版社1999年1月第1版，第3页。引文中的德文“Öffentlichkeit”为笔者所加，这一德文词语相当于法语中的“publicite”和英语中的“publicity”。

的”意思。在英语和法语中，至今还残留着这种涵义，即含有“不为人所知”或者“不欲为人所知”之意。当然，这种隐于家庭中的“私的”经济活动演变成近代法中私法意义的范畴，还存在一个冲出家庭之外而成为市民社会的组成部分的过程。正如我们后面要谈到的，德国当代著名哲学家、社会学家哈贝马斯（Juergen Habermas，1929年— ）教授认为，这一进程在古希腊时就进行着，〔1〕它包含了“私”的观念的最早萌芽；而在冲出家庭和封建领主的羁绊成为一个独立的社会意义的人的时候，真正的具有独立自主人格的近代法中的“私人”就产生了。这也正是哈贝马斯教授在探讨资产阶级公共领域（bürgerliche Öffentlichkeit）形成过程时所要告诉我们的：一方面，商品交易冲破家族经济的界限，小家族的生活圈与社会再生产的生活圈相区别，社会生活圈的谈判作为私人相互间的问题而独立于国家权力；而另一方面，论坛、沙龙等中的自由论争，特别是艺术和文学的论争激烈，通过“论争公众”形成“文艺公共圈”，其中出现了“政治公共圈”。而这一点也告诉我们，一种私的东西及其制度建设必须有一整套社会制度构成和氛围作为背景，它包含了一个社会整体性的进化；而在这种整体性进化中，就蕴涵了一个大陆法私法传统的“私的”空间和观念。

与此相反，东方文化中正是缺少了这种在公共社区的“扶养”和培育，“私”的概念中则更多地带有“阴私”或者是“见不得人”的含义。也正因如此，东方社会中也就没有能够自发地完成“私权”制度的建构，进而也就没有完成其自主的法律现代化进程。因为现代法律理论的一个根基就是：在与习俗权威和国家权力的对抗中，由于社会内部私的因素自主性成长并获得制度化基础，最终形成了抗衡国家权力的市民社会，由此才成就了我们今天的民主与自

---

〔1〕［德］哈贝马斯：《公共领域的结构转型》，曹卫东、王晓珏、刘北城、宋伟杰译，学林出版社1999年1月第1版，第3页。

由的社会生活。不了解公私二者在对抗中成长的过程，就可能隐含着“通往奴役之路”的危险。因为在这种缺乏对抗性的社会结构下，公的因素会“不自觉地”增长起来，最终会将私的观念纳入自己隶属或下位概念。而此时的“私”就成为了没有公共权力支持的“阴私”，或者说是“没有阳光的私”。这里，我们不妨用点笔墨来考察一下东方社会的“私”的观念。

古代汉语中，“私”的古字也写作“厶”。[1]而“私”字的用法有 14 种之多。[2]归纳而言，主要含义包括以下六个方面。第一，是指“庄稼”。所谓“私，禾也”。[3]第二，是关于“阴私”方面的含义。如意指“生殖器”、[4]“小便”、[5]“贴身衣服”[6]或“私通”[7]等。第三，是指“家族”、“家丁”等方面的含义。如《左传·宣公十七年》中尝言：“请以其私属，又弗许。”第四，是意旨个人“偏好”或“私下”、“秘密地”等意思。如《楚辞·离骚》曰：“皇天无私阿兮，览民德焉错辅。”第五，是意指具有“奸邪”或“掠夺”之意。《说文·厶部》云：“厶，奸邪也。”又如《诗经·风·豳风·七月》有载：“言私其豵，献豜于公。”[8]第六，是指“私人”、“个人”或“个人的财产、利益、欲望”等含义。如贾谊在《论积疏》中说：“公私之积，犹可哀痛。”又如《战国

---

〔1〕参见《古代汉语词典》编写组（编）：《古代汉语词典》，商务印书馆 1998 年 12 月第 1 版，第 1474 页。

〔2〕参见《古代汉语词典》编写组（编）：《古代汉语词典》，商务印书馆 1998 年 12 月第 1 版，第 1475－1476 页。

〔3〕《说文·禾部》。

〔4〕如伶玄《赵飞燕外传》中曾云：“早有私病，不近妇人。”

〔5〕如《左传·襄公十五年》中有载：“师慧过宋朝，将私焉。”

〔6〕如《诗经·风·周南·葛覃》曰：“薄污我私，薄浣我衣。”参见陈戍国点校《四书五经》（上册），岳麓书社 1991 年 7 月第 1 版，第 286 页。

〔7〕如《战国策·齐策六》中记载：“太史敫女，夺法章之状貌，以为非常人，怜而常窃衣食之，与私焉。”

〔8〕参见陈戍国点校《四书五经》（上册），岳麓书社 1991 年 7 月第 1 版，第 344 页。

策·秦策三》记载:"吴起事悼王,使私不害公,谗不蔽忠。"

严格地说，古代汉语中的“私”，只有在第六种含义上才与西方法律观念中的私法之“私”相通；而也只是在这种含义上，才与“公”的含义相对应。即使是在这种对应的含义上，“公”的东西往往表现出“大”于“私”的东西，处于正面或“崇高”的地位。这就实质上将“私”置于“公”之下。[1]

日本文字中的“公”与“私”是从中国传入的，其含义虽然与中国文字中的意义不尽一致，但基本上是同源同宗。其中，“私”的概念主要从祭祀、隶农、阴私等发展而来，且不与“公”的概念相对立；相反，也是公的下位概念。日本著名法学家、东京大学法学部星野英一教授根据日本有关学者的论述，在《民法劝学》一书中详细区分了公私二者在日本文化中的不同含义。[2]根据白川静氏《字通》的解释，从字形上说，“公”是指举行祭祀仪式的宫庙庭前之地和入庙祭祀的人；“私”是指属于家庭或家族的隶农。最初，二者不是一组相对的用语，但后来却作为一对相对性的词语使用，并由此而产生了“公和私”观念：公是公正之意；而私则为秘密之意。参照日本学者沟口雄三和水林彪的文献，在日本文字中的公私含义有以下四个方面的区别：

第一，自《古事记》和《日本书纪》以来，虽然公与私不是严格对立的概念，但公有时意指“露”，即“公然地”、“公开地”的意思；而私则带有“偷偷地”、“悄悄地”和“秘密地”的含义。这

---

〔1〕学友邓建鹏先生认为，孔子之后的子思学派的法律思想中，包括有“公私分而治之”的思想。所谓“门内之治恩掩义，门外之治义斩恩”（《郭店楚墓竹简》之《六德》篇)，区别了家庭与国家，也即公私领域之分别。这就不同于孔子提倡的“父子相隐，直在其中”的理念。参见北京大学法学院博士生邓建鹏先生未刊稿“子思学派法律思想研究”一文。

〔2〕以下关于日本文化中公私含义的论述，请参见［日］星野英一：《民法劝学》(民法のすすめ)，岩波书店 1998 年 1 月 20 日初版，第 82－90 页。

就是这两个词的出发点和本义。

第二，公的本义含有“首长性”、“共同性”的意义。中国的“公”却含有“公平分配”的“伦理色彩”，而日本却没有这样的含义。因为在日本有着明显地将“某特殊人格实体化”的倾向，常常意指天皇、朝廷和国家秩序。沟口认为，其原因在于“将中国皇帝权力正统化的是天命观念”，也就是超越共同体的普遍观念；只有皇帝才是“天下万民总体意志的体现”，则即为“公”，——公在于“天下万民于一方”。当然，在伦理方面，日语中的“私”也有“私邪”、“奸私”之意，这一点与中国相同。

第三，日本人的“私”不是与官僚国家秩序对立或脱离的“私”，而是“公”的下位概念，从属于“公”，是个人的、家庭的事情。这种“私”含有“谦逊、贬义的愧疚”之意。一言以蔽之，“公”处于优越地位，而“私”处于劣势地位。作为“私”来讲，家的门槛以内之事；而“公”则是“门槛”之外的全部，也即国家和政府官员预先设定的关系。“私”不能对该领域主张而形成私人间相互交际关系——自由的公共领域。对于“私”的领域来说，“公”的领域就是“必要的、先验的和从属于其处的”。诚然，作者认为，相对而言，17世纪以后的中国出现了人民主张的“私”；并且从这种“私连接的共同”或“自律的个人之间的关系”中，形成了“公”的领域。这样，“公”的共同性是“私”的积累，是“全部的私均等获得满足的状态”；“公”是“不特定的私相互之间基于各自私的自由意志安排或缔结的关系，或者是基于各自私的自由意志进行的行为的积累状态，或者依据私的自由意志达成的共同目的”。

第四，根据以上论述，“私”的领域的存在是被“公”认可的，而且只要是其参与（更多的是服从）“公”而在其中发挥作用，就不能被干涉；——在那一领域中，“私”是自由自在的，是隐在的东西。

因此，日本学者认为，在日本，公是含有“共同性”意义的“当官的事情”。这就不同于西欧和中国将“公”作为“人民全体的事”看待。同时，西欧中的“公”含有“公开讨论”之意，而中国则具有伦理色彩的“分配的公平”之意，——日本不仅没有前者之意，后者的意义成分也小。所以，关于“私”的概念，都认为指家中、家庭之事，都是从“隐藏于人”这一含义开始的。然而，日本的含义中缺少不了“阴暗而受良心谴责”之意。中国人认为“私连接起来的共同”即为“公”；西欧在这种私的连接中则形成了独立于国家权力的经济活动领域，而且其公开论坛受政治即国家权力的影响，成为了担负公共福利的主体角色，并最终形成了与“私”对应的“公”的存在。

也正是东方文化中人们这些“私”的观念，东方文化社会中很难成长出一种对抗公权和国家的“私”的因素。但是，在公与私含义的比较中，都有两个方面的含义：其一，相对于“人民之事”、“公开讨论之事”，私是“有关隐私之事”、“被隐藏于人之事或应该隐藏于人之事”；其二是国家与私人的对立。但东方文化中，第二种含义上的私人领域与有关隐私的领域基本相同，私被严格限定而缺乏公开性；公则是国家之事，范围很广。而西方国家中的私则不仅指事关隐私之事，还包括国家之事。广义上还包括决定人民之事的地点，西欧甚至包括公众论坛之地。决定“公”事的不是国家的特权，而是为了“私的”共同利益的“私人”的工作。这实际上是国家论观点中民主国家的主张，——而只有在这种主张中，私的因素的兴起才能支撑起一个自由和张扬人性的天空。在这种观念下，区分公与私的界线或许看似模糊了，但在实质意义上则也相对地显现和明晰了。

这样，通过对“私”的含义的厘清，我们可以更准确地把握私法，特别是在区分公法与私法的含义中动态地理解私法的含义，从而促使我们更多地在公私法对立存在的结构中，去发现二者在实质精神和价值取向上的不同。近代市民社会是作为国家与市民同时存在而存在的，我们不可能去追求一个并不存在的完全纯粹的“私的”空间。也许，正如日本著名法学家川岛武宜（1909—1992年）博士所说，“市民社会不是完全自然地存在着的，在非常强烈的政治社会的近代国家里，它是据此而存在的。没有以中央集权为基础的近代国家的强烈保障，市民社会也是不能存在的。自主的经济规律的支配如没有以国家的手段来排除障碍是不能成立的。”〔1〕

2. 本文对“私法”一词的运用

“私法”（private law）一词是一个古老的而又常常被人赋予新意的词汇。“公法和私法的区分，是法律学上的一个基本观念。”〔2〕《布莱克法律辞典》对“私法”一词的含义是这样表述的：“私法是公法的对立词，它是指调整市民与市民之间关系的法律，或者是在权利附着的主体与义务联系的主体均为私的个人的情况下，有关定义、立法及权利实现的法律。”〔3〕

但是，即使这个西方法学最基础的、甚至在人们生活中也是最基本的概念，在中国现代社会却也依然不能够很容易地得到阐释。在《中国大百科全书·法学卷》中尚没有“私法”辞条。〔4〕而在该

〔1〕［日］川岛武宜：《现代化与法》，申政武、王志安、渠涛、李旺译，王晨校，中国政法大学出版社1994年10月第1版，第12页。

〔2〕韩忠谟：《法学绪论》，台湾韩忠谟教授法学基金会1994年再版，第33页。

〔3〕*Black's Law Dictionary*, 5th ed., West Publishing Company, 1979, p. 1076.

〔4〕据悉，北京大学法学院主持编纂的《北京大学法学百科全书·民法学》卷中，也没有将“私法”一词列入。该辞典尚未定稿面世，笔者曾向该卷主编魏振瀛教授建言，大约在定稿出版时会将该辞条加入。在专业性辞书中，张佩霖先生主编《民法大辞典》中也没有该辞条，仅在“法的分类”条目下附带说了一句“此外，还有公法和私法”之划分。江平和王家福两位先生主编的《民商法学大辞书》中，将私法作为公法的对称，参见公法辞条。徐开墅先生主编《民商法辞典》中，也只是将公私法划分的标准列为五种学说介绍了一下。参见张佩霖（主编）：《民法大辞典》，湖南出版社1991年10月第1版，第700页；又参见江平、王家福（主编）：《民商法学大辞书》，南京大学出版社1998年4月第1版，第215页和第686页；又参见徐开墅（主编）：《民商法辞典》，上海人民出版社1997年12月第1版，第339页。

辞书的“民法”辞条中，私法是被这样理解的：“在私有制社会里，财产关系、人身关系一般都发生在私人之间，民法的作用在于保护私人利益，所以民法又被称为‘私法’。”显然，这是一种不承认“私法”的观点，而且对“私法”一词的含义也是讳莫如深。[1]就是在《云五社会科学大辞典·法律学》中，也没有“私法”一词。不过，“私权”作为基础性概念却频繁地出现在相应的辞条中，如“私权之主体”（Subject of Private Right）、“私权之取得”（Acquisition of Private Right）、“私权之客体”（Object of Private Right）、“私权之丧失”（Loss of the Private Right）和“私权之变更”（Alteration of the Private Right）等。[2]

之所以出现这种私法被忽视的现象，大致可以有三种解释：一是认为这种“私法”与“私权利”的概念是一个无须解说而“不证

---

〔1〕该辞条为新中国著名民法学家佟柔教授撰写。佟柔先生还谈到了列宁于1922年2月20日在原苏俄民法典的制定中给司法人民委员部负责人德·伊·库尔斯基的信，信中说：“我们不承认任何私法，在我们看来经济领域里的许多问题都在公法的范围而不在私法的范围。”并从社会关系角度说明不同意“私法”观念。这里所引述的列宁的这段话，在1987年的中译本中有所修改，具体修改为：“我们不承认任何‘私人’性质的东西。在我们看来，经济领域的一切都属于公法范畴，而不是什么‘私’的东西。”由于列宁的这段话，新中国否定民法为私法的观点占据了主导地位。但也有学者认为，从列宁的这段话中，看不出他对民法为私法的否定；恰恰相反，列宁正是以公私法区分为前提，只是强调了国家对私法领域的干预。本文不拟对此问题展开论述，只是将其作为历史来叙述。参见佟柔：《我国民法科学在新时期的历史任务》和《论我国民法的调整对象及与经济法的关系》，载《佟柔文集》编辑委员会（编）：《佟柔文集——纪念佟柔教授诞辰75周年》，中国政法大学出版社1996年6月第1版，第8页和第88页；又参见［前苏联］列宁：《关于司法人民委员部在新经济政策条件下的任务——给德·伊·库尔斯基的信》，载［前苏联］列宁：《列宁全集》第42卷，人民出版社1987年10月第2版，第426－427页；又参见苏号朋：《民法文化：一个初步的理论解析》，载《比较法研究》1997年第3期（总第43期），第247－248页。

〔2〕在该辞书中，这些辞条被分别解释为：私权之主体“即私权利能力所归属之本体”；私权之取得“即私权附于权利主体之事实，易言之，就是私权与特定主体相结合之谓也”；私权之客体“即私权行使之对象，亦即私权之目的物也，故又称私权之标的”；私权之丧失“即私权与主体分离之事实也”；私权之变更“即私权并不消灭，唯其客体主体及内容发生变更之事实之谓也”。参见《云五社会科学大辞典·法律学》，台湾商务印书馆股份有限公司1986年5月第7版，第121－122页。

自明”的范畴；二是因为“私法”及相应的“私权利”的观念还没有得到足够的重视；三是“私法”及“私权利”已经被相应的诸如“物权”、“债权”、“人身权”、“知识产权”等权利和学科研究分解了，以致于我们不能够或者也没有必要从整体上去认识这些“私的”范畴。

对于曾经经历了个人主义和自由主义洗礼的西方法律文化来说，第一种解释也许有一定的道理；但处在我们这样的国度，则更多的是在前苏联体制下对“私的”东西的一种本能的排斥和反感。这样，对私权的忽视也就在情理之中了，——这也就契合了第二种解释。而从应然的角度看，在经历了民法和经济法争论以后勃兴起来的民法学，本应从私法一般法的角度出发对私权给予应有的重视；但是，当在主流学术之外迷茫已久的中国学者们突然之间站在现代法学的门槛的时候，他们发现，私法学已经成为了一个门类复杂的学科迷宫，着实有点让人“找不着北”。因此，正是在这种意义上，提出“私法”这个命题并对其历史含义加以研究，在当今中国社会似乎显得尤为重要。

当然，如何把握和运用“私法”，这首先就涉及到“私法”与“公法”的区别问题，即需要知道私法的界限到底在哪里；而这就涉及到公法与私法之间区分的标准问题。然而，确立一个统一的区分标准却并非易事。这方面主要的学说大致分为以下几种。

(1) 权力说。这种区分以法的内容是否涉及国家权力关系作为公法与私法区分的标准。[1] 又因该学说涉及法律所调整的法律关

---

〔1〕 该学说认为，凡是法律所规定的内容与国家权力发生关联，而所规定的事项又涉及权力与服从的关系者，则该法即为公法，如刑法、行政法之类；反之，凡是法律所规定的内容为私人间之关系，亦即平等主体之间的关系者，则属私法，如民法之类。

系，又被称之谓“法律关系说”或“性质说”。[1] 这种学说盛行于18世纪国家法律观流行时期。它一方面重视国家权力，另一方面又承认个人之地位，从而形成了国家与个人对立的法治二元观。但是，这种国家与个人的对立却并不能囊括社会的全部，如中间社会团体、自治组织和家族等，特别是近来出现的“社会法”（社会保障法、劳动法等）现象，更是对此提出了异议。

(2) 主体说。该学说主张，以法律关系的主体区别来作为公法与私法区分的标准。[2] 这种学说最初是为了消减权力说中存在着的对法治社会权力服从关系的批判，但由于国家或其它公共团体存在着与私人性质一样的“私的”行为（如买卖契约、运输契约等），其学说又被加以修正。该学说认为：公法关系除了至少有一方的关系主体必须是国家或公共团体之外，该国家或公共团体还必须是基于公的资格或地位之实现而确立的法律关系。但是，很显然，如果我们追问何为“公的资格”或“公的地位”的话，不外乎又会认为是国家权力发动而已。因此，这种试图自圆其说的解释，也最终与权力说“如出一辙”。[3]

(3) 利益说。该学说以法所涉及的目的是否为公益，而区分公法与私法。[4] 一般认为，该说发端于罗马法时代的法学家乌尔比安（Ulpianus，170—228年），即所谓公法是“有关罗马立国制度的法律”（拉丁文“ad statum rei romanae spectat”），私法是“有关个人

---

〔1〕［日］末川博主编：《民事法学辞典》，有斐阁1960年6月1日初版，第819－820页。

〔2〕该学说认为，公法规范的是国家和公共团体相互之间关系或这些主体与个人之间关系；而私法则是规范个人相互之间关系。二者区分的标志是法律关系的主体。

〔3〕韩忠谟：《法学绪论》，台湾韩忠谟教授法学基金会1994年再版，第36页。

〔4〕该学说认为，凡规定公共利益为目的的法律即为公法，而凡规定私人利益为目的的法律即为私法。二者区分的标志就是看事关国家社会利益还是个人利益。

利益的法律”（拉丁文“ad singulorum utilitatem pertinet”）。[1]但实际上，这种划分依然过于笼统。因为作为社会共同规范的法，往往是一方面保护着个人利益，另一方面又在维护着社会全体利益。事实上，我们甚至根本不可能找出一种单纯的“公共利益”或者单纯的“私人利益”的法律。[2]

---

〔1〕查士丁尼（Iustinianus，又译为“优士丁尼”；公元527—565年在位）也采纳了这种分类方法。*See D*. 1, 2, 1, 1. & *J*. 1, 1, 4. 这里，使用查士丁尼《民法大全》文献引用惯例，以“J”代表《法学总论》（*Institutinen Justinans*；*Institutiones*）；以“D”代表《学说汇纂》（*Digesten*；*Digest*），以“C”代表《帝国法典》（*Codex Iustinianus*；*Codex*）。中文译本参见：［古罗马］查士丁尼：《法学总论——法学阶梯》，张企泰译，商务印书馆1989年12月第1版；［意］桑德罗·斯奇巴尼选编《学说汇纂》分别是：《正义和法》，黄风译，中国政法大学出版社1992年4月第1版；《公法》，张礼洪译，中国政法大学出版社2000年3月第1版；《法律行为》，徐国栋译，中国政法大学出版社1998年8月第1版；《物与物权》，范怀俊译，中国政法大学出版社1993年12月第1版和1999年7月第1版；《债·契约之债》，丁玫译，中国政法大学出版社1994年6月第1版；《契约之债与准契约之债》，丁玫译，中国政法大学出版社1998年10月第1版；《债·私犯之债（Ⅱ）和犯罪》，徐国栋译，中国政法大学出版社1998年4月第1版；《遗产继承》，费安玲译，中国政法大学出版社1995年3月第1版；《婚姻·家庭和遗产继承》，费安玲译，中国政法大学出版社2001年11月第1版；又参见［古罗马］查士丁尼：《学说汇纂（第7卷）：用益权》，米健译，法律出版社1999年10月第1版；又参见［古罗马］查士丁尼：《学说汇纂（第18卷）：买卖契约》，刘家安译，中国政法大学出版社2001年11月第1版。

〔2〕如有关买卖不动产必须“以公证书为之”（即公示公信原则）的规定、亲属法中婚姻和亲子规定等，虽为私法规范，但也关涉公共利益。又如公务员晋升或进入公职条件的规定，虽为公法规范，但也关涉自然人个体利益。参见［葡萄牙］Carlos Alberto da Mota Pinto：《民法总论》（*Teoria Geral do Direito Civil*）（第3版），澳门翻译公司等译，法律翻译办公室、澳门大学法学院1999年12月中文版，第7页。

当然，这种区分标准的学说还有很多。[1] 然而，我们几乎很难用某一种学说来完整地解释某种法律现象。[2] 不过，从这些不同的分析重点和表达方式上，我们可以在一定层次上触及到区分公法和私法的核心。这个核心，也就是一种法律精神之所在。但是，事实上，在具体的分析中，我们已经习惯于以一种综合的标准，来考察公法与私法的区别。我国台湾学者韩忠谟教授说："无过于参照以上所列主体、权力、利益各种标准，从个别法律制度的根本精神上加以探究，相对的决定其所应归属的境域。所谓个别法制精

---

〔1〕这里，文章列举了三种主要学说。另外，有的学者认为，在 20 世纪初，在这个问题上相互冲突的学说已经有 17 种之多。北京大学法学院教授沈宗灵先生将这些学说归纳为五种，即所谓"权力说"、"服从说"、"强行法说"、"利益说"和"折中说"或"混合说"。但本人认为，核心学说主要是"权力说"、"主体说"和"利益说"三种。而且，虽然主体说在溯及"公的资格"时会涉及"权力"问题，但两种学说在法律关系要素中有明显不同的取向，因此，这两种学说差异较大，不能混淆。当然，所谓"折中说"或"混合说"，也可以算作一种独立的学说，但实际上，它更多地只是一种方法论上的考察。中国政法大学的王涌博士在其博士学位论文《私权的分析与建构——民法的分析法学基础》中完全接受沈宗灵教授的这种描述。我国台湾学者王泽鉴先生最近在大陆出版的《民法总则》（增订版）中认为，这种区别标准的学说理论有四种，即利益说、从属规范说、主体说和特别法规说（新主体说），其中，从属规范说，也就是权力说的另外一种表达。因此，王泽鉴先生的这种归纳，与本文的归纳实际上是相同的。参见沈宗灵：《比较法研究》，北京大学出版社 1998 年 9 月第 1 版，第 124－126 页；又参见王涌：《私权的概念》，载夏勇（编）：《公法》第 1 卷，法律出版社 1999 年 12 月第 1 版，第 392－394 页；又参见王泽鉴：《民法总则》（增订版），中国政法大学出版社 2001 年 7 月第 1 版，第 12－13 页。

〔2〕王泽鉴先生在判解民法时说，"大体言之，凡规律国家或公共团体为其双方或一方主体者之法律关系，而以权力服从关系为基础者为公法，例如宪法、刑法及所得税法，其所规律之法律关系，属于公法关系。仅规律私人间或私团体间之相互关系，而以平等关系为其基础者为私法，例如民法、公司法、票据法、海商法及保险法，其所规律之法律关系，则属于私法关系。"这种分类方法，就是结合了权力说和主体说进行界定的。参见王泽鉴：《民法实例研习·民法总则》，台湾三民书局 1997 年 3 月版，第 2 页。

神，就是说法律秩序有时偏向于‘个体范围’，在此范围内容许个人有较多的活动自由，其精神是私法的；有时偏向于‘团体范围’，属于此一范围者，常注重整体利益，毋许个人意思的自治，其精神是公法的。”[1]而这种综合性的探讨方法，实际上侧重的是法制精神。日本学界也主要是从这种角度来把握私法的。

> 今天我们所经营的共同生活中，活动着的关系有以权力团体的国家为基点的所谓上下的纵向关系，还有不考虑国家而是人类本来面貌的个人之间的所谓水平的横向关系。因此，大体上可以说有具有国家的、政治的、公的意义的生活关系和具有私的意义的生活关系。这样，关于前者的法就是公法，关于后者的法就是私法。[2]

这种总体上的区分，从理论层面上看，更多的也是一种法制精神的探究。那么，到底什么是偏向于“个体范围”的私法精神呢？换句话说，私法存在什么样的价值取向？而这种价值取向又在什么层面上使得公法与私法划清了一道界线？这些又关涉到一些较大的命题，文章不拟在此进行深入探讨，但这却并不妨碍本文在精神层面对“私法”一词加以把握和运用的。

诚然，日本学者近来也出现了一些否定公私法划分的看法，他们从认识论上对能否明确区分公法与私法提出了怀疑。他们认为，正如我们在法国民法典草案最初的序论中所见到的那样，在公法、私法之外还有第三类“调整有关于人的法律的关系”的法律，也即“对于（实现）所有的法律的担保和制裁对于法律的违反”（草案第

---

〔1〕 韩忠谟：《法学绪论》，台湾韩忠谟教授法学基金会1994年再版，第39页。文中标点稍有改动。

〔2〕 [日] 末川博（主编）：《民事法学辞典》，有斐阁1960年6月1日初版，第820页。

一条第四款)。具体地说，有有关司法制度、刑事法、警察的法律；有与“风俗和公共和平直接”相关的法律。星野英一教授认为，虽说不能完全赞成此种观点，但却不能忽视这种在近代民法典出现之初就已经存在了的观点；而且，这样分类的法律也确实存在，它还可以包括诸如国际私法在内的其他法律。〔1〕然而，尽管我们不可能对公法与私法进行精确地划分，但“公法与私法的划分至今仍具有重要意义”。〔2〕其实，国家权力在私人领域出现并不能成为否定公私法划分的理由，因为现代社会中任何制度建设都不可能摆脱权力和民族国家的背景。

3. 本文中的“私法”与“民法”的关系

一种通常的说法认为，在我国，“民法一语，典籍无所本，清季变法，抄自东瀛。东瀛则复从拿翁法典之 droit civil，译为今称。”〔3〕实际上，“民法”一词来自拉丁文的“市民法”(ius civile)。在罗马法中，市民法作为一种罗马公民之间适用的法律，与“万民法”(ius gentium) 相对应；而在中世纪，市民法作为一种世俗法，则又与“教会法”(ius canonicum) 相对应。“所谓民法，即是适用于全体人的法，是一个无等级社会的法。”〔4〕那么，随着

---

〔1〕[日] 星野英一：《民法劝学》(民法のすすめ)，岩波书店 1998 年 1 月 20 日初版，第 79－80 页。

〔2〕H. F. Jolowicz, *Roman Foundations of Modern Law*, Oxford at the Clarendon Press, 1957, p. 49.

〔3〕梅仲协：《民法要义》，中国政法大学出版社 1998 年 6 月第 1 版，第 14 页；又参见王利明（主编）：《民法》，中国人民大学出版社 2000 年 6 月第 1 版，第 4 页。关于中国古代有无民法或私法的问题，晚近时期便素有分歧，主要有肯定说、否定说、民刑合一说和民法与礼合一说四种。20 世纪 80 年代中后期以来，又出现了一些论述，也涌现了一批研究成果。具体评述，请参见俞江：“关于‘古代中国有无民法’问题的再思考”，载《现代法学》2001 年第 6 期。

〔4〕[德] 维亚克尔 (Wiescker)：《近代私法史》，1967 年第 2 版，第 461 页；转引自 [德] 迪特尔·梅迪库斯：《德国民法总论》，邵建东译，法律出版社 2000 年 11 月第 1 版，第 15 页。

等级社会在近代社会中消失，民法（或市民法）与私法的区分也就没有了。因此，从这个角度理解民法，实际上就是指今天我们所称的“市民社会的法”。

那么，我们将民法理解为市民社会的基本法，这种说法所表达的是民法规范的社会意义，旨在说明民法所构筑的是一个什么样的社会关系和结构。借用川岛武宜博士的说明，就是通过“作为历史的社会的存在的”民法和“作为现实社会现象的构造者的”民法两个角度，来捕捉民法。换句话说，它是从生长于社会并实现社会的角度来说明民法的，我们也可以将此称为“实质意义中的民法”。这种民法观念不同于从规范的观念体系出发所说的“民法是私法的一般法”。〔1〕“民法是私法的一般法”的这种说明，陈述的是民法在以“国家法——宪法”为顶点的制定法体系中的位置，——这种说明是从民法相对于其它部门法的意义上所作出的。这种将制定法理解为“宪法、法律和法规”的金字塔式的体系观念发端于德国，也为大陆法国家的多数学者所采用。〔2〕

川岛武宜博士的这种民法观已经接近了伟大的思想家恩格斯(Friedrich Engels，1820—1895年）关于民法（私法）的论述。恩格斯说，与国家和公法是由经济关系决定的一样，私法在本质上是“确认单个人之间的现存的、在一定情况下是正常的经济关系”，只是它确认的形式“可以是很不相同的”。接着，他分析了私法如何利用不同形式（旧有的或新的形式）来表现现实的社会经济生活条件。〔3〕毫无疑问，这种经济关系是作为一种“历史的社会的存在”

---

〔1〕［日］川井 健：《民法概论（1）：民法总则》，有斐阁1995年第1版，第1页。

〔2〕［日］星野英一：《民法劝学》（民法のすすめ），岩波书店1998年1月20日初版，第77页。

〔3〕［德］恩格斯：《路德维希·费尔巴哈和德国古典哲学的终结》，载中共中央马克思恩格斯列宁斯大林著作编译局（编）：《马克思恩格斯选集》（第4卷），人民出版社1972年5月第1版，第248页。

而存在的。与此同时，恩格斯还认为：

> 因此，如果说民法准则只是以法律形式表现了社会的经济生活条件，那末这种准则就可以依情况的不同而把这些条件有时表现得好，有时表现得坏。[1]

这种“有时表现得好，有时表现得坏”的看法，实际上已经把民法作为“现实社会现象的构造者”的角色来看待了。因此，我们可以将民法是市民社会基本法的观点看成一种“大民法”观念，它包容了所有与表现或建构市民社会相关的“私人性”的法律。这种私法力求在世界范围内建立起一种普遍性的“共同文法”[2]（a common grammar of legal thought）。这也正是自然理性在世俗社会扩张的具体反映。

当然，也有人认为存在“特别私法”或“特别民法”的概念。一般来说，它们包括“商法”、“经济法”、“劳动法”、“无体财产法”和“私保险法”等。但要想在一般私法（或民法）与这些所谓的特别私法之间划出一道清晰的界限，是不可能的，也是没有必要的。[3]相反，笔者认为，正如在以下古典私法发展史所表现的那样，私法应该作为一个整体而为我们所掌握。

---

〔1〕［德］恩格斯：《路德维希·费尔巴哈和德国古典哲学的终结》，载中共中央马克思恩格斯列宁斯大林著作编译局（编）：《马克思恩格斯选集》（第4卷），人民出版社1972年5月第1版，第248－249页。

〔2〕［英］巴里·尼古拉斯：《罗马法概论》，黄风译，法律出版社2000年12月第1版，第2页。其实，这种对“共同法”的追求在罗马法发展的两个时期都是一致的。

〔3〕［德］迪特尔·梅迪库斯：《德国民法总论》，邵建东译，法律出版社2000年11月第1版，第17－18页。

（二）私法精神与私法传统

1. 本文中“精神”与“传统”的含义

在中国古典哲学中，“神”是原始宗教中所崇拜的神灵，也即所谓“鬼神”之神。战国时期，“神”与“形”相对：神针对精神作用而言；而形则指外部形态。[1] 庄子在论道时曾云：“执道者德全，德全者形全，形全者神全；神全者，圣人之道也。”[2] 所谓“忘汝神气，堕汝形骸，而庶几乎?”[3] 这里的“神”，已经是指人的精神之谓了。有时，“神”与“精”相通；用“精”表示人的精神，并与形相对应。例如，《庄子·达生》篇曰：“弃事则形不劳，遗生则精不亏；夫形全精复，与天为一。”[4] 而将“精”与“神”连结为“精神”一词，也是始见于《庄子·天道》篇：“水静犹明，而况精神？圣人之心，静乎天地之鉴也，万物之镜也。”[5] 这里所谓的“精神”，就是指人的精神作用而言的。而这一概念沿用至今，仍然是近代哲学以来的一个重要范畴。[6]

现代哲学中的“精神”来自于拉丁文“spiritus”，意思是轻薄的空气、轻微的流动和气息。后来演变成为一个与“意识”相一致的哲学范畴，是指与“物质”相对应的、由社会存在决定的人的意

---

〔1〕 参见张岱年：《中国古典哲学概念范畴要论》，中国社会科学出版社 1987 年 6 月第 1 版，第 93 页。

〔2〕《庄子·天地第十二》，载《诸子集成（3）：庄子集解·庄子集释》，王先谦注，郭庆藩辑，上海书店出版社 1986 年 7 月第 1 版，第 75 页和第 195 页。

〔3〕《庄子·天地第十二》，载《诸子集成（3）：庄子集解·庄子集释》，王先谦注，郭庆藩辑，上海书店出版社 1986 年 7 月第 1 版，第 75 页和第 194 页。

〔4〕《庄子·达生第十九》，载《诸子集成（3）：庄子集解·庄子集释》，王先谦注，郭庆藩辑，上海书店出版社 1986 年 7 月第 1 版，第 114 页和第 278 页。

〔5〕《庄子·天道第十三》，载《诸子集成（3）：庄子集解·庄子集释》，王先谦注，郭庆藩辑，上海书店出版社 1986 年 7 月第 1 版，第 81 页和第 204 页。

〔6〕 张岱年：《中国古典哲学概念范畴要论》，中国社会科学出版社 1987 年 6 月第 1 版，第 95 页。

识活动及其内容和成果的总称。有时，人们也将精神作为“实质”和“本质”的同义语使用。[1]

由此可见，我们一般在三种意义上使用“精神”一词：第一，作为与物质相对应的意识范畴；第二，作为与人的外部形骸相对应的人的精神范畴；第三，作为一种“性质”或“属性”的概念，是指某种性质或属性中具有核心意义东西的范畴。本文中，不拟在第一种意义即一种大的哲学概念上使用精神一词。这不仅仅是因为我们现行的哲学教义学已经将精神与物质的关系问题类型化，还因为从宏观上讲，制度、文化、价值观和精神等概念，都属于由物质决定的意识范畴。[2]因此，尽管本文同样是在意识范畴内理解“精神”一词，但区分物质与精神则在本文中不具有意义。而同时，由于第二种意义上的用法已经拟化为泛指一切事物的价值内涵，也就使得在第二种意义上精神一词已经成为在意识范畴中一切事物的性质范畴。这在意识范畴的范围内就契合了精神一词的第三种含义。所以，“精神”一词，在本文中被理解为一种带有一定价值取向的意识范畴，而且更多地是在某一事物的性质中最核心的、最常在的意义上被运用。

那么，何谓事物的“性质”呢？亚里士多德（Aristoteles，公元前384—前322年）认为，“性质”是指“人们所借以被称为如此等等的那种东西”。[3]他在《范畴篇》第8章中考察了那些“最正当

---

〔1〕 参见中国大百科全书总编辑委员会《哲学》编辑委员会（编）：《中国大百科全书·哲学》第1卷中“精神”辞条，中国大百科全书出版社1985年8月第1版，第379页。

〔2〕 对待“精神”与“物质”的关系问题，我国现行的哲学教义学上已经有了基本上是一致的看法，这种看法建立在对哲学流派的基本划分上，即唯物主义、唯心主义、庸俗唯物主义和辩证唯物主义。鉴于本文之趣旨，不拟在此对该问题进行深入探讨。

〔3〕 [古希腊] 亚里士多德：《范畴篇·解释篇》，方书春译，商务印书馆1959年9月新1版，第30页。

地”可以被称为“性质”的东西的四种主要意义。这四种意义可以概括为：第一，是指我们可以称之为“习惯”或“状态”；第二，是指人的能力（如“能干”或“无能”）或事物所具有的属性（如“软的”或“硬的”）；第三，是指“影响的性质和影响”（πάθη）；第四，是指“物的形或形状”。〔1〕在第四种意义上，主要是关涉事物的外部结构及其物理属性，不属于本文探讨的范围；而前面三种意义，都与文中“精神”相关。特别是亚氏对性质的分类中，区分了“习惯”不同于“状态”的特点在于“它是较为持久和较为稳定”；而“状态”则是“指一种很容易改变并且很快地让位给其对立物的情况”。这样，一种较为持久而稳定的事物的属性，就是事物发展一脉相传的“习惯”，这种习惯我们便可以称之谓某种“传统”。而由于这种习惯或传统所具有的惯常性特征，它便在塑造自己的同时，也锻造了事物本身的属性，使之具有某种功能（第二种意义上），并成为对周围环境与社会构成“影响的性质”（第三种意义上）。〔2〕因此，在前面三种性质的概念体系中，本文中的“精神”与“传统”的概念，具有相同或相通的含义。

2．本文中的“私法传统”与“私法精神”

当然，就纯粹的语言学意义上讲，“传统”一语，既有属于意

---

〔1〕［古希腊］亚里士多德：《范畴篇·解释篇》，方书春译，商务印书馆 1959 年 9 月新 1 版，第 30－34 页。

〔2〕亚氏区分了“影响的性质”和“影响”。他认为具有某种“影响的性质”和因为某种原因受到“影响”（结果）是不同的。他说，“‘影响的性质’一词，不是用来表示说那些容纳了这些性质的东西遭受了某种影响。蜜不是因为它以某种特殊的方式遭受了影响而被称为甜的；在任何其他的例子中也不是这个意思。同样地，热和冷被称为影响的性质，不是因为那些能容纳它们的东西受了影响。真正的意思是说所举的这些性质能够产生一种以知觉为其方式的‘影响’。因为甜有一种影响味觉的能力；热有影响触觉的能力，这类性质的其他各种也都如此。”参见［古希腊］亚里士多德：《范畴篇·解释篇》，方书春译，商务印书馆 1959 年 9 月新 1 版，第 32－33 页。

识范畴的，也有属于物质范畴的；既有属于事物内在价值层面的，也有属于外部构造层面的。本文所探讨的大陆法系私法精神与制度构造问题，总的说来是属于“上层建筑”，是意识形态的范畴。同时，由于文章更多地是在价值论层面上讨论私法传统，这也就进一步地限定了本文中对“私法传统”一词的运用。

私法传统往往在两种意义上被运用：一是指在一定区域、一定时间跨度、一定制度和相关文化下形成的一种法律风格；一是将私法本身定位于某种原则、精神和风格，——有之，便具有这种传统，否则就没有。前者主要是对历史过程的关注；后者主要是对历史积淀之结果的关注。对于前者，我们都比较容易理解。后一种意义上对传统的运用，本身就将限定定语定义为一种价值和理念，是在价值论层面上表述某种风格，典型的比如对“革命传统”、“激进传统”等的表述。在东西法律文化的对比中，我们往往也称在西方社会具有一种私法传统，而东方集权社会没有形成一种私法传统，这就是在后一种意义上表述私法传统。本文对“私法传统”一词的使用，就是在第二种意义上。

因此，本文中的私法传统不仅是一个意识范畴，而且还是在价值层面上对私法理念和精神的一种表述。这就更加强调了私法传统与私法精神所具有的相同或相通的含义。

（三）模式、制度与制度选择

1. 中文语境中的“神”与“形”

如上所述，中国古典哲学中的“神”与“形”是一组相对应的概念。而且通观先秦诸子著述，其中有两个显著特点：第一，这对神与形的范畴是在“德”、“仁”和“道”的体系中存在的；第二，强调神与形的结合，并注重二者的递进关系，所谓“形全者神全”、

"形具而神生"[1] 等。前一个特点，将社会生活纳入了以儒家和道家为主的学说体系，从精神与制度两个维度限制了个性的张显；后一个特点中，"形"成为了"神"的逻辑起点，这既使得制度层面的东西对精神的张扬构成了强大的制约，也使得中国文化缺乏幻想而过早地"成熟"起来，成为"早熟的婴儿"。

客观地说，作为一种文化现象本身来看，这两个特点无关乎文明的优劣判断。但是，它们却对中国传统法律文化、特别是私法文化具有重大影响。[2] 当然，对于本文而言，神与形的结合——即神形兼备，意在强调精神与制度的结合和统一，这是文章探讨大陆法私法古典时期所要揭示内在的历史性的机理。

2. 模式、结构与制度

中文语境中的"形"似乎为制度的重要性找到了合理的依据。实际上，制度何以重要，不仅是因为"神"是需要通过一个载体来表达的问题，而且更重要的是，人们的行为需要一种预期或者称为"可预见性"，并通过这种预期来实现各自的目标。"所有人际交往都需要一定程度的可预见性。当人们受规则（我们将称其为制度）约束时，个人的行动就较可预见。当然，人们也需要用制度来促进经济生活：经济交易不可能在真空中发挥作用。"[3] 经济学上的制度直接被定义为"由人制定的规则"。[4] 这也是一种较为直观的定义，也采用了法学中经常被使用的、较为容易被理解的"规则"一

---

〔1〕《荀子·天论篇第十七》，载《诸子集成（2）：荀子集解》，王先谦集解，上海书店出版社 1986 年 7 月第 1 版，第 206 页。

〔2〕关于中国古代社会文明的"早熟"对中国传统法律文化乃至中国文明本身的体质、营养和思维方式的影响，请参见武树臣等著：《中国传统法律文化》，北京大学出版社 1994 年 8 月第 1 版，第 57－63 页。

〔3〕［德］柯武刚、史漫飞：《制度经济学：社会秩序与公共政策》，韩朝华译，商务印书馆 2000 年 11 月第 1 版，第 1 页。

〔4〕［德］柯武刚、史漫飞：《制度经济学：社会秩序与公共政策》，韩朝华译，商务印书馆 2000 年 11 月第 1 版，第 32 页。

词。在本文的研究中，与制度一起进行分析的概念还包括“模式”和“结构”。这是在一般的法学研究中不经常被使用的两个概念，这里有必要加以说明。

模式（model）又可以称为模型。严格意义上，它是一个属于自然科学的范畴。但早在古希腊哲学中，亚里士多德就对“模态”（modal）问题进行过论述，这是在逻辑学上最早建立起来的一种三段论模式，又称“模态三段论”。[1] 在社会科学意义上，模式一词往往就是指社会结构。

社会学意义上，一般是将“结构”一词放在一定的社区环境中进行考察。“社区生活，是指把人们的个人利益加以组织，使他们的行为相互协调，以及把人们组织起来从事共同的活动。由此而产生的人和人之间的关系，可以说是有计划的或成体系的，我们可以称它为社会结构。这套关系在实际活动中对于个人生活和社会性质的影响，可以称为社会功能。”[2] 这种社会学意义上的社会结构，是从组织社区生活角度描述人与人之间的一种宏观的或者称为一种大的程式化关系，而且认为这种关系体系对个人和社会具有重要影响（或功能）。由于这种论述的视角比较宏大，因此这种意义上的社会结构本身就是包括人们“组成的各种群体和他们所参加的各种制度”，它以群体和制度为其构成的基础。那么，相应地，社会结构所指向“制度”也“是一套社会关系，这套关系是由一群人为了要达到一个社会目的而共同活动所引起的”。[3]

法学中的结构往往是在法律制度层面上的考察，因而它论述的

---

〔1〕 亚里士多德的模态三段论命题分为三种模式：（1）实然命题的模式为“A是B”；（2）必然命题的模式为“A必然是B”；（3）偶然命题的模式为“A偶然是B”。

〔2〕 [英] 雷蒙德·弗思：《人文类型》，费孝通译，华夏出版社2002年1月第1版，第76页。

〔3〕 [英] 雷蒙德·弗思：《人文类型》，费孝通译，华夏出版社2002年1月第1版，第76页。

视角就要狭窄一些。美国斯坦福大学法学教授弗里德曼（Lawrence M. Friedman，1930年— ）先生在他那本获奖著作《法律制度：一种社会科学的视角观察》（*The Legal System：A Social Science Perspective*；1975年，获三年一度的法科图书大奖 Triennia Coif Book Award）中，认真分析了法律制度与结构关系问题。他认为，从法律制度的“横断面”进行考察，它包括结构和实体两个基本的要素或组成部分：“结构是法律制度一个基本的、明显的组成部分。实体（规则）是另一部分。”其中，“制度的结构是其两种要素中的骨架；它是持久的模型，体制性的架构，是将程序保持在轨道之内的坚硬的骨骼。”而“实体由实质性规则及有关机构运作的规则组成。”他还举例说明什么是结构：“当我们谈到法官的人数、法院的管辖权、高等法院如何凌驾于低等法院、哪些人隶属于各类法院、其作用是什么时，我们是在形容司法制度的结构。”[1]

不过，对于法律制度而言，将制度分为结构和实体两个部分仅仅是从横断面的一种静态观察。事实上，弗里德曼认为这种静态意义上的分析只能得出一种关于法律的机械理论，他更加重视从动态角度来分析制度问题。他将法律制度看成一个动态的过程：“输入”→“加工”→“输出”→“反馈”。这样，静态的制度就与外面的世界联系起来，而只有外面的社会世界才能“给予法律制度生命和真实性”。因此，“实际运作中的法律制度是一个结构、实体和文化相互作用的复杂有机体。”[2]本文对制度的理解，也正是建立在这种动态意义上的。

---

〔1〕［美］弗里德曼：《法律制度》，李琼英、林欣译，中国政法大学出版社1994年6月第1版，第16页。

〔2〕这里的“文化”即法律文化，是影响法律制度的“社会势力”的代名词；它是指在一般文化中的以各种方式影响法律的一些习惯、意见、做法或想法。参见［美］弗里德曼：《法律制度》，李琼英、林欣译，中国政法大学出版社1994年6月第1版，第13－19页。

与这种动态的制度论相一致，本文认为制度是与社会交往的某种传统的形成过程，它具有一种历史性，甚至制度本身就是一种历史事实。这就与麦考密克（N. MacCormick，1941年— ）和魏因贝格尔（Ota. Weinberger，1919年— ）将法看成一种“制度的事实”的理论联系起来了。因此，正如他们所说，“像‘合同’、‘条约’、‘竞赛’这样的概念，即我们在我们人类实践的规则和传统上创立并通过这些规则和传统表达的概念，是这样一些概念，这些概念可以用‘根据’规则进行并与规则有关的特定的行为和活动加以具体的说明。并不是‘合同’、‘条约’、‘竞赛’或‘比赛’这些概念的本身存在。这些概念是通过传统和规则才使之具有意义和可以理解的。”〔1〕

3. 制度选择

正是基于本文中制度的动态意义和历史传统的事实性质，文章在探讨大陆法私法古典模式和制度的时候比较注重说明：在这些模式与制度的形成和发展过程中，如何与外部的社会世界进行交往；而这些交往又如何影响制度本身，同时对于塑造大陆法私法的精神乃至西方人的人文传统所起到的作用。当然，正如亚里士多德在模态三段论中的“偶然命题的模式”一样，“A偶然是B”只能说明“A可能是B”。这就是说：“A可能不是B并且A可能是B。”而在这个意义上，也就是说：“A不必然是B并且A不必然不是B。”因而，从这个角度看，在与外部世界交往的过程中，制度是一个带有很多或然性或偶然性选择的问题。本文涉及制度选择的说法，也是在这种语境下的话题。同时，文章的论述主要还是从大陆法私法发展自身的角度着眼的。

〔1〕［英］麦考密克、［捷］魏因贝格尔：《制度法论》，周叶谦译，中国政法大学出版社1994年4月第1版，第15-16页。

三、本文研究的路径和方法

作为一个法学研究者，本人无法像那些学问渊博而又富于诗人气质的历史学家们那样——“离开和忘掉自己所处的环境，而溶化在眼前的古书和羊皮纸堆中”。[1] 我必须时时关注大陆法流传至今的传统在哪些地方得益于古典时期；同时，我也无法忘掉我们今天所处的国度和改革的年代。因此，相对于那些纯粹的历史研究，本文的关注点恰好是今天的现实。这种现实的考察包括大陆法私法所呈现出的一种精神、理念或传统及其所仰赖的历史背景；而在这种历史背景中发掘出应对变动不居的现代社会的法学方法；以及这些方法对我们这样一个转型时期国家所具有的现实意义。从这个意义上，可以说本文是地地道道的现实主义作品。

还必须说明的是，本文的研究并不想以当前我国法律史研究中将制度史与思想史相区别的固有模式为基础。因为我认为，法律思想与制度建设往往是相互渗透和相互交融的。尽管某个人或某个时期的思想与学说并不一定都能够在当时当地的制度中得到反映，但较之二者的相互区别来看，它们更像彼此关联的整体，或者说是一个问题的两个方面。而且，将二者结合在一起进行论述，更能够反映这两门学科的发展要旨：法律思想或学说[2] 不论其是否发端于

---

〔1〕［英］乔治·克拉克：《总导言：史学与近代史学家》，载［英］G. R. 波特（编）：《新编世界近代史：文艺复兴（1493－1520）》，中国社会科学院世界历史研究所组译，中国社会科学出版社 1999 年 1 月第 1 版，第 17 页。

〔2〕笔者同样认为，法律思想史的研究应该与法律学说史的研究结合起来。正如有的学者所说，“我们的习惯，一向看中思想，视之为推动社会进步的力量，而以为学术往往是书房里的产物，与时代之间存在着不小的隔膜。”法律学说史是以法律学术发展史为主线进行研究的，“从学术史出发的思想史研究”是一种更能透彻地把握法律思想之内在机理和脉搏的方法。所幸的是，这方面已经有一些学者（如华东政法学院的何勤华教授）做了一些较好的研究。参见王东杰：《重写“思想史”》，载《读书》2001 年第 1 期；葛兆光：《中国思想史——七世纪前中国的知识思想与信仰》（第一卷），复旦大学出版社 1998 年 4 月第 1 版；何勤华：《西方法学史》，中国政法大学出版社 1996 年 6 月第 1 版；何勤华：《中国法学史》（第一卷、第二卷），法律出版社 2000 年 10 月第 1 版。

实践，而运用于具体制度构架之中是其目的；而我们从法制史中发掘出某一制度所蕴涵的思想与学说以成为我们不时之用的学术和精神财富，这才是法律制度史研究的宗旨。〔1〕所以，大家会发现，在本文的论述中，法律思想史和法律制度史的研究在文章中并未成为一道不可逾越的界限；相反，它们经常是交替地进行着的。同时，本人也试图摆脱德国比较法学者茨威格特（Konrad Zweigert, 1911年— ）教授所构筑的那种法律样式〔2〕（Rechtsstile）的研究模式。因此，与追求法律文化的这种模式相比，本文论述则更加着重对法哲学和具体制度的考察。

---

〔1〕也许，这种学科界限的突破会使我们重新思考我国目前法律史研究中的方法问题。在法律思想史的研究中，那种根本不论及当时社会状况与制度背景的人物介评式的研究方法是否应成为这个学科中的唯一或主流的研究方法？而对法制史的研究，我们又是否还应停留在史料的堆积和罗列之中呢？这都是值得那些研究法律史的学者们反思的问题。当然，作为一个民法学研习者，对这个问题的批判或指责更多的是要持一种审慎的态度的，这一点也是本人自明而不便赘言的话题。

〔2〕“样式”是一个艺术方面的概念，它表示艺术所表现的独自性和形式的统一性；而所谓“法律样式”，就是指各个法律秩序和这些法律秩序所构成的整个群体(Gruppen) 所具有的样式（Stile)。茨威格特教授认为，人们对各种法律秩序进行比较研究时应当有一个标准，这个标准就是必须致力于掌握这些“法律样式”，从而根据那些决定样式的因素即样式的构成要素（entscheidende Stilelemente, stilprägende Faktoren)，进行法系的分类，并将各个法律秩序分派给这些法系。茨威格特教授和其高足克茨（Hein Kötz）教授认为，在法系论范围内的样式构成要素有五个方面：(1) 法律秩序的发展历史；(2) 占统治地位的特殊的法学思想和方法；(3) 具有特征性的法律制度（Rechtsinstitute)；(4) 发源的种类及其解释；(5) 思想意识因素。参见［德］K·茨威格特、H·克茨：《比较法总论》，潘汉典、米健、高鸿钧、贺卫方译，潘汉典校，贵州人民出版社 1992 年 9 月第 1 版，第 129页以下；又参见［日］大木雅夫：《比较法》，范愉译，朱景文校，法律出版社 1999 年 4 月第 1 版，第 113－114 页。

第一章　私法精神的源头：古希腊还是古罗马？

——从两个法律文本说起

当我们研究大陆法私法发展早期史的时候，我们往往要发掘出私法精神产生的历史，并从它的产生中去探究其所依赖的社会土壤和环境，以此揭示私法精神与制度选择之间本身所包含的历史场景或历史性。因此，本章对私法精神的探源并非空穴来风；相反，它恰好是本文研究主旨的一个前提。

大陆法私法的古典史是一段极容易让欧洲人缅怀盛世重归荣光的历史，而罗马帝国的浩瀚疆土、盛大的角斗场以及梵蒂冈博物馆中的奥古斯都雕像〔1〕等等，都在不断地锻造欧洲人的这种“罗马情结”。那么，西方私法文明的源头呢？或者说私法传统中所蕴涵的私法精神呢？它们的源头又在哪里？是古希腊抑或古罗马？——还是让我们从这两个文明的两个早期的法律文本说起。

据考古学家们的发现，古希腊留存下来的唯一一部完整的、也

〔1〕普里玛出土的罗马帝国的第一个皇帝奥古斯都（公元前31年－公元14年在位）雕像，塑于约公元前19年，高204厘米。现为罗马梵蒂冈博物馆馆藏。参见苏珊·五德福特、苏珊·谢弗－克兰德尔、罗莎·玛丽亚·莱茨：《剑桥艺术史：希腊和罗马、中世纪、文艺复兴》(1)，罗通秀、钱乘旦译，朱龙华校译，中国青年出版社1994年5月第1版，第134页。

即欧洲第一部法典是《格尔蒂法典》(*The Law Code of Gortyn*),[1] 它定年于公元前5世纪前期。这部法典汇集了较早的习惯法和此前各类成文法,大部分内容为今天所称的民法规范。但是,被罗马人誉之为“一切公法和私法的渊源(fons omnis publici privatique iuris)”(李维【Titus Livius】语)的立法里程碑,却是《十二表法》(*Lex duodecim tabularum*);[2] 大多数学者也将《十二表法》作为大陆法系的源头。美国学者约翰·亨利·梅里曼(John Henre Merryman)教授认为,历史悠久而影响深远的大陆法系的最早的源头可以追溯至公元前450年古罗马的《十二表法》,[3] 而其直接来源则为公元6世纪查士丁尼皇帝统治时所编纂的《民法大全》(或称《国法大全》)。[4] 由于大陆法系国家近代法典编纂主要或直接继受《民法大全》,因此,将其视为法律的直接源流,尚可理解;但是,得益于希腊文化的罗马人以《十二表法》作为法的最早渊源则带有强烈的民族自尊(狭隘的民族心理?),——而从历史的角度看,这多少有些数典忘祖。

不过,有时这种忽视也是来自于我们贪图简单或便捷的思维方式:既然罗马法的编纂成典已经完成了古典罗马法的历史总结,而

---

〔1〕《格尔蒂法典》分别于1857年、1879年、1884年在希腊克里特岛上古代格尔蒂城Lethaios河边的古墙上被发掘,共有12栏、600多行法典残篇,堪称古代在公共建筑上公布法典的典范。刻有法典全文的墙壁至今仍挺立在古格尔蒂城的废墟上。

〔2〕[意]朱塞佩·格罗素:《罗马法史》,黄风译,中国政法大学出版社1994年4月第1版,第78页。相同观点的论述,还可以参见[意]彼得罗·彭梵得:《罗马法教科书》,黄风译,中国政法大学出版社1992年9月第1版,第6页以下。

〔3〕*See* John Henre Merryman, *The Civil Law Tradition* , 2nd ed, Stanford University Press, 1985, p. 2. 相同的观点还可以参见许多著述。如美国哈佛大学法学院M. A. 格伦顿教授便认为,西方法律传统滥觞于罗马法。参见[美]格伦顿、戈登、奥萨魁:《比较法律传统》,米健、贺卫方、高鸿钧译,中国政法大学出版社1993年1月第1版,第1页。

〔4〕*See* John Henre Merryman, *The Civil Law Tradition* , 2nd ed, Stanford University Press, 1985, p. 6.

罗马法又是我们今天所认为的近代民法演进过程中历史最久、影响最大的法律制度，我们何必又舍近求远而去追根求源呢？[1]然而，我们实在又无法忘记，事实上早在西方文明中心由希腊转到罗马的时候，“希腊的思想、科学、哲学、数学以及对于世界本质及其各种形式的执着的研究也就终止了许多世纪”。[2]但即使是到了公元前1世纪，当年届80的罗马人M. T. 瓦罗（M. T. Varro，公元前116—前27年）写给妻子如何打理购置的庄园时（《论农业》【*On Farming*】，公元前36年），还依然告戒她，“不管就任何一点你想得到一些材料”，都可以从古希腊著作家那里获得，并列出了五十位希腊作者。[3]因此，罗马征服世界的历史总是伴随着被希腊文化征服的历史——即罗马人自己也感叹的“征服者被征服”。[4]可以说，整个西方文明发端于古希腊，罗马不过是充当了

---

〔1〕[澳大利亚] 瑞安：《民法的发展》，楚建译，载《外国民法资料选编》选编组（编）：《外国民法资料选编》，法律出版社1983年6月第1版，第2页。

〔2〕[美] 伊迪丝·汉密尔顿：《希腊方式——通向西方文明的源流》，徐齐平译，浙江人民出版社1988年11月第1版，第5页。

〔3〕[古罗马] M. T. 瓦罗：《论农业》，王家绶译，商务印书馆1981年6月第1版，第19页。

〔4〕这是罗马作家贺拉斯（Horace，卒于公元前8年）的一个著名论断。罗马人的这种心理，直到西塞罗（Marcus Tullius Cicero，公元前106—前43年）写作《法律篇》（*De Legibus*）的年代（大约公元前52—前43年），仍然有所体现。在这篇对话中，阿提库斯（Titus Pomponius Atticus，公元前109—前32年）对西塞罗说，人们希望西塞罗写一部历史，以便于“在这个学科文献中，我们也许同样可以与希腊人一比高低”。这从侧面反映了即使是在那个时代，罗马人对希腊人仍然存在一种文化心理劣势。*See* Horace，*Epistles* Ⅱ. 1. 156. 又参见［美］戴维·林德伯格：《西方科学的起源：公元前六百年至公元一千四百五十年宗教、哲学和社会建制大背景下的欧洲科学传统》，王珺、刘晓峰、周文峰、王细荣译，中国对外翻译出版公司2001年7月第1版，第140页；又参见［古罗马］西塞罗：《国家篇·法律篇》，沈叔平、苏力译，商务印书馆1999年8月第1版，第144－145页；又参见朱龙华：《罗马文化与古典传统》，浙江人民出版社1993年10月第1版，第19页。

它传播和发展的中介。[1] 其实，私法传统及其所蕴涵的私法精神也是如此。

第一节 从《十二表法》的来源看大陆法私法传统的起源

《十二表法》是共和国时期平民与贵族斗争的产物，而早在王政（reges）时期，[2] 罗马便对希腊文化采取了"拿来主义"。典型的如塞维·图里乌斯仿效雅典梭伦（Solon，约公元前 638—前 558 年）改革（公元前 594 年），它为罗马民主政治奠定了基础。英国法律史学家亨利·梅因爵士（Sir Henry Maine，1822—1888 年）在论

---

〔1〕在文化发展史上，这几乎是较为一致的看法，——即所谓"现代欧洲文化渊源于希腊，希腊文化通过罗马，直接影响整个欧洲，间接传播到世界各地"。恩格斯在《自然辩证法》一书中也表达了同样的观点。他认为希腊人"无所不包的才能与活动"确立了他们在人类发展史上的重要地位，并使我们今天在探讨哲学、自然科学原理时，往往"不得不回到希腊人那里去"。参见李天祜：《古代希腊史》，兰州大学出版社 1991 年 4 月第 1 版，第 2 页；又参见［德］恩格斯：《自然辩证法》（摘录），载中共中央马克思恩格斯列宁斯大林著作编译局（编）：《马克思恩格斯选集》（第 3 卷），人民出版社 1972 年 5 月第 1 版，第 468 - 469 页。

〔2〕王政时期传说有七王统治。较为流行的说法认为，罗马建城于公元前 753 年，其各王在位年代分别是：罗慕路斯（公元前 753 年—前 715 年）、努玛·庞皮留斯（前 715 年—前 673 年）、图鲁·霍斯梯留斯（前 673 年—前 641 年）、安库·马尔修斯（前 641 年—前 616 年）、塔克文·普里斯库斯（前 616 年—前 579 年）、塞维·图里乌斯（前 579 年—前 534 年）、塔克文·美佩布（前 534 年—前 509 年）。无论怎样，传说中的七王统治至少可以肯定地被划分为两个阶段：拉丁人统治阶段和埃特鲁人统治阶段。

述古代法典时也表示了同样的怀疑："'十二铜表法'〔1〕的公布并不能作为我们开始研究法律史的最早起点。"〔2〕他从荷马史诗中提到的"Themis"（希腊万神庙中的"司法女神"，即Goddess of Justice）和"Themistes（是Themis的复数，意指审判本身，是神授予法官的）的概念出发，分析了早在《十二表法》之前的法律现象；并认为，"罗马'十二铜表法'中确实显示出有排列匀称的某种迹象，但根据传说，这可能是由于当时这个法律的编纂者曾求助于希腊人，这些希腊人具有后期希腊在编纂法律工作上的经验。"〔3〕梅因爵士的怀疑是合理的。古罗马政治家和法律学家西塞罗（Cicero，公元前106—前43年）在其著名的政论作品《论共和国》第二卷中，记载了当时向希腊学习设立十人委员会，并制定《十二表法》的情况。〔4〕有一种说法认为，《十二表法》在起草期间，执政官和保民官暂时去职，由立法委员会行使全国的军政大权，并派遣一个三人考察组，赴希腊研究梭伦法制和搜集其他法律资料。〔5〕有人还认为，在制定《十二表法》之际不仅事先派出调查团前往希腊，研究梭伦立法，"据说罗马的立法者还曾在南意大利的希腊殖民地

---

〔1〕《十二表法》刻字所用板子，据罗马著名历史学家李维（Titus Livius，公元前59－公元17年）的说法，是铜制的，因之称《十二铜表法》。《民法大全》中的《学说汇纂》第一卷第二章第二节第四款则记载S·庞坡纽斯（S·Pomponius，Hadrianus 117－138年在位时的法学家）的看法，认为是象牙的，似更有说服力。但另有些学者认为扳子是木制的或大理石的。我国学者多译为《十二铜表法》，但拉丁文原文并无"铜"字。因此，本文中笔者称之为《十二表法》——笔者引注。

〔2〕［英］亨利·梅因：《古代法》，沈景一译，商务印书馆1959年2月第1版，第1页。

〔3〕［英］亨利·梅因：《古代法》，沈景一译，商务印书馆1959年2月第1版，第9页。

〔4〕［古罗马］西塞罗：《论共和国·论法律》，王焕生译，中国政法大学出版社1997年4月第1版，第94－95页。

〔5〕周枏：《罗马法原论》（上册），商务印书馆1994年6月第1版，第35页。

城市进行希腊法的研究”。[1] 有人说得更直截了当：“为了起草该法，罗马人派遣了使者前往雅典，去抄录梭伦立法，并考察其他希腊城邦的法律和制度习俗。可见，最初的罗马成文法就是连接古罗马与古希腊文化的纽带。”[2]

在这些后人的论述中，也许查士丁尼（Justinian）编纂的《学说汇纂》关于法的起源问题的记载，更具有说服力。

> 后来，为了不再使这种情况继续下去，公共当局决定设置十人，从希腊城邦里寻求法律，并使罗马城建立在法律基础之上，他们把这些法律书写在象牙表上，展示在市政中心的讲坛上，以求能够更广泛地使人了解它们；并在那一年授予这十人以最高权力，以便在必要时修改法律并使其得到解释；对他们的决定不能象对其他执法官的决定那样提出上诉。后来，他们发现这些法律缺乏某些东西，因而在第二年又增加了两块新表，这些法律因偶然因素而被称作“十二表法”。[3]

这里所说的“这种情况”，是指“罗马君王被驱逐，罗马人民再次开始不是根据颁布的法律，而是根据不确定的法和习惯管理自己”[4] 的情况。而实际上，不论这种“不确定”而引起的法律摇摆不定的情况持续多久，在王权时期的法律，是与共和国时期的法律相对立的。王权凌驾于氏族和家庭组织之上，与罗马人的城邦宪制、自由城市和自由共同体几乎没有任何联系。对于私法传统而言，尤其如此。意大利罗马法学家朱塞佩·格罗索（Giuseppe

---

〔1〕［日］大木雅夫：《比较法》，范愉译，朱景文校，法律出版社1999年4月第1版，第22页。

〔2〕张乃根：《西方法哲学史纲》，中国政法大学出版社1993年9月第1版，第49页。

〔3〕*D*．1，2，2，4．

〔4〕*D*．1，2，2，3．

Grosso，1906—1973年）这样表述了“王”的特点：

> 如果说王的出现应当是罗马城建立的基本和直接的表现，那么王权的核心必定在于军事权力和宗教权力。……围绕着军事权力和宗教权力，必定汇集着一系列同维护城市统一及生存任务相关的支配权和特权。王的地位也必定同刑事司法权有关，从广义上讲（lato sensus），它一方面涉及早期刑法观念对旨在侵犯国家的犯罪（首先是那些破坏同神的和平相处的犯罪）的认定，另一方面涉及早期刑法和刑事制裁的神圣性。这种权力集合体中所固有的是一种指挥权，它可以表现为裁决，但我们却不能说王拥有立法权。〔1〕

换句话说，“王”的特点在于以军事权力和宗教权力为基础的一种指挥权，这种权力虽然在刑事处罚上具有司法权，但却不具备立法权。彭波尼（Pompnius）曾不无中肯地说，“的确，在我们城邦建立之初，人民不是根据确定的法律调整自己的行为，一切均由君主亲自统辖。”〔2〕这种统辖没有法治基础，更谈不上形成一套法治传统，最多可以称为“见之宗教事务、宗教机构和国家管理机构中”〔3〕的公法；而私法（民事规范）则无从确立。

那么，我们回到《学说汇纂》关于法的起源问题上，可以说，“使罗马城建立在法律基础之上”的，是“从希腊城邦那里寻求”的法律。据史料记载，在《十二表法》制定之前，尽管罗马贵族与平民在立法者和法律规范上都有不同的分歧，但是，“人们开始派

---

〔1〕［意］朱塞佩·格罗索：《罗马法史》，黄风译，中国政法大学出版社1994年4月第1版，第30－31页。

〔2〕*D*. 1, 2, 2, 1.

〔3〕*D*. 1, 1, 1, 2.

遣一个特使团去雅典学习梭伦的法律和其他希腊城邦的制度”。[1]特使返回以后，在护民官“开始起草法律（utandem scribendarum legum initium fieret）”的提议下，创设了十人委员会，并于公元前451年起草十表法律。第二年又起草了两表。两次起草的法律合在一起，统称“十二表法”。

由此可见，从《十二表法》的来源看，“西方法律传统滥觞于罗马法”[2]的说法，是令人怀疑的。相反，我们可以将西方法律的传统追溯至古代希腊。还是比较法学家们的话一语中的：“迄今为止发现的最古老的罗马法渊源——《十二表法》表明，古希腊对于罗马文化和文明的影响是不可否认的。西塞罗和盖尤斯的著述都暗示：他们确信，罗马法起草之时，一个立法委员会曾被派往雅典学习希腊法和法律制度，这是一段不争的历史。”[3]

第二节　从《格尔蒂法典》与《十二表法》的比较看大陆法私法传统的源流

尽管梅因爵士只能凭借荷马史诗、梭伦的阿提喀法典（*Attic Code of Solon*）片断等史料以及一个法律史学家的敏感，来表达自己的怀疑，而从后来发掘的《格尔蒂法典》的内容来看，就私法方面而言，它不仅丝毫不逊色于《十二表法》；相反，它更接近私法发展的方向，——或者说，它体现了比《十二表法》更为先进的法律思想。

---

〔1〕［意］朱塞佩·格罗索：《罗马法史》，黄风译，中国政法大学出版社1994年4月第1版，第77页。

〔2〕［美］格林顿、戈登、奥萨魁：《比较法律传统》，米健、贺卫方、高鸿钧译，中国政法大学出版社1993年1月第1版，第1页。

〔3〕Peter de Cruz, *Comparative law: in a changing world*, 2nd ed. Cavendish Publishing Limited, 1999, p. 11.

首先，以今天的法律分类标准来衡量，《格尔蒂法典》更象一部民法典。该法典共 12 栏。从第 2 栏第 49 行起，便主要规范关涉私人生活的婚姻、收养、继承、赠与、保证、抵押、合伙、许诺、监护等方面的行为。就是法典第 1 栏第 15 行起关于主张自由人的诉讼，也可以归入民法中关于人身权（身份权）的范畴。以当时希腊的城邦制度来看，其必定是一个“宪政国家”或“法治国家”。〔1〕而在以“法治”为基础的一整套法律制度中，必然包括了由各个自给自足和闭关主义的城邦交往发展起来的国际惯例和国际法，也包括由城邦公民“轮番为治”原则发展起来的国家法和私法。〔2〕在这一“法治”环境下，《格尔蒂法典》却似乎很单纯地仅仅是一些私法的规范，这正是一个民主主义国家的法制体现。〔3〕这自然也使人想到了梅因爵士的一种论调：一个国家文化的高低，看它的民法和刑法的比例就能知道，大凡未开化的国家，民法少而刑法多；进化的国家，民法多而刑法少。〔4〕

其次，该法典基本上摆脱了初民社会法律的残酷性。法典对于强暴、通奸、遗弃、妨碍诉讼等行为的处罚中，没有任何人身型刑罚，仅有关于罚金的规定。以对自由人为例，对男女自由人施以强

〔1〕当然，有人认为，这种宪政与法治是从早期氏族制度的民主制演变而来的。但正如顾准先生所说，氏族民主是原始公社的共同特征，而世界上其他文明古国（如中国、埃及、印度、波斯等）都找不到城邦民主制度的影子，因而，希腊的城邦制度既不是从氏族民主直接演变而来，也不是世界发达史上的通例，而是一个例外。这就表明了希腊城邦宪制所具有的开创性意义。参见顾准：《希腊城邦制度》，中国社会科学出版社 1986 年 12 月第 2 版，第 22 页。

〔2〕顾准：《希腊城邦制度》，中国社会科学出版社 1986 年 12 月第 2 版，第 16 页以下。

〔3〕法国著名思想家孟德斯鸠（Baon de Montesquieu，1689—1755 年）曾说过，在专制国家，立法者没有什么法可以立，“所以当旅行家向我们描述专制主义统治着的国家时，他们很少谈到民法。”参见［法］孟德斯鸠：《论法的精神》（上册），张雁深译，商务印书馆 1961 年 11 月第 1 版，第 74 页。

〔4〕李静冰编：《民法的体系与发展——民法学原理论文选辑》（编者的话），中国政法大学教材（《民法学原理》参考读物），1995 年，第 3－5 页。

暴者，罚其100斯塔特（第2栏第1－4行）；[1] 企图与一位在亲属保护之下的女自由人交合者，若证据确凿，罚其10斯塔特（第2栏第18－20行）；与女自由人通奸者，若在其父亲的、兄弟的或其丈夫的房间中被捉，罚其100斯塔特，若在其它房间被捉，则罚50斯塔特（第2栏第21－25行）；若独居妇女在按章送交孩子之前遗弃其子，如其败诉，她要受罚，为一个自由人孩子罚50斯塔特（第4栏第10－15行）；等等。如果说第一点说明了社会文明的话，那么，这一点又代表了一种法律文明。美国著名法学家罗斯科·庞德（Roscoe Pound，1870—1964年）甚至认为这种对受害人的补偿是现代法的特征。他说："原始法之目的在于维持和平。法律秩序就是不惜一切代价换得的和平秩序。所以任何为避免和防止私人复仇和私人诉诸武力而采取的措施都成为司法手段。起初，法律只不过是和平调处纷争的规则体系，其首要的目的就是向受害人提供补偿以取代复仇。可见，现代法的注意力集中在对受害人的补偿上，而原始法则注目于对复仇动机的抑制。"[2] 因此，在《格尔蒂法典》那里，法律已经不单是发挥着对复仇的抑制功能，它更是起到了现代法对受害人的补偿作用。这正是法律进化的一种表现。

这种进化至少隐含了两个方面的内容：其一，放弃对人肢体的摧残是对人自身的尊重，法律人格的观念即萌生于这种早期的人本主义思想；其二，从人身刑到财产刑，表明对财产权利的重视，这是商品经济社会里财产流转加强的一种现象。在大陆雅典，梭伦改

---

〔1〕在克里特，货币的使用较之希腊大陆要晚150年左右。格尔蒂是首批发行货币的少数地区之一。在古典时代，克里特币制属爱吉那系统。1银斯塔特等于2德拉克码；1德拉克码等于6奥波。奥波为古希腊钱币中最小单位。

〔2〕［美］罗斯科·庞德：《普通法的精神》，唐前宏、廖湘文，高雪原译，夏登峻校，法律出版社2001年1月第1版，第59页。"Roscoe Pound"，也有中文译本译为"罗斯柯·庞德"。为尊重原译本，在引注中对二者的译法没有统一，但文章正文中统一为"罗斯科·庞德"。

革的首要一点就是以财产来划分公民的等级。[1] 而财产的获得比身份更自由，更能激发人的创造性。这表明人类放弃了他们天然的“财产共有”而生活在“民法”之下，因为“民法使人类获得财产”。[2] 这是一种私权观念，也是权利本位的近代民法精神的最早表现形式。

第三，该法典在结构形式上虽然不似现在大多数法典那样，以编、章、节、条、款之类的方式编排严谨、有序，却有民法规范中难得的两个特征。其一，对具体行为规范详细、细腻，表达简洁明了。《十二表法》第 8 表第 11 条规定，不法砍伐他人树木的，每棵处以 25 阿司的罚金。因不分树木大小，这种规范有些笼统。而《格尔蒂法典》则规范得十分细腻。如该法第 7 至第 9 栏关于女继承人的规定，对嫁人的顺序、婚龄、财产、孩子抚养等都有明确规定，十分详尽、具体。同时，《格尔蒂法典》用语简洁、明了，没有诸如“拟诉弃权”（Cessio in jure）、[3]“要式买卖”（mancipium）

---

〔1〕朱龙华：《世界历史·上古部分》，北京大学出版社 1991 年 12 月第 1 版，第 380－381 页。

〔2〕［法］孟德斯鸠：《论法的精神》（下册），张雁深译，商务印书馆 1963 年 3 月第 1 版，第 189 页。

〔3〕《十二表法》第 6 表“所有权和占有”之第 8 项规定的所有权转移方式之一。具体程序为：买卖双方带着要转移的物品（即标的物）到长官面前，虚拟诉讼。买方为原告，主张该物为他所有；卖方为被告，对买方的主张或请求则默认。遂后，由长官将标的物当场裁定判给买方所有。参见周长龄：《法律的起源》，中国人民公安大学出版社 1997 年 1 月第 1 版，第 262 页。

和“要式现金借贷”（nexum）[1]等之类的抽象、晦涩语汇。这种通俗化的用语与国民接近，易于国民理解、接受，也进一步体现了成文法的精神要旨。其二，在规范内容中，体现了民法规范中的放任主义思想。比如，在婚姻问题的规范中，对结婚方面的内容大都留给了当事人自己，仅对易于出现纠纷或有必要加以规范的再婚、离婚等问题进行明确、统一地规定。又如，古希腊贸易发达，本来这方面的规定应较多，但法典同样没有更多的强制规定，而是交给当事人自己，仅对较复杂的合伙、投机、抵押、保证等内容进行规范。这种立法指导思想含有近代自由放任主义思想的萌芽。当然，这也可能是私法领域中成文法与习惯法并存的立法模式的反映。其间是否含有英美法的立法思想，或者说是否表明西方传统两大法系都一元化地来自于古希腊，这是一个值得研究的课题。

第四，确立了当事人的行为与其法律效力之间的关系模式，奠定了近代大陆法民法核心理论——法律行为理论的基础。[2]早期大陆法成文法有别于普通法告示、谕示的特征之一就是，其规范具

---

[1] 《十二表法》第6表“所有权和占有”之第1项和第8项规定的所有权转移方式之一。“要式买卖”又称“用铜块和秤”（Per aeset Liberam）的方式进行的买卖。其具体手续是，买卖双方一起来到在五个证人和一个司秤（Libripens）的面前，由买受人一手持标的物或其标志，一手持铜块说：“按照罗马的法律，此物为我是所有，我是用此铜块和秤买得的。”说完后，就用铜块敲秤，并将铜块交给出卖人，买卖手续就完成了。“现金要式借贷”也是采用“铜块和秤”的办法进行，只是用语是出借人对借用人有权进行处罚的声明：对到期不还的，出借人有权对借用人直接实施拘捕。参见P. 冯韦泰：《罗马法债编》（第二册），第3－6页；转引自周长龄：《法律的起源》，中国人民公安大学出版社1997年1月第1版，第288页注释［21］。

[2] 罗斯科·庞德曾比较罗马法与英美法认为，二者的一个重要的观念上的差异在于，罗马法中“法律行为的概念扮演主要角色”；而英美法的“法律中心的观念是关系”。他认为这种法律行为是指“一种意在引起法律后果、实施行为人意愿的行为产生预期的法律后果”。参见［美］罗斯科·庞德：《普通法的精神》，唐前宏、廖湘文，高雪原译，夏登峻校，法律出版社2001年1月第1版，第14页。

有普遍约束力，不是针对某一个案而言的，它可以用逻辑方法进行推理、演绎。这种法律规范采用了“如果——那么”的结构，确立了行为模式至结果模式的法律行为理论。《格尔蒂法典》第10栏第20行至第24行规定，欠款者或败诉者或涉及正在审理中的案件中的什么人，送掉了什么东西，若其余的财产不足以补偿全部债务，则赠送无效。同栏第25行至第31行关于抵押行为也有类似的规定。第7栏第13行至18行规定，若在市场购置奴隶，60天内不完成交易，该奴隶在此前后所犯罪过，由拥有他的人负法律责任。可见，该法典虽然没有明确标明“法律行为”的概念，但却出现法律效力、无效、法律责任等概念，为学术化的法律行为理论奠定了基础。德国学者R·科尼特尔教授称，“这种思维风格导致了科学论辩的法律界的形成，它已成为幸福国家法律发展的标志，并对欧洲中世纪以来的社会组织起着决定作用。”〔1〕但是，他却认为这种理性的方法是罗马人对法的发现方法。殊不知，早在罗马之前，希腊就有了这种理性方法。

曾任德意志联邦共和国总统的政治学家和法学家罗曼·赫尔佐克（Roman Herzog，1934年　）教授甚至将这种理性方法看成法律制度在性质上的转变。他认为，在论及早期各种法律规定的性质时，史学家和法学家都同样喜欢在绝对法和条件法之间作出区分。所谓“条件法”，也就是这样一种法的成文形式——即“如果——那么”格式；而所谓“绝对法”则处在另一层面上，要求人们“无条件的、高于一切的、需要绝对服从的”采取一定的行为，而且这种行为往往还带有道德或宗教的预言家似的热情，如摩西十诫。这两类法有着巨大的“质的落差”和“天渊之别”。绝对法虽然具有

---

〔1〕［德］R·科尼特尔：《罗马法与民法的法典化》，王天红译，程建英校，载杨振山、［意］斯奇巴尼主编：《罗马法·中国法与民法法典化》，中国政法大学出版社1995年11月第1版，第48页。

焕发人们激情的力量，但是，“如果在这样的情况下没有一个关于法律后果的比较明确的说法，那么这就无异于给法官及其政治上司们的主观随意性大开了方便之门，尤其是如果仅有一些泛泛的、模棱两可的套语用以说明什么是案情事实、而这类套语的具体解释权又是属于法官及其上司们，那么他们更加可以随心所欲了。”〔1〕因此，条件法是“法”转到“法律”的一种变化，〔2〕是一次法律进化中的“质的”飞跃。

第五，在婚姻家庭方面，该法典具有反映近代民法发展的许多先进思想。例如，第7栏中自由人妇女可以与奴隶通婚；又如妇女在离婚、基础等方面具有一定的自由和较多的权益的规定（如第2、3、4、5栏中的有关规定)，并在一定条件下有选择婚姻的自由(如第7、8栏)。另外，家长权开始削弱。虽然还有父亲尚在时儿子不得作保人（第9栏第40、41行）的规定，但父子财产分割制度（第6栏第9～14行）开始出现，且“丈夫不可以出卖或抵押妻子的财产，儿子不可以出卖或抵押其母亲的财产”。同时，第11栏规定未成年人不能收养子，第12栏规定女继承人12岁以后才能结婚、且于此之前父母亲属代管财产和收益。这表明子女在一定的年龄下可以获得相应的权利。这种赋予一定年龄以相应的权利的规定，意味着摆脱家族的禁锢和摆布，达到了由意大利古典刑事法学家贝卡里亚（Cesare Beccaria，1738—1794年）所称的“第二种情

〔1〕［德］罗曼·赫尔佐克：《古代的国家——起源和统治形式》，赵蓉恒译，北京大学出版社1998年10月第1版，第362页。

〔2〕赫尔佐克教授认为，“成文法人们多半——与习惯法相反——称之为法律；因为它不是‘长’出来，而是‘排’出来的。”这样，他在习惯法与成文法的差异上区别了“法”与“法律”的观念（——很难说这是在概念上的差异），并认为从“法的源头”即习惯法到成文法，是“法律的发现”的一个过程。参见［德］罗曼·赫尔佐克：《古代的国家——起源和统治形式》，赵蓉恒译，北京大学出版社1998年10月第1版，第363页以下。

况”，即共和国“由人构成”时期，“意味着遵从契约”，“命令关系不存在了，只存在一种互相提供必要帮助的、神圣不可侵犯的关系，以及一种对所受慈爱表示感谢的关系”。[1] 因此，这些规定表明：以血缘为纽带的宗族制度出现衰落；身份等级的人身关系受到冲击；在城邦民主制度下的公民获得了一定的解放；平等、自由观念在婚姻家庭这一具有惰性的传统领域中，也逐渐萌生了。而这一点，正是对中世纪反动的启蒙时期人文主义精神复兴的前提之一。

与上述《格尔蒂法典》所展示的情况相反，相较之下，《十二表法》则表现出诸多落后的地方。例如，其诸法合体；公法所占的比例较多；保留了氏族社会野蛮残酷性规定（如对债务人的肢解、同态复仇等）和父权家长制（如家属终身在家长权的支配下、妇女受终身的监护等）；私法规范较笼统等等。而这些，都与西方私法传统发展方向背道而驰，仅适合于古罗马公元前 5 世纪农村公社解体时期的自然经济社会，对于公元前 2 世纪末手工业和商业已有相

〔1〕贝卡里亚认为，共和国如果以家庭为单位联合，就意味着孩子们受家长摆布，法律和习俗是家长的习惯感情结果，称作家庭精神，这是第一种情况；第二种情况是，共和国按人进行联合，意味着每个个体都是独立的，没有奴隶，称为共和国的精神（或称调整精神）。参见［意］贝卡里亚：《论犯罪与刑罚》，黄风译，中国大百科全书出版社 1993 年 6 月第 1 版，第 99－101 页。

当发展的共和国后期，已不适用。[1] 考虑到当时的社会条件与文明程度的差距，几乎是作为“蛮族”的罗马人所要学习希腊的，不仅是私法方面，而且还包括、或者说更多地必须关注其民主制度的相关程序（如诉讼程序中的传唤、审理、执行等）、公法（如国事犯、私犯等）、宗教和家族等方面的规定——尽管希腊人并不一定全部是通过法律文本来实现的。通过对希腊制度的学习，把一种制度显诸于法律文本，然后依靠国家强制力加以推行、实施，这也是法律移植中的一种普遍现象。因为本国缺乏这种制度自然衍生的土壤，同时也没有足够的条件在短时间内培养这种土壤。当然，在这种移植的过程中也不可避免地带有原有氏族社会的一些野蛮、落后的规定。不过，必须说明的是，《十二表法》在立法形式上凝炼、有序而富于理性，是古代法典中难能可贵的理性主义体现。这到底归结为罗马人的军事、政治需要，还是归因于有别于希腊人的思维

---

〔1〕关于《十二表法》的真伪问题，有过争议。如意大利学者E·帕伊士、法国学者朗贝脱等人根本否认《十二表法》的存在，认为是后人的杜撰。但是，法国罗马法专家P·F·吉拉尔从历史、法律、语言学三个方面论证了《十二表法》决非虚构，并得到了1903年罗马国际历史学会议确认。他认为，《十二表法》的内容适合于公元前5世纪农村经济解体时的自然经济社会。

《十二表法》原文虽毁于战火，但其条文常为古罗马法学家、史学家和文学家援用。16、17世纪时，意大利学者A·阿尔桑德里（1461—1523年）、德国学者A·D·里韦耳及瑞士学者J·戈伐弗鲁瓦（1587—1652年）等人开始搜集散见于古罗马法学家盖尤斯、保罗、乌尔比安、西塞罗和古罗马史学家李维、塔西佗、普尼林以及文学家奥鲁斯、格里乌斯等人的各种著作中有关《十二表法》的引文，使《十二表法》的内容大体得到认识。18、19世纪时，又经H·E·迪克森、R·绍埃尔、M·沃格特和P·F·吉拉尔等人进一步搜集整理和补正，始形成我们今天看到的《十二表法》的内容。通过这一文献，我们虽未能见原样，但大体上可以看出《十二表法》的本来面目。它的内容、文字和句式，以及其结构和风格，都反映了早期罗马奴隶社会以自然经济为基础的农业公社的状况，完全符合公元前5世纪中叶古罗马社会的历史、文化和风俗习惯的特点。参见曲可伸（主编）：《世界十大著名法典评介》，湖北人民出版社1990年版，第26－27页；又参见周枏：《罗马法原论》（上册），商务印书馆1994年6月第1版，第38－39页。

方式，尚缺乏完整的史料分析；但是，后人们总可以从诸如罗马建筑强调中轴线效果而希腊人则注重随遇而安的自然情趣的差异中，得到一些启发。

第三节　成文法与大陆法私法传统

诚然，就以上论述，我们似乎可以初步得出结论：西方法律传统，特别是私法传统，其渊源在古代希腊。但是，一种传统，特别是代表一种法文化传统的形成，是一个渐进的过程。大陆法私法传统也不例外。这一点，我们将在后文作进一步地论述。这里，我们关心的是，大陆法私法形成的标志应该是什么？或者它在哪里？

尽管诸如梅里曼之类的许多法学家们都认为，大陆法与英美法的区别标志并不是是否法典化的问题，但是，从到目前为止的法律表现形式上，“大陆法和普通法的区别在于是否编纂成文法典”。〔1〕尤其是，私法更多地渊源于一些习惯和风俗，以成文法形式表现出来，才使之具有了法制意义。这一点，正如罗曼·赫尔佐克教授所说，“成文法通常是比较现代化、比较适应现时需要的法。它的产生一方面以高度发达的文字为前提，没有文字，它根本就无法写下来，另一方面，它又以存在着一批甘愿置习惯法于不顾而愿意按照立法者的言词进行判决的法官为先决条件。”〔2〕

其实，在各国的法律发达史中，几乎都有将法律铭刻于墙壁、石碑、鼎等上的经验，也无一例外地都被标志以法律形成的标识。当然，这种成文法的出现，首先应感谢文字的发明。但是，尤为重

〔1〕 René A. Wormser, *The Story of the Law – And the Men Who Made It – From the Earliest Time to the Present*, Simon and Schuster, 1962, p. 222.

〔2〕 [德] 罗曼·赫尔佐克：《古代的国家——起源和统治形式》，赵蓉恒译，北京大学出版社1998年10月第1版，第365页。

要的是，它往往是民主情绪高涨和权利意识觉醒的产物。而这种权利意识，是私法传统赖以存在的基础；从思维角度看，成文法典的形成，则是一种思维理性也即形式理性的结果。一部成熟的法典尤其如此。由于史料的缺乏，人们往往认为古希腊没有成文法典，而大量司法文献也都是法庭辩护词。但是，实际上，古希腊法典或成文法的出现，我们可以远溯至公元前624年德腊科（或译为“德累科”）为雅典人制定的一部法律，〔1〕甚至可以推至公元前14000多年以前的米诺斯的立法。〔2〕而且由于公元前7世纪以后发动的法律编纂活动，大多数城邦的法律都有成文法规；其中，有的非常详尽、相当完备，罗列了诉讼程序和供司法适用的具体条例。

> 荷马之后的时代，一个更为健全的立法和司法体制逐渐发展起来。法律人（lawmen）收集、整理并协调了早期习惯，将它们转化为成文法，这些宗教的东西（sacred usages）后来转变为人定法（man-made laws）。后来就经常由市民委员会（a

---

〔1〕［美］路易斯·亨利·摩尔根：《古代社会》（上册），杨东莼、马雍、马巨译，商务印书馆1977年8月第1版，第262页。

〔2〕亚里士多德在《政治学》第二卷第十章详细记载了米诺斯的法制状况。而经过了考古学家德国人海因利希·谢里曼（1822-1890年）、希腊人卡洛凯里洛斯和英国人亚瑟·伊文思（1851-1941年）等人考证之后，20世纪50年代，英国建筑师米歇尔·文特里斯终于解读出了米诺斯文明留下的线形文字B的泥版。也许，下一段文字可以作为欧洲关于土地所有权和使用权的最早的记载：

“这块土地是女祭司所拥有，并庄严宣告，神灵具有真正的所有权，但这块土地的持有着可享受耕播它。（种子那么多）有3×57÷60单位。”

这些泥板上的文字，记载了祭司对土地的所有权及使用权的一些规则。如果我们考虑到目前关于这些线形文字B的泥板已达4000多件，而且大量的线形文字A还未被解读，那么，关于米诺斯存在大量成文立法的说法，应该是较为可信的。参见［古希腊］亚里士多德：《政治学》（I. 10. 1271b20-1272b20），吴寿彭译，商务印书馆1965年8月第1版，第92-97页；又参见周长龄：《法律的起源》，中国人民公安大学出版社1997年1月第1版，第220-227页。

committee of citizens）来修改法律制度，他们从法院大会（the general assembly courts）中选出。成百的地方法典发展起来，但是不是我们所使用的“普通法”意义上的。其中最知名的法典编纂者是位于意大利靴子脚趾尖上的希腊殖民地 Locri 的 Zaleucus。[1]

当然，古希腊最闻名的两位立法者还是雅典的梭伦和斯巴达的莱库古斯[2]（Lycurgus）。同时，新的研究也表明，雅典的审判员不能擅自以模糊的公道观点作为判案的根据，必须严格遵守成文法律的字面意义。[3]因此，《法学总论》明确地说，“我们的法律或是成文法，或不成文法，正如希腊的法律，有些是成文的，有些是不成文的。成文法包括法律、平民决议、元老院决议、皇帝的法

〔1〕传说中 Lucri 人（亚里士多德称他们是逃跑的痞子）请求神谕，得到的答案是要他们制定他们自己的法律。原来是放牧的奴隶的 Zaleucus 为他们制定了这些法律。因为在大约公元前 664 年，他称 Athena 女神在梦中口授给他这些法律。虽然这不是第一个托神旨的法律，但却是希腊第一部成文法典。这部法律如此地受到欢迎，以致于任何想推行新法律的人都会被绞死。Zaleucus 的法律以原始的“以眼还眼”原则来对待人身损害；对包括服装和饰物在内的社会行为进行限制。传说中，当 Zaleucus 发现自己不小心触犯了自己的法律以后，便自杀了。*See* René A. Wormser, *The Story of the Law: And the Men Who Made It – From the Earliest Times to the Present*, Simon and Schuster, 1962, p. 43.

〔2〕斯巴达城邦形成于公元前 9 世纪，传说中其缔造者莱库古斯依照特尔斐神谕制定了第一部成文法。该法汇集了早期的习惯法，包括近代民族国家的根本宪法、民法和刑法等规范。莱库古斯立法（*Lycurgus Law*）集中地反映了斯巴达当时的社会状况，也强化了其有别于雅典民主化法律的诸多不同特征，如政治上的寡头贵族统治、社会生活上的军事性质和原始氏族残余等。“莱库古斯”（Lykowgos，约公元前 9 世纪 – 前 8 世纪）又译“来库古斯”、“莱库古”、“莱喀古士”或“李库古斯”等。

〔3〕参见《不列颠百科全书》1977 年第 15 版，第 8 卷，第 398 – 402 页。中译文见丘日庆（主编）：《各国法律概况》，上海社会科学院法学所编译，知识出版社 1981 年 10 月第 1 版，第 18 – 31 页。

令、长官的告示和法学家的解答。"[1]不仅如此，而且在对"法典"的理解上，如罗马法后来所说的，都把法律作为一种"知识"和"艺术"，[2]自然也就不仅限于我们今天意义上的完全是立法机关的法律文本。生活的自然逻辑、法学家们的解释、法官对人们具体生活的关注与理解等等，这些都被认为是对法律知识和诉讼艺术的阐述，揭示的是如同自然律一样的自然理性和科学。这种法典所具备的自然理性是与社会实践相一致的，是一种经验的总结，是经验理性或实践理性。事实上，于此之上，我们的成文法典才具有实证科学的性质，达到了哲学意义上的所谓人类思维的"实证阶段"。

法国著名哲学家和社会学家奥古斯特·孔德（Auguste Comte，1798—1857年）认为，我们所有的思辨都不可避免地要先后经历"神学阶段"、"形而上学阶段"和"实证阶段"。"第一阶段，虽然从各方面来看都是不可缺少的，但今后应始终将其视为纯然是临时性的和预备的阶段。第二阶段，实际上只是解体性的变化阶段，仅仅包含单纯的过渡目标，由此便逐步通向第三阶段。最后这一阶段才是唯一完全正常的阶段，人类理性的定型体制的各个方面均寓于此阶段之中。"[3]按照这种思辨理论，成文法的兴起便标志着我们人类的法律生活开始进入实证阶段。因为它已经标志着人们生活摆脱了神明裁判的方式，而是一断以律。人类的理性在此时也许或多或少地还带有一些形而上学的色彩；[4]然而，理性主义本身便是

---

〔1〕 *J*. 1，2，3.

〔2〕 *See J*. 1，1，1.

〔3〕 [法] 奥古斯特·孔德：《论实证精神》，黄建华译，商务印书馆1996年12月第1版，第1-2页。

〔4〕 "形而上学"有时也用来指对各种事实的陈述，但这种陈述却不是一种逻辑的、数学的陈述；虽然这些陈述可以用种种方法进行"论证"，然而却不属于特殊的实证科学领域。早期成文法中还不可避免地带有的一些先验性的内容。参见[联邦德国] 施太格缪勒：《当代哲学主流》（上卷），王炳文、燕宏远、张金言等译，商务印书馆1986年1月第1版，第31-32页。

对神学的反动。“灋”〔1〕的观念虽然产生于远古禁忌，具有渎神性。但是，当法文化发展到相对成型时期——即要求摆脱神秘性，追求公开形式，——成文法的出现，便开始了人类对法律的理性化要求。这一理性是人们经验社会生活的实证结果，是一种实践理性。成文法使社会生活逐渐从虚幻走向真实，从犹疑走向肯定，从模糊走向精确，从无用走向有用；最主要的是真正地以法律的形式(而不是“神”的形式）开始组织社会生活，富于建设性。〔2〕“一个社会如果没有成文的东西，就决不会具有稳定的管理形式。”〔3〕成文法的出现，标志着人类理性的体制——法制形式正式出现，并开始进入理性发展阶段。

因此，成文法典的出现，尤其是对私法规范的法典化，是大陆法私法具备形式理性和实践理性的表现和标志，是其私法成熟的特征。科尼特尔教授曾认为，罗马人对法的发现方式是理性的方法，这一方法对后世产生了巨大影响。〔4〕但是，就私法而言，罗马人

---

〔1〕“灋”者，即古“法”字也。[东汉] 许慎《说文解字》载，“灋，刑也。平之如水，从水。廌所以触不直者去之，从去。法，今文省；水，准也。北方之行，象众水并流。中有微阳之气也。凡水之属皆从水；廌解兽也。似山牛一角。古者决讼，令触不直。象形，从豸省；薦兽之所食草。从廌从草。古者神人以廌遗黄帝。帝曰：何食何处？曰：食薦，夏处水泽，冬处松柏。去，人相违也。人大声。”

〔2〕在奥古斯特·孔德看来，“实证”一词有几层含义。其一，指与虚幻相对应的真实；其二，指与无用相对应的有用；其三，指与犹疑相对应的肯定；其四，指与模糊相对应的精确；最后，它还作为否定的反义词使用，发挥着组织而不是破坏的功能。参见 [法] 奥古斯特·孔德：《论实证精神》，黄建华译，商务印书馆 1996 年 12 月第 1 版，第 29 页以下。

〔3〕[意] 贝卡里亚：《论犯罪与刑罚》，黄风译，中国大百科全书出版社 1993 年 6 月第 1 版，第 15 页。

〔4〕[德] R·科尼特尔：《罗马法与民法的法典化》，王天红译，程建英校，载于杨振山、[意] 斯奇巴尼（主编）：《罗马法·中国法与民法法典化》，中国政法大学出版社 1995 年 11 月第 1 版，第 47－61 页。

的《十二表法》并不十分突出；而相对地，在被其继受的希腊法中则表现得十分明显。这一点，我们从上文对《格尔蒂法典》的分析中，已见一斑。这样，关于大陆法私法从“《十二表法》→《民法大全》→近代民法”的演进模式的流行观点，应该得到修正。也许《格尔蒂法典》并不能完全代表希腊私法，但就可以考稽的法典来看，大陆法私法应该是由“《格尔蒂法典》→《民法大全》→近代民法”流程式地演进。这种对传统观点的修正，也许会颇耐人寻味地引发我们对法律进化中的诸多问题的重新思考。

第四节　小结：古希腊法律智慧的光芒

也许，雅典政治家伯里克利（Pericles or Perikles）在那个冬天里为阵亡将士举行国葬典礼上的那段著名演讲，能够为我们关于大陆法私法起源的说法提供一些线索或佐证。他说：

> 我要说，我们的政治制度不是从我们邻人的制度中模仿得来的。我们的制度是别人的模范，而不是我们模仿任何其他的人手中。我们的制度之所以被称为民主政治，因为政权是在全体公民手中，而不是在少数人手中。解决私人争执的时候，每个人在法律上都是平等的；让一个人负担公职优先于他人的时候，所考虑的不是某一个特殊阶级的成员，而是他们有的真正才能。任何人，只要他能够对国家有所贡献，绝对不会因为贫穷而在政治上湮没无闻。正因为我们的政治生活是自由而公开的，我们彼此间的日常生活也是这样的。当我们隔壁邻人为所欲为的时候，我们不致于因此而生气；我们也不会因此而给他以难看的颜色，以伤他的情感，尽管这种颜色对他没有实际的损害。在我们私人生活中，我们是自由和宽恕的；但是在公家的事务中，我们遵守法律。这是因为这种法律深使我们心悦诚

服。[1]

尽管整个演讲在很多地方都是为了与斯巴达城邦对照[2]而言的，但我们还是可以从这段话中得到两点更加清晰和明确的论证。其一，所谓“我们的制度是别人的模范”，这说明了两个方面：一是在古希腊城邦林立的环境下，雅典城邦找到了一条避免社会动荡而实行政治与经济上的变革的“前进途径”，并为整个古希腊社会提供了一个榜样；[3]另一方面表明罗马人也是在以古希腊为榜样而发展起来的。而这，还不单是前面我们提到的罗马人派人研究梭论立法问题，因为一项单纯的立法活动并不能代表和说明整个制度构成。罗马法在私法方面的成就只有在一定政治制度保障下才能得以实现；而罗马人对雅典民主政治制度模式作为一个整体或一种体制化的继受或移植，才是大陆法私法的“源头活水”。这种继受或移植甚至包括法律文化和社会精神的模仿或仿效。这也是我们在谈

〔1〕［古希腊］修昔底德：《伯罗奔尼撒战争史》（上册），谢德风译，商务印书馆1960年4月第1版，第130页。

〔2〕例如，在说明“我们的政治制度不是从我们的邻人的制度中模仿得来的”之时，实际上是在说雅典的政治制度不同于或独立于斯巴达城邦。事实上，在古希腊城邦中，雅典和斯巴达是两个有代表性的城邦，一个为民主制政体，另一个则是采取的军事专制政体。尽管在当时的雅典有不少人对其民主制政体所表现出的某种“羸弱”提出非议，但以今天的标准来看，这种民主制度构成了西方社会发展的主流，较之落后的军事专制的斯巴达较为进步。

〔3〕英国著名历史学家汤因比（Arnold J. Toynbee）先生考察了公元前725——325年间的古希腊许多城邦的历史以后认为，在古希腊社会面临人口增长与生活资料生产的压力问题时，各个城邦采取了不同的方式。象科林斯和卡耳基斯是进行海外拓殖；斯巴达则复活了原始军事化的社会制度。只有雅典，它实行农业生产专业化，发展制造业和出口贸易；同时又改进政治组织，给予新措施所造就的新阶级以相应的政治地位。这样，雅典的政治家们不仅成功地完成了一次经济上和政治上的革命，而且也解决了当时古希腊社会的共同问题，并为整个古希腊社会“开辟了一条新的前进途径”。参见［英］汤因比：《历史研究》（上），曹末风等译，上海人民出版社1997年11月第1版，第5-6页。

论法律移植时经常所要谈到的。

其实，在《布莱克法律辞典》（*Black's Law Dictionary*）中，关于"Civil"一词，并非是一个单纯的"私人意义"的语汇。它虽然是"与私权或民事诉讼而非刑事诉讼程序实现的救济有关的"，但却是指"政府的或其市民的，或者与政府及其市民有关的"。布氏辞典还说明，该词起源于拉丁文的"市民"（civlis）一词。"它的本义是与一政府或自由政治体有关或者相切合的；对于市民来说是自然的、正当的。也指与共同体、政策、民治政府和政府主体有关的。"〔1〕因此，市民法意义最初是与政权相关的、并同时存在的。另外，在《韦氏辞典》（*Webster's Ninth New Collegiate Dictionary*）中，更多了一些社会意义，其含义也更是宽泛了一些。韦氏辞典中"Civil"一词的第二种含义就是"文明的"（civilized）和"举止得体的、有礼貌的"（mannerly）。〔2〕从中，也许可以说明市民法代表了一种文明的生活方式。

事实上，在市民法的产生过程中，它往往只是生活在城邦内的享有"公民"或"市民"资格的人当中，其他"外邦人"或"异族人"是不必要、也是不能适用的。这样，能够有资格来适用市民法规则，从某种角度看就是一种荣耀。正是在这个意义上，伯里克利说，我们遵守法律就是"因为这种法律深使我们心悦诚服"；而也正是在这个意义上，法国思想家孟德斯鸠（Baron de Montesquieu，1689—1755年）认为，在城邦共和体制下，"人们遵守法律并不是由于恐惧或由于理智，而是由于热爱法律"。〔3〕这种私法文化下的制度构成就是人类文明对野蛮的冲动与本能的抑制。英国哲学家罗

---

〔1〕 *Law Dictionary*，5th ed. West Publishing Co.，1979，p. 222.

〔2〕 *Webster's Ninth New Collegiate Dictionary*，World Publishing Corp，1988，p. 224.

〔3〕 ［法］孟德斯鸠：《罗马盛衰原因论》，婉玲译，商务印书馆1962年5月第1版，第17页。

素（Bertrand Russell，1872—1970年）说得好："文明之抑制冲动不仅是通过深谋远虑（那是一种加于自我的抑制），而且还通过法律、习惯和宗教。这种抑制力是它从野蛮时代继承来的，但是它使这种抑制力具有更少的本能性与更多的组织性。"〔1〕

其二，在该演讲中，伯里克利将"政治制度"分作为统辖关涉政权的"政治生活"和关涉人们私人的"日常生活"两种生活形态的制度，这就区分了公共空间与私人空间，这是大陆法传统中公私法二元结构的最早反映。哈贝马斯教授在探讨资产阶级公共领域（bürgerliche Öffentlichkeit）的初步确定时曾说，尽管迟至18世纪末在德国才出现与"私人领域"相区别的"公共领域"（Öffentlichkeit），但"公"（Öffentlich）与"私"（privat）的说法此前可是"早已有之"。

> 这就涉及到这些范畴在古希腊时期的起源问题。我们今天所见到的这些从古希腊流传下来的范畴已经深深地打上了罗马时代的印记。在高度发达的希腊城邦里，自由民所共有的公共领域（koine）和每个人所特有的私人领域（idia）之间泾渭分明。公共生活（政治生活）在广场上进行，但并不固定；公共领域既建立在对谈（lexis）之上——对谈可以分别采取讨论和诉讼的形式，又建立在公共活动（实践）之上——这种实践可能是战争，也可能是竞技活动。（立法经常委派给外邦人来做，它不属于公共使命。）众所周知，古希腊政治制度是建立在世袭奴隶制基础之上的。公民尽管不用从事生产劳动，但能否参与公众生活还得取决于他们的领主在何种程度上获得自律。从（古希腊的）名称来看，私人领域并非仅仅局限于家庭；动产

〔1〕［英］罗素：《西方哲学史》（上卷），何兆武、李约瑟译，商务印书馆1963年9月第1版，第39页。

> 和对劳动力的支配不再是对家庭经济和家庭支配权的补充，反之，贫穷和缺少奴隶，则会有碍于进入公共领域——放逐、没收财产以及毁掉家庭是一个意思。所以说，公共领域里的地位取决于领主（Oikodespoten）的地位。在领主权威这把保护伞下，生命不断繁衍，奴隶从事劳动，妇女料理家务，生生死死，循环往复；必然王国和瞬间世界一直都隐藏在私人领域当中。[1]

从这些描述中，我们明显地可以见到政治生活中民主城邦制度的印记，但这其中的政治生活还不是完全的“平民公共领域”(plebejische Öffentlichkeit)，也不是近代英语世界里的“市民社会”(civil society) 里的生活形态，因为其中的“私人”是处于领主保护之下的。然而，这却是“私”的观念的最早萌芽。当然，正如在本文第二章所要谈到的，这种私的观念是城邦制所润育和培养的。这也正是本人在这里所要强调的，古希腊《格尔蒂法典》所表现出的私法或法律进步性不仅是单纯的法典具有先进性的问题，更多地，它必须有一整套社会制度构成，也包含了一个社会整体性的进化；从根本上，它蕴含了一个大陆法传统的“私的”空间和观念的出现与形成。而这，正是大陆法私法传统所蕴涵的私法精神的显现，是私法文明在黎明时分的异动与灵光（phoos)。[2]

---

〔1〕[德] 哈贝马斯：《公共领域的结构转型》，曹卫东、王晓珏、刘北城、宋伟杰译，学林出版社 1999 年 1 月第 1 版，第 3 页。

〔2〕在古希腊，智慧一词被认为来自光（phoos)。人们把最完满的德性、最娴熟的技术和最精确的科学都称之为智慧，而将拥有这样德性的人称为哲人。经过基督教的经书，人们赋予了这种“光”更神圣的含义。这里用“灵光”一词强调其智慧性的一面。参见苗力田：《思辩是最大幸福》，载［古希腊］亚里士多德：《尼各马科伦理学》译序，苗力田译，中国社会科学出版社 1999 年 8 月修订第 1 版，第 9 页。

这种古希腊法律智慧的光芒还映射出了公私领域中的治理思想：对私人生活的“自由和宽恕”；在公共领域中“共遵良法”。“我们遵守法律”乃是因为“这种法律使我们心悦诚服”，实际上就是古希腊先贤亚里士多德为后世阐述的法治基本原则。他说，“法治应包含两重意义：已成立的法律获得普遍的服从，而大家所服从的法律又应该本身是制订得良好的法律。”〔1〕即所谓“共遵良法”。对私人生活领域的自由和宽容，也表明私法存在着固有的疆界，以及在此界限之内个人意志的自由。这是“良法”尊重人性的重要表现，也是私法的精髓所在。自此，古希腊的智慧便开启了西方私法文明灵动的曙光。

在这种私法文明的灵光中，理性之光也隐若地诱发了我们更深入地思维，——这种私法精神的显现有其深刻的社会背景、政治基础和文化底蕴。那么，是什么样的原因促使私法精神在欧洲大陆养成？又是什么样的条件成就了大陆法私法的传统？或者从根本上说，是哪些主要因素影响或建构了大陆法私法传统的精神家园呢？这就需要我们更全面地去解构古希腊，去了解古希腊人的政治制度、社会生活、文化背景和思维方式，以及这些因素对法律、特别是关于老百姓私人生活的法律的影响，从而发掘出一种精神与制度之间相互契合的诸多互动性要素。

---

〔1〕［古希腊］亚里士多德：《政治学》（Ⅳ．8．1294α），吴寿彭译，商务印书馆 1965 年 8 月第 1 版，第 199 页。

第二章　私法精神与制度选择之基础的形成

——精神家园的建构：古希腊对大陆法私法传统形成的贡献

大多数的人都已经接受了罗马法这个概念，并且把它视为从《十二表法》到《民法大全》近千年来的全部罗马法律的成果。今天，关于罗马法的研究成果如此丰富，以致于我们几乎难以有所新的发现。正如学者们的普遍看法，“起初，罗马法颇重形式，僵化而具体。但它最终由刻板的规则发展为普通的规范；由具体的思想模式发展为抽象的思想方法。逐渐以注重实际细节、崇尚和盛行艺术术语为特征。古典时期的法律（约始于公元117年，结束于公元325年开始的动乱、瘟疫和内战时期）代表着古代罗马法发展的全盛。这一时期著名的法学家，如乌尔比安、帕比尼安（Papinianus）和盖尤斯（Gaius）等最为后世推崇。在其极盛之时，古典罗马法形成了一个世界上前所未有的实际才智的体系。”〔1〕可惜，由于大量古典的佚失，我们今天已无法再现古典时期罗马法的全貌。这

〔1〕［美］格伦顿、戈登、奥萨魁：《比较法律传统》，米健、贺卫方、高鸿钧译，中国政法大学出版社1993年1月第1版，第12页。

样，就使得残存的公元6世纪的《民法大全》〔1〕（*Corpus iuris Civilis*）几乎成了罗马法的代名词。〔2〕

《民法大全》通常被认为包括四部分，即《法学总论》、《学说汇纂》、《帝国法典》及《新律》（*Novellae Constitutiones*）。〔3〕后世人们对它评价很高，甚至比之与《圣经》。〔4〕的确，《民法大全》毕竟是经过精心筛选、慎重取舍的产物，无论在一般观点或是具体问题方面，都不同于古典时期的其它法律，它体现了较高的编纂技术。梅里曼教授认为，《民法大全》编纂动机之一便是因为查士丁尼本人是一个编纂家，是那些浩瀚繁杂、含混冲突的法律规则激发了他编纂法典的欲望。〔5〕正是由于其高超的编纂技术，使罗马法具有了中世纪学者们所称道的“成文理性”。这也是《民法大会》遭到数世纪的冷遇以后得以复兴的原因之一。

考虑到后世法典编纂中对《民法大全》的继承，今天的人们如何赞美查士丁尼的法典编纂成就都不为过。但是，人们不要忘记

---

〔1〕查士丁尼的整个立法作品被称为《法律大全》（*Corpus iuris*），但为了将其有别于《教会法大全》（*Corpus iuris Canonic*），一般都将它称为《民法大全》。这个称谓并非原来就有的，而是在1583年热那亚出版了苟托弗雷多（Gotofredo）的全集之后，便流行且通用起来。参见［意］朱塞佩·格罗索：《罗马法史》，黄风译，中国政法大学出版社1994年4月第1版，第453页。

〔2〕比如我国台湾民法学者曾世雄教授认为，“罗马法者，指东罗马帝国皇帝Justinian（527—565年）时代所整理编纂之法典。”参见曾世雄：《民法总则之现在与未来》，中国政法大学出版社2001年10月第1版，第1页。

〔3〕《法学总论》又称《法学阶梯》或《入门》；《学说汇纂》又称《学说汇编》或《潘得克吞》（希腊语Pandectas，意指学说大全）；《帝国法典》又称《查士丁尼法典》或《敕令》（*Constitutionen*，又作“宪令”）。由于这三部分为查士丁尼初期颁布，有学者仅将此三部分认为属《民法大全》。这里采通常的看法，将后期整理的《新律》（又称《新敕令》）也归入其中。

〔4〕［英］登特列夫（A. P. d’ Entrèves）：《自然法》，李日章译，台湾联经出版事业公司1984年12月初版，第11页。

〔5〕John Henre Merryman, *The Civil Law Tradition*, 2nd., Stanford University Press, 1985, p. 7.

了，它不过是西罗马帝国的荣光之后拜占庭皇帝所进行的法律汇编而已。这一拜占庭罗马法并未完全再现古典罗马法极盛时期的法律，正如查士丁尼本人再也无法实现昔日罗马帝国的强盛一样。其实，就如上面所论述到的，就《民法大全》的核心（即罗马法私法）来看，它所表现出来的原则与精神，早在古希腊时代便已经奠定了。比较法学者彼得·克鲁兹（Peter de Cruz）认为，罗马法走向辉煌的一个重要原因就是："在公元前二世纪罗马进行地区扩张重要历史时期，她吸收和修正了希腊思想和哲学，造就了几近完美的一个制度，它具有适应性，持久且实用。从公元前 146 年罗马人征服希腊以后，希腊文化就被吸收到罗马帝国之中。虽然希腊是一个被征服的国家，但是希腊艺术、文化和哲学开始渗透到罗马社会，并且实际上笼罩了整个帝国。"〔1〕

有一种偏见几乎已经根深蒂固："提起古代遗产，我们首先会想到希腊艺术、戏剧和哲学；当看看罗马给我们留下什么的时候，脑海里出现的大概是罗马道路和法律。希腊对自然法以及它在社会中的地位做了大量的思索，但希腊城邦的法律没有获得充分发展，所以也就没有什么法律科学。"但这种偏见之下，又不得不承认这样的事实："罗马人不注重法律理论，他们的法律哲学大部分来自于希腊人。"〔2〕这是两种相互矛盾的说法；或者包含了对法律的一种曲解，——认为法律就是一些无需理论和哲学指导的职业技术或简单劳动。实际上，古希腊人不仅为我们后世的法律发展提供了理论和哲学指导，也培育了私法发展的社会土壤；而且就是在具体制度建设中，也是卓有成效的。本章拟从古希腊哲学（特别是自然法

---

〔1〕 Peter de Cruz, *Comparative law: in a changing world*, 2nd ed. Cavendish Publishing Limited, 1999, p. 51.

〔2〕 *See* Peter Stein, *Roman Law in European History*, Cambridge University Press, 1999, pre. Ⅰ.

学说)、民主城邦制和具体的私法制度三个方面，对古希腊社会给予我们大陆法私法发展的贡献进行论述，并由此揭示一种私法精神与大陆法私法制度之间相结合的历史基础如何形成，——也即在宏观上找寻大陆法私法发展的精神家园。

第一节　古希腊哲学、特别是自然法学说是大陆法私法精神的原动力

自然法思想对法学体系建立具有统领性的理论建构作用，因而，它经常被认为是大陆法与普通法在近代分野的主要理论分别：12世纪两大法系的分道扬镳被认为是英国对以自然学说为基础的罗马法的抵制；而相反，大陆法则是自然法思想在欧洲大陆取得统治地位的结果。因此，学者们认为，改革普通法的思想经过培根[1]（Francis Bacon，1561—1626年)、海尔爵士[2]（Sir Matthew Hale，1609—1676年）和边沁[3]（Jeremy Bentham，1748—1832年）的失败，最终与大陆法法典化立法的思想无缘；而“在此之后，自然法思想在大陆取得了统治地位，成为促成从18世纪以降的总括

〔1〕继12世纪普通法抵制罗马法而坚持自己的“盎格鲁－诺曼法”传统以后，培根是较早提出通过立法修改普通法的学者。他认为应该自觉地整理普通法从而使之体系化，并通过立法剥除一些不符合时代的规范。

〔2〕海尔爵士在法典化运动的思潮下撰写了《普通法的历史》（*History of the Common Law*）和《有关修改或改正法律的考察》（*Considerations Touching the Amendment or Alteration of Lawes*），提出一些具体的法典化建议。

〔3〕边沁的法典化建议是从功利主义出发进行论述的，但也正是因为其功利主义的目标对统一化、体系性的法典化立法没有统摄性的意义，其在法律形式上的建议在社会中的反响甚微；不过，他的功利主义的法律目标与经验主义的普通法传统一拍即合，对英美法以后的发展具有很大的影响。

性体系的法典编纂（Naturrechtliche Kodifikationen）的原动力"。[1] 正因如此，自然法学说可以被认为是成就大陆法的主要理论和学说。不过，这一理论的准备是在希腊时代就形成和奠定了的。

自然法学说，"发源于古代希腊，其核心是强调神法和理性法的无上权威，以及它对人类制定法的支配力，强调法律所应当体现的公平与正义，强调法律对当事人的自然权利的保护。"[2] 曾在意大利杜林（Turin）学习法律的登特列夫（A. P. d' Entrèves）先生在《自然法》一书中说，"自然法的头一个伟大成就见于法律的固有领域，也就是见于具有普遍效力的一个法律体系的奠基。这个体系收录于查士丁尼的法典中，也透过这法典而传递给后世。"[3] 而这一体系之所以流传下来，除了其令人惊叹的结构之外，更主要的是其中所包含的古希腊自然主义哲学，特别是斯多噶学派（英文：Stoics school）的自然法思想。这才是《民法大全》得以超越拜占庭狭小空间而征服全世界的重要原因之一。

依《法学总论》所说，"法学是关于神和人的事物的知识；是关于正义和非正义的科学。"[4]《学说汇纂》开头所引述的罗马法学家们的见解，与这种认识也相同。它认为法律（拉丁文 ius）既是一门艺术，也是一门科学。"作为一门科学，它是关于人类的与神明的事物之一种知识，是关于是与非的一种理论；作为一门艺术，它乃是对善与公正的事物之促进。"[5] 这些对法的概念的描

---

〔1〕［日］大木雅夫：《比较法》，范愉译，朱景文校，法律出版社 1999 年 4 月第 1 版，第 247 页。

〔2〕何勤华：《西方法学史》，中国政法大学出版社 1996 年 6 月第 1 版，第 6－7 页。

〔3〕［英］登特列夫（A. P. d' Entrèves）：《自然法》，李日章译，台湾联经出版事业公司 1984 年 12 月初版，第 11 页。

〔4〕*J*. 1, 1, 1.

〔5〕*See D*. 1, 1, 1, pr. －1. 又参见［英］登特列夫（A. P. d' Entrèves）：《自然法》，李日章译，台湾联经出版事业公司 1984 年 12 月初版，第 13 页。

述，都已包含了“正义与依法行事”（De Iustitia et Iure）、“自然”（Naturale）、和“公正与善”（aequun et bonum）等意义，乃是对古希腊文明的一种延续，也是在哲学思想上对自然法思想的继受。

早期的西方哲学思想都带有或者是“试图”具有某种“科学”的倾向，因此人们往往也称之谓“自然哲学”（natural philosophy）或“关于自然的哲学”（philosophy of nature）。[1] 古希腊哲学家们为人类文明提供了一个科学的假说，较少夹杂人类早期那些人神共体的蒙昧观念，从而也少一些迷信的愿望和道德的偏见。[2] 早期哲学往往都把世界的本原（即原质、原素）理解为一种神。“然而有

---

〔1〕［美］戴维·林德伯格：《西方科学的起源：公元前六百年至公元一千四百五十年宗教、哲学和社会建制大背景下的欧洲科学传统》，王珺、刘晓峰、周文峰、王细荣译，中国对外翻译出版公司2001年7月第1版，第4－5页。有的学者认为，“法学可以说是社会科学之一种，但有些法学门类或学派（如自然法学派）则不能算做‘科学’”（参见夏勇：《确立和坚守人文社会学科的核心价值》，载《中国社会科学》2000年第1期）。这种观点本身就缺乏历史感和“科学性”。我并不反对作者试图将人文社会科学加以明晰的想法，甚至赞同从“科学”表象背后去发掘人文精神的努力，同时我甚至怀疑整个社会科学的“科学性”；但对于作者在这里将“自然法学派”不能算“科学”的做法，我却不敢苟同。自然法学起源便带有朴素的科学思想，而后期的发展又极具伦理和道德价值；或从科学精神考虑，或从作者的人文精神出发，都不应对自然法学独持此种看法。

〔2〕古希腊哲学一般认为起源于米利都学派（Melisian school），主要代表人物是泰勒斯（又译为“泰利斯”；Thales，约公元前624—前547年）、阿那克西曼德（Anaximandros，约公元前610—前546年）和阿那克西美尼（又译为“阿那克西米尼”；Anaximenes，约公元前585—前526年）。泰勒斯认为水是世界的原质；阿那克西曼德则认为构成世界的一些原素，水、火、土都有一定比例，并且都在不断地扩大自己的领土；阿那克西美尼则认为世界的原质乃是气。

历史地看来，这一产生于米利都城邦的古希腊最早的唯物主义哲学流派，虽然存在着一些幼稚的猜想，但它却具有朴素和直观的特征。这或多或少地可以归结为早期哲学家们所具有的自然科学的素养。——当然，更进一步地，我们也可以认识到知识与学科分类在人类智识早期的一些特征。参见中国大百科全书总编辑委员会《哲学》编辑委员会（编）：《中国大百科全书·哲学》第1卷中“米利都学派”辞条，中国大百科全书出版社1985年8月第1版，第616－617页。

一种必然性或者自然律永远地在校正着这种平衡；例如只要有了火，就会有灰烬，灰烬就是土。这种正义的观念——即不能逾越永恒固定的界限的观念——是一种最深刻希腊信仰。神祇正像人一样，也要服从正义。但是这种至高无上的力量其本身是非人格的，而不是至高无上的神。"〔1〕可见，古希腊哲学的起源便以科学主义和理性主义的面目出现。这种哲学观萌芽了早期朴素的法治思想：其一，世界都处于一种必然性与自然律的支配下，具有永恒性；其二，神与人一样，都服从于这种永恒的自然律；其三，对自然律所确定的秩序，便是一种"正义"。〔2〕这种早期的正义观形成了自然法思想的核心。

古罗马历史学家塔西佗（Cornelius Tacitus，约公元55—120年左右）对法的起源的描述，也印证了这一法治思想。他认为，原始人过着清白正直的生活，没有罪恶欲望，也无需法治；而法治只是在这种情况产生的：

> 但是当公正不复存在，野心和暴力代替了谦逊和克己的时候，专制制度就在许多国家成了永恒的现象。有一些城市，或者从最初的时候起，或者是在对国王的统治感到厌倦之后，决

〔1〕［英］罗素：《西方哲学史》（上卷），何兆武、李约瑟译，商务印书馆1963年9月第1版，第52-53页。

〔2〕早期希腊宗教和哲学中，正义的理论很宽泛，更多倾向于一种秩序。阿那克西曼德说，万物所由之而生的东西，万物消灭后复归于它，这是命运规定了的。因为万物按照时间的秩序，为它们彼此间的不正义而相互补偿。阿那克西曼德的这种观念，是从其"无限定"哲学观出发来认识的。这种观念比他的老师——希腊米利都学派的创始人泰勒斯的具体物质的哲学观更前进了一步，更倾向于抽象的思维形式，主张世界万物产生于一种没有固定性质和形状的物质，从而不生不灭，永恒存在。参见中国大百科全书总编辑委员会《哲学》编辑委员会（编）：《中国大百科全书·哲学》第1卷中"阿那克西曼德"辞条和第2卷中"泰利斯"辞条，中国大百科全书出版社1985年8月第1版，第6页和第863页。

> 定改行法治。最早类型的法治是头脑简单的人的朴素的创造物，就其中最著名的可以举出克里特的米诺斯、斯巴达的李库古斯和雅典的梭伦所制订的法律。

〔1〕这说明法治是在自然律所确定的正义秩序遭到破坏以后，试图恢复这一正义的产物；而且它起源并非是罗慕路斯（Romolo）创立罗马城之后，也不是图里乌斯建立法治的改革，而是在古希腊。尤其难能可贵的是，这种“法治国”的概念最初便是以克服“法制”之专制而出现的。而为这种法治提供原动力的，就是自然法思想。

古希腊这种早期自然法思想经过毕达哥拉斯（Pythagoras，约公元前580—前500年）、赫拉克利特（Herakleitos，约公元前540—前470年）、巴门尼德（Parmenides，鼎盛年约于公元前504年）等人之后，逐渐丰富和深刻，最后集中地反映在苏格拉底（Sokrates，公元前469—前399年）、柏拉图（Platon，公元前427—前347年）和亚里士多德的思想之中。在这里，本人无意去更多地复述那些古希腊社会贡献出的伟人们的思想，不过，我们有必要就反映自然法核心思想的命题作简要的回顾。

苏格拉底首先对什么是正义问题进行了探讨。从“欠债还债就是正义”〔2〕到正义就是“把善给予友人，把恶给予敌人”；〔3〕从

---

〔1〕［古罗马］塔西佗：《塔西佗〈编年史〉》（上册），王以铸、崔妙因译，商务印书馆1981年4月第1版，第154页。

〔2〕［古希腊］柏拉图：《理想国》，郭斌和、张竹明译，商务印书馆1986年8月第1版，第7页。

〔3〕［古希腊］柏拉图：《理想国》，郭斌和、张竹明译，商务印书馆1986年8月第1版，第8页。

正义是“强者的利益”[1]到“正义是智慧与善，不正义是愚昧和恶”；[2]从“正义是心灵的德性，不正义是心灵的邪恶”[3]到“正义者是快乐的，不正义者是痛苦的”；[4]苏氏实际上把我们引入了一个贯穿整个西方法哲学史的命题：“如果被统治者服从统治者及其制定的法律，就是正当，那么在统治者立法时犯了错误，服从错误的法律是否正当?”[5]在这一两难的命题中，柏拉图用“理念”[6]建构了一个理智世界，为我们描绘了唯一的、完美无缺的乌托邦。而现实世界的事物便是对理念的摹仿。无论是人治的乌托邦还是法治的新乌托邦，柏拉图都是在向我们描述了一个受自然律支配的、符合正义与公正的社会秩序；并且，他试图赋予“自然”

---

〔1〕[古希腊] 柏拉图：《理想国》，郭斌和、张竹明译，商务印书馆 1986 年 8 月第 1 版，第 18 页。

〔2〕[古希腊] 柏拉图：《理想国》，郭斌和、张竹明译，商务印书馆 1986 年 8 月第 1 版，第 36 页。

〔3〕[古希腊] 柏拉图：《理想国》，郭斌和、张竹明译，商务印书馆 1986 年 8 月第 1 版，第 42 页。

〔4〕[古希腊] 柏拉图：《理想国》，郭斌和、张竹明译，商务印书馆 1986 年 8 月第 1 版，第 42 页。

〔5〕如上引述可见，在柏拉图《理想国》第一卷中，苏格拉底关于正义问题的探讨实际上关涉西方法律发展中的几个核心问题：第一是私法领域的基本原则——用中文话语通俗表述为“欠债还钱”；第二是对正义的运用——即“以善待友，以恶对敌”；第三是正义与强权、公理与利益的关系；第四是正义与人生的目的。但是，在这些核心问题中，使国家法发生悖论的关键问题莫过于此。因此，复旦大学法学院张乃根教授认为这是贯穿西方法学史的重大命题，也甚为恰当。参见[古希腊] 柏拉图：《理想国》，郭斌和、张竹明译，商务印书馆 1986 年 8 月第 1 版，第 1－43 页；又参见张乃根：《西方法哲学史纲》，中国政法大学出版社 1993 年 9 月第 1 版，第 11 页。

〔6〕“理念”（eidos 或 idea）一词来自希腊文动词“看”（idein），因而很自然具有“一个人所看见的”、事物的“外观”、“形状”等含义。荷马至前苏格拉底哲学家们都经常在这种意义上使用该词。柏拉图把它变成了一个专门的术语，形成了他的理念论哲学体系。参见颜一：《流变、理念与实体——希腊本体论的三个方向》，中国人民大学出版社 1997 年 10 月第 1 版，第 47 页。

(Nature)、“命运”（Chance）以神性（即“灵魂”Soul），以神的权威来支撑法律（特别是人定法）的权威，将神意与正当性进行沟通，从而获得合法性基础。亚里士多德则以现实主义思想发展了自然法学说。他从人类本性出发，指出国家作为一个团体，最初是两个相互依存的生物的结合，然后从配偶到家庭到村坊，进而发展成为城邦国家。“早期各级社会都是自然地生长起来的，一切城邦既然都是这一生长过程的完成，也是自然的产物。这又是社会团体发展的终点。”〔1〕这样，亚里士多德从生理人之结合到社会人之结合的分析中，导源出了法律的精神。与此同时，他把“至善”的概念引入其中，将柏拉图退求其次的法治推至了前台，认为多数人治国优于一人治国，从而把自然法从神、乌托邦那里拉回到了现实。

斯多噶学派正是在此基础上，将“德行”的观念契入每一个生命个体，使之与“自然”和谐，相调和，达到与“自然”相一致的意志。〔2〕斯多噶学派最为杰出的哲学家之一克里斯普（Chrysipus）曾在他的《法律论》一书中这样开篇：“法律是所有神或人的事物的主宰，它必须驾驭好人和坏人，命令他们，指挥他们。因此，它应当是划分正义和非正义的标准和调整那些本性好交际的动物的规则，它规定什么是应当做，并禁止不应当做的事情。”〔3〕这种对自然理性的追求与个体自律的强调，使其学说较易被人接受，特别是对统治阶级。加之斯多噶学派的后期学者大多为罗马人，〔4〕这种学说几乎是很直接地被罗马人吸收。

---

〔1〕［古希腊］亚里士多德：《政治学》，吴寿彭译，商务印书馆1965年8月第1版，第7页。

〔2〕［英］罗素：《西方哲学史》（上卷），何兆武、李约瑟译，商务印书馆1963年9月第1版，第322页。

〔3〕*D*. 1，3. 2.

〔4〕斯多噶学派创始人芝诺为腓基人。早期该派人物大多是叙利亚人，而晚期则多为罗马人。

现在，大多数的学者们已经指出，罗马自然法学说并非源出罗马，其渊源在于外地；它是全盘从希腊哲学借取来的。[1] 西塞罗的理性主义法学是一个典型。他的《论共和国》、《论法律》等传世之作，不仅在篇名与体裁上与柏拉图如出一辙，而且其自然法思想也因袭了古希腊。他这样表述了自然法的含义：

> 真正的法律是正确的规则，它与自然相吻合，适用于所有的人，是稳定的，永恒的，以命令的方式召唤履行责任，以禁止的方式阻止犯罪，……将不可能在罗马一种法律，在雅典另一种法律，现在一种法律，将来另一种法律，一种永恒的、不变的法律将适用于所有的民族，适用于各个时代；将会有一个对所有的人共同的，如同教师和统帅的神：它是这一法律的创造者、裁判者、倡导者。[2]

并且，他还说：

> 自然赋予所有的人理性，因此也便赋予所有的人法。[3]

显然，这个折中主义的定义包含了两类：(1) 真正的法律（自然法）是与自然相吻合、符合人性的，在伦理上是公正、正义的（“正确的”），具有普适性；而且 (2) 在表现形式上经过了上帝的认可，具有权威性和永恒性。这种普适性和永恒性的法律，包含了

---

〔1〕 [英] 登特列夫（A. P. d' Entrèves）：《自然法》，李日章译，台湾联经出版事业公司 1984 年 12 月初版，第 15 页。

〔2〕 [古罗马] 西塞罗：《论共和国·论法律》，王焕生译，中国政法大学出版社 1997 年 4 月第 1 版，第 120 页。

〔3〕 [古罗马] 西塞罗：《论共和国·论法律》，王焕生译，中国政法大学出版社 1997 年 4 月第 1 版，第 196 页。

后期万民法思想，理想化地把哲学精髓深入了世俗生活。可以毫不夸张地说，西塞罗“真正的法律”之提出，隐含了苏格拉底提出的命题，即在现实的非正义与自然法的正义秩序中的矛盾；复活了柏拉图的理念王国，再现了亚里士多德的现实主义观念，更是直接继受了斯多噶学派的自然与理性思想，使其理性主义思想“在罗马文化中生根开花”。〔1〕这样，“罗马之法无异于雅典之法，今日之法无异于将来之法。法是同一个，永恒而不朽，亘诸古今而不变，放之四海而皆准。”〔2〕因此，有学者说，他的著作和思想，“生动地再现了古罗马和古希腊文化的渊源关系。”〔3〕

在盖尤斯看来，自然法与万民法是一样的，“根据自然原因在一切人当中制定的法为所有的民众共同体共同遵守，并且称为万民法，就像是一切民族所使用的法。”〔4〕另一位古罗马法学家保罗（Paulus）也持相同的观点：“一个意义下的法律，就是我们称之为永远公正与善的东西的那种法律，那就是自然法。”〔5〕但与保罗同时代的乌尔比安则明确地将私法分成了三种。

> 私法是三重的；它可以采自自然之诫律，或国际之诫律，或城邦之诫律。自然法是大自然教给一切动物的，这种法并不是人类特有的，而是属于一切动物的。从这种法产生了男女之结合（我们谓之婚姻），生儿育女，以及子女之教育……国际

〔1〕张乃根：《西方法哲学史纲》，中国政法大学出版社 1993 年 9 月第 1 版，第 53 页。

〔2〕［英］约翰·托兰德：《泛神论要义》，陈启伟译，商务印书馆 1997 年 5 月第 1 版，第 42 页。

〔3〕张乃根：《西方法哲学史纲》，中国政法大学出版社 1993 年 9 月第 1 版，第 50 页。

〔4〕［古罗马］盖尤斯：《法学阶梯》，黄风译，中国政法大学出版社 1996 年 11 月第 1 版，第 2 页。

〔5〕［罗马］查士丁尼：《法学汇编》，转引自［英］登特列夫（A. P. d’Entrèves）：《自然法》，李日章译，台湾联经出版事业公司 1984 年 12 月初版，第 20 页。

> 法则是人类所遵循的法律。不难理解这种法是应该不同于自然法，因为后者属于一切动物，而前者为人类所特有。[1]

乌尔比安的这种所谓“自然之诫律”、“国际之诫律”和“城邦之诫律”，实际上就是指自然法、万民法和市民法。三分法被查氏法典编纂采纳。《法学总论》开宗明义地说：“这里所谈的私法，包括三部分，由自然法、万民法和市民法的基本原则所构成。”[2]而且在对自然法的理解上，也几乎是乌尔比安学说的翻版：

> 自然法是自然界教给一切动物的法律。因为这种法律不是人类所特有，而是一切动物都具有的，不问是天空、地上或海里的动物。由自然法产生了男与女的结合，我们把它叫做婚姻；从而有子女的繁殖及其教养。的确我们看到，除人而外，其他一切动物都被视为同样知道这种法则。[3]

不难看出，这种学说来自于亚里士多德对生理人与社会人之结合的思想，描摹出了从“个体两性结合（配偶）→家庭→村坊→城邦”的发展脉络。就是万民法，也是“出于自然理性而为全类制定的法”。[4]这里我们姑且置自然法与万民法的划分而不论；[5]单纯就二者存在的基础而论，都是导源于自然律、自然理性与自然精

---

〔1〕[英]登特列夫（A. P. d' Entrèves）：《自然法》，李日章译，台湾联经出版事业公司1984年12月初版，第19页。这里所谓“国际法则”，就是指万民法。

〔2〕*J*. 1, 1, 4.

〔3〕*J*. 1, 2, 1, pr.

〔4〕*J*. 1, 2, 2.

〔5〕如前所述，关于自然法与万民法的划分是有分歧的。就本人的看法，以人的主体性、以人为本的思想来看，二者实则可以归为一类；而把人置于自然秩序中的一个环节，则二者在范围上有差别。

神，这实际上都秉承了古希腊的自然法思想。这种自然理性的产生和发展，是古希腊理性主义成就的有力见证，甚至是东西方社会、现代与古代世界（——文化意义上的）分野的起源。“现代世界与古代世界之区分，西方与东方之区分，在于人们事务中的理性至上的原则——它诞生在希腊，而且在整个古代世界中只存在于希腊一个国家之中。希腊学者是第一批崇尚理性智慧的知识分子。在非理性起着主要作用的世界中，希腊人作为崇尚理性的先驱者出现在舞台上。”〔1〕

然而，比较两位罗马法学家的观点，也许我们会觉得，查士丁尼在《法学阶梯》中虽然完全接受了乌尔比安的观点，但实际上自然法只是起到了体现法律精神的意义，它更多地体现了早期法学家们试图将法律客观化——适用于“一切动物”——的一种努力。不过，不要忽视了这种自然法的精神，它是私法能够作为一个整体并形成一种传统和精神的理论基础。罗马法正是在人们世俗的情感中注入了这种自然理性，才使得人们在各个领域中的规范得以统一，因为这种自然理性与“私的”理性几乎是一致的。这也是本文在后面的论述中所要强调的。

总之，从古希腊自然法思想一脉相承的发展中，我们可以看到，罗马法不过是该学说的一种延续而已。梅因爵士认为，正是罗马法具备了这种“自然法”理论，才使它克服了早期原始法律的僵硬性，使得罗马法优于其它民族的法律。他说：“我找不出任何理由，为什么罗马法律会优于印度法律，假使不是‘自然法’的理论

---

〔1〕［美］伊迪丝·汉密尔顿：《希腊方式——通向西方文明的源流》，徐齐平译，浙江人民出版社1988年11月第1版，第5页。

给了它一种与众不同的优秀典型。"〔1〕正如后来的法律发达史所表明的，这种自然学说经过中世纪神学的洗礼，到近代又获得倡扬，其发展可谓绵延不断。〔2〕无怪乎有人考证认为，在罗马有人说，在罗马法的黄金时代，最伟大的法律家，大部分也是哲学家。〔3〕在斯多噶哲学的影响之下，自然法学说终于转化成为罗马法，——

---

〔1〕［英］亨利·梅因：《古代法》，沈景一译，商务印书馆1959年2月第1版，第45页。事实上，有的学者对古代东西方民法进行比较研究后认为，公元前6世纪时，东方民法已经非常发达，而西方则相对落后；只是到了公元6世纪时，由于罗马法的"异军突起"，才使得原有的东西方民法发展格局被打破，并导致了相反的结果。本文认为，作者在这个问题上通过法律文本所进行的制度研究，是较有价值的；但将产生这种现象仅仅归结为"商品经济"的分析，过于简单。其中，在这种研究中被忽视的重要一点就是古希腊人生活的哲学精髓——即自然法思想。参见王立民：《古代东方法研究》，学林出版社1996年6月第1版，第268-272页。

〔2〕实际上，在大陆私法以后的发展中，实定法所追求的一种正义，一直是参照自然法的正义而加以运用的。这才是法的精神。而法学家庞德教授说得更直接："自然法是法律的法理学发展的巨大力量，是较高的法律原则制度的拟制，它存在于理性之中，现行法律制度只不过是自然法的不完善的反映。"参见［日］高柳贤三：《英美法源理论》，扬磊、黎晓译，西南政法学院外国法制史教学参考丛书第二集（日本有斐阁1953年第7版），第7页；又参见［美］罗斯柯·庞德：《法律史解释》，曹玉堂、杨知译，邓正来校，华夏出版社1989年4月第1版，第130页。

〔3〕19世纪德国哲学家尼采（Friedrich Wihelm Nietzsche，1844—1900年）在谈论哲学与民族健康问题时曾经说过，全盛时期的罗马人可以无需哲学（——"完全不要哲学，或者对于哲学只有极其浅薄的、几乎是儿戏般的运用"）而依然生活得很健康。但这种说法并不能够说明罗马人缺乏哲学思维。因为在这里，尼采主要是从与古希腊人对哲学的虔诚相对比而言的，而且他更多地强调了纯粹的哲学意义上的东西。事实上，较之一般意义上，罗马人对哲学的关注虽然比不上古希腊，但也表现了极大的热情，并且更多的是带上了世俗的情感（我们可以将之称为世俗化）。这一点，在下文将会有所论及。因此，我们可以借用尼采先生的话来说：希腊人迷恋哲学，懂得适时而始，但却不懂得适时而止；而罗马人虽然继承古希腊哲学不知适时而始，但却是懂得适时而止的。参见［德］尼采：《希腊悲剧时代的哲学》，周国平译，商务印书馆1994年7月第1版，第4-5页。

由此一代一代地传递给后世，并成为思想的不竭源泉；而查士丁尼的法典则为我们提供了一项证据，证明该学说确实具有“一脉相承的历史”。

第二节　古希腊民主城邦制为大陆法私法传统的形成提供了最早的实验场

民主城邦制，已经成为希腊人对近代民主政治的主要贡献，并且这也是欧洲文明与亚洲文明区别的关键。经济学家约翰·希克斯（John Hicks）分析了形成这种状况的地理方面的原因。他说：“欧洲文明经历了一个城邦阶段，这一事实是欧洲历史与亚洲历史迥异的重要关键。形成这种格局的原因主要是地理方面的。欧洲城邦是地中海的恩赐。在技术条件方面（这些条件已通过大部分有文字记载的历史而取得），地中海已卓然成为联结生产力颇不相同的各国的一条公路；另外，它有许许多多孤立的小块地区，冷僻的角落、岛屿、海岬和溪谷，这些在同样的条件下一向是容易防御的。亚洲就没有完全类似这样的条件。”〔1〕这种说法也许有一定的道理。不过，我们尽可以将这种地缘社会学的分析交给孟德斯鸠们去研究，从而使本文的论述更加集中在文章的要旨之上。〔2〕历史学家路易斯·亨利·摩尔根（Lewis H. Morgan，1818—1881年）在《古代社

---

〔1〕［英］约翰·希克斯：《经济史理论》，厉以平译，商务印书馆1987年7月第1版，第37页。希克斯认为，与地中海相比，日本的内海要小，中国海令人望而生畏，印度海平直等。这些要么缺乏自然条件形成发展的气候，要么则会成为贸易妨碍。

〔2〕这里丝毫没有贬低这种分析视角和方法的意味；相反，我同意历史学家葛兆光教授的观点：“关于‘世界’或者‘地球’的认识，并不仅仅是一个天文学与地理学方面的问题，也是一个关系到民族、国家和文明的观念的大问题”。参见葛兆光：《古代中国社会与文化十讲》，清华大学出版社2002年1月第1版，第2页。

会》中描述了古希腊城邦制度的形成过程，这种描述可以作为我们分析城邦制对私法形成之意义的研究起点。

> 古代社会建立在人身关系的组织上，它是通过个人与氏族、与部落的关系来进行治理的；但希腊部落的发展已经超越了这种原始的政治方式而开始感到需要一种政治制度了。要达到这个目的，所需要的就是创立乡区，环之以边界，命之以专名，并将其中的居民组成一个政治团体。于是，乡区连带它所包括的固定财产以及当时居住于其中的人民，便成了新政治方式中的组织单元。从此以后，氏族成员一变而为市民，他与国家的关系是通过地域关系来体现的，不是通过他个人与氏族的人身关系来体现的。他将注籍于他所居住的乡区，籍贯成为他的市民的身份的证据；他将在他的乡区投票、纳税和被征服兵役。……财产已经成为逐渐改造希腊制度而为政治社会开辟途径的新要素，这个要素既是政治社会的基础，也是它的主要动力。〔1〕

从这段文字可以看出，古希腊城邦制度的形成，最初是以摆脱原始氏族身份之人身关系而出现的。今天看起来，这是件微不足道的事；然而，在那个时代，这一“很简单的理想，但却需要几个世纪的时间和对旧存的政治观念进行彻底的革命”。〔2〕当然，这种“政治团体”与今天所称的民族国家有所区别，但是它却为西方私法传统的形成创造了条件，并提供了早期的私法知识和经验。直言

---

〔1〕［美］路易斯·亨利·摩尔根：《古代社会》（上册），杨东莼、马雍、马巨译，商务印书馆1977年8月第1版，第218页。

〔2〕［美］路易斯·亨利·摩尔根：《古代社会》（上册），杨东莼、马雍、马巨译，商务印书馆1977年8月第1版，第218页。

之，它为大陆法私法的发展提供了最早的“实验场”。

首先，城邦的兴起，产生了私法的民主基础，并为公法与私法的区分提供了可能。古希腊的城邦政治建立在三权之上。而且，“这三者在某种意义上是平等的：第一是酋长会议（βουλη）；第二是阿哥腊（αουρα），即人民大会；第三是巴赛勒斯（βασιλευs），即军事总指挥官。”[1] 这种建立在酋长会议、人民大会、军事指挥官三权基础上的政治典型，是一种“高级野蛮社会”，用美国人摩尔根先生的话来说，“基本上是民主政治，它的基础是建立在氏族、胞族、部落这些自治团体上的，并且是建立在自由、平等、博爱的原则上的。”[2] 而这一点，正是私法成长和发展的基础。

不仅如此，由于以地域为中心的政治制度建立，城邦成员的权利义务便突显出来；而正如前面哈贝马斯教授所指述的，在这些诸

---

〔1〕［美］路易斯·亨利·摩尔根：《古代社会》（上册），杨东莼、马雍、马巨译，商务印书馆 1977 年 8 月第 1 版，第 243 页。这里，摩尔根探讨的是雅典在英雄时代的政治体制，其政治权力被三个不同的部门和权力机构所掌握。在这三种职务之中，巴赛勒斯（中文还有翻译为“巴西勒斯”的）通常被近代著作家译为“国王”，至少是作为最高行政长官。当然，这种说法也存在着一些争议。但亚里士多德的某些看法我们认为还是较为可信的。亚里士多德将之称为“王者执政官”，认为这是“最高和最早的官职”。同时，据他还记载，为弥补其不足和协助王者执政官，又设有“军事执政官”（原文为“波勒马耳科斯”【πολέμαρχοs】）和“执政官”（一般所说的首席执政官，即名祖执政官【Αρχων έπώνυμοs】才称为执政官【ἄρχων】）。多数学者认为，执政官的设置是在墨冬（为科德律斯之子，而科德律斯则是雅典之王，根据神话传说死于公元前 1068 年）时期。又参见［古希腊］亚里士多德：《雅典政制》，日知、力野译，商务印书馆 1959 年 9 月新 1 版，第 3 页以下。

〔2〕［美］路易斯·亨利·摩尔根：《古代社会》（上册），杨东莼、马雍、马巨译，商务印书馆 1977 年 8 月第 1 版，第 247 页。

项权利中，[1]自然便包括了公共事务与私人事务两个方面。格罗索教授所做的分析也说明了这一点。他认为，一方面，“城邦的起源以及它凌驾于较小群体之上的地位直接满足的是简单而有限的秩序和防卫的目的”；另一方面，在充分考虑到前者目的的同时，“也必定会确定并巩固市民（cives）共同体，从而导致被视为市民自己的法的市民法（ius civile）逐渐形成。”因此，“正是由于城邦与这些较小群体之间的早期共存关系，才使人清楚地看到城邦最初功能的有限性以及公法与私法之间并驾齐驱的关系。”[2]可以看出，城邦制度的兴起，为西方法律中公法和私法的划分创造一种可能。

这种可能一旦反映在诉讼上，则表现为私人诉讼与公共诉讼的不同特征。

> 诉讼分为私人诉讼和公共诉讼两种，其主要区别在于：(1) 前者仅能由受害人或其法定代理人提出，后者任何享有完全权利的公民均可提出；(2) 前者在未结案前可以中途停止，后者必须进行到结案为止，否则课以罚金；(3) 前一种诉讼只能取得赔偿或罚款，而后一种控诉只能惩罚犯罪者。[3]

---

〔1〕希腊城邦建立在氏族、胞族和部落之上，城邦成员早期亦称氏族成员。摩尔根将希腊氏族成员的权利和义务归纳为十项，即：(1) 公共的宗教仪式；(2) 一处公共墓地；(3) 互相继承已故成员的遗产的权利；(4) 互相支援、保卫和代偿损害的义务；(5) 孤女和承宗女有在本氏族内通婚的权利；(6) 具有公共财产、一位执政官和一位司库；(7) 世系仅由男性下传；(8) 除特殊情况外禁止氏族内通婚的义务；(9) 收养外人为本氏族成员的权利；(10) 选举和罢免氏族酋长的权利。参见［美］路易斯·亨利·摩尔根：《古代社会》（上册），杨东莼、马雍、马巨译，商务印书馆1977年8月第1版，第223页。

〔2〕［意］朱塞佩·格罗索：《罗马法史》，黄风译，中国政法大学出版社1994年4月第1版，第95页。

〔3〕陈盛清（主编）：《外国法制史》（修订本），北京大学出版社1987年4月第2版，第54－55页。

尽管文中的著作者在后文中将“公共诉讼”转换为“控诉”一词已显得有一些急不可耐，但是，客观地说，我们还是可以通过诉讼的提起、运行程序、规则及承担责任的方式等方面的不同，发现二者的区别实际上类似于我们今天所说的民事诉讼与刑事诉讼之间的区别。〔1〕只不过，在这里，“公诉人”是一个城邦内“享有完全权利的公民”，即具有城邦市民资格的人。而在此，“私人诉讼”则是地道的民事救济程序，与我们今天所谓的私法救济并无二致。这种区分对罗马法的影响是双重的，它不仅导致了罗马法上以诉讼为先导来区分权利性质的方法，更是直接形成了大陆法私法与公法相

---

〔1〕这里，笔者以有关监护的诉讼为例，来说明这种公诉（public）程序和私诉（private）程序（即公共诉讼与私人诉讼）的区别。在雅典，公诉可以分为两种：“Φάσιs”和“εισαὶγγελία”。前者的特点是：（1）它是一种依检举揭发而启动的程序；（2）它一般发生在受害人不可能自己出庭诉讼的情况下；（3）检举人检举成功会获得监护人被没收财产的一半或被处罚金的一半。另一方面，他也会向法院提交立案费（court fee），这大概相当于他检举成功所得；败诉后，会被没收。后者的特点是：（1）它不仅可对监护人提起，也可对任何侵害被监护人权益的人提起；（2）检举人不担任何风险，即使诉讼不成立，也不会被没收立案费（court fee），实际上他也根本不必提交这种费用。而私诉程序则表现为另外一种特点：（1）诉讼的目的是强迫监护人交出监护账册，并在有责任的情况下支持损害赔偿费用；（2）它仅在监护关系结束时提出，未成年人成年后提出，妇女的监护由谁提出尚为一个谜；（3）此种诉讼有一个前置程序，即由民间或官方仲裁人进行听证；（4）原告未获1/5以上陪审员投票的话，会因滥用诉权而被处以请求标的额1/6的罚金；（5）它必须于监护关系结束后5年之内提出；（6）如果存在一个以上的监护人，原告分别依比例向不同的人提出请求；（7）如果监护人死亡，可向其继承人提出。*See* A. R. W. Harrison, *The Law of Athens*, Oxford at The Clarendon Press, Part I. Law of Family, Ⅳ. Guardianship, Section 4. Actions, pp. 115-121.

区别的划分体系。[1] 正是在这种意义上，公私法的划分我们实际上可以“追溯至亚里士多德和德莫西斯（Demosthenes）。[2]也许，这种划分对于罗马律师来说也就根本不具有技术意义，而是他们从希腊那里学到的普遍分类之一；在现代的应用中，它与罗马法的实践相对应也几乎可以说是个巧合。”[3]

其次，城邦建立在以财产为核心的制度之上，为私法的发展提供了一片沃土。

正如摩尔根所说，在城邦制度中，财产问题是开辟社会的“新要素”和“主要动力”。其实，雅典人的政治生活中，一直是以门第和财富为准的；并且，愈是往后，对财产重视的程度愈甚。根据亚里士多德的记载，在德拉科以前的古代宪法中，“国家高级官吏

〔1〕大多数人谈到公法与私法的划分时，都要引用《民法大全》的叙述：“法律学习分为两部分，即公法与私法。公法涉及罗马帝国的政体，私法则涉及个人利益”（*J*. 1, 1, 4.）；“公法是有关罗马国家稳定的法，私法是涉及个人利益的法”（*D*. 1, 1, 1, 2.）。诚然，罗马法从研究对象上明确划分了二者的区别，具有很大的意义。但是，这一划分的基础、方式及法律运行规则却是希腊法提出的。我无意在此否定罗马法在此方面有其进步性，只是比较罗马法的其他伟大成就来说，这一方面的进步和超越显得不十分突出。因此，本文后面未对罗马法在此方面的成就进行论述。

〔2〕Maridakis, ‘Démosthène, théoricien du droit’, *Mél. De Visscher*, iv. 155 – 81; Dem. *Timocr*. 192（760）; Arist. *Rhet*. i. 1373b. 但是，我们必须明白，这一现代观念归功于亚里士多德。他的公法或者确切地说是“共同”（common）法（κοινός）还没有与自然法彻底厘清关系。还不能明确判断出他是否已经把起源于“πολιτεία”的宪法也包括在里面；例如，pol. iii. 11284b。——原引注释

〔3〕H. F. Jolowicz, *Roman Foundations of Modern Law*, Oxford at the Clarendon Press, 1957, p. 51.

之任用都以门第和财富为准”。[1] 在司法执政官[2] 德拉科制定他的法典以后，其制度主要是以财产多寡来确定职位，而且对议事会议员不出席会议的，也采用罚金形式。[3] 在雅典梭伦的改革中，便是按财产资格划分公民等级，规定雅典公民分为四个等级：第一等级是每年收入谷物、油、酒等总计达 500 麦斗（每一麦斗约合 52.53 公斤）的公民，称“五百斗级”；第二等级是收入达 300 麦斗者，称“骑士级”；第三等级是收入达 200 麦斗者，称“牛轭级”（有牛耕田者）；其他收入不及 200 麦斗者则统归入第四等级，称“日佣级”。同时，按等级享受担任政府官职职权：第一等级可任九执政官、司库官及其他一切官职；第三等级可任低一级官职；第二等级与第一等级同，惟得任司库；第四等级则无权担任官职，但和其他等级一样，可以充当陪审法庭的陪审员。军事义务也按等级分配。[4] 由于城邦政治以财产制度为基础，人们对财产所有权的兴

---

〔1〕［古希腊］亚里士多德：《雅典政制》，日知、力野译，商务印书馆 1959 年 9 月新 1 版，第 5 页。

〔2〕在执政官职务设立“许多年之后，到了官职选举已经改为一年一次之时，才选举司法执政官”。司法执政官（Θεσμοθέται）“是六个后辈执政官，亦即法官”。参见［古希腊］亚里士多德：《雅典政制》，日知、力野译，商务印书馆 1959 年 9 月新 1 版，第 6 页和注释。

〔3〕据记载，德拉科是司法执政官，当时的名祖执政官是阿里斯忒科穆斯。在他的制度中，凡能自备武装的人才有公民权利，参加选举。其中，9 名执政官和一些司库官由财产不少于 10 明那（约和 40 磅）且无负累的人们中选出，其余低级官吏由能够自备武装的人们中选出，司令官和骑兵司令则由财产不少于 100 名那、又无负累、且有年在 10 岁以上婚生合法儿子的人们中选出。同时，当议事会或民众会举行会议时，任何议事会议员如不出席，属 500 斗级者，罚金 3 德剌克马；属骑士级者，2 德剌克马；属双牛级者，1 德剌克马（1 德剌克马是 1 名那的百分之一，约 0.95 或 1 法郎）。参见［古希腊］亚里士多德：《雅典政制》，日知、力野译，商务印书馆 1959 年 9 月新 1 版，第 7 页和注释。

〔4〕［古希腊］亚里士多德：《雅典政制》，日知、力野译，商务印书馆 1959 年 9 月新 1 版，第 10 页；又参见朱龙华：《世界历史·上古部分》，北京大学出版社 1991 年 12 月第 1 版，第 380－381 页。

趣便压倒一切，由此引发了为财产而进行的斗争。尽管也伴生了一些负债为奴、典押土地造成地产负担等之类的社会问题，但是，由此产生的财产私有观念则深入人心，“资本”主义便由此而萌生。

因为财产因素渗透到城邦体制之中，人们对财产的重视，必然也产生了一系列财产取得、变更、消灭的规则。到了梭伦时代，土地和住宅都已成为个人私有，所有者有权将土地转让给氏族以外的人。这种个人与土地的关系的频繁更迭，又打破了早期氏族区域的划分，更加促进了财产的流转，并且在此基础上，形成了一套更加详细的规则。如在希腊土地抵押中，为了使抵押行为具有公示效果，往往在抵押的土地上立碑记载抵押的事实和日期。这些规则表明希腊的财产制度已发展到相当程度，不仅是对静态拥有的重视，更是对动态流转的强调。随着希腊农业、手工业和工业的发展，这种财产流转更加频繁，特别是海上贸易的发展，促进了商业的发展，产生了私有制早期的商业精神。有些人把这种包含商业规范和商业道德的商业精神的产生，往往归功于古罗马；而实际上，它产生于古希腊。

其实，罗马人（主要指市民阶层；plebs）并不重视商业与交换。孟德斯鸠在对罗马盛衰原因的考察中发现，“罗马这个城市没有商业，又几乎没有工业。每个人要是想发财致富，除了打劫之外，没有其他的办法。”〔1〕并且，这种对商业的偏见根深蒂固。

> 罗马公民认为商业和手工业是奴隶们才干的行业：他们是决不做这类营生的。如果有几个例外的话，那不过是一些被释放的奴隶继续干他们先前的行业而已。……罗马人只知道战

〔1〕［法］孟德斯鸠：《罗马盛衰原因论》，婉玲译，商务印书馆 1962 年 5 月第 1 版，第 4 页。

术，这是他们取得高级官吏职位和荣誉的唯一道路。[1]

孟德斯鸠甚至对罗马人这种不重视商业的观念表示相当厌恶：

> 自从他们失去大权并且不再从事征战的那个时候起，他们就变成了天下一切民族中最可恶的一个民族。……他们所习惯的是各种比赛和观览。[2]

可见，这种商业精神的形成，并不是在一个穷兵黩武的民族中，而是早在古希腊时代就孕育的，罗马人不过是通过首先征服而“拥有”了这些而已。

这种拥有者的心态，从古罗马共和时期声名显赫的人物——马尔库斯·波尔齐乌斯·加图（Marcus Porcius Cato，公元前234—前149年；又称大加图，Cato Major）身上可以得到集中体现。这位保守派的政坛铁碗人物一方面鼓吹重农抑商，恪守罗马人的古风古制，要抵制希腊人的“奢靡之风”；另一方面，却经商放贷，并开拓自己的海外贸易。在他撰写的古罗马第一部农书即《农业志》（*DE AGRI CULTURA*）中，要求庄园选址应该“要靠海，靠可以行船的河流，有良好的水域或繁华的城市，有良好的往来人多的道路”，[3] 以利于商业目的；庄园经济的生产应根据有无销路和利润

---

〔1〕［法］孟德斯鸠：《罗马盛衰原因论》，婉玲译，商务印书馆1962年5月第1版，第54页。

〔2〕［法］孟德斯鸠：《罗马盛衰原因论》，婉玲译，商务印书馆1962年5月第1版，第80页。

〔3〕［古罗马］M. P. 加图：《农业志》第一章，马香雪、王格森译，商务印书馆1986年6月第1版，第2-3页。

的“市场原则”来确定，并进行经济核算；[1]同时，庄园生产和生活资料主要来自“购买”；[2]而庄园的各种设施、配置和设计，也均以商品生产和服务为经营方针。这些表明，罗马从一个小国寡民的农业城邦发展为农、工、商、高利贷业全面繁荣的奴隶制经济强国，特别是来自“奢靡之乡”的希腊人的商业观念和精神，对其发展可谓功不可没。[3]

私有制度、财产观念和商业精神在城邦社会中得到确立和发展，为西方私法提供了主要的营养和广阔的天地。它正像一片沃土，哺育了西方私法，促进了以财产权利为主要内容的私法传统的形成与发展。

最后，也是与前述相关联，或许最重要的是，城邦制创造了西方私法中的“人”的形象，成为私法传统中一个经典坐标。

城邦制的兴起，逐渐破坏了以自然方式生长起来的家庭和氏族组织，并且形成了古希腊社会以“城邦——家庭”为主的二元结构。在此结构之下，塑造了“市民（自由人)”和“家父”这两个

---

〔1〕加图要求庄园种植，“务求使其为主人所需，或可以出售”（第9章）。同时，要查银、粮、酒、油的账，以确实“什么卖出去了，什么付款了，什么剩下了，什么是要卖出去的”；而且，“要关心牲畜，要进行竞卖；油价好时，要卖出”；等等（第2章）。另外，庄园如果“有橄榄油仓，酒仓和许多酒桶，可以待善价而沽，这是有益的”（第3章）。参见［古罗马］M. P. 加图：《农业志》，马香雪、王格森译，商务印书馆1986年6月第1版，第11、4、5页。

〔2〕加图在《农业志》第135章中，对庄园的所需物品，何处质量较好、适宜，并到哪里去购买，进行了详细说明。参见［古罗马］M. P. 加图：《农业志》，马香雪、王格森译，商务印书馆1986年6月第1版，第60－61页。

〔3〕加图生活于公元前3世纪中叶至公元前2世纪中叶，这正是罗马城邦巨变的时代，也是罗马从一个狭隘城邦发展成一个地中海沿岸大部分地区的霸主的时期。关于加图的《农业志》所反映的时代特征，参见王阁森：《加图及其农业志》，载［古罗马］M. P. 加图：《农业志》，马香雪、王格森译，商务印书馆1986年6月第1版，序言部分。

形象。按自然法的规则，“一切人都是平等的”，[1] 但是，在早期社会不可能变成现实（即使在今天，也仍然只是一种理想模式而已）；而只有市民法所确立的具有市民（或称公民）资格的人，才是雅典政治家伯里克利引以自豪的在私人关系的处理上平等的人，因为政治生活和日常生活在这个民主城邦政治下的“公民”和“市民”都是一样，是自由、公开和宽恕的。[2] 这种平等原则的确立，在一定范围内树立了一个“自权人”，[3] 也即“意思自治”的人的典型。尽管这种市民与自然人的概念尚不一致，但单就市民而言，它摆脱了家族制度的束缚，有自由的所有权和各种契约权利，因而，是一个“一般权利能力”的主体，是权利义务的归属点，具备独立的“法律人格”。[4]

与此相伴，这种个体的市民，还可以参加同一个社团，即“希腊人称他们为HETAIREIA”[5]。这种社团的形成是以自己的意愿签订协约而成立的，只要没有公共法律所禁止的内容，均有效。这种规定虽然尚不能导致“法人”概念的形成，但是，由这种协约所形

---

〔1〕 *D*. 50, 17, 32.

〔2〕 [古希腊] 修昔底德：《伯罗奔尼撒战争史》（上册），谢德风译，商务印书馆1960年4月第1版，第127页以下。

〔3〕 在城邦的市民法和万民法中，对人法的划分有两种，一种是自权人；另一种是他权人。自权人拥有权利；他权人隶属于他人支配权之下。一般来说，自权人就是自由人。

〔4〕 法国法学家埃利希认为，作为权利能力的要素，应具备：(1) 享有和行使各种政治权利能力；(2) 进入法律承认并保护的家庭关系的能力；(3) 取得并享有财产的能力；(4) 请求人格、自由、生命和身体的法律保护的权利。日本法学家川岛武宜教授从自由权、所有权和契约权三方面也谈到了一般权利能力和法律人格的问题。参见法国学者埃利希著《权利能力论》，第16页和日本学者川岛武宜著《民法中的“人”的权利能力》，第23页、第33页；转引自 [日] 星野英一：《私法中的人》，王闯译，载梁慧星主编：《民商法论丛》（1997年第2号）总第8卷，法律出版社1997年12月第1版，第165页及其注释。

〔5〕 *D*. 3, 4, 1, 1.

成的稳定的交往及贸易伙伴关系，为“人”的形象的确立开辟了新的视野。

同时，建立在“家子”、“家母”、“家女”等概念之上的“家父”观念，在两方面构造了“人”的形象。一方面，由家父的支配权，形成了“家父的手臂”的延伸，包含了克服个体的“人”的局限性的“代理”、“委托”思想。比如，家子的占有等于家父的占有；相对应地，没有“授权”则丈夫的“手臂”也是有限的，如“妻子带来的嫁资之外的财产”如未经她的同意或委托而被丈夫强占，可以提起“寄托或委托之诉”。〔1〕另一方面，以家父为核心，形成了严格家庭关系，——这种身份制度直到近代才有所改善。关于“家父”形象创造的意义，意大利罗马第二大学和萨里大学罗马法教授桑德罗·斯奇巴尼（Sandro Schipani）先生对盖尤斯《法学阶梯》的译述可以说是最好的说明：“盖尤斯的《法学阶梯》体系是以现实中平等的、主权的私有产的家父及其相互关系为模式创造的，这种家父赋予民法以特色；这些家父代表着理想中的人及其在法中的中心地位。”〔2〕

当然，在“城邦——家庭”的二元结构中，城邦力量有一个从弱到强的转化过程。虽然在古希腊的政治中，尚未明确划分“公共生活”与“私人生活”的界线，〔3〕但是，随着亚里士多德把人定位为政治动物，私权的增长，与公权增长同步。因此，“法律人格”的观念，无论是在“公的”或“私的”方面，都日渐明晰而确定下来。在城邦力量增长的同时，“市民”的规则便逐渐吸收了家庭中的“家父”观念。二者的融合，“一方面是‘法’从家际习惯上升

---

〔1〕 *See C*. 5, 14, 8; *D*. 23, 3, 9, 3.

〔2〕 [意] 桑德罗·斯奇巴尼：《〈法学阶梯〉前言》，载 [古罗马] 盖尤斯：《法学阶梯》，黄风译，中国政法大学出版社 1996 年 11 月第 1 版，第 2－3 页。

〔3〕 [美] 乔·萨托利：《民主新论》，冯克利、阎克文译，东方出版社 1993 年 6 月第 1 版，第 288 页。

为‘市民的法’、‘城邦自己的法（ius propium civitatis）’的过程，即法的成文化和世俗化的过程；另一方面是城邦自己的法律不断干预、改造法的过程。”于是，“使得市民法以公法的面目出现，转变而为维护私人关系的私法”。〔1〕在这种私人的关系中，“人”具有了人格与身份的双重意义。这种对“人”的形象的坐标的确立，以追求自由意思为核心，〔2〕使“人”获得了巨大的解放，富于勃勃生机；由此而来，甚至可以说，近代民法在塑造“人”的形象中，只存在一个克服“奴隶”身份的问题了。

综上所述，古希腊的民主城邦制度为大陆法私法（——有别于公法）的形成创造了较好的法治环境，为建立起以财产权利（私有制）为中心的私法制度提供了广阔的天地，并树立了一个私法上的生机勃勃的“人”的形象。这一环境的形成，为西方法律文化开辟了一条有别于东方律法文化的发展路径，从某种角度说就是为私法的发展及其传统的“养成”提供了一个制度性的结构和框架。——这也就使得私法精神或者称私法权利文化、甚至是法治文明的最终确立和形成，成为可能。

第三节　古希腊法律制度确立了大陆法私法基础原则及主要框架

人们往往津津乐道于古希腊哲学思想和民主共和制度，但是却

〔1〕强世功：“‘公的法律’与‘私的法律’”，载邓正来主编：《中国书评》总第5期，香港社会科学服务中心、中国社会科学研究所1995年5月版。

〔2〕有的学者明确指出，西方的人法观在古希腊就已形成，它强调法律就是人权的体现和保障，个人的存在是最重要的，法律规定人们的自由和平等，是公正的象征。这是自由意思的外化表现。以后发展起来的罗马私法、拿破仑法典就是这种人法观的具体化。参见王云霞、何戊中：《东方法概述》，法律出版社1993年4月第1版，第164页。

无视这些成就的法律基础及其影响。可以想像，没有一种私法文化（或者说权利文化）的底蕴和坚实的法制基础，古希腊哲学和民主政治不可能发展得如此完美；同时，在这种哲学指导和民主政治之下，特别是在人们交往频繁、商事活跃的城邦中，私法制度也不可能是一片空白。实际上，古希腊法律制度中，私法同样也占有重要地位。起草《拿破仑法典》三稿的委员会主席冈巴塞莱斯曾说："对个人与社会而言，三件事是必需和充分的：成为自己的主人；有满足自身需求的财物；能够为其最大利益处分其人身和财物。因此，所有的民事权利都可归结为自由权，所有权和契约权。"〔1〕古代希腊的私法制度在此方面的发展，为罗马法、甚至是整个西方私法的发展，确立了一些基本原则和制度框架。尽管这些原则和制度还远未达到大陆法私法所应具有的完整和细腻的程度，但却契合了私法的理念和精神，为大陆法私法以后的发展找到了不会迷失的家园。

一、私法的基本原则

那么，古希腊人到底为大陆法私法确立了什么样的基本原则？我们还是从罗马法中关于权利的表达（也是法律的基本原则）说起。在对权利的表达中，《民法大全》所称的三个古典公式实际上是古希腊自然法哲学正义观的明确阐述。《法学总论》说："法律的基本原则是：为人诚实，不损害别人，给予每个人他应得的部分。"〔2〕这就是乌尔比安关于权利的三个公式：（1）正直地生活；

---

〔1〕转引自［美］詹姆斯·高德利：《法国民法典的奥秘》，张晓军译，载梁慧星（主编）：《民商法论丛》（1996年第1号）总第5卷，法律出版社1996年7月第1版，第577页。

〔2〕*J*．1，2，3．&*D*．1，1，6，1．我国民法学者徐国栋教授将其译为："法律的戒条是这些：诚实生活，毋害他人，分给各人属于他的。"参见［古罗马］优士丁尼：《法学阶梯》，徐国栋译，中国政法大学出版社1999年12月第1版，第11页。

(2) 不侵犯任何人；(3) 把各人自己的东西归给他自己。罗斯科·庞德教授说，这种法律原则是古罗马的法律天才们将“维护社会现状的司法观念”付诸实践的结果，而“我们不难发现，这里具有那种旨在维护和睦的社会秩序的希腊哲学思想”。〔1〕

哲学家康德（Immanuel Kant，1724—1804 年）从倡扬权利的角度对这三个公式进行了新的论述，认为“正直地生活”包含的潜台词是：“不能把自己仅仅成为供别人使用的手段，对他们说来，你自己同样是一个目的”；而“把自己的东西给自己”的说法很荒唐，因为不可能把已有的东西“给”他自己，只是进入一种状态，“在那儿，每人对他的东西能够得到保证不受他人行为的侵犯。”〔2〕例如，在罗马法中，家父有解放家子的权利，这种权利是通过家父“给”的。但是，“雅典男性成年后（17 周岁、18 周岁）即完全摆脱家父的控制，在通过由家父或监护人及立法大会主持的市民资格考察以后，即可获得独立权利而登记造册”。〔3〕这样，也就没有象罗马法那样存在一个家父解放家子的程序，而是权利主体自然地进入的一种拥有权利的状态。这种对于权利的尊重在古罗马早期的军事专制下是无法产生的，其有赖于热衷于民主和自然权利的希腊城邦民主共和制的培植。

由此可以理解，在表达权利的三个古典公式中，第一个公式看似对人的义务要求，实则表述了一种权利；第二个公式则是于此权利之下引申出的责任；第三个公式是法律所要达到或营造的一种状态和秩序。由于前两个公式是指人们的一种权利或行为准则及其延

---

〔1〕［美］罗斯科·庞德：《普通法的精神》，唐前宏、廖湘文，高雪原译，夏登峻校，法律出版社 2001 年 1 月第 1 版，第 60 页。

〔2〕［德］康德：《法的形而上学原理》，沈叔平译，商务印书馆 1991 年 9 月第 1 版，第 48－49 页。乌尔比安说，正义就是给每个人以应有权利的稳定而永恒的意志。他强调“给”。*See D*. 1，1，10，pr.

〔3〕A. R. W. Harrison, *The Law of Athens* , Oxford at The Clarendon Press, 1968，p. 74.

伸的意义，因此，它实际上是表达了一个原则：在不损害别人的前提下，人们可以以自己的行为或方式生活。这一个颇有些道德意味的警句就是人们的生活准则，也是私法生活中“诚实生活”的行为原则。第三个公式描述的是一种秩序状态，也是私法生活的秩序准则。对这种正义秩序，柏拉图曾说过：“人人都做自己的工作而不要作一个多管闲事的人；当商人、辅助者和卫国者各做自己的工作而不干涉别的阶级的工作时，整个城邦就是正义的。”〔1〕简言之，“正直生活，各归其所”！这构成了古希腊自然思想的通俗表达，也是人类对正义的不懈追求。正是这种正义观，“给以后的罗马法学铺平了道路”。〔2〕其实，由于人们常常将“各归其所”的秩序原则与一种正义观联系在一起，所以我们往往容易忽视了它所包含的具体的、特别是在私法学上的寓意。实际上，古希腊人的这种“各归其所”的状态秩序与东方人在这方面的寓意是大相径庭的，它建立在人本身就存在“各有所长”的信念之上。这一点，我们在随后的分析中会论述到。

接下来本人想强调的是，这两个私法生活的基本原则——“诚实生活”的行为原则和“各得其所”的秩序原则——如果没有一定的前提条件如财产私有制为基础，则只能说明是一种宗教劝善或者是一种政治秩序。所以柏拉图在《理想国》中大谈这种正义的时候，同时可以主张实行公有共妻制。而从氏族社会到城邦政治，财产是否公有问题是一个争议的焦点。亚里士多德对柏拉图早期的这

---

〔1〕［英］罗素：《西方哲学史》（上），何兆武、李约瑟译，商务印书馆1963年9月第1版，第153页。

〔2〕陈弘毅：“权利的兴起：对几种文明的比较研究”，周叶谦译，载《外国法译评》1996年第4期。

种公有主张进行了抨击。[1] 他在《政治学》第2卷开首便针对柏拉图在《理想国》中的共妻、公有制提出了异议，认为建立公妻制要发生诸多纠纷，而土地公有在自耕农中就会引起重大纠纷。“他们如果在劳动和报酬之间不得其平，则多劳而少得的人就将埋怨少劳而多得的人”。[2] 相应地，财产私有则会使人感到“人生的快乐”：“某一事物被认为是你自己的事物，这在感情上就发生巨大的作用。人人都爱自己，而自爱出于天赋，并不是偶发的冲击。”[3] 而事实上，当时希腊城邦大部分都已是私有制，而只有像斯巴达、戈丁等一度还有一些集体所有制的形式保留；[4] 而在整个希腊世界中，个人所有权已经为人们所熟悉。从公有到私有的确立，解决了私法存在的经济基础，也为私法的发展确立了一个发展方向。

不过，私有财产制还仅仅是私法生活中这两个具体原则所需要的条件的一种表现。在私有财产制度的背后存在一个更大的命题——即实现个体的个人权利是一切制度的基础，这是私法生活中以“私的东西”为本位的一种理念。这才是私法的最为基础性的原则或前提。这里，我们不妨以苏格拉底对“城邦正义”的论述进行分析。

在柏拉图《理想国》第2卷中，苏格拉底从一个城邦的形成论

---

〔1〕柏拉图晚年在《法律篇》中，对自己的这种主张也进行了修正。认为应废除公有制，恢复私有财产制度；并取消公妻制度，恢复个人家庭制度。但他仍然表现出了一些保守倾向，如强调财产关系方面公民之间的财产悬殊不能太大，而公民的婚姻生活也进行国家监督等。参见王哲：《西方政治法律学说史》，北京大学出版社1988年8月第1版，第22、23页。

〔2〕[古希腊] 亚里士多德：《政治学》，吴寿彭译，商务印书馆1965年8月第1版，第53－54页。

〔3〕[古希腊] 亚里士多德：《政治学》，吴寿彭译，商务印书馆1965年8月第1版，第55页。

〔4〕在古典时期，斯巴达对于希洛人的控制权操纵在国家手中。戈丁还存在诸如不转让的祖屋之类的对土地和房屋集体所有制形式。

述了“城邦正义”。[1] 首先，他论述了建立城邦的缘起和目的。他说，“之所以要建立一个城邦，是因为我们每一个人不能单靠自己达到自足，我们需要许多东西。”因此，“我们邀集许多人在一起，作为伙伴和助手，这个公共住宅区，我们叫它作城邦。”[2] 这表明，城邦建设的目的是为了每个个体自身的多种需要，其出发点既不是宗教目标，也不是什么政治原因。

接着，苏格拉底论述了人们的一些具体需要。我们可以将这些需要分为三个层次：第一个层次是生存意义上的，如城邦需要粮食、住房、衣服和其它等；第二层次是生活意义上的，也可以分为物质享受类型（如酒、紫杉、调味品、香料及“桃金娘叶子的小床”等）和精神享受类型（如亲情、赞美诗、乐队、绘画及装饰物等）两种；第三层次才是安全（军队）、秩序维护（法官）和教育(包括身体、心灵和真理性认识等方面)。这种分层可能是反映私法与公法思想的最早记载，也是西方法治国家建设的基本理论。前两个层次构成了市民生活的私法问题；第三层次所表述的是一个公法问题。而且，古希腊人突出个体需要和私人性的东西不仅仅表现在这种分层上（前者私法问题是后者公法问题的逻辑起点和归属），还表现为：在论及个体到整体（即城邦）需要时，其中包含了一些大陆法私法的“自然而然的”或者称“不得不如此的”走向问题。

例如，苏氏认为，为了满足需要而生产出“又多又好”的东西，人们至少要考虑三个因素。第一，每个人的性格和能力不同。

---

〔1〕[古希腊] 柏拉图：《理想国》，郭斌和、张竹明译，商务印书馆 1986 年 8 月第 1 版，第 57－81 页。在第 1 卷中，苏格拉底论及了正义是否就是“欠债还钱”、“善待友人”、“人的德性”、“强者的利益”、“天性忠厚”或者“智慧与善”等，进行了探讨。在第 2 卷中，开始谈论正义与个体感受（如快乐、幸福；及是否带来幸福与快乐等）问题，由此引入“个人的正义”与“整个城邦的正义”的话题。

〔2〕[古希腊] 柏拉图：《理想国》，郭斌和、张竹明译，商务印书馆 1986 年 8 月第 1 版，第 57 页。

所谓“我们大家并不是生下来都一样的。各人性格不同，适合于不同的工作”。〔1〕第二，干什么事情都存在一个最佳时节和时机问题。“一个人不论干什么事，失掉恰当的时节有利的时机就会全功尽弃”。〔2〕第三，人们只有“放弃其它的事情，专搞一行”，〔3〕才能保证每样东西达到最多、最好。对这些因素的考虑，在今天已经是不能算作什么了；但是，如果考虑到早期人们认识水平和社会生活较为低下的技能要求的话，这种考量无疑是需要相当的智识才能完成。尤其难能可贵的是，所考虑的这些因素，主要是从人的自然属性和能力出发，并没有附加更多的宗教、种姓和“意识形态”色彩的东西（这就很不同于东方文化中的秩序要素）。这三个方面因素的考量就表明，那时的人们已经开始进行“专业化”分工，而与此相伴而来的则必然是交换的产生。并且，“交换显然是用买和卖的办法。”〔4〕这是商品经济社会里人们的交往方式。进而，由于买卖和交换的需要，也就必然需要“商人”：包括城邦内从事交易的“店老板”（或称“小商人”）和城邦之间从事贸易的“大商人”。这就形成了商品经济社会中的主体——商人。同时，由于商业贸易的需要，自然地，城邦必须建立在适合贸易发展的地方。因为“把城邦建立在不需要进口货物的地方，这在实际上是不可能的。”〔5〕这是商品社会中市场形成的地理要素。

---

〔1〕［古希腊］柏拉图：《理想国》，郭斌和、张竹明译，商务印书馆1986年8月第1版，第59页。

〔2〕［古希腊］柏拉图：《理想国》，郭斌和、张竹明译，商务印书馆1986年8月第1版，第59-60页。

〔3〕［古希腊］柏拉图：《理想国》，郭斌和、张竹明译，商务印书馆1986年8月第1版，第60页。

〔4〕［古希腊］柏拉图：《理想国》，郭斌和、张竹明译，商务印书馆1986年8月第1版，第61页。

〔5〕［古希腊］柏拉图：《理想国》，郭斌和、张竹明译，商务印书馆1986年8月第1版，第60页。

这样，我们将上面的论述加以简化以后就可以发现，一旦我们将满足或实现个体的需要即私人性的东西确定为社会生活的目标，私法之繁荣似乎是一个必然的过程。因为：要生产又多又好的东西就必须进行专业化分工；专业化分工就必然导致用买卖方式进行交换；由于交换和贸易的需要就会产生商品社会的主体即商人；而商业贸易的需要也就必然驱使人们寻找适合交易的地方，从而逐渐形成市场。反过来，由商品、商人、市场及其相关行为规则又强化了人的需要即个体欲望，并促使人与人之间平等性观念进一步增长和发展。当然，有的人也许会因此将私法之原则定位在生产"又多又好"的论述上，进而得出私法的首要原则是效益原则。但是，正如亚里士多德所说，"那占主导地位的技术的目的，对于全部从属的技术的目的来说是首要的。因为从属的技术以主导技术的目的为自己的目的。"〔1〕实际上，这里效益的考虑仅仅是具有工具性的，它服务于为了最大限度地满足每个人个体的多种需要；也就是说，私法的基础性原则是以个体的私的本位为基本理念，也是私法发展的前提和出发点。不过，这并不排斥在此理念之下存在多种具体原则和手段。

由此可见，私法的首要原则或者称基本理念是满足个体需要的"私的本位"，而于此之下的基本原则就是以"诚实生活"为内容的行为原则和以"各得其所"为内容的秩序原则。这也构成了大陆法私法在以后发展的主要方向和线索。而归其一点，这都来自于古希腊思想中最吸引人的地方——即它以人为中心，而不是以上帝为中心的。苏格拉底之所以受到特别尊敬，正如西塞罗所说，是因为他把哲学从天上带到地上。人文主义者不断反复要求的就是，"哲学

---

〔1〕［古希腊］亚里士多德：《尼各马科伦理学》，苗力田译，中国社会科学出版社1999年8月修订第1版，第2页。

要成为人生的学校，致力于解决人类的共同问题。”〔1〕换句话说，你自己就是一个目的！——这构成了法律的起点和终点。

二、私法理念对制度形成的影响

实际上，将自己就看成一个目的或者是以私的本位为私法的基本理念，它包含了两个方面的内容：一方面是以自己外在的客观需求为自己行为的出发点；另一方面是以自己内在的主观感受为自己行为的出发点。显然，前者是物质性、制度性的；而后者则是意识性、观念性的。一种理念如何影响制度的形成，从上面的论述中比较容易找到前者对制度造成的痕迹或影响；相对而言，后者作为一种观念性的东西，它对制度的影响则不是那么容易显现。这里，我们不妨用亚里士多德的“行为交往理论”来加以说明。

在私法或民法生活中，能够体现人们交往与流通的莫过于债的关系理论。由契约和侵权赔偿规则是否形成了希腊人“债”的概念及相应的制度呢？尽管制度史的研究似乎尚不能证明其已经发展到何种程度，但是，毫无疑问，如前所述，这种观念以及于观念之下的一些规则是存在的。结合制度存在的哲学基础和社会物质条件来看，我们发现古希腊社会的思维方式和私的理念，为“债的关系”的理论的形成创造了条件，对大陆法后来的制度发展有着重要的影响。

亚里士多德在他的《尼各马科伦理学》中，将公正（或正义）及“相应的公正事情”分为两种类型：一类是表现在“荣誉、财物以及合法公民人人有份的东西的分配中”；另一类就是“在交往中提供是非准则”，也就是亚氏的“行为交往理论”。〔2〕这是亚氏的一个重要理论，构成我们对正义或公正看法的一个基点。

---

〔1〕［英］阿伦·布洛克：《西方人文主义传统》，董乐山译，三联书店1997年10月第1版，第14页。

〔2〕有人称之为“交换正义”，与前面一类称“分配正义”相对应。

> 另一类则是在交往中提供是非的准则。而后者又分为两类，或者是自愿的交往，或者是非自愿的交往。自愿的交往，如买卖、高利贷、抵押、借贷、寄存、出租等等。（这类交往所以称为自愿，因为它们是以自愿开始的。）而那些非自愿的交往，则有的在暗中进行，如偷盗、通奸、放毒、撮合、诱骗、暗算、伪证等等；有的则通过暴力进行，如袭击、关押、杀害、抢劫、残伤、欺凌、侮辱等等。[1]

这两种交往形态，在法律关系上有人称之谓“自由之债”和“不自由之债”。[2] 具体而言，在私人之间的交往中，前者在自愿基础上的交往是因为两个人之间的彼此自愿——即合意而产生的，这就形成了债的重要来源——即因契约而产生的债；后者建立在非自愿基础上，但却同样形成了两个人之间的“交往”，因而就会发生损害赔偿，从而形成债的另一个重要来源——即因侵权行为（或不法行为）而产生的债。古希腊人的这种建立在自由意志之上对人的行为进行分类的理论对大陆法私法制度影响是巨大的，它不仅产生了私法行为理论中“意思表示”学说，而且形成了债的关系理论的两大支柱：契约之债和侵权行为之债。后来经过罗马法的进一步梳理，大陆法私法“学会了区分契约之债和产生于侵权行为的债。在其被引入以后的1500年里，尽管人们认识到在一些情形其作用

---

〔1〕［古希腊］亚里士多德：《尼各马科伦理学》，苗力田译，中国社会科学出版社1999年8月修订第1版，第99－100页。

〔2〕陈盛清主编：《外国法制史》（修订本），北京大学出版社1987年4月第2版，第51页。

有限，[1]但是对于契约之债和侵权行为所生之债的区分从来没有受到被废除的威胁。"[2]

尤其值得说明的是，在这种理念贯彻于制度之中，有两点是后世的人们也有所不及的。

第一点是在交往中确立了"量"的标准，即所谓的"所得"与"所失"的平衡。亚里士多德：

> 所得和所失这两个词，是从自愿交往中借用来的。一个人的所有多于自己所原有的，就称为所得，他所有的比开始少了，就称为所失。例如买进和卖出，以及其他为法律所允许的交易。如若没有增加，也没有减少，而仍然保持其自身，那么人们就说够本，既不受损失也无所利得。所以，公正就是在非自愿交往中的所得与所失的中间，交往以前和交往以后所得相等。[3]

有人认为，这种"量"的考虑是因为"长期浸润在毕达哥拉斯

---

[1] 指向这一方向的一个标志是"基于信赖之债"这一概念现在达到了全盛时期，在德国的情形尤其如此。这意味着尽管由契约上的权利加以调整，但是债实际上是在法律中默示的。所有权侵害与纯粹的经济损失的界限，这一传统的契约法与侵权行为法之间的两分法也给其他法律体制造成了问题：参见 Visintini，Rass. Dir. Civ. 1988 年，第 1077－1091 页，以及 Roskill 上议员不感兴趣的评论（见 Junior Books Ltd. v. Veitchi［1983］1 AC 第 520 页、HL 第 545 页）："我认为，现在的适当的控制并不取决于是否提出适当的救济应当依赖合同还是依赖不法行为或侵权行为的问题，也不取决于法院在判断一个具体的案件时认为其符合这一规则或那一规则的变化无常的司法判决，同样也不取决于某些人为的区分。"——原引注释

[2] ［德］克雷斯蒂安·冯·巴尔：《欧洲比较侵权行为法》（上卷），张新宝译，法律出版社 2001 年 12 月第 1 版，第 3－4 页。

[3] ［古希腊］亚里士多德：《尼各马科伦理学》，苗力田译，中国社会科学出版社 1999 年 8 月修订第 1 版，第 103－104 页。

思潮中的希腊哲学，具有根深蒂固的数量意识”。〔1〕其实，在法律关系中，这不仅是一个数量观念的问题，它还隐含了人们对“公犯”（crime；crimen）与“私犯”（tort；delictum）之差别的认识问题。公法领域的犯罪涉及的是刑事问题，而私法领域的侵权行为涉及的民事问题。早期侵权规则的出现，是为了取代私人报复行为而出现的，其要旨就在于消除私人的报复与惩罚行为，使受害人与损害人之间有一个“和平”关系下的平衡。靠军事强大而发展起来的罗马人，他们在私犯法则中依然保留着一些“原始的”和“僵化刻板的”东西，它们“影响着法的特点和实质”。

罗马法中对侵权行为进行罚款。例如，若你的猪被偷，则你不仅可以拿回你的猪，还可以视具体情形而获得2倍、3倍甚至4倍的罚款。如果你没有看见安东尼拿走你的猪，则罚款金额为2倍。这时存在着违法，但是不会发生社会冲突，因为你不在那里而不可能挑起争斗。但是，如果你看见了，且进行了抵抗，则罚款是3倍，因为存在着暴力。而如果你知晓安东尼拿走了你的猪，你和朋友进行了追赶，但还是被他拿走了，则罚款就是4倍，因为这实在是一个更高级别的恶性事件。随着违法行为暴力程度的增加，就增加罚金。〔2〕英国正统的罗马法专家尼古拉斯教授说，“在这里也有一些最显而易见的东西，例如：甚至保留在优士丁尼法中的损害赔偿责任和对现行盗窃和非现行盗窃的区分。但这些东西都比不上它们所依据的、仍保留至今的原则，即：报复性惩罚原则。这部分法的历史可以被看做是一种从对侵害的报复性惩罚向损害赔偿过渡的

---

〔1〕［古希腊］亚里士多德：《尼各马科伦理学》，苗力田译，中国社会科学出版社1999年8月修订第1版，第102页。

〔2〕*See* René A. Wormser, *The Story of the Law*: *And the Men Who Made It* – *From the Earliest Times to the Present* . Simon and Schuster, 1962, p. 131.

运动，这一运动在罗马时期根本没有完成。”〔1〕而真正完成这一过渡与转化的，是在近代法法典化运动中的事情。因此，在侵权责任中以“填补”为原则，将事态恢复到被侵害前的状态，一直是大陆法所追求的一种完美秩序状态。〔2〕这也来自于一种希腊观念。当然，现代法中又提出了惩罚性赔偿问题。这一问题主要发生在一些特殊领域，如产品责任、不正当竞争、侵害知识产权等，因为在这些领域中出现了这些现象：(1) 侵害行为的分散化和扩大化；(2) 损失的计算存在不确定因素增多；(3) 法律的社会责任加强等。这实际上也是因为在这些领域中“所得”与“所失”之间存在一些不对称的因素而导致的。

第二点，古希腊人将“债”的产生与人的自己的意思表示（即自由意志）相联系，并不区别行为之合法与否，这表明他们对世事变换的一种通灵而达观的见解。因为以“合法性”行为为标准，实际上同以“消灭犯罪”为目标的法律治理方法一样，是一种绝对的法律浪漫主义。古希腊人这种分类方法并不以“合法性”为标准，似乎比我国时下“民事法律行为”理论更合理、更符合私法的秉性。〔3〕有人认为，我们之所以将民事法律行为定位在合法行为，

---

〔1〕[英] 巴里·尼古拉斯：《罗马法概论》，黄风译，法律出版社2000年12月第1版，第217页。我国罗马法学家黄风教授说：“尼古拉斯教授是一位真正的正统罗马法专家，而且是一位崇尚古典罗马法的学者。”参见该书“译后记”。

〔2〕1986年《中华人民共和国民法通则》第117条规定了侵权的民事责任的一般性原则，它是以返还财产、恢复原状和折价赔偿为承担责任的基本方式。这一规定就是“填补”原则的一种反映。王泽鉴先生认为，填补损害系侵权行为法的基本机能。我国台湾地区“民法典”第184条第1项也是这种填补原则的反映。参见王泽鉴：《侵权行为法（第一册）：基本理论·一般侵权行为》，中国政法大学出版社2001年7月第1版，第7页。

〔3〕1986年《中华人民共和国民法通则》第54条规定，“民事法律行为是公民或者法人设立、变更、终止民事权利和民事义务的合法行为。”其中，将“合法性”作为重要特征。

这是从两个方面考虑：其一，因为民法主要是调整“正常的商品经济关系”，因而合法表意行为是一种典型，建立这种典型模式是“十分必要的”；其二，“法律行为”一词来自德文“Rechtsgeschäft”，而德国法文化中，“Rechts”（法律）一词本身就含有“公平”、“正义”、“合法”（自然法意义上的法）等涵义。〔1〕这种解释实际上是比较牵强的。因为违约行为和侵权现象也是商品经济关系中经常发生的一种“常态”，否定这种行为或现象在法律上的意义，只能导致违背生活事实或者使法律本身在逻辑上不周延。而所谓自然法上的法所具有的公平与正义的涵义，它是对一种秩序状态的描述，它本身并不排斥行为的不合法或违法性以后进行救济；相反，正义和法律就是要在这种不合法或违法行为发生时进行及时地救济。

同时，与罗马人相比，希腊人的这种从自我意愿和感受出发的行为，也具有很大的进步性。因为古罗马那些繁琐的交易形式（如要式买卖）实际上是来自于他们的宗教观念，而这种宗教观念对人们自己的意愿表达构成了某种无形的压力。“与希腊人相比，早期罗马人认为合同是宗教的。早期的合同不是书面的，而是通过详尽的行为程序使之生效。这些形式如此重要，以至于任何偏离都会使合同归于无效。”〔2〕当然，后来随着生活的复杂化，合同为生活所必需，古老的形式越来越麻烦和阻碍经济的发展，形式的减少就是必然的了。特别是后面要谈到的市民法与万民法的融合，促进了合同向自己的明确的、真实的“意思表示”方向发展。

不过，毕竟这种以“自愿”与否的划分只是对债的发生根据是否依主体主观意思的简单描述，尚未脱离人的主体本身而外化或抽

---

〔1〕佟柔主编：《中国民法学·民法总则》，中国人民公安大学出版社 1990 年 8 月第 1 版，第 214－215 页。

〔2〕René A. Wormser, *The Story of the Law: And the Men Who Made It － From the Earliest Times to the Present*, Simon and Schuster, 1962, p. 133.

象为一种“债的关系”理论。完成这一系统化的债的关系理论的是古罗马人。但对这一理论追根溯源时我们发现，它产生于古希腊社会中的“私的”理念。这种观念说起来简单明了，但要首先表达出来，需要对事物和世态有一种达观的态度和深刻的认识。从这个角度说，古希腊人具有天才的智慧。

三、私法制度之框架

（一）人身权制度

关于人身权方面，同其他古代法一样，古希腊法侧重于身份权的规范。古希腊法对人、婚姻、家庭、继承进行了很详细的规定。在古希腊，成年男子可享受充分的私权和公权，合法后裔和归化入籍都有公民资格（或称市民资格）。外来侨民也同样充分享有私权。[1] 随着海上贸易的发展，公元前4世纪时，雅典允许外国商人在特设的比雷埃夫斯特别法庭进行诉讼。妇女的地位在各城邦不同，但总的说来，比古罗马早期，其地位要高一些。这一点，如前文所述，在《格尔蒂法典》中也就有所体现。同时，在奴隶与公民之间，也存在自由人的规定。解放的奴隶，便可以成为神灵庇护下的自由人。查士丁尼在对市民法进行解释时便提到，“每一国家的市民法是以它适用的国家命名的，例如雅典的市民法。如果把梭伦或德累科的法律称为雅典的市民法，也没有错。因此，我们把罗马人民或奎利迭人民适用的法律叫做罗马人的市民法或奎利迭人的市民法。”[2] 古希腊各城邦对于公民、自由人、外来侨民等的规定，基本上形成了后来罗马法对人的规定的基本框架。

尽管从语言学的角度说，在希腊语中，缺乏与“婚姻”、“夫”、

---

〔1〕 一般来说，被正式允许在境内的外国侨民，也享有充分的自由和财产保护，但在政治上还有一些歧视。特别是一些非侨居的外国人。他们无法在雅典出庭，只有依靠友善公民为其代办诉讼。这种状况随着对外贸易的发展，后来有所改善。

〔2〕 *J*. 1, 2, 2. 查士丁尼随后说明了罗马人也称作“奎利迭人”，是从奎利努斯（Quirinus）一字演化而来的。

“妻”等一一对应的词，但是，这却并不妨碍希腊形成较完善的婚姻制度。英国学者A. R. W. 哈里逊（A. R. W. Harrison）考察了雅典家庭制度后认为，“毫无疑问，雅典人也象其他希腊人一样，实行我们通常所说的‘一夫一妻制’。虽然这不一定是法律强制推行的结果——事实上有学者否认这种法律的存在。……但是，我们从受害人的配偶提起的‘δίκη’之诉以及第三人反对重婚或多妻的‘γραφη’之诉中找到依据。”〔1〕《格尔蒂法典》虽然也没有一夫一妻的原则性宣示，但从其离婚、再婚、抚养及其财产收益与分割的规定中可以看出，该法是以一夫一妻为背景的。因为在该法典的一些规定中，没有“多妻”在财产及抚养上的一些冲突，如夫妻离婚，妻之财产收益和劳动所得要分得一半（第2栏第48～54行）。而且，在实际上的法定结婚的障碍之一就是一配偶在婚的事实。不过，所幸的是，“在雅典法律下，一方可极为随意地宣布解除婚姻关系，这实际上导致这一障碍的不存在。”〔2〕而人们对雅典在重婚情况下是否导致婚姻关系无效理论的争议，又更加坚定了我们对希腊法“一夫一妻制”认识的信心。——联系到我国只是在最近的婚姻法的修改中才确立无效婚姻制度，〔3〕我们还是应当为古希腊法在婚姻家庭问题上所作的规定而惊叹不已的。

雅典的婚姻发源于买卖。这一点可以从希腊文“έγγυη”一词中得到一些印证。“έγγυη”在当时是指以新娘为标的的新娘之父与新郎之间的交易，有一种“置于手中”的含义。而这种以买卖为基础的婚姻居然可以保持一夫一妻制，是颇令人惊讶的。这也促使我们从新的角度来看待“έγγυη”交易形式。“‘手’的要素或者为现

---

〔1〕 A. R. W. Harrison, *The Law of Athens*, Oxford at The Clarendon Press, 1968, p. 15.

〔2〕 A. R. W. Harrison, *The Law of Athens*, Oxford at The Clarendon Press, 1968, p. 21.

〔3〕 参见2001年4月28日第九届全国人民代表大会常务委员会第21次会议修改后的《中华人民共和国婚姻法》第10条的规定。该条所确认的无效婚姻的情形中，第一项便是针对重婚的情况。

实地交付新娘，或者为协议调解时的握手。”[1] 这种婚姻是否包含了一种文化背景下的契约婚姻思想呢？本文无法进行全面考究。但有一点可以肯定，宗教是希腊家庭根基，它的成员没有选择宗教的自由。[2] 同样，女性结婚以后就离开了她的部落，也就放弃她的神而加入她丈夫的家庭，并信奉他的神。因此，在结婚的仪式中，也有很浓厚的宗教色彩。结婚由三部分构成，每一部都具有庄重的宗教意义：第一部分，新娘必须面对她的家庭，面对她信奉的神的祭坛，由她的父亲正式宣布她可以脱离这一切；第二部分，由新郎或使者引领新娘到新郎家，新娘着宗教礼拜时穿着的白色礼服和戴着同样具有宗教意义的花冠和面纱，有很多新郎要抱新娘跨越家里的门槛；[3] 第三部分，在新郎家的祭坛前举行，新娘入新郎家的宗教，向他介绍她必须熟悉的仪式和用语。今天，西方社会依然保留了古希腊婚姻仪式中的一些习俗，如白色的婚纱、花冠和面纱是至今仍延续下来的习惯；也继承了希腊人的另一个婚礼习俗，那就是新娘加入新郎的宗教，婚礼结束后，新郎和新娘要分食婚礼蛋糕。——当然，现在这只是一个习惯，但对于希腊人来说，它具有

---

〔1〕因为雅典的婚姻发源于买卖，我们可以想像丈夫是妻子的主人。但婚前的妻子的主人是否在其婚后仍保留一些权利，这出现了两种观点：一种认为，婚姻使原主人的权利完全转移给丈夫而消灭；另一种认为，除明示转移给丈夫的权利外，原主人仍保留对婚后已为人妻者的所有权利，甚至除相反的规定外，妻子的法定住所也须从前。而哈里逊先生则认为，原主人至少保留了解除婚姻的权利。不过，对婚姻忠实的义务妻子是负有的，并且也仅仅是妻子才负有，——对丈夫来说几乎是不存在这种义务的。*See* A. R. W. Harrison, *The Law of Athens*, Oxford at The Clarendon Press, 1968, pp. 29－32.

〔2〕希腊人崇拜自己部落的神，他不会有其他的神，除非其所在的民族或城市同样也崇拜其他的神。*See* René A. Wormser, *The Story of the Law: And the Men Who Made It - From the Earliest Times to the Present*, Simon and Schuster, 1962, p. 40.

〔3〕希腊新郎抱新娘跨越门槛时，要假装对其施加暴力；新娘要表示出反抗。这是一种取悦新娘将要信奉的新郎家崇拜的神的必经程序。

宗教意义：某种程度上说，分食蛋糕意味着二人合而为一。[1] 这也是一夫一妻制另一个明证。总之，婚姻递交、一夫一妻、允许离婚等，构成了希腊人较为开明的婚姻制度。

在家庭问题上，如前所述，是按照生理人的结合（配偶）到社会人的组织（家庭组织）来进行规范的。在婚姻而产生的家庭关系中，也产生了“血亲”与“姻亲”的划分。[2] 这一区分沿用至今。在家庭制度中，家长权居于主导地位。如以严格的父权原则为秩序基础的雅典，只有作为一家之主的父亲才有权处理属于家庭的财产。当然，成年男子和作为家庭成员的妇女，在一定范围内有权管理和处分财产。[3] 收养也是被允许的。没有儿子的，可以收养一个儿子；在有些地方（如戈丁），即使生有嫡子，也允许收养义子。[4] 监护权作为保护年幼而不能护卫自身的人的一种制度，其权利首先属于父亲；没有父亲的未成年人（在雅典是 18 岁以下），则由父亲生前或遗嘱指定的人行使监护；此外，则一般由未成年人最近的父族成员行使监护权。监护人是未成年人财产的临时管理人，负有抚养义务。除此之外，对妇女也有一些监护权方面的规定。[5] 这种家庭制度的确立，在最初意义上是作为延续子息、繁衍后代而出现，随后便作为具有私有财产下传承家业、产业的组织。关于继承问题的法律在早期私法领域中为人们广泛关注。因为

---

〔1〕 René A. Wormser, *The Story of the Law: And the Men Who Made It - From the Earliest Times to the Present*, Simon and Schuster, 1962, pp. 40-41.

〔2〕 据保罗记载，“血亲”（cognation）一词来自希腊语，希腊语称之为“EVYYEVELG, Suggeneis”，在罗马人称“Congnatio”。*See D*. 38, 10, 10, 1.

〔3〕 成年儿子虽然不能处分家庭财产，但却可以占有、处分自己的财产。妇女作为一个集体成员之一，也可以将共同财产出让，除非遭到具有同样权利人的反对。

〔4〕 在有些城邦，家庭成员资格仅限于合法的男性后裔。当然，有的城邦也并非盛行这种严格的身份制度。

〔5〕 对监护权行使的监督，在雅典属于民政长官，任何公民均有权控告。在对妇女的监护权上，各城邦都存在术语、功用上的差异，较为混乱。

在经济不甚发达的早期社会，人们保护自身及获得财富，都必须依赖于家庭组织。在这一点上，继承问题与其是一致的。

在古希腊各城邦，主要确立父系男性继承权。在雅典，不论是婚生子或养子，合法的儿子都对一切无遗嘱和有遗嘱的继承人享有排他权。妇女没有继承权，但在无兄弟的情况下，其儿子则可以继承父亲的财产。[1] 同时，分有法定继承、遗嘱继承和遗赠的规定。当然，有些地方也有不承认遗嘱继承的情况，而有些地方则允许没有儿子的公民收养义子作为自己的指定继承人。遗赠由早期一种把财产分给几个继承人的风俗演变而来，到古典时期已扩展为书面遗赠的方法。不过，“希腊人的身份对于他们拥有土地如此重要，外国人是不能拥有土地的，而一个没有土地的希腊人在社团内也没有什么地位。所以希腊人很少出现长子继承权的争议问题，每个儿子通常都会分得家庭同等份额的土地。”[2] 这些继承关系的规定，构成了后来财产取得的重要手段。随着私有制的进一步发展，到罗马法极盛时期，继承制度得到了较完备的发展。

（二）物权制度

在物权方面的规定中，古希腊法体现了早期朴素的财产观点。正如哈里逊先生所说，“雅典人没有描述‘财产法’的一般词语，也没有相当于‘所有’的抽象词汇。法律术语‘ουσία’并不意味着抽象的‘所有’，而是为某人所拥有的具体意义上的某物或物之集合。”[3] 因此，雅典人尚未能抽象出对物的权利的绝对性，即对世

---

〔1〕在这种情况下，为了防止祖产外流，雅典法律同时规定，女子的丈夫死后，死者的男系近亲可以娶她为妻。当然，她也可以外嫁。戈丁、斯巴达都有类似规定。

〔2〕René A. Wormser, *The Story of the Law: And the Men Who Made It - From the Earliest Times to the Present*, Simon and Schuster, 1962, p. 41.

〔3〕A. R. W. Harrison, *The Law of Athens*, Oxford at The Clarendon Press, 1968, p. 201. 这里，“ουσία”可音译为“屋西阿”。这种所有者占有物之集合或总体的含义有雅典早期公社所有制的特点，反映一种公社的分配制度。

权性质。“雅典人对物主张权利只意味着较 A、B 或 C 有更优越的权利。”[1] 这些早期朴素的物权观念显然不能与今天大陆法理念化的物权体系相提并论，但它却是一体系的最初表现形态。

古希腊土地制度和观念，对他们的财产法甚至是所有制形态，有着重大的影响。希腊人认为，神喜欢安定而讨厌迁徙，他们的神固定于家庭，而家庭要附着于特定的土地上。这种特殊的宗教观念反映在他们对于有关土地的习惯和法律上。因此，他们的神需要保持隐私，希腊人就坚持自己需要一个独立的封闭空间，都把自宅建于独立于他宅的地方。同时，他们认为有些家庭的神就是他们的祖先，因而墓地被认为是神圣的。这样，也就不难上升到整个土地都是神圣的。所以，希腊人关于土地上的私有财产的观念，产生得比许多其他民族都要早得多，因为他们的宗教没有将他们固定在特定的不动产上。宗教本身保证了家庭圈地的权利，土地由中立地段树立的固定的界石（或 Termini）围绕，搬动界石或越过这神圣的土地界线的人是卤莽的。除非经过宗教处分和仪式，否则土地几乎不能转让和剥夺。[2] 这样，一方面，土地的私有观念加速了财产的交易和流动；而另一方面，对土地的宗教含义又限制了土地财产所有权的交易。这种状况势必导致以土地为代表的他物权形态的发达与多样化。

概而言之，希腊人在物权领域主要具体成就表现在以下几个方面：

(1) 在雅典城邦的法律中，物的种类已经有几种划分。分别是

---

〔1〕 A. R. W. Harrison, *The Law of Athens*, Oxford at The Clarendon Press, 1968, p. 201. 有的学者将这种对财产上的具体的权利解释为“占有”。但我们实际上也很难用今天法律意义上的占有来理解古希腊人对财产的这种权利。参见黄洋：《古代希腊土地制度研究》，复旦大学出版社 1995 年 6 月第 1 版，第 8 页。

〔2〕 *See* René A. Wormser, *The Story of the Law: And the Men Who Made It - From the Earliest Times to the Present*. Simon and Schuster, 1962, p. 41.

土地与动产；有体物与无体物；生产性物与非生产性物；先祖传来之物与后来取得之物；公有物和神用物等。[1] 特别是土地与动产的区分，在当时至少有三个方面的意义：①保护动产与土地的法律程序不同；②对开发土地所密切相关的工具、牲畜等法国民法典中定义为“immeubles par destination”的东西，有特殊的处理方式；③在确定外国人是否有资格在阿蒂卡（Attica）拥有土地或房屋时，这种财产的划分具有意义。[2]

（2）在所有权方面，对所有的资格、共有及取得方式进行了规定。雅典奴隶无权拥有财产，但也存在类似后来罗马法中的特有财产制度（pecubium）。不过，雅典的共有制度源于财产继承，主要是共同共有形式，没有按份共有的比例规定。关于所有权的取得问题，则有十分完整的规定。这里，我们可以用图示简单介绍雅典的财产取得方式：[3]

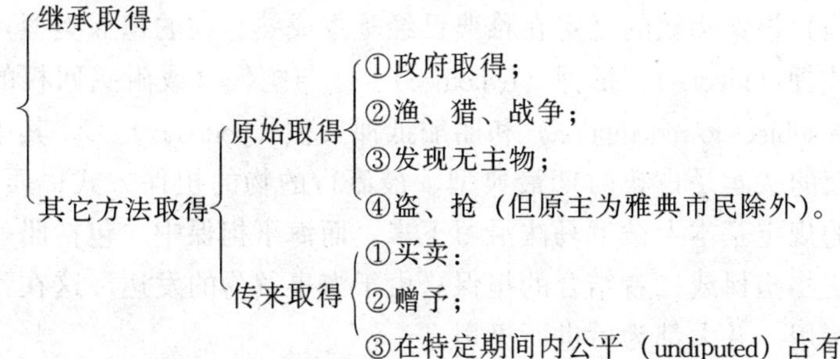

当然，在取得的具体规定中，也有一些僵化的规定，如在让

〔1〕 See A. R. W. Harrison, *The Law of Athens*, Oxford at The Clarendon Press, 1968, pp. 228 以下。

〔2〕 See A. R. W. Harrison, *The Law of Athens*, Oxford at The Clarendon Press, 1968, pp. 229 – 230.

〔3〕 See R. W. Harrison, *The Law of Athens*, Oxford at The Clarendon Press, 1968, pp. 244 – 245.

与、买卖中，有效转让需要所有权凭证合法持有者对自己权利的处分，转让其所有权。而且对于不动产的让与（如前面谈到的土地），在许多城邦的规定中，需要有报告员的宣告，或者在证人面前的让与声明，或者是由官方进行交易登记。但是，这种对所有权取得方式的划分，已经基本上形成了所有权取得制度的雏形。

(3) 在雅典，在以下几种情况下可以依法设定地役权：①自己的土地离公用井超过4stades,〔1〕而于自家地掘井至10英尺，仍未发现水的话，可从邻地井抽水6choai〔2〕/次，一天可抽两次；②橄榄树和无花果树距邻界不得少于9英尺种苗，其他为5英尺；③蜂巢至少离邻居蜂巢300英尺以上；④地处上游，必须将给下游土地造成的排水损害控制在最小限度内。〔3〕除法律设定以外，地役权还可以通过个人法律行为取得。同时，雅典也有类似罗马法usufruct（用益权）的概念，如某人的父亲可将地产的一部分用作其友的收益，直至某人成年。

(4) 担保物权的规定在雅典已经基本成熟。物的担保类型可以分为质押（pledge）、抵押（hypothec）、让与担保（或附买回权的买卖sale subject to redemption）和船舶抵押贷款（bottomry）。〔4〕其中附买回权的买卖是古典时期最典型、最流行的物的担保方式；质押、抵押的规定基本上被罗马法沿习下来。而海事担保中，包括船舶担保、货物担保或二者结合的担保。由于海事贸易的发达，这在雅典广为援用，并大都为后世所沿用。

在担保的规则中，担保物的价值与债权额关系很大。从一些间接的史料可以了解到这方面的一些原则。可以说，在雅典法律中，

---

〔1〕 1stades相当于607～738英尺。

〔2〕 相当于4．5加仑。

〔3〕 *See* A. R. W. Harrison, *The Law of Athens*, Oxford Clarendon Press, pp. 249-250.

〔4〕 *See* A. R. W. Harrison, *The Law of Athens*, Oxford Clarendon Press, p. 258.

担保物的价值超过债务额时须返还超出部分、不足的情况下则须补足的原则已经存在。〔1〕同时也存在一项财产上数个担保的情况，或为共同，或为连带。〔2〕

总之，古希腊法律制度中关于物权方面的规定，实现了人类由氏族公有到奴隶制私有的转化；并且，在产权观念形成的过程中，萌芽了以所有权为核心的物权思想，并重视财产取得方式上的具体规则。这种财产观念的萌芽，不仅导致了东西方私法的不同道路，而且成为了大陆法系发展的一个重要方向。

（三）契约制度

有人认为，雅典的债法比古代亚非国家较为发达，认为当时的债的来源已经被分为两种了——即“因契约而产生的债”和“因损害赔偿发生的债”。〔3〕作为一种法律关系，如前所述，这种交往行为模式是已经存在的。但是，现在还没有证据表明已经形成了“债法”或“债的关系法”的概念。不过，缺乏明确的统摄性概念并不能妨碍契约法和侵权行为（损害赔偿）法的发展。特别是如前所述，私的理念已经导致了制度形成中以人的意愿和行为进行法律关系上的分类。其时也，在契约方面，希腊法较为成熟。雅典的契约种类很多，有借贷、合伙、租赁、买卖、物品保管及雇佣等，其中借贷、合伙和租赁最为流行。这主要得益于古典城邦（如雅典、科林斯等地中海沿岸城邦）存在广泛的商事活动，特别是海上贸易。〔4〕在希腊契约发达史中，最引人注目的莫过于关于借贷契约

---

〔1〕 *See* A. R. W. Harrison, *The Law of Athens*, Oxford Clarendon Press, pp. 286 - 288.

〔2〕 *See* A. R. W. Harrison, *The Law of Athens*, Oxford Clarendon Press, p. 289.

〔3〕 陈盛清主编：《外国法制史》（修订本），北京大学出版社 1987 年版，第 51 - 52 页。

〔4〕 古希腊人制定的《罗得法》（*Lex Rhodia*）被认为是古代商法的最初形式。公元前 5 世纪时，雅典已经成为希腊世界的主要工业和商业中心。参见任先行、周林彬：《比较商法导论》，北京大学出版社 2000 年版，第 143 - 144 页。

的改革。在梭伦改革中，被亚里士多德称道的“最具民主特色的”且“最重要的”是，“禁止以人身为担保的借贷”。[1] 梭伦的这项借贷契约的改革，实际上是为了解决土地问题，从而解决当时社会上存在的严重的贫富不均现象。因为在那时，“借款是以人身为担保，而土地则集中在少数所有者手里”[2]。公元前594年以前，以“六一汉（hektemoroi）”而自缚的交易是合法的。

> “六一汉”为了酬答某一较富有的土地所有者的借贷与帮助，立约向其交出所耕土地产品的六分之一，如不能履行义务，他们和他们的全家就沦为该土地所有者的奴隶。[3]

梭伦的禁令“一举而永远地解放了人民”，使以债务人的人身自由来保证借贷的契约为非法。随后颁布“解负令（Seisachtheia）”，[4] 解放债务缠身的人民。这是债的关系发展史上一次重大突破。使债务人免于沦为奴役状态，实则是将人身关系清除出契约关系之外，它是“从身份到契约”运动的前提条件。只有这样，契约才有可能是一种真正的意思表示，而不是一种压迫工

---

〔1〕［古希腊］亚里士多德：《雅典政制》（第一部分第Ⅸ章），日知、力野译，商务印书馆1959年9月新1版，第12页；又参见法学教材编辑部（编）：《外国法制史资料选编（上册）·雅典政制》，北京大学出版社1982年版，第118页以下。

〔2〕［古希腊］亚里士多德：《雅典政制》，日知、力野译，商务印书馆1959年9月新1版，第8页

〔3〕［英］A. 安德鲁斯：《希腊僭主》，钟嵩译，马香雪校，商务印书馆1997年2月第1版，第89页。

〔4〕“解负令”，原文为“塞萨克忒阿”（σΕισάχθΕια【“σΕίω”即为“解除”；“äχθos”即为“负担”】）。解负令意为“人民卸下他们的负担”。不过，据记载，梭伦颁布解负令也使他遭到了一些毁谤，但他以其谦逊的美德和公允的精神，最终赢得了人民的支持。参见［古希腊］亚里士多德：《雅典政制》，日知、力野译，商务印书馆1959年9月新1版，第9页和其注释②。

具。

在古希腊契约观念中，契约最初是以一个实在的根据来确认的；其义务责任也因此而产生，并不完全取决于双方合意。并且，依侵权规则的发展，对违约者，债权人可以行使一种不得抵抗的执行程序，逼使债务人付出双倍的赎金。随着发展，有些城邦在立法上确认，凡是自己自愿承认的东西是“不可推翻的”。同时出现了一些今天我们所称的“标准契约”，如租赁契约、交付定金或预付款的契约、借贷契约等。在形式上，希腊法较为简单，当着几个证人的面，达成协议即可。直到公元前 4 世纪以来，才重视书面合同。这大约与早期商事活动存在着较多的惯例、习俗有关。另外，由于商业风险，希腊法的债的担保制度也完善起来。这时的担保分为人的担保和物的担保两种形式。物的担保我们前面已经谈过。人的担保要担保被告出庭或履行债务人的诺言，并且还可能要承担债务人应受的处罚。

从梅因爵士对早期契约史的考察来看，契约的效力最初不是简单的允约，使之赋予法律效力的是一种庄严仪式的允约。只是随着仪式逐渐地被省略，“最后，少数特殊的契约从其他契约中分离出来，准许不经任何仪式而缔结定约”。“这种心头约定通过外界行为而表示，罗马人称之为一个‘合约’（Pact）或‘协议’（Convention）；当‘协议’一度视为一个‘契约’的核心时，在前进中的法律学不久就产生了一种倾向，使契约逐渐和其他形式和仪式的外壳脱离。”〔1〕不论希腊法中契约方面的规定对《民法大全》是否有直接的影响，有几点是可以肯定的：(1) 希腊契约法的发展，也印证了契约法由仪式到合意的发展过程；(2) 希腊基本上形成了成熟民法所具有的契约法的规则；(3) 希腊商事活动中的一些习惯，体现

〔1〕［英］亨利·梅因：《古代法》，沈景一译，商务印书馆 1959 年 2 月第 1 版，第 177 页。

了今天契约规则中的一些原则，特别是构成了今天海商法的基础。

这里，我们可以从另外一个角度来领会柏拉图的话。他说，完全没有沿海贸易的城市要比“食物既来自陆地，又来自大海”的大多数希腊城邦的立法少得多（——“少一半甚至减少大部分”），因为“像商船业务、贸易、零售、小旅馆业、关税、采矿、贷款和复利”等，都是些“大伤脑筋”的事情。〔1〕孟德斯鸠评价说，这话很对。因为有了贸易，就会有各种不同的民族的人民汇集到同一个国家里去，契约、财产的种类和发财致富的途径都将是不可胜数了。〔2〕的确，古希腊的发展印证了这一点。也正是在这一基础上，古希腊的财产法制度才建立和完善起来。〔3〕

（四）侵权行为制度

侵权行为，往往与早期犯罪史联系在一起。雅典较早将侵权行为纳入私法调整的轨道。如我们前面所谈到的《格尔蒂法典》所表现出的一种“法律文明”，它不仅克服了古代同态复仇的私力救济方式，而且也摆脱了初民法律的残酷性，更多地纳入了民事救济方式。所以说，“大多数场合不受刑事惩处，加害人仅向受害人交付

---

〔1〕［古希腊］柏拉图：《法律篇》，张智仁、何勤华译，孙增霖校，上海人民出版社2001年7月第1版，第269页。

〔2〕［法］孟德斯鸠：《论法的精神》（下册），张雁深译，商务印书馆1963年3月第1版，第24页。

〔3〕以上关于希腊财产法的介绍中，部分地参考了 A. R. W. Harrison, *The Law of Athens*. Oxford at The Clarendon Press, 1968, Part Ⅱ. 又参考《不列颠大百科全书》1977年第15版，第8卷，第398－402页和第746－748页；译文见丘日庆（主编）：《各国法律概况》，上海社会科学院法学所编译，知识出版社1981年10月第1版，第18－39页。又参考陈盛清主编：《外国法制史》（修订本），北京大学出版社1987年4月第2版，第51页以下。又参考由嵘（主编）：《外国法制史》，北京大学出版社1992年1月第1版，第48页以下。又参考 G. Y. Diosdi, *Comtract in Roman Law*, Translated by DR. J. Szabo, Akademi Kiado, Budapest, 1981. 这些论述都是在此基础上进行的。

赔偿费即可了事。"〔1〕按照雅典法律，最主要的私法上的侵权行为是造成损害的行为，这并不限于人身损害，还包括对他人财产的损害。凡故意损害他人者，罚以双倍损害赔偿。并且还规定，给人以某种类型的侮辱，也构成侵害，可根据案情处以惩罚性财产赔偿。这种把私犯作为民事责任承担者，是民法文明的最显著的标志之一。

不仅如此，在侵权行为的归责原则方面，希腊法也提供了最初的基础。诚然，在雅典法律中，损害赔偿也实行加害责任原则；但是，"将私权观和平等观引进民事责任制度，这本身就意味着一个重大的历史进步。观念的变革将导致制度的更新，第一次勃兴的曙光已经出现在远方的地平线上。"〔2〕让学者们如此兴奋的"勃兴"乃是侵权归责原则——过错责任原则的兴起。换句话说，古希腊虽未明确提出侵权责任的主要归责原则，但却为它的出现创造了条件。例如，在梭伦改革中，便把财产作为政治的基础，并对赔偿请求权进行保护。亚里士多德评价说，在梭伦的宪法中，最具民主特色之一的是，"任何人都有自愿替被害人要求补偿的自由"。〔3〕在这里，被害人的权利主张是得到"任何人"支持的，法律是"人们互不侵害对方权利的保证"，这是以正义和善德为基础的最初表现形态。

---

〔1〕陈盛清主编：《外国法制史》（修订本），北京大学出版社 1987 年 4 月第 2 版，第 52 页。当然，这一规则是针对自由民而言的；对于奴隶，则因不具人格和财产，处肉刑。

〔2〕王卫国：《过错责任原则：第三次勃兴》，中国法制出版社 2000 年 5 月第 1 版，第 29 页。

〔3〕[古希腊] 亚里士多德：《雅典政制》（第一部分第 IX 章），日知、力野译，商务印书馆 1959 年 9 月新 1 版，第 12 页。这是被亚里士多德所称道的三点民主特色之二；第一为前面提到的"禁止以人身为担保的借贷"；第三为"向陪审法庭申诉的权利"。另外，前面已经提到，这里"任何人"，就是指任何在城邦具有"完全权利的公民"，也即具有市民资格身份的人。

第四节　小结：私法精神的张扬与人性的归依

也许正如有的学者所说，“希腊法”（Greek Law）这一称呼是否确切，是一个值得探讨的问题，因为某一城邦的法律会有别于另一城邦。但是，我们认为，一定的区域、民族或时代，其法律制度、文化及思想都具有“家族相似性”（维特根斯坦语）。而且，由于成文法律文本与实践可能存在的差异，就会使表面上的制度区别（如雅典的民主制与斯巴达的军事制），在实际生活中的差别可能会很小。[1] 毕竟，私法传统更多地表现为一脉相承、相对稳定的民间特性。

考古学的发现和学术研究的结果表明，不仅西方法律思想启蒙于古希腊，而且大陆法私法传统也源自希腊法。也正如美国学者所指出的，“西方精神、现代精神是希腊人的发现，希腊人是属于现代世界的。”[2] 当然，从希腊法及其文化的形成来看，我们也同样可以发现其中的一些其他社会因素，例如，我们还可以发现希腊法律中的一些希伯来法的影响。“在希伯来法发展的后期，即在马其顿——希腊人侵入巴勒斯坦以后，情况发生了变化。……希腊人对古老的东方文化兴趣倍增，对灿烂的希伯来文化赞叹不已。尤其是公元前三至二世纪犹太教《圣经》的‘七十子希腊文本’译成后，希腊人如获至宝，开始研究《圣经》。在研究《圣经》的过程中，希腊人逐渐被希伯来法的精神所吸引，以致于在希腊法律文化中也

---

〔1〕 *See* S. C. Humphreys, “Law, Court, Legal Process”. 该文为作者在日本新潟大学的一次研讨会上提交的论文；日文为葛西康德、高桥秀树翻译，曾发表于日本法学刊物《法政理论》第31卷第2号，1998（平成10）年11月20日，新潟大学法学会，第254－288页。本文写作时参见其英文文本。

〔2〕 ［美］伊迪丝·汉密尔顿：《希腊方式——通向西方文明的源流》，徐齐平译，浙江人民出版社1988年11月第1版，第4页。

夹杂着希伯来法的某些原则。及至希腊归入罗马的版图，基督教在整个西方占统治地位以后，人们已无法将希腊文化中的希伯来成份分离出来了。"〔1〕

同样，我们甚至从对文明起源的追溯中，可以将古希腊文化的起源追溯至更加遥远的古代社会。正如著名历史学家汤因比先生所了解的那样，考古学家和人种学家的研究印证了这一点："最早在爱琴海群岛的任何一个岛屿上居住的人们乃是由于亚非草原的干旱而迁来的移民。"〔2〕另外，人种学也告诉了我们罗马人与印度人乃是同一个原始祖先；〔3〕而文化研究则表明克里特文明受到古埃及文明的深刻影响。这些说法或许也有些真实的地方。但是，这是否可以使我们将渊源于古希腊的大陆法私法传统追溯得更远呢？我想，在没有充足的证据来证实存在那种"法的家族性"（Rechtsfamilien）或"法圈"（Rechtskreise）成长因素之前，我们还不能进行更进一步地追溯。因为对于法的家族性或传统的考察，并非与对人种或文化的考察具有完全的一致性。法律传统的形成应当是在人类发展到相当成熟阶段以后的产物。尽管本人并不赞同汤因比先生对古

---

〔1〕王云霞、何戊中：《东方法概述》，法律出版社 1993 年 4 月第 1 版，第 45－46 页。

〔2〕考古学家们证实，米诺斯社会中最早的人类生活遗址出现在克里特岛，但实际上这个岛屿离希腊和安那托利亚都比较远，而同非洲的距离则近得多。同时，人种学支持了考古学家们的论断。因为分析结果表明，克里特岛上最早居民体型绝大多数是"长颅人"，这与亚非草原上的最早居民所谓的"长颅人"特征相吻合，而与希腊和安那托利亚的最早居民的所谓"宽颅人"特征相异。英国学者哈蒙德也从语言学、人种学和地理学的角度进行过一些考证。例如，他从早期希腊地名语尾音节中发现，它们多与小亚细亚的地名相同，与印欧语系的希腊语则有很大的不同。*See* Hammond, *A History of Greece To 322B.C.*, Oxford University Press, 1959, PP. 24－77. 又参见［英］汤因比：《历史研究》（上），曹末风等译，上海人民出版社 1997 年 11 月第 1 版，第 94－95 页。

〔3〕梅因爵士认为，在他们原来的习惯中，"也确定有显著的类似之处，即使在现在，印度法律学还存留着考虑周到和判断正确的实体"。参见［英］亨利·梅因：《古代法》，沈景一译，商务印书馆 1959 年 2 月第 1 版，第 12 页。

代埃及社会的某些略显刻薄的描述（如他认为“这个社会既无亲体社会又无子体社会”，是一个“死了的有机体，只是还没有下葬罢了”），但古埃及与古希腊这两个社会体之间的巨大差异，还依然是我们所关注的重点。[1] 因此，文明溯源的结果现在却并不能使我们再次把大陆法私法传统往前推进。从某种角度说，古希腊法已经具备了其独立的品格；而且如前所述，这种品格中蕴涵了大陆法私法发展的主要特质。即使是其体内还存在“异质文化”因素的话，它也已经“本土化”了。更何况，如果我们从大陆法私法发展传统的历史连续性来考察的话，只有希腊法才具有“一脉相承”的绵延性特征；而埃及法、印度法、希伯来法及中国法等，都表现出了一种强烈的“异质文化”特点。

那么，古希腊法到底从哪些方面塑造了大陆法私法传统？或者说是哪些因素培养了大陆法私法的精神呢？这个问题我们已经从法律角度进行了分析。实际上，从最广泛的社会学意义上讲，我认为古希腊法这三个方面的成就是巨大的：第一，塑造了一个独立人格的“人”；第二，奠定了财产私有制；第三，孕育了自然法思想。哲学家休谟（David Hume，1711—1776 年）曾经说过，“关于人的科学是其他科学的唯一牢固的基础”，[2] 因而具有完全独立人格的“人”的确立，才使大陆法私法具备了最活跃的主体和前提；同时，“一个社会所采取的财产权制度规定了竞争的方式”，“私有财产制

〔1〕［英］汤因比：《历史研究》（上），曹末风等译，上海人民出版社 1997 年 11 月第 1 版，第 38 页。

〔2〕［英］休谟：《人性论》（上册），关文运译，郑之骧校，商务印书馆 1980 年 4 月第 1 版，第 8 页。

度的明显特点是利用市场解决经济问题”，[1] 于是私有财产制度的确立才使得活跃的人有了创造性的平台和空间；另外，自然法思想不仅赋予或者说是“恢复”了人和财产其本身所应当具有“自然属性”的理念，而且为大陆法私法的发展提供了理性主义基础和“永远的精神食粮”。正是在这三个方面相互结合的整体性意义上，古希腊法才表现出了超越时空的魅力，蕴涵了大陆法私法发展不竭的精神原动力。

我们可以进一步地追问，这三个方面的相互结合是否就是私法发展所具备那种所谓的“整体性意义”呢？如果答案肯定的话，那么这种所谓的“整体性意义”又到底是什么呢？当然，从宏观上看，答案应当是肯定的。不过，也许在与私法精神的具体联系上，上面的这种论述还不够具体和充分，也不能丝丝相连与环环相扣式地契合私法的发展。实际上，私法的世界包含了“人和物”这两个维度，而且这两个维度也是相互关联的。“从哲学的角度看，人法与物法的对立以人与物的对立为基础，翻译成哲学语言，是主体与客体的对立或精神与物质的对立”。[2] 这是从二者对立的角度来观察这个私法的世界。哲学家黑格尔（Georg Lvilhelm Friedrich Hegel，1770－1831 年）其实更关心它们之间相互依存的关系。他说，“人

〔1〕 社会分工并不是产权、契约和交易产生的充分条件（这曾经是社会理论中“最深刻的错误”）。私有财产制度确立了在稀缺引起的利益冲突时的资源配置方式，这种方式是大陆法私法存在的社会制度基础。这一点明显有别于东方法中有的君主所有或公有制。参见 V. 奥斯特罗姆、D. 菲尼. H. 皮希特（编）：《制度分析与发展的反思——问题与抉择》，王诚等译，商务印书馆 1992 年 9 月第 1 版，第 266、281 页。

〔2〕 徐国栋：《民法典草案的基本结构——以民法的调整对象理论为中心》，载徐国栋编：《中国民法典起草思路论战——世界民法典编纂史上的第四大论战》，中国政法大学出版社 2001 年 10 月第 1 版，第 63 页。

为了作为理念而存在，必须给它的自由以外部的领域。”〔1〕这一人的自由意志所依赖的“外部的领域”，也就是私法眼中的“物的世界”。他还以所有权的合理性为典型，论述了人们有权、并且必须将自己的意志体现在这种外部的物中；而只有这样，人和物才能实现各自的目的性。“人有权把他的意志体现在任何物中，因而使该物成为我的东西；人具有这种权利作为他的实体性的目的，因为物在自身中不具有这种目的，而是从我意志中获得它的规定和灵魂的。这就是人对一切物据为己有的绝对权利。”〔2〕于是，物通过我的意志而获得了它的“灵魂”；而“人唯有在所有权中才是作为理性而存在的。”〔3〕因此，古希腊在前两个方面的成就，是对私法世界中的两个维度初步建立。尽管在这两个维度的建构中，也还存在着一些需要等到近代法以后才能得以改进的内容（如将奴隶视为物、妇女和家子还未获得完整人格等），但是它却成为了大陆法法学阶梯模式的基础。

更进一步地，这种模式不单是反映了一种制度的发展形态，尤其重要地是它反映了古希腊人试图在我们认识的世界里建立起普遍的“科学”，从而将日常的、含糊的见识或意见（δόξα）变成理性

〔1〕［德］黑格尔：《法哲学原理》，范扬、张企泰译，商务印书馆1961年6月第1版，第50页。

〔2〕［德］黑格尔：《法哲学原理》，范扬、张企泰译，商务印书馆1961年6月第1版，第52页。

〔3〕［德］黑格尔：《法哲学原理》，范扬、张企泰译，商务印书馆1961年6月第1版，第50页。

的知识（έπιστήμη）的一种努力；[1] 并且它也蕴涵了一种以自然哲学为指导的世界观：让人与物都按照自己的意志成长。这就是私法精神张扬的哲学基础，也是一种人性的归依。从这个角度出发，我们就容易理解德国哲学家埃德蒙德·胡塞尔（Edmund Husserl，1859—1938 年）对古希腊罗马人生活的评价：

> 对于古希腊罗马人来说，什么是根本性的呢？通过比较分析可以肯定，它无非是‘哲学的’人生存在形式：根据纯粹的理性，即根据哲学，自由地塑造他们自己，塑造他们的整个生活，塑造他们的法律。[2]

通过上面的论述，我们已经知道，这所塑造我们的生活与法律的哲学学校在古希腊；是古希腊建构了大陆法私法发展的精神家园。

---

〔1〕当然，现代人的基本看法是，真正的普遍科学的建立是在勒内·笛卡尔（René Descartes，1596—1650 年）以后的近代。笛卡尔不仅是近代伟大的科学家，也是西方近代哲学的创始人。参见［德］埃德蒙德·胡塞尔：《欧洲科学危机和超验现象学》，张庆熊译，上海译文出版社 1988 年 10 月第 1 版，第 77 页。又参见另外一部中译本［德］胡塞尔：《欧洲科学的危机和超越伦的现象学》（德国毕迈尔编），王炳文译，商务印书馆 2001 年 12 月第 1 版，第 82 – 83 页。

〔2〕［德］埃德蒙德·胡塞尔：《欧洲科学危机和超验现象学》，张庆熊译，上海译文出版社 1988 年 10 月第 1 版，第 8 页。另外一部中译本将这种“依据哲学的”生存方式翻译为：“自由地赋予自己本身，自己的全部生活以它的来自纯粹理性，来自哲学的准则。”又参见［德］胡塞尔：《欧洲科学的危机和超越伦的现象学》（德国毕迈尔编），王炳文译，商务印书馆 2001 年 12 月第 1 版，第 17 – 18 页。

第三章　私法精神与大陆法古典模式的确立

——世俗化运动：罗马法对古希腊法的超越

尽管我们一直在强调，早在古希腊时代，在罗马之前的古希腊人就已经建构了大陆法私法传统的精神家园。但是，也必须承认，正是以《民法大全》为代表的罗马法对希腊法制度的再构筑和超越，才使大陆法私法传统源远流长，并大放异彩。

从传说中的罗马城建立（公元前753年）到今天2700多年的发展中，罗马法经历了两个不同的发展时期。第一个发展时期是指罗马城建立后的属于“罗马城”的罗马法及其后来成为整个帝国的法律。这一时期罗马法的发展，以查士丁尼大帝于6世纪的法典编纂活动为终结，为后人显示了古人们通过法律治理自己生活的最高的智力成就。而在500多年以后，对这一智力成就的发掘引发了意大利北部的罗马法研究；继而从大学到法庭，开始了罗马法的“第二个令人惊奇的发展阶段”。这一时期的罗马法研究，“给予几乎整个欧洲以法律概念的共同库藏、法律思想的共同文法（a common grammar of legal thought），并且，在不断变化但不可轻视的范围内，提供了一批共同的法律规则”。[1] 当然，英国人成功地抵制住了罗马法的入侵，从而开辟了普通法的发展道路；不过，即使在今天，我们也还能够发现英美法中的罗马法因素及其深刻的影响。当然，

---

〔1〕［英］巴里·尼古拉斯：《罗马法概论》，黄风译，法律出版社2000年版，第2页。

罗马法的第二个发展时期——即罗马法的传播，并不是本文研究的重点；这里所要关注的是，这一伟大成就所表现出的大陆法私法发展中的历史连绵性特征，以及在这一绵延的历史进程中罗马法之于大陆法私法传统的经典性意义。

诚然，如前所述，我们也不必过分地夸大罗马法的成就而认为："在几乎所有其他智力创造的领域，罗马人曾是希腊人虔诚的学生，但在法律方面他们却是老师。"〔1〕但是，由于查士丁尼大帝的法典成就和相应的法学家著述（如盖尤斯的《法学阶梯》）被幸运地发现，并成为在法律方面复活早期希腊精神的方式，因此，罗马法在具体制度方面的影响是无与伦比的。同时，由于罗马法在关注世俗社会和现实生活方面所具有的灵活性和现实感，使得罗马法在私法发展方面对希腊法有着巨大的超越。克鲁兹说，"这并不奇怪，因为罗马知识阶层是希腊哲学、逻辑学、雄辩学和科学方法培养起来的，而接下来要做的就是，把希腊哲学研究应用于实际，把逻辑和秩序带到已经积累成集的罗马法庭规范中去。"〔2〕而且，让罗马人感兴趣的也不是希腊人的法律理论和法律哲学，而是"规范个人财产和通过法律程序使另一人为自己行为的规则"。〔3〕事实上，这就是与罗马人务实品格相一致的罗马法的世俗化倾向。罗马法正是在法律的世俗化运动中，超越了希腊人。这里，笔者主要从三个大的方面对其在私法领域的超越之处加以论述：(1) 罗马法适合时宜地在私权上的统一；(2) 形成了大陆法私法严谨的结构和完善的法律体系；(3) 罗马法所具有的学术品格。自此大陆法私法古典模式最终确立，实现了对人们世俗生活的总结和精美表达。

---

〔1〕［英］巴里·尼古拉斯：《罗马法概论》，黄风译，法律出版社2000年版，第1页。

〔2〕Peter de Cruz, *Comparative law: in a changing world*, 2nd ed. Cavendish Publishing Limited, 1999, pp. 51－52.

〔3〕*See* Peter Stein, *Roman Law in European History*, Cambridge University Press, 1999, Pre. Ⅰ.

另外一点要说明的是，对罗马法的形成时期，人们进行了许多种划分。〔1〕较为通行的分期方法是按照政治体制标准进行的分期，即划分为王政时期、共和国时期和帝制时期；而后者又分为元首制时期和君主专政时期。〔2〕徐国栋先生认为这种分期“过于粗略”，并提出了另外一种历史划分时期：“奎里法时期”（罗马建城至《十二表法》颁布）、“市民法时期”（《十二表法》颁布至公元前242年外事裁判官设立）、“市民法含义的缩小化时期”（公元前242年外事裁判官设立至公元528年查士丁尼开始进行法典编纂活动）和“市民法含义的扩大化时期”（公元528年查士丁尼进行法典编纂活动至公元1453年拜占庭帝国首都君士坦丁堡被土耳其人攻陷）。〔3〕实际上，这种分期是一种以私法发展为主的“法源式”的划分方法，它与那种以政体为标准的划分方式并不矛盾，也无所谓繁简。当然，以这种研究为基础，我们则可以在私法学上进行一种近乎历史流程式的分期。这里，笔者将它们更明确地表述为：“奎里蒂法时期”、“城邦市民法时期”、“城邦市民法和万民法并存时期”和“市民法形成时期”。其中，只有后一种市民法，才是超越了城邦政治束缚以后的近代意义上的“市民法”、“民法”或“私法”；并且，正如我们在下面所要揭示的，其中更多的是万民法对市民法的吸收。通过这一历史流程的划分，我们可以更加清晰地了解大陆法私法发展中所具有的一脉相承的特征和脉络。

---

〔1〕关于国外的这些分期研究，主要有“二分法”、“三分法”、“四分法”和“五分法”，甚至还有所谓的“六分法”和“七分法”。详细论述，请参见周枏：《罗马法原论》（上册），商务印书馆1994年6月第1版，第20－24页。

〔2〕这是法国罗马法巨子P·F·吉拉尔（P. F. Girard）在其名著《罗马法基本教程》中所采取的划分方法。

〔3〕徐国栋：《奎里蒂法研究》，载《第二届“罗马法·中国法与民法法典化”国际研讨会论文集（中文）》（中国·北京·1999），第1－5页。该论文为作者提交的会议论文，会议由中国政法大学和意大利罗马第二大学于1999年10月5日至8日在北京友谊宾馆举行，会议主题为“物权与债权”。

第一节　罗马法在私法权利上的统一是对希腊法及早期罗马法的伟大超越

众所周知，古希腊城邦制造就了古希腊的民主。古罗马早期的发展也因袭而来。但是，随着帝国的扩张，在广袤的帝国大地上，这种城邦民主下的市民法与万民法的结构已出现了重大危机。根据属人主义的法律原则，[1] 罗马市民资格（或称公民资格）取得才是适用罗马市民法的基础和前提。这种现状严重阻碍了经济发展，也影响到社会稳定。表现在私法上，即私权的不统一。私权的统一即是以罗马市民权（或公民权）的统一为前提。这种统一才能导致帝国法律的统一。而这种私权统一的结果，是利己主义的特权罗马市民阶层所不愿看到的，但却是罗马帝国的发展“迫不得已”作出的选择。在《民法大全》中，虽然依然有自然法、万民法和市民法的区分，但实际上，“市民法不及万民法之简单易行，渐次为万民法所合并，及 Justinianus 帝编纂《罗马法全典》（*Corpus juris Civilis*）已无复市民法与万民法之区别。惟自用语之沿革论之，万民法为国际法之语源，市民法则为私法之语源。”[2] 可见，二者之区分仅存在于一种观念和形式上。查士丁尼大帝曾说，“现在朕对一切被释放的人，不问被释放者的年龄，释放者的权益或释放方式，一律都给予罗马公民资格。”[3] 这种规定已不单是针对罗马人，也针对帝国境内各行省的人。不过，应当指出，广泛地给予异

---

〔1〕在早期希腊和罗马世界，基本上遵循法的属人主义原则。根据该原则，每个人均根据自己城邦的法而成为法律主体。因此，罗马人根据罗马法，异邦人根据自己的城邦法（即所谓的自己城邦的市民法）。

〔2〕胡长清：《中国民法总论》，中国政法大学出版社 1997 年 12 月第 1 版，第 8 页。《罗马法全典》今多译为《民法大全》或《国法大全》。

〔3〕*J*. 1，5，3.

邦人以罗马公民资格，是在查士丁尼时代之前的事；甚至早在2世纪，就基本上实现了市民权的统一，也即私权的统一。

授予异邦人以罗马市民资格的过程，我们可以分两个阶段：第一个阶段是给予古意大利人以市民资格；第二个阶段是给予全帝国境内自由民以市民资格。意大利人作为罗马人的盟友（socius）身份，虽然保有主权地位，但依然不具有罗马人的地位和罗马市民的资格。[1] 于是，意大利人便通过各种途径——例如，通过拉丁人和拉丁殖民区进行过渡；[2] 假装沦为罗马市民奴隶然后获得解放等，来获取罗马市民资格。公元前126年的一项平民决议将不是罗马市民的人驱逐出罗马，又加剧了隐藏在帝国境内的罗马人与异邦人之间的矛盾。为平息矛盾，护民官提比留·森布罗尼·格拉古(Tiberio Sempronio Gracco)和卡尤·格拉古（Caio Gracco）兄弟及M·李维·德鲁索（M. Livio Druso）先后进行过和平努力。但是，不仅他们的议案均遭反对搁浅，而且他们本人也均成为了政治斗争的牺牲品。[3] 后来，经过“同盟战争”以后，罗马人不得不作出让步。公元前90年，执政官L·尤利·凯撒（L. Giulio Cesare）便提出《关于向拉丁人和盟友授予市民资格的尤利法》（*Lex Iulia de Civitate*

---

〔1〕罗马市民不仅享有一些表决权等政治权利，而且随着《波尔其法》（*Leggi Porcie*）的颁布，罗马市民人格到得广泛地保护，并不受法官治权的侵犯。

〔2〕拉丁人与罗马有广泛渊源。《卡西安条约》（*foedus Cassianum*）是拉丁人对罗马人胜利而缔结的，这个条约使得拉丁人与罗马人平起平坐。因而，拉丁人在罗马市民法上有广泛的资格和权利。因此，通过拉丁人或拉丁殖民区过渡，也是获得罗马市民资格的一种形式。

〔3〕提比留·格拉古的朋友富尔维·弗拉科（公元前125年执政官）提出一项议案（rogatio)，建议向盟友们（socii）授予罗马市民资格，但遭到强烈反对。卡尤·格拉古为解决意大利人问题，曾提出一项《关于授予盟友市民资格的法案》（*Rogatio de Civitate Sociis Danda*），建议授予拉丁人完全市民权，并授予所有意大利人以拉丁权（包括某一些部落投票的权利），这项议案同样遭到市民阶层反对，被否决。兄弟两人均在元老院支持下被害。M·李维·德鲁索置元老院反对于不顾，进行一系列法律改革，并打算使一项关于开拓殖民区的法律和一项关于授予盟友们市民资格的法律得到通过。但却被一刺客杀害。参见［意］朱塞佩·格罗索：《罗马法史》，黄风译，中国政法大学出版社1994年4月第1版，第282页以下。

Latinis【*et sociis*】*danda*）；公元前89年又颁布《关于向盟友授予市民资格的普劳第和帕皮里法》（*Lex Plautia Papiria de civitate sociis danda*），将罗马市民资格授予了所有在意大利境内的意大利人。

当然，这充其量是在意大利实现了市民权利的统一，要在帝国境内都实行这种统一，乃是一个更艰难的过程。但这种统一都有一个共同点，即主要通过皇帝赐予行省居民个人、或集体、甚至某个地区或城市以市民资格，来实现市民权利的统一。这项措施自凯撒以来便开始，后来变为帝国皇帝的奥古斯都（Augustus，公元前63—公元14年）也坚决贯彻。其后，朱理亚·克劳狄王朝也大力推行。弗拉维王朝还通过征兵制（即各行省居民退伍后皆获罗马市民资格）使罗马市民资格进一步扩大。这样，到了安敦尼王朝时，各行省已经普遍获得罗马市民资格。帝国境内基本上实现了市民权利的统一。因此，史学家们说，公元212年塞维鲁王朝皇帝卡拉卡拉(安东尼)〔1〕颁布的给予帝国境内一切自由民以罗马市民资格的敕令，〔2〕实际上是对既存事实的一种确认，是个“马后炮”。

罗马市民资格的普遍授予带来了私法权利的统一。这种统一使罗马市民法与万民法出现融合。这一融合是双重的：一方面，罗马人之间的市民法与原各行省自己的地方法（也可以称各地方自己的市民法）融合；另一方面，出现万民法的法律原则与市民法的法律

---

〔1〕实际上，从公元211年开始，已经进入了卡拉卡拉（安东尼）统治时期，但由于公元193—211年为塞维鲁统治时期，史书中公元211—217年的安东尼统治未完全确立，也有人将颁布的《卡拉卡拉告示》仍作为塞维鲁时期的敕令。

〔2〕即《卡拉卡拉告示》，又称《安东尼告示》。关于这项谕令的效力，今天历史学家尚存分歧。许多人从有些残缺的希腊文献出发，认为各城市中心依然保留着自己的法，因而在法律适用时可以在自己的地方法和罗马法中进行选择，即双重市民资格理论。但这种理论最近受到尖锐批判，人们认为该谕令意味着所有新市民对罗马法的采纳。

原则的融合。在前者，各地方的机关新市民“肯定竭尽全力地把以前的地方法律打扮成罗马法；法的专家和实际工作者当然倾向于以自己的思想方式进行工作，利用罗马的材料去曲解那些地地道道的罗马制度和原则”。[1] 曾有人试图对这种所谓“衰落”进行拯救，著名的如公元3世纪的戴克里先皇帝的批复，他试图坚持罗马人所采用的严格的口头要式买卖行为，认为不得以“无特定形式简约”来转移所有权。[2] 但是，在查士丁尼法典汇纂中，已经没有必须通过“要式买卖”（mancipationibus）的看法了。正如格罗索所说，“如果说戴克里先仍在竭力筑建堤坝以遏制地方法的话，从君士坦丁开始，这座堤坝就开始崩溃了。”[3]

这座堤坝的崩溃促进了本已出现的市民法与万民法法律原则的融合。这种融合并不是单纯地由万民法向罗马市民法的转化；恰恰相反的是，它更多的是摆脱了罗马市民法中相当古老幼稚的成份和一些含混不清的规范，卸下了一些繁琐的仪式和身份限制，克服了对罗马市民的一些偏袒规定，因而主要表现为万民法对市民法的吸收。万民法最初通过裁判官的判例法逐渐形成最高裁判官法（ius praetorium），用以作为市民法（uis civile）的补充；其后，便逐步形成了一整套万民法（ius gentium）的私法体系。这一体系的出发点是尊重私有财产，而其基础则是民事交往的平等性原则。于此之上，万民法精神成为了调整私人关系的主要原则。

---

〔1〕［意］朱塞佩·格罗索：《罗马法史》，黄风译，中国政法大学出版社1994年4月第1版，第420页。

〔2〕罗马的要式买卖须有严格程式，但随着文书为中心合意的出现，使具有物权效力的程式衰微。为挽回这种形势，罗马皇帝批复中重申了口头程式的实质性，即必须以要式口约或让渡的方式转移所有权。戴克里先批复道：“通过（要式买卖）、让渡和时效取得转移所有权，但不得通过无特定形式简约转移所有权。”

〔3〕［意］朱塞佩·格罗索：《罗马法史》，黄风译，中国政法大学出版社1994年4月第1版，第421页。

通过以上论述，我们可以看出，推动万民法与市民法融合的主要因素至少有两类：(1) 经济发展（特别是商品经济——国际贸易的发展）因素；(2) 政治需要。随着罗马帝国的扩张，国际贸易、市场交易日益深入到罗马人的经济生活，也必然导致形成了一系列体现商品经济现实的法律关系；同时，罗马皇帝为了维护逐渐庞大的帝国统治，特别是在帝国后期，便通过授予异邦人以罗马市民资格，以实现政治上的稳定与统一。这些因素客观上造成万民法与市民法的沟通和融合。

当然，其中有一点必备的要素是，万民法与市民法本身存在着"兼融性"。二者主要规范都是私法，而私法在很大程度上具有同一性、稳定性。这一点，德国著名法学家拉德布鲁赫（Gustav Radbruch，1878—1949年）以历史的思考方法认为，"涉及我的和你的、商业的和交往的、家庭的和继承的法律，即私法，构成了较为稳定的基础，而国家法则构成了可以改变的'上层建筑'。"〔1〕尤其是万民法，体现了私法的精神和实质。

私法最重要的表现之一是契约精神及与此相伴的诚实信用原则。万民法是针对异邦人的法律。不论是与拉丁人关系的《卡西安

〔1〕［德］拉德布鲁赫：《法学导论》，米健、朱林译，中国大百科全书出版社1997年7月第1版，第56页。

条约》,[1] 还是其他诸如同迦太基的条约,[2] 给予异邦人及其行为以法律效力的,都是通过签订条约的途径来实现的。这些条约,构成了罗马人与异邦人发展贸易关系的基础和保障。这些早期的国际关系同私人关系一样,具有契约性质,并且“信义(fides)发挥着首要的作用”。[3] 它们构成了万民法的主要内容。“在这些国际关系中,当时占有统治地位的决定性因素就是信义(fides)。信任表现着一种可受信任的关系(这种关系在城邦中因其执法官的裁量权而得到普及,对于那些经商的私人则更为直接);从相互信任的理由中产生出诚信(fides bona;——该词也可译作‘善意’,比如善意审判:iudicia bonae fidei。——译者注)的客观概念,即合乎道

---

〔1〕《卡西安条约》(*foedus Cassianum*)不仅反映了早期二者的通商、通婚等法律关系,而且随着罗马人的扩张,更多地侧重于一系列包括贸易权(ius commercii)在内的财产关系。并且,“有关私契约的诉讼案应于10日内在立约人之间裁决。”请参见哈里卡纳苏斯的狄奥尼修斯著《罗马古代史》第6卷第45章;转引自杨共乐(选译):《罗马共和国时期》(上),商务印书馆1997年12月第1版,第18页。

〔2〕罗马与迦太基之间签订的条约,据波利比乌斯《通史》第3卷第22~26章记载,大约有三个条约。这些条约,规定了罗马人在迦太基人区域的平等原则,以及从事贸易活动方面的规定。相应地,迦太基也进行了类似的协议。二者在有关贸易权方面,首要地规定了信义则的内容。第一个条约大约于公元前509年签订。其中第2款规定:“登陆经商的人,如无传令官或城镇官员在场,不得从事任何交易。如果在利比亚或萨丁尼亚进行交易,卖主无论以什么价格出卖,只要有上述官吏在场,都将得到国家的保护。如果罗马人来到西西里的迦太基辖区,那么他就能享受与其他人同等的权利。”在这个条约中,迦太基人以国家的信誉保证贸易者受到公平的待遇。在第二个年代不详的条约中,强调了双方“不以私人报复处罚,而应以触犯国法论罪”(第3款)的指导思想,并再次说明,“在西西里的迦太基所辖地区及迦太基本土,罗马人可以经营任何商业,并销售准许公民售卖的任何物品。迦太基人在罗马也享有同样的权利。”在最后一个公元前280年的条约中,又重申了一些商业原则。参见杨共乐(选译):《罗马共和国时期》(上),商务印书馆1997年12月第1版,第12-16页。

〔3〕[意]朱塞佩·格罗索:《罗马法史》,黄风译,中国政法大学出版社1994年4月第1版,第234页。

德，作为商业世界支柱的商业正直；人们把这种‘诚信’理解为具有约束力的。”[1] 而且，罗马执政官（自公元前242年起的“外事裁判官”）均“承认因‘诚信’要素而产生的法律效力”。[2] 诚然，在这些条约和“诚信”观念中，由于罗马人的霸主地位，罗马法观点占有支配地位。但是，它们不依赖于城邦而存在。更何况，正是条约培养出了民法的契约精神，滋生了民法的平等性及自由意志思想；也正是“诚信”与“善意”所带有的伦理色彩，蕴含了人类的普遍良知和民法强烈的道德性。正是在这些意义上，万民法才真正具有私法（民法）的精髓。

格罗索是这样评价的：“罗马法经历了千年的历史发展；它所处的环境条件使它高瞻远瞩，把自己的视野扩展到不同的世界。”[3] 的确，万民法与市民法的融合，仿佛是给罗马市民法注入了一股清新的气息。这种私权的统一是罗马法发展史上的一个重要里程碑，也是对希腊法的一次伟大超越；它使得大陆法私法从此摆脱了狭隘的城邦气息，具有了巨大的包含性和宽容精神。于此之上，古希腊的自然法思想才具有了广泛而坚实的社会基础。

第二节　《民法大全》形成了大陆法私法严谨的结构和完善的法律体系

正如我们在论述自然法在大陆法私法传统形成方面的贡献一样，学者们往往将近代大陆法法典的编纂运动视为“自然法法典编

---

〔1〕［意］朱塞佩·格罗索：《罗马法史》，黄风译，中国政法大学出版社1994年4月第1版，第235页。

〔2〕［意］朱塞佩·格罗索：《罗马法史》，黄风译，中国政法大学出版社1994年4月第1版，第237页。

〔3〕［意］朱塞佩·格罗索：《罗马法史》，黄风译，中国政法大学出版社1994年4月第1版，第2页。

纂”的成就。[1] 而这一成就的前提就是私法领域内的体系化。前面已经提到，希腊法为大陆法私法提供了基本框架和法律原则的基石。但是，真正建立起严谨的结构和完善的法律体系的，则是罗马法。这一点，在《十二表法》中就有体现，而在《民法大全》中体现得更加全面。

尽管19世纪学者们在创造《十二表法》的复原版本时，也许夸大了这部立法的系统化特征，但我们可以确信的是，该法从传唤涉诉的被告人开始，到诉讼结束后执行判决，都有明确的规定。而且它覆盖了整个法律领域，包括公法和基督教法律，有一种追求完整而体系化的倾向。[2] 实际上，古典法律的具体构成主要还是以案例为中心来展开的：或者是真实的案例；或者是研究中虚构的案例。要形成复杂而令人迷惑的体系，就需要分类和体系化。“在罗马共和晚期，受希腊分类法的影响，罗马人开始了把法律条理化的过程。由于希腊人没有职业的法学家阶层，他们没有能够将这些技术应用于法律，因而他们的法律程序也并没有自然而然地导向技术性的法律发展。”[3] 这也是在思辩云端里飞翔的希腊人缺乏世俗情感而令人惋惜与悲哀的一面。

大陆法私法严谨的结构和体系首先表现在法典的篇章设置上。公元前100年法学家Quintus Mucius Scaevola发表了他关于作为整体的民法的小短文。文章以遗嘱、遗产和法定继承开始，这部分内容

---

〔1〕 Franz Wieacher, “Privatrechtsgeschichte der Neuzeit”, 1. Aufl., 1952, S. 197; 2. Aufl., 1967, S. 323. 其中，《普鲁士国家普通邦法》(ALR: *Allgemeines Landrecht für Preußischen Staaten*；1794)、《法国民法典》(*Code Civil*；1804)和《奥地利普通民法典》(ABGB: *Allgemeines Bürgerliches Gesetzbuch*；1811)是这一法典编纂运动在私法领域的集中体现。

〔2〕 *See* Peter Stein, *Roman Law in European History*, Cambridge University Press, 1999, p. 4.

〔3〕 Peter Stein, *Roman Law in European History*, Cambridge University Press, 1999, p. 18.

大概占了四分之一：一个人死后，享有遗产继承权的人的确定问题产生的纠纷多于其它类型的案件；社会秩序建立在家庭单位之上，遗嘱的目的就是指定能够在家长死后接替他的位置而把家族延续到下一代的继承人。一个世纪后，另一位法学家 Masurius Sabinus 把他认为互相关联的其他主题放在了一起。例如，Mucius 认为偷盗财产和损害财产是迥异的；但 Sabinus 把它们放在一起，从而认可了侵权行为（wrongdoing）（私犯【delict】），并认为应该通过民事诉讼给受害人以救济而惩罚侵权人。但 Sabinus 并没有对合同也作出这样的一般分类。直到 2 世纪中叶的时候，在私法内容的安排上才有了重大的进展，但这也只是限于学术圈子里。现在我们确定为盖尤斯（Gaius）所著的那部法学教科书《法学阶梯》（*Institutes*），它的设计是把所有的法律分为三类：人、物和诉讼。〔1〕这种划分具有划时代意义。正是得益于这种划分方法，近代欧洲大陆才出现了法学阶梯式（如《法国民法典》）和学说汇纂式（如《德国民法典》）的法律编纂模式。因此，相对于希腊法而言，我们不得不承认罗马法在这方面有着伟大的超越。

按今天的眼光来看，罗马法包括人法、家庭法、继承法、财产法、侵权行为法、不当得利法、契约法和法律赔偿方式等内容。归纳而言，主要包括人法、物法、债法及诉讼四个方面。这些罗马私法方面的内容，一直是人们潜心研究的课题，并成为了大陆法系国家法律制度的基础。〔2〕这里，我们以“民法的两大支柱”〔3〕——以所有权为核心的“物权法”和以契约为主要内容的“债法”为

---

〔1〕 *See* Peter Stein, *Roman Law in European History*, Cambridge University Press, 1999, p. 18 – 19.

〔2〕 *See* John Henre Merryman, *The Civil Law Tradition*, 2nd ed, Stanford University Press, 1985, p. 8.

〔3〕 [日] 远藤浩等编：《民法（1）·总则》（第 3 版），有斐阁双书 1987 年版，第 3 页。

例，加以论述。当然，这并不意味着罗马法在其它领域没有建树；相反，它有很多成就体现在其它领域之中。

一、《民法大全》由诉讼导人，对物权和债权进行区分，形成大陆法财产法的两大基础

在《民法大全》中，虽未明确提出近代意义的“物权”概念，特别未明确区分物权与债权这两种权利。但是，它以诉讼为先导，区分了“对物的诉讼”（即“对物之诉，actio in rem”）和“对人的诉讼”（即“对人之诉，actio in personam”）。

“请求”一词往往用来表示诉讼的概念，[1] 但是，乌尔比安则严格地区分了它的用法。他说，“我们通常习惯于说对人的诉讼，而以‘请求（petitio）’这个词指对物的诉讼。”[2] 而实际上，诉讼（actio）一词往往与“诉权”交替使用，而且在罗马法上首先体现为一种权利。“诉权无非是指有权在审判员面前追诉取得人们所应得的东西。”[3] 因此，诉讼首先表现为一种权利，其次才是实现权利的手段。当然，这两个“权利”是有区别的，前者表现为程序方面，后者则是实体方面。

这种程序上的权利较为广泛。彭波尼说，“‘诉讼’一词包括对物的诉讼、对人的诉讼、直接诉讼、扩用诉讼和初审（praeiudicium），也包括裁判官要式口约（stipulationes praetoriae），……令状（interdicta）也被包括在‘诉讼’的词义之中。”[4] 具体而言，除对物之诉与对人之诉的区分以外，查士丁尼的诉讼制度中还包括市民法诉讼（actione civiles）、荣誉法诉讼（honorariae）、直接诉讼（directae）、扩用诉讼（utiles）、拟制诉讼（ficticiae）、事实诉讼（in

〔1〕 *See D*. 50, 16, 178, 2.

〔2〕 *D*. 50, 16, 178, 2.

〔3〕 *J*. 4, 6, pr.

〔4〕 *D*. 44, 7, 37, pr.

factum）和民众诉讼（actiones populares）等。但是，正如罗马法学家彼得罗·彭梵得（pietro Bonfante，1864—1932 年）所指出的，“基本的区别是对人的诉讼和对物的诉讼。”[1]

查士丁尼认为：

> 一切诉讼，由审判员或仲裁员受理的，可分为两种：对物的诉讼和对人的诉讼。原告对被告起诉，或者因为被告根据契约或侵权行为对原告负有债务；在此种情形下，原告所提起的是对人的诉讼，主张被告应给予某物或作某事，或主张被告应以任何其他方式履行其债务。或者原告对被告起诉，不是因为被告对原告负有债务，而是同被告就某物发生争执；在此种情形下，原告所提起的是对物的诉讼，例如某人占有一有形体物，铁提肯定这物是他的，而占有人主张他是所有人。铁提既主张物是他的，所以这是对物的诉讼。[2]

简言之，查氏在诉讼中确立了以契约或侵权等情形下所形成的债的诉讼和以主张物的权属为基础的物的诉讼。盖尤斯说得更明确一些：

> 诉讼有几种，较为正确的看法是两种：对物的诉讼和对人的诉讼。……对人的诉讼是我们据以针对某个因契约或者私犯行为而向我们负债的人提起的诉讼，也就是说，在提起该诉讼时我们要求“应当给、做或履行”。对物的诉讼是我们据以主张某个有形物是我们的或者主张我们享有某项权利（例如使用

---

〔1〕［意］彼得罗·彭梵得：《罗马法教科书》，黄风译，中国政法大学出版社 1992 年 9 月第 1 版，第 86 页。

〔2〕*J*. 4，6，1.

> 权、用益权、通行权、引水权、加高役权或者观望权）的诉讼；或者说，在这种诉讼中，对方当事人提起的是排除妨害之诉。〔1〕

这样，在一种程序上的权利中，根据实体的权利不同，被区分成为了两种不同的诉权。对人之诉是“向我们负债的人提起的”，其依据是因契约或私犯行为使某人与权利人建立起某种法律关系。这种法律关系就是债的关系。由此而来，对人之诉便对针对侵犯这种债的关系的特定的某人。对物之诉则不同，其根据是自己所拥有某物或享有某项权利，这种权利的存在并不依赖某个特定人的存在。因此，对人之诉所包含的实体权利，乃是一种相对于法律关系另一端的特定人而言的；对物之诉所包含的实体权利，则没有特定的相对人，乃针对自己所拥有的绝对权利，它针对所有的其他不特定的人。由此可见，《民法大全》对诉权的这种划分，实际上隐含了物权绝对性和债权相对性的原理，确立了大陆法私法中物权法与债法的两大分野。

罗马人到底是先发现了这两种权利的区别，从而进行诉权的划分；还是首先对诉权归类，然后才发现二者的区别呢？这个问题尚待考证。因为单纯就一种程序上的权利而言，都是具有相对性的，——起诉与被起诉、原告与被告都是必须相互依赖而存在的。不过，由诉讼标的物或行为不同而导致不同的规则，也应是司法实践中的必然现象。例如，格拉底安、瓦伦丁尼安和狄奥多西皇帝说，虽然在一切诉讼中，“均为原告就被告的审判地。但是，我们决定：对物的诉讼应当在争议物所在地针对占有者提出。”〔2〕而

---

〔1〕［古罗马］盖尤斯：《法学阶梯》，黄风译，中国政法大学出版社 1996 年 11 月第 1 版，第 288 页。

〔2〕*C*. 3，19，3.

且，“继承人为占有遗产应当在继承物所在地提出请求。”[1] 同时，由于物权的绝对性，乃是一种对世权，他人仅仅需消极不作为便可，因此在救济方式上，也就会出现有别于债权的特征。盖尤斯在这里也力图用此来说明两者的差别：一者是要求“应当给、做或履行”；另一者则是“排除妨害”。因此，由诉讼的不同而引发人们对实体权利不同的思考，也就成为顺理成章的事情了。

不过，在罗马法中，物法一般表现为权利，而债法则往往体现为一种“关系”（下文将论及到这种区别），因此，根据这种区分来划分诉讼的类型，也是有可能的。彭梵得指出：

> 在罗马法中，诉讼不仅具有主观法的一般特点，而且存在着大量不同类型的诉讼，它们有着自己名称，有的是为权利而设置，有的则是为法律关系而设置，这要看表现得较为明显和确切的是权利还是法律关系；甚至，人们经常用说有没有诉讼权利或诉权，表示有还是没有权利。[2]

这里，彭梵得放弃了这种“到底是先有蛋还是先有鸡”式的讨论，只表明了这种“主观法”与客观存在的权利或“法律关系”的对应性。这样，诉权的分类与实体权利的划分得到了协调和统一。

物权与债权的区分，对大陆法私法的发展意义重大。此后，大陆法便循着这条道路与英美法逐渐区别开来，形成了今天的私法语境和传统。当然，这种严格的区分及相应的体系的完善，一直延续

〔1〕 *C*. 3, 20.

〔2〕 ［意］彼得罗·彭梦得：《罗马法教科书》，黄风译，中国政法大学出版社 1992 年 9 月第 1 版，第 85－86 页。

到罗马法的复兴，直至于19世纪末德国民法典的编纂，才告终结。[1]然而，在《民法大全》中，实际上就已经以法律强制主要手段——诉讼为先导，宣示了物权与债权的对立。民法学前辈梅仲协先生曾经说过，“就经济上之功效而言，债之关系，务在法益之流通，所以懋迁有无，而缓急相济也。物权之运用，贵在法益之保有，欲其物之常存，而得永续享用也。”[2]质言之，债法侧重财产流转，物法侧重财产拥有，二者从动态与静态两个角度来规范社会，相得益彰。

二、在物权领域，《民法大全》确立了物的分类及物权体系

（一）物的分类

在人类社会早期，一项财产一般是属于整个家庭的，因此向其他人转让财产是十分严重的事情，必须遵循很多严格的程式。在任何一个原始社会，特别是在有书面形式以前，财产转移都是非常形式化的。家长是所有家庭财产的实际上的所有人（他控制家庭财产），但他并不是为自己而拥有这些财产，而是一种对于家庭财产的信托管理。因为家庭的存续和福利在某种程度上依靠这些财产的存在，所以人们往往不鼓励进行财产的转移。这样，在早期罗马法中，罗马法学家将财产首先称为“要式转移物”（res mancipi），即为维持家庭所必需的财产，如土地、马匹、牛和奴隶等财产；或者是称为需要通过“Mancipation”（要式买卖）来转移——即通过从原始时代流传下来的仪式或程式来转移的财产。

但是，物物交换与贸易的发展却经常要将财产转移到家庭之外，而新型的个人财产的出现，也必然促进财产的自由流转。“这

---

〔1〕我国著名民法学家、中国社会科学院法学研究所研究员谢怀栻先生认为，德国民法典债法独立成编，与物权法编并列，是法制史上合乎规律的发展，也是一个重要的发展。参见谢怀栻：《大陆法国家民法典研究》，载易继明（主编）：《私法》第1辑第1卷，北京大学出版社2001年9月第1版，第28页。

〔2〕梅仲协：《民法要义》，中国政法大学出版社1998年6月第1版，第168页。

对于罗马人来说，也是摆在面前的一个难题，因为完善一个制度远比摧毁一个旧的制度要难得多。"[1]于是，便出现了所谓能够使交易简单化的第二类财产即“略式转移物”（res nec mancipi），诸如羊、工具和产品之类不为家庭所必需的财产的转移，它们实际上可以通过简单地交付的方式（traditio）进行转移。随着商业的发展和财产交换的频繁进行，特别是新型财产投入到社会，为了使交易能够更加顺利地进行，人们就假设财产不是“要式转移物”（——即使它对于家庭的存续来说是必要的），而就不需要严格仪式的要式买卖的程式。这是一种典型的法律拟制技术。这样，后来转移财产的简单形式也开始适用于大部分所谓的“要式转移物”（res mancipi）级别的财产。[2]到查士丁尼的时代，他从根本上就废除了要式转移物（res mancipi）与略式转移物（res nec mancipi）的古老区分，[3]将物区分为“有体物”和“无体物”。[4]自此，财产分类以脱胎于家庭并按转移的程式进行分类的二分法，就完全销声匿迹了。从这个角度看，查士丁尼的创造力也事实上来自于商业社会的发展和需要。

盖尤斯也认为，有些物是有体物（res corporales），另一些物是无体物（res incorporales）。有体物是那些能触摸到的物品，如土地、奴隶、衣服、金、银及数不胜数的其它物；无体物是那些不能触摸到的物品，它们体现为某种权利，比如：遗产继承权、用益权及以

〔1〕 René A. Wormser, *The Story of the Law: And the Men Who Made It – From the Earliest Times to the Present*, Simon and Schuster, 1962, p. 138.

〔2〕 René A. Wormser, *The Story of the Law: And the Men Who Made It – From the Earliest Times to the Present*, Simon and Schuster, 1962, p. 139.

〔3〕 *C*. 7, 31, 1, 5

〔4〕 *See J*. 2, 2.

任何形式设定的债权。〔1〕这种对物的区分，开始注重物的外部特征和物理性质，打破了所谓“最基本的”“神法物”（res divini iuris）和“人法物”（res humani iuris）的区分，〔2〕抽出宗教、迷信的色彩而具有科学精神。特别是将权利归于一种无体物，为所有权权能的区分、分离及转让，提供了一种依据和途径。

在物的分类中，还出现了其他一些分类形式：替代物与非替代物；〔3〕可分物与不可分物；〔4〕主物、从物和附属物；〔5〕公有物（res publicae）和私有物（res privatae）；〔6〕孳息物等等。这些分类标准，很多都被以后的民法物权理论所采纳。〔7〕当然，美中不足的是，在物权的分类中，没有明确而普遍地采用动产（res mobiles）与不动产（res immobiles）的分类标准，而这种区分构成了近代物权法的核心。不过，罗马法还是为近代民法建构以动产与不动产为主的物权分类体系，奠定了一些基础。

赫尔莫杰尼安（Hermogenianus）说，“财产”（Pecunia）这一名

〔1〕 *See D*. 1, 8, 1, 1. 又参见［古罗马］盖尤斯：《法学阶梯》，黄风译，中国政法大学出版社 1996 年 11 月第 1 版，第 82 页。黄风先生在这里将 corporales 翻译为“有形物”；将 incorporales 翻译为“无形物”。

〔2〕 一般来说，在古罗马，物的“最基本的”划分可以分为神法物和人法物。神法物又分为神用物（res sacrae）和安魂物（res religiosae）；人法物又分为公有物（res publicae）和私有物（res privatae）。*See D*. 1, 8, 1, pr. 又参见［古罗马］盖尤斯：《法学阶梯》，黄风译，中国政法大学出版社 1996 年 11 月第 1 版，第 80－82 页。

〔3〕 *D*. 12, 1, 2, 1.

〔4〕 *D*. 6, 1, 35, 3; *D*. 30, 26; 2.

〔5〕 *D*. 33, 7, 8, pr.

〔6〕 *D*. 1, 8, 1, pr; *D*. 1, 8, 6, 1; *D*. 50, 16, 49.

〔7〕 如在德国民法中，其主要分类有：可分物和不可分物；可替代物和不可替代物；种类物和非种类物；主物、从物和附着物；孳息物（收益）等等。这些都源自《民法大全》的分类。不过，德国民法典坚持了“物”为有体物的观点，这不同于罗马法上的物的分类标准。参见《德国民法典》第 2 章“物、动物”，郑冲、贾红梅译，法律出版社 1999 年 5 月第 1 版，第 17－20 页。

称不仅包括现金，而且包括象动产与不动产、有体物和权利这样的所有的物。[1] 并且，罗马法对于诸如土地、房屋、树木等不动产进行了不同的规定。在关于不动产的规定中，首先是以土地为核心规定，比如，关于因河流、海洋引起土地增减。[2] 其次，在土地上建筑问题，规定了建筑物从属于土地的原则。[3] 最后，也规定了在土地上种植、生根的植物从属土地的原理。[4] 除此以外，有些规定则是继《十二表法》以来一直采纳的，比如，对动产与不动产的取得时效的不同规定；[5] 有些规定则是最初有规定，但在《民法大全》中废止的，比如对"占有保护令状"的规定。[6] 这些分类，虽然尚未建立起以动产与不动产为主的近代民法财产法的构架，但为后世学者提供了一条重要的思路。

一般来说，物权体系主要是以权利属性来确立的。从《十二表法》起，罗马法出现了所有权、占有、相邻关系的概念。[7]《民法大全》也对物权体系进行了一些规定。如上面提到的，通过诉讼形成了物权的概念，接着便形成了一套有别于债的关系的物权体系。查士丁尼认为，"同样，如果在诉讼上主张对土地或房屋享有用益权或对邻地享有通行、驱赶牲畜或导水权，该诉讼是对物的诉讼。"这是查氏对所有权派生的从属权利的划分。他认为这种诉讼不同于

---

〔1〕 *D*. 50，16，222.

〔2〕 *J*. 2，1，20－24.

〔3〕 *J*. 2，1，29；30.

〔4〕 *J*. 2，1，31；32.

〔5〕《十二表法》规定，动产取得时效为1年，不动产为2年。查士丁尼时代，则改为动产为3年；不动产根据是否住在同一省份，分10年或20年。

〔6〕"占有保护令状"是大法官发布的禁止当事人变更占有现状的禁令。这种令状最初针对不动产或动产裁决不同，规定不动产由现占有人保持物件占有，动产则由最近一年中占有时间最长者占有。到查士丁尼时代，废除二者区别，均以现占有者占有。

〔7〕 见《十二表法》第6表和第7表。

"就有形体物发生的争端"；"因为关于这种争端，物的占有被剥夺的人才能提起诉讼，因为物的占有人不能提起诉讼以否认其物属于对方所有。"〔1〕可见，在对物的诉讼中，已开始区别自物权与他物权。同时，也有以动产与不动产进行的分类。乌尔比安认为，这种专门的对物诉讼既适用于所有的动产（或是生物或是非生物），又适用于不动产。〔2〕当然，这些以诉讼、物的分类等标准对物权所做的分类，在罗马法中不是主要的，较为重要、并对后世产生巨大影响的物权体系是以权利性质所作的分类和抽象。

在物权体系中，首先是所有权。但正如学者们所指出的，确切地讲，在《民法大全》中，没有一章专门论述"所有权"，也没有关于它的定义。所有权的概念基本上是由"此物是我的"所确认，即由某物属于某人并由此人"直接"行使对该物的那种归属权所确认，所有权结果被表述为"可以合法地使用（usare）、获得孳息（trarre i frutti）、拥有（avere）和占有（possedere）"。〔3〕这一组所有权权利的概念，虽然不能说是严格的定义，但是，连同所有权的描述以及取得、丧失及救济的一连串的规定，它们基本上确定了近代民法所有权的内容。〔4〕尤其应指出的是，《民法大全》中关于所有权取得方式的规定，对于开近代民法之先河的《拿破仑法典》有深远的影响，以致于该法典的三编中，第3编即以"取得所有权的各

〔1〕 *See J*. 4，6，2.

〔2〕 *D*. 6，1，1，1.

〔3〕［意］桑德罗·斯奇巴尼：《〈民法大全选译（Ⅲ）·物与物权〉说明》，范怀俊译，中国政法大学出版社1993年12月第1版，第3页。

〔4〕 关于所有权的定义，很多法典未明确规定，学者们观点有异，表述不一。但简言之，均含有对物的全面支配权利之意。

种方法”来命名。[1]《民法大全》所确立下来的所有权取得方式有先占、埋藏物的取得、孳息的取得、加工、混同、添附、时效取得和转让、交付等，这些都构成了近代民法的主要内容。

其次，在用益物权的规定中，确立了用益权、地役权，永佃权、使用权与居住权的概念，为近代民法确立以永佃权、地役权和地上权为主的用益物权体系，奠定了基础。

保罗认为，用益权（ususfructus）是以不损害物的本质的方式使用、收益他人之物的权利。[2]并且，乌尔比安认为，用益权人（usufructuarius）不仅可以自己使用收益物，也可以将物之用益给予他人或出租、出卖给他人，因为出租和出卖是行使用益权的一种方式。[3]这里的用益物权的标的物还不限于不动产，如有对牲畜的用益权规定。[4]不过，这种权利限于在有形体物上设定；而且如果物消灭，则权利本身也随同消灭。[5]这些规定虽然与现代法关于用益权规定有所不同，而且是与地役权、永佃权、使用权等并列提出的，但是，其主要的内容是相同的。也正是其较为宽泛地提到了与所有权相对应的用益权的概念，因此，才产生了现代意义包容

---

〔1〕《拿破仑法典》除《总则》章外，分三编，其中第三编“取得所有权的各种方法”，其所占篇幅较多，规定内容繁多。有人认为其有杂乱无章之嫌。当然，这是以现代民法结构、特别是受德国民法典影响的理念结构为标准进行的评价。但实际上，该编以民事权利客体转移之可能性角度进行规定，是有一条基准红线的。首先，由于早期身份为主，因此，对继承、赠与、遗嘱和夫妻财产制进行了规定；其次以债的规定为线索，对所有权取得进行规范。这其中包括质权、抵押权的规定。最后规定有关取得时效和消灭时效的内容。这在早期是由大法官法给予的准诉权确立的，因此放在后面规定。参见谢怀栻：《大陆法国家民法典研究》，载易继明（主编）：《私法》第1辑第1卷，北京大学出版社2001年9月第1版，第4-14页。

〔2〕*D*. 7, 1, 1.

〔3〕*D*. 7, 1, 9, 1.

〔4〕*D*. 7, 1, 68, 2; *D*. 7, 1, 70, 1; *D*. 7, 4, 31.

〔5〕*J*. 2, 4, pr.

性强的用益物权概念及体系。[1]

永佃权的概念最初是由“税收”（agrivectigale）而来的。根据契约（lex），只要地税（Vectigal）被交纳，便可以享有土地，并对任何占有人，包括市府本身提起对物之诉。[2] 后经发展，芝诺皇帝规定，永佃权（jus emphyteuticarium）既非租赁（conductio）亦非买卖（alienatio），而是同上述两种合同毫无联系或相似之处的一种权利，是一个独立的概念，是一个正当、有效的合同的标的。[3] 这样，永佃权的确立，给广大的土地承租人以明确的排他性权利，稳定了社会生产。

役权（servitutes）在《民法大全》中被分为人役权（Servitutes personarum）[4] 和地役权（Servitutes rerum）。地役权分乡村地役权和城市地役权。查士丁尼则明确提出乡村不动产的地役权和城市不动产的地役权的概念，认为没有不动产，就不能设定地役权。[5] 乌尔比安认为，乡村地役权有：个人通行权（iter）、运输通行权（actus）、道路通行权（via）和引水权（aguaeductus）。[6] 也有人认

---

〔1〕现代民法中，一般说来，用益物权是建立在地上权、地役权、永佃权、典权等之上的一个上位概念，主要指对不动产的使用和收益。在德国、瑞士民法中，用益物权还保留役权（特别是人役权）的思想。有的规定也很细微，如瑞士民法中关于泉水的权利规定等。

〔2〕*D*. 6, 3, 1, 1. 关于永佃权的契约性质，今天立法上还有体现。如我国台湾民法第842条规定，永佃权之设定，定有期限者，视为租赁，适用关于租赁之规定。

〔3〕永佃权最初强调以书面形式协议，后则明确了永佃权人（emphyteuticarius）与物之所有人的权利义务。根据当时的规定，如果出现重大损害，以致设定权利之物发生性质上的变化，则损害风险由物之所有人承担；如果未发生改变物之性质上的变化或仅为轻微损害，则损害风险责任由永佃权人承担。*See C*. 4, 66, 1.

〔4〕人役权包括有用益权、使用权、居住权和劳役权四种；是指为特定人的方便或利益，利用他人的动产或不动产的权利，如于他人湖泊、林地钓鱼、狩猎等。

〔5〕*J*. 2, 3, 3.

〔6〕*D*. 8, 3, 1, pr.

为还包括汲水权、牲畜饮水权、放牧权、烧制石灰权、采掘泥沙权。〔1〕盖尤斯认为，城市地役权有：建筑物加高役权、禁止建筑物加高役权、妨碍邻居采光役权、将滴水排向或禁止将滴水排向邻居房顶或地上的役权及将支梁插于邻居墙上的役权，最后还有建造伸出物、遮盖物及与此类似的其它物的役权。〔2〕从这些规定中可以看出，《民法大全》中的地役权不仅限于以他人土地供自己土地便宜之用的权利，还包括城市建筑物之间的相邻关系的一些规定。这种城市建筑物之间的相邻关系的规定，有人称为建筑役权，为后世剥除。而关于乡村不动产——即土地之役权，成为现代地役权的重要内容。〔3〕

地上权的提法在罗马法中出现不多，但《学说汇纂》中有载。乌尔比安说，在他人土地上享有地上权（superficies）的人，受市民法之诉的保护，并允许提起对物之诉。〔4〕这种权利是“通过交付特定的租金（pensio）获得的”。〔5〕裁判官对地上权人可以按不动产占有令状（interdictum uti possidetis）的模式进行保护，不要求他说明占有的原因，唯一需要考虑的是：从对方的角度来讲，其占有是否是暴力、秘密的及不确定的占有。〔6〕当然，关于地上权有关的内容规定，大量出现在《民法大全》中，例如在他人土地上建筑、种植的一些规定。〔7〕但是，由自然法则产生出的“一切建筑物从属于土地”和“生根的植物从属于土地”的原理，是自《十二

〔1〕 *J*. 2, 3, 2; *D*. 8, 3, 1, 1.

〔2〕 *D*. 8, 2, 2.

〔3〕 近代欧陆国家继承罗马法，同时也采用了地役权与人役权制度，如法、德、瑞士等。但日本和我国民国时期民法典，仅采地役权的规定。

〔4〕 *D*. 43, 18, 1, 1; *D*. 43, 18, 1, 6; *D*. 6, 1, 75.

〔5〕 *D*. 6, 1, 74.

〔6〕 *D*. 43, 18, 1, 2.

〔7〕 *See J*. 2, 1, 29 - 32; *D*. 43, 18, 2.

表法》便有的。[1]《民法大全》所实现的超越表现在：给予在他人土地上建筑和种植的人以排他性的权利及独立的“物之诉权”。关于排他性权利的规定，往往与用益权、使用权的内容重复。在《民法大全》中，对土地的用益权和使用权的设立未单独规范，往往与建筑物、奴隶、驮兽和其他动植物一同规定。例如，《法学总论》中说，“不仅得就土地和建筑物，而且也得就奴隶、驮兽和其他物设定用益权”。[2]“对于土地享有单纯使用权的人视为仅有权采取其每日所需的蔬菜、果实、花卉、饲草、稻草和木料。他可以在土地上居住，……他不能把他的权利出卖、出租或无偿让与他人，而用益权人则可以这样做”。[3]可见，关于地上权的规定，大量混杂在用益权与使用权之中。造成这种局面的原因有三：(1) 用益权本身便规定宽泛，有较强包含性；(2) 用益权与使用权虽在权利、内容上有范围大、小之别，但实际区别不明确，特别是性质上，易于含混；(3) 土地资源在当时尚不紧缺，而且对土地的利用中，权利分层不十分必要和广泛。换一句话说，即社会生活尚未发展到必须广泛地对土地所有权及建立于此之上的其他权利进行严格界定，以达到充分利用资源的程度。而关于给予地上权人的“物之诉权”的保护，如前所述，是通过裁判官法来实现的。这是一种法律拟制，即拟制地上权人为土地所有人，赋予地上权人以准诉权，以确立其诉讼地位。[4]总之，关于地上权的概念，《民法大全》虽未能详尽

---

〔1〕例如，《十二表法》第6表第9条规定，凡以他人的木料建筑房屋或支搭葡萄架的，木料所有人不得擅自撤毁而取回其木料。这种规定，在查士丁尼看来，是为了“避免诉屋”（*See J*. 2, 1, 29.）等。

〔2〕*J*. 2, 4, 2.

〔3〕*J*. 2, 5, 1.

〔4〕这种拟制诉权即为 Actio Utilitis，是相对于 Actio directa（即正式诉权）而言的；它产生于共和国末期，往往通过裁判官扩大适用诉权，以补救现行法之不足，实现公平。

而明确地加以规范，但已规范出了其主要内容。因此，随着社会经济发展到一定程度，地上权明晰的规定便水到渠成了。

再次，对担保物权，《民法大全》也形成了较为成熟的原则和体系。在罗马法史上，先后出现了信托、质权和抵押权的规定；到查士丁尼时期，较为成熟的规定主要是质权和抵押权。关于留置权的规定，则以诉权制度和所有权取得的方式——法定取得，予以确认。可以说，基本上形成以质权、抵押权和留置权为主的担保物权体系。

债权的担保分为人的担保和物的担保。彭波尼说，物的担保(cautio) 优于人的担保。〔1〕显然，这一观点为后世所采纳。而盖尤斯所谓“质押”（Pignus，即质权）一词源于“拳头”（Pugnus），须亲手交付，且仅限于动产。〔2〕这一观点似乎也占主导地位。乌尔比安也认为，将物之占有转移于债权人的称为“质”（pignus），而将物之占有不转移于债权的称为“抵押”（hypotheca）。〔3〕但是，至于质权仅设定于动产、抵押权仅设定于不动产，在当时还有不同的看法。彭波尼、帕比尼安等曾广泛地谈到了土地和房屋的质押问题。〔4〕查士丁尼也谈到二者在诉权上没有任何区别，只是强调了交付担保物和动产在质权中的重要地位问题。〔5〕

---

〔1〕*D*. 50, 17, 25.

〔2〕盖尤斯说，《论十二表法》第6卷“质押”（pignus）一词源于“拳头”（pugnus）。因为用于质押之物要被亲手交付，所以一些人认为质权（pignus）本身被设定于动产之上。可以认为此观点是正确的。*See D*. 50, 16, 238, 2.

〔3〕*D*. 13, 7, 9, 2.

〔4〕*See D*. 20, 2, 7, pr; *D*. 20, 2, 1.

〔5〕《法学总论》中说，质权与抵押权在诉权上没有任何区别，均为约定之物保证债务之用。“质物这一名词正确地适用作担保而同时交付债权人的物，尤其是动产；至于根据约定以某物作担保而无须交付的，称作抵押”（*J*. 4, 6, 7.）。这就明白无误地表明了质权与抵押权在对担保物的规定上没有限制，仅仅是因动产易于交付转移，较多地出现在质权中而已。

其实，在罗马法幼稚时期，还没有产生要物契约和诺成契约等简易的法律形式，信托曾广泛应用于借用、寄托、担保，甚至扩大适用于夫权、解放和遗产继承等方面。在债务关系中，信托担保的作用尤为突出。因为在借贷中，债权人往往疑虑债务人的偿还能力，要求债务人提供担保，所以由当事人订立信托简约（pactum fiduciae），使双方有所保障。〔1〕这种早期的担保形式有一个最大的特点是，它需要经过要式买卖或拟诉弃权的方式转移担保物的所有权，因而不可能适用于略式转移物和外省土地，也不能适用于外国人。故此，“终因弊大于利而被质权取代。”〔2〕然而，这种论点在现代民法中似有不同认识。在信托担保中，债权人通过要式买卖或拟诉弃权方式而取得担保物所有权后，为利于债务人对担保物的使用和自己更大的收益（如租赁），也为了避免管理担保物的麻烦，往往让债务人继续占有和使用担保物。这种思想为现代担保物权中克服近代民法动产必须转移占有——即形成动产抵押形式提供了一条新思路。有人说让与担保（或称担保让与）是德国司法机关的创造。〔3〕其实，早在罗马法时代，便有了这种类似的担保制度。近代民法在概念法学的支配下，对担保物权所进行的划分，实则是对丰富的社会生活的粗暴干预，以致于作茧自缚；到了现代又开始寻求所谓的“突破”了。〔4〕从罗马法的信托担保来看，这不过是“正本清源”而已。

---

〔1〕周枏：《罗马法原论》（上册），商务印书馆1994年6月第1版，第391页。

〔2〕周枏：《罗马法原论》（上册），商务印书馆1994年6月第1版，第392页。

〔3〕王泽鉴：《动产担保交易法三十年》，载王泽鉴：《民法学说与判例研究》（第8册），台湾大学法律学系法学丛书编辑委员会1996年10月版，第307－308页；孙宪忠：《德国当代物权法》，法律出版社1997年7月第1版，第339页以下。

〔4〕为克服近代民法形成的僵硬的担保模式，德国出现了让与担保和所有权保留的动产担保形式；台湾在借鉴美国统一动产抵押法、统一附条件买卖法和统一信托收据法的基础上，创设了动产抵押、附条件买卖和信托占有三种动产担保制度。

质权克服了信托的严格程式及狭小的适用范围，不论何物、何人，只须交付质物即可。而且，质权只转移占有，不转移所有权，对出质人利益较好保障，成为了较便捷的担保制度。但是，由交付担保物也产生了相应的局限性，如不利于出质人对担保物的使用与收益、质权人也有善良保管之负担。因此，它往往需要抵押权制度的弥补。借鉴于希腊的抵押权制度，对双方当事人的利益均较周到考虑，但又由于不转移占有，易于侵害第三人利益。民间虽有沿用希腊的立碑记载方式，但登记公示力不强。后来，莱奥一世规定，抵押契约应进行官方登记，或者至少有三人以上具有良好信用的人签字证明。这就形成了抵押权的登记和公示公信制度。这样，抵押权的竞合问题得到解决，也有效防止抵押人（即债务人）的欺诈和恶意损害第三人的行为。

质权和抵押权相得益彰地形成了罗马法上成熟的担保制度。但如前所述及，二者的区别在于债权人是否占有担保物，而不在于担保物是动产还是不动产。由此也可能出现质权与抵押权二者竞合问题。“质权与抵押同时成立时，由于质权人占有担保物，根据‘在同等情况下，占有人的地位优于对方’（in pari causa, melior est causa possidentis）的原则，其权利优于抵押权人。”〔1〕

关于留置权，一般认为，其滥觞于罗马法恶意抗辩与诈欺抗辩之拒绝给付权。〔2〕不论近代各国采债权论还是物权论，〔3〕都认为

〔1〕周枏：《罗马法原论》（上册），商务印书馆1994年6月第1版，第395页。

〔2〕郑玉波：《民法物权》，台湾1988年修订版，第340页；又参见谢在全：《民法物权论》（下），台湾1995年修订版，第391页和中国政法大学出版社1999年1月第8版，第848页；又参见［日］柚木馨、高木多喜男：《担保物权法》，有斐阁1973年版，第11－12页。郑玉波先生认为，罗马法上之抗辩权，仅为诉权，尚无物权效力；近世物权上的留置权，受产生于中世纪意大利习惯法中商事留置权影响较大。

〔3〕德国、法国民法采债权论，为债权的留置权，属“债的关系”之范畴；瑞士、日本及我国台湾则采物权论，认为乃物权的留置权，为一项独立的担保物权。

这是一种法定权利，非依当事人约定，而是在符合一定的条件时，依法律规定而发生。[1]《民法大全》中，虽没有明确留置权的概念，但在诉权的规定中，给予被告恶意抗辩（exception doli）的权利。[2]这种对劳务支付费用的规则，盖尤斯认为，如果木板的所有人支付了绘画的费用，他可以请求返还木板，否则将对他提出欺诈抗辩。[3]《法学总论》中也进行了类似规定。[4]除了这种抗辩规定以外，对所有权取得中的一些“法定取得”的规定，促进了留置权的形成与确定，如《查士丁尼法典》中关于对拒绝支付重建建筑物费用的规定[5]即有这种特性。

最后，对物权中占有的规定，《民法大全》基本上形成了较完整的制度。

占有制度在罗马法须具备两个条件，用保罗的话来说，就是须有占有之事实（corpus）与占有之意思，[6]二者缺一不可。在罗马法中，占有是一种事实状态；至于有无占有的权利，在所不问。因此，即使是盗贼，亦可为占有人。“罗马法上之占有制度，乃是不问有无所有权或其他本权，凡是对物有事实之支配者，即加以保护之制度。”[7]支持这一观点，近来有各种学说。[8]在罗马法的发展中，有四种占有形式，即一般占有（Possessio）、市民法占有（Possessio civilis）、自然占有（Possessio naturalis）和准占有（Quasi

---

〔1〕钱明星：《物权法原理》，北京大学出版社1994年1月第1版，第373页。

〔2〕*J*. 4, 13, 1.

〔3〕*D*. 41, 1, 9, 2.

〔4〕*See J*. 2, 1, 33-34.

〔5〕*See C*. 8, 10, 4

〔6〕*D*. 41, 2, 3, 1.

〔7〕谢在全：《民法物权论》（下），台湾1995年修订版，第484页；中国政法大学出版社1999年1月第8版，第935页。

〔8〕通说有人格保护说、意思保护说、所有权（本权）保护说、法律秩序维护说、生活关系之继续保护说、和平秩序维护说、债权利用权保护说等几种学说。

Possessio)。[1] 不过，总的说来，它是“以占有诉权为中心，而其机能即在于保护占有，以达维护社会和平与秩序之目的”。[2] 这就不同于日耳曼法强调真实的支配权。罗马法此种占有观念为后来的欧陆各国民事立法所继受。[3] 在《民法大全》中，对占有的概念、客体、种类、条件、保持、取得与丧失，以及相应的保护等，都有完整的规范，近代占有制度多源于此。

综而言之，罗马法上虽然也与希腊法一样，缺少“所有权”明确的概念，但其含义、内容及规则是明确的，而且形成了相应的权利体系和规则体系。与此同时，在罗马法中，“所有”与“占有”严格区分。而雅典人虽然也确知“占有某物”与“拥有某物”的区别，但是，毕竟是“罗马人将这种区分发展成为保护两种不同法律关系的不同的规则体系，而雅典人却没有做到这一点”。[4] 总之，《民法大全》已经形成了近代民法物权体系，有了一整套关于所有权、用益物权、担保物权及占有的规定。这些规定虽然也有不少是源于希腊法，也有的借鉴了其他地方法，但都是罗马法在社会生活中逐渐完善而发展起来的。我们知道，物权关系是一种静态社会关系，是稳定社会的一种基础关系。由罗马法形成的这套体系沿革至今，为稳定的财产关系和社会秩序带来了不可磨灭的功绩，并且时时召示着我们，不时地给我们以启示。

三、在债权领域，形成了大陆法债的概念及其分类体系

（一）债的概念

债的古典理论是一个长期发展的历史过程。希腊人已经形成的

---

〔1〕 谢邦宇主编：《罗马法》，北京大学出版社 1990 年 10 月第 1 版，第 235 页。

〔2〕 谢在全：《民法物权论》（下），台湾 1995 年修订版，第 485 页；中国政法大学出版社 1999 年 1 月第 8 版，第 937 页。另参见郑玉波：《民法物权》，台湾 1988 年修订版，第 367－368 页。

〔3〕 陈华彬：《物权法原理》，国家行政学院出版社 1998 年 4 月第 1 版，第 789 页。

〔4〕 A. R. W. Harrison, *The Law of Athens*, Oxford at The Clarendon Press, 1968, P. 205.

债的观念和一些规则。但是，罗马人的继受并不是呈现一种直线式的。《十二表法》只有“nexum”（实际上是指“要式现金借贷”）和“mancipium”（即“要式买卖”）概念，尚未出现“obligatio”（债）一词。该法第6表第1条规定，凡依“要式现金借贷”或“要式买卖”的方式缔结契约的，其所用的法定语言就是当事人的法律。这些所谓的“法定语言”也是古罗马要式或固定程式的内容。如前所述，罗马人最初十分重视仪式的举行；在随后的发展中，仪式被废除，仅保留那些词句、语言，于是，便产生了口头债务，又称要式口约。在这些要式契约中，往往债务人以自己的身体作担保，如不清偿债务，他将被绑（nexus）而陷于被奴役状态（这大概是“法锁”概念的最原始的含义）。而如前所述，在古希腊，特别是雅典梭伦改革，便使债务人从这种人身担保的债务中解放出来。罗马法也循着古希腊的发展路线前进。而在文字的出现和广为流传以后，使出现一种更具“技术性”的“拟制”：假定书面形式已完成这些程式和表述，于是便形成书面债务。尤其是在万民法的影响下，承认了诺成契约，免去一切形式，而以当事人双方的同意为债的发生根据。桑德罗·斯奇巴尼教授认为：

> 属于合意契约的买卖契约，是公元前三世纪为适应与外国人的频繁商业交往的需要而产生的另外一种契约形式。它是一种只需要基于合意而无需任何程式就可以完成的契约。它是以善意为基础的，也就是说，善意是这一契约的唯一制约力。买卖契约是一种双务契约，是以一种相互竞价的方式达成的。[1]

---

〔1〕［意］桑德罗·斯奇巴尼（选编）：《〈民法大全选译（Ⅳ．1．B）：债·契约之债〉说明》，丁玫译，中国政法大学出版社1994年6月第1版。对于这种契约，查士丁尼在《法学汇编》中用一编以上的篇幅加以论述。

这一点对于形成"债"的实质概念是相当重要的。因为在过去的形式主义之下，当事人的真实意思似乎被掩盖了，而且仅仅强调当事人一方的行为，也似乎仅当事人一方负担债务，往往易于表现为一种单务契约；而现在则不同了，双方当事人的意志都有体现，互负债务，是一种双务契约。这样，契约才真正进入了它的核心部分。由此产生的公平、平等条件下的双方合意也才形成了"债"的概念，即它并不是为某种物，而是一种关系（这种关系所旨也许是某种物，即债的标的），是给予（dare）、作为（facere）或不作为（praestare）等。于是，被大陆法国家沿用至今的债的概念就产生了："债是法律关系，基于这种关系，我们受到约束而必须依照我们国家的法律给付某物的义务。"〔1〕

保罗说，"债（obligatio）的实质不是带给我们某物或某役权，而是要他人给与某物、做某事或履行某项义务。"〔2〕那么，相应地，"债权人（creditor）这一概念不仅仅是指那些借钱给他人的人，而且也是指那些接受他人基于各种原因履行义务的人"（盖尤斯：《论告示》第1编）；〔3〕而"债务人（debitor）是指那些可以向他们索取财物，即使是违反他们的意愿也可以这样做的人"（莫德斯汀：《学说汇纂》第4编）。〔4〕于此，债的关系理论在债权人与债务人之间架起一座桥梁，形成了所谓的"法锁"，——如果单纯是某人对某物的权利，是不需要这种"锁链"的。当然，较之现代法，古代法侧重于义务本位，因此，在罗马法上的债的关系中，强调债务人的义务，甚至经常与责任相提并重；比如赡养费、监护等问题，同样是作为一种"法定之债"（ex lege）来看待的。

---

〔1〕 *J*. 3, 13, 1, pr.

〔2〕 *D*. 44, 7, 3, pr.

〔3〕 *D*. 50, 16, 11.

〔4〕 *D*. 50, 16, 108.

（二）债的分类体系

由契约发展而来的“债的关系”概念一旦形成，其发展也就超越了契约领域（或狭义的契约领域）。因为罗马法这种以义务为基础的关系，显然很容易地被类推至其他领域。查士丁尼说，“债务得再分为四种，即契约的债、准契约的债，不法行为的债和准不法行为的债。”[1] 按盖尤斯的说法，债可以划分为“两个最基本的种类：每个债或者产生于契约，或者产生于私犯”。[2] 接着，《民法大全》对各种债的分类进行了详细地叙述。归纳而言，我们可以用以下图式来说明：

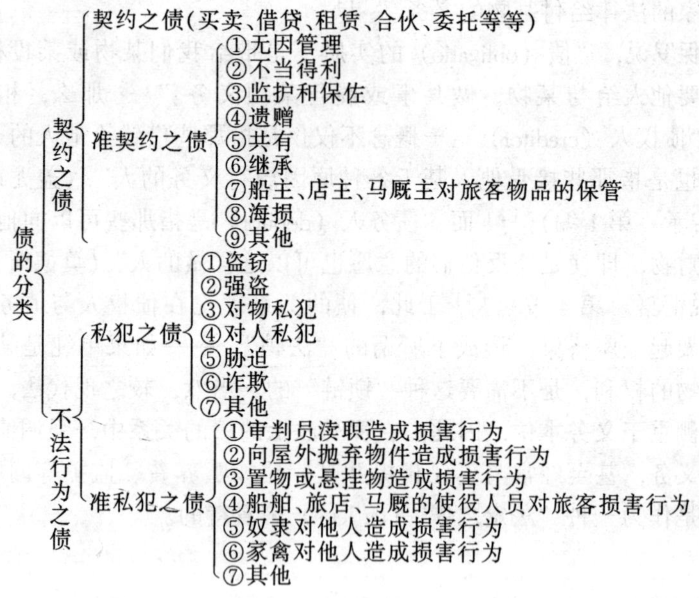

---

〔1〕 *J*. 3，13，2.

〔2〕 [古罗马] 盖尤斯：《法学阶梯》，黄风译，中国政法大学出版社 1996 年 11 月第 1 版，第 226 页。

这种分类体系，超越了亚里士多德的“自愿之债与不自愿之债”或称“自由之债与不自由之债”的划分，抽象为一种独立于行为人主观性的法律关系理论，并将其系统化、具体化。法国民法典完全采纳此种模式，将私犯或不法行为分为侵权行为与准侵权行为。德国民法典则将准契约之债中的无因管理之债与不当得利之债凸显出来，形成了被誉为“法学之高度成就”〔1〕的债之关系的概念，即债因契约、无因管理、不当得利及侵权行为而发生。然而，我们可以见到，这种大陆法系的高度抽象化的体系和私法概念，在《民法大全》中已经确立了。

债的概念的确立显然是以契约理论为支撑的；但推至私犯领域，将不法行为作为一种债的关系来看待，是侵权行为法理论勃兴的重要里程碑。希腊法虽然将不法行为纳入私法，通过罚金手段来平抑受害人血腥复仇的欲望，但它毕竟是一种公力强制明显而进行的粗糙的“民事”（这种罚金形式还不是完全民间性质的）转换。当我们为私犯行为付出一笔款项，“就是基于私犯行为承担债务”〔2〕的思想确立时，不法侵害行为就完全纳入了纯粹的私人领域；它可以在完全不需要“仲裁员”的情况下，形成或者消灭一种债的关系。此时，美国人类学家E·A·霍贝尔（E. Adamson Hoebel）所称的那位“蒙卡卢”和那支总会存在的“一支矛”才真正地退到幕后。〔3〕

---

〔1〕王泽鉴：《债之关系的结构分析》，载王泽鉴：《民法学说与判例研究》（第4册），台湾大学法律学系法学丛书编辑委员会，1994年10月版，第87页。

〔2〕*D*. 44，7，52，8.

〔3〕［美］E·A·霍贝尔：《初民的法律——法的动态比较研究》，周勇译，中国社会科学出版社1993年8月第1版，第125页以下。“蒙卡卢”是菲律宾岛上伊富高人纠纷的调解人，相当于诉讼中仲裁人。根据习惯，在蒙卡卢的主持下，私法上的违约和侵权几乎都是通过罚收财物来制裁。当然，在此背后，总有“一支矛”作后盾，拒不履行议定条款的被告，将被刺杀。又参见另一译本，中文译名《原始人的法》，严存生等人译，贵州人民出版社1992年8月版，第107页。

盖尤斯认为，产生于不法行为的债有：盗窃、强盗、对物品的损害（ex damno）以及对人身、财物的非法侵害及对人身的侮辱(ex iniuria)。这些债都产生于同一类的不法行为或私犯，都是一种“要物之债”。这就有别于契约之债，因为契约之债有四种，即除了以要物方式产生以外，还可以以口头方式、文字方式或合意方式产生。〔1〕由此，实际上罗马法对债的分类又可以根据缔结或产生的方式进行四种分类，即要物债务、口头债务、书面债务和诺成债务。诺成债务也就是合意之债，即“单纯的合意就足以产生债的关系，即使不是用语言表达的”。〔2〕

这四种债务并不是平等发展的。这不仅表现为它们在市民法上和在大法官法上的区别，而且表现在契约领域支配下，“合意”的实质内容也有所区别。以合意方式形成的契约在希腊法中便有规定；〔3〕在罗马法中，其较多地表现在万民法中。盖尤斯说，“在设立买卖、租赁借贷、合伙、委托之债时，需基于缔结双方的合意(consensus)。”〔4〕最初，“合意”的要求仅在这些“双务”的契约中。如前所述，随着万民法与市民法的融合，债的形式主义逐渐衰落，合意、协议等双方意思的“汇合”（convenire）〔5〕得到强调。乌尔比安说，“所有契约，无论是以口头方式设立的还是以要物方式设立的，都必须包含一项协议，否则不产生任何契约关系或债的关系。”〔6〕因此，可以说，这一种债的分类体系随着债的关系理论的进一步完善，逐渐转化为债的实质内容，成为债的内核。

---

〔1〕 *See D*. 44, 7, 4. 又参见［古罗马］盖尤斯：《法学阶梯》，黄风泽，中国政法大学出版社1996年11月第1版，第266页。

〔2〕 *D*. 44, 7, 52, 9.

〔3〕 *See D*. 50, 16, 19.

〔4〕 *D*. 44, 7, 2, pr.

〔5〕 “汇合”在这个意义上指“不同的意向变为相同的意向，即达成一致”。

〔6〕 *D*. 2, 14, 1, 3.

另外，在契约之债中，《学说汇纂》和《帝国法典》对各种契约之债进行了分别论述，如规定了消费借贷、海运借款契约、使用借贷、买卖契约、行纪契约、合伙、委托、简约、仲裁、协议等。但是，正如乌尔比安所说，“事实上，实际生活中存在的交易形式（negotium）远远多于人们能够用语言为之命名的。”〔1〕因此，各种契约之债是随社会生活逐渐发展的概念；即便是在今天，也仍然尚缺乏一个抽象的概念对各种契约进行较科学地分类。不过，罗马人已经完成了近代法所需要的大部分契约种类的划分。这种现象，多少可以归结为帝国境内商业发展本身的原因。“罗马的商业生活是复杂的，在很多方面像现代社会。因此，罗马人知道商业生活中出现的各种复杂和疑难的法律问题，他们聪明的法学家为他们做了解决。他们了解保证、抵押等有关合同产生的问题，有许多甚至是我们的法学家仍在克服的难题。”〔2〕

那么，由此我们可以将罗马法在此方面的突出成就归纳为三个方面，即：(1) 从债的程式发展为债的合意；(2) 从契约的标的物到债的给付义务；(3) 从契约理论到债的关系理论。这三方面的成就又可以直接表述为两点，即债的概念的确立和以契约、侵权行为为基本分类的债法体系的形成。而且，在这些成就之中，不时还出现一些具有现代性特征的内容。“罗马法所具有的现代特征体现在它的监护法律中。幼童处于监护之下。如果他被侵犯可以提起诉讼，但他不被追究违反合同。另一方面，法律不允许被监护者获得不当得利，因为别人不能起诉他。这些是今天我们仍在贯彻的原则。被监护人同样不受监护人的贪婪和不当行为的侵害。罗马人在男性 14 岁，女性满 12 岁的时候解除监护；但另一方面，被监护人

---

〔1〕 *D*. 19. 5, 4.

〔2〕 René A. Wormser, *The Story of the Law: And the Men Who Made It – From the Earliest Times to the Present*, Simon and Schuster, 1962, p. 135.

直到25岁为止都可以行使的合同否认权。"[1]

不过，这一债法体系传统今天受到了责难。人们认为这种传统是基于债的各种发生原因建立的，仅仅是为了追求形式逻辑上的完整性，却忽视了各种原因之间的差别。特别是侵权行为之债与契约之债，其"个性大于共性"，所以应将侵权行为从债的关系体系中分离出来。[2]尽管有学者们还温情脉脉地说，这种独立并不否认债的概念和规则，但实际上这无疑是对传统债法体系的釜底抽薪，它势必导致债的关系又回到契约上去。这些责难乃是深受英美法影响的现代民法对复杂变幻的现代社会的回应，或者是恐惧未来却又找不到归途的"迷途羔羊"式的彷徨；然而，毫无疑问，"古典的民法图像以其抽象的概念和制度成为自我完结的学说体系"。[3]债法体系的形成及相应的一套规则的建立，使大陆法从契约程式与合意的纠葛和私犯的罚金责任中摆脱出来，形成了一个自给自足的学说体系，为民法把握动态社会提供了一条清晰的线索。

民国时期的著名民法学家史尚宽先生曾论及债法发达的表现，即：(1) 由静的安全到动的安全；(2) 由硬化的契约到合理的契约；(3) 私法生活之债权化及债权之动产化。[4]诚然，罗马法尚未允许债权的转让，其"债权之动产化"未能实现；但是，债的概

---

〔1〕 René A. Wormser, *The Story of the Law: And the Men Who Made It - From the Earliest Times to the Present*, Simon and Schuster, 1962, p. 144.

〔2〕 王利明："合久必分：侵权行为法与债法的关系"，载《法学前沿》第1辑，法律出版社1997年9月第1版，第92-119页。也有学者从责任与债应分离的角度来谈论"侵权行为应从债编独立出来"的问题，并且认为在侵权行为人承担民事责任中，"在与债的本质不相违背的情况下，适用债编通则的某些规定"。参见魏振瀛：《论债与责任的融合与分离》，载《中国法学》1998年第1期。

〔3〕 [日] 北川善太郎：《日本民法体系》，李毅多、仇京春译，科学出版社1995年8月第1版，第115页。

〔4〕 史尚宽：《债法总论》，台湾1978年版，第4-6页。又参见中文简体版，中国政法大学出版社2000年1月第1版，第4-6页。

念及规范体系的形成，基本上使罗马法完成了"从身份到契约"的转化。私法生活的契约化或债权化，便打破了自给自足社会的生活形态，人们进入了一个流转频繁、物质丰富的商品经济时代；于此，一个由"债的关系"体系所构筑的社会也就成为了以后社会发展的主旋律。应该说，这一旋律的基调，罗马法已经为我们确立了。

第三节　罗马法的学术品格是大陆法私法得以源远流长的重要原因

一、罗马法的学术品格

今天，我们谈论学术化的罗马法，往往要追溯至早期罗马法注释学派和评论学派。因为作为罗马法的复兴，主要是罗马法学说的复兴（——制度已经成为过去），而且复兴的过程也是再现、也更多地是在重新塑造罗马法的学术品格。实际上，12 世纪早期伊尔内留斯[1]（Irnerius，1055—1130 年）在波伦那（Bologna）的讲座，就已经宣告了西欧把《民法大全》作为一个完整的、体系化的法律制度进行研究的开始。截止到 12 世纪中叶，在波伦那大学大约有 1 万多名学生在学习罗马法。意大利的大学成为整个欧洲学者的研究中心，再从那里传播开去。[2] 后来，就出现了探寻正确研究和解释《民法大全》的一系列的学校（最著名的是那群被称为注释学派和评论学派的人）。罗马法学者地位如此之高，在该领域进行研

〔1〕伊尔内留斯，波伦那大学著名法学教授，注释学派的奠基人，被西方法学界誉为"法律之光"。主要学术成就是对伦巴德法、《帝国法典》和《法学阶梯》的研究和注释，著有《法典概要》（*Snmma Codicis*）一书。他第一次系统地整理和比较《民法大全》原文，并认为其中内在的各种法律因素完全一致。

〔2〕由嵘主编：《外国法制史》，北京大学出版社 1992 年 1 月第 1 版，第 133 - 134 页。

究的博士经常被指定为皇家顾问或很多地方法院的法官。那些在波伦那学习的人回到他们的故乡，也推动了《民法大全》的研究。他们所遵循的思路是注释学派和评论学派的。这为欧洲普通法的形成，打下了很好的基础。

注释学派由以伊尔内留斯为创始人的一群学者组成。[1] 伊尔内留斯通过分析罗马法单个成文规定，并试图通过逻辑的方式协调它们之间的关系，用以对罗马法进行系统性研究。12 世纪以后法律的发展，就是由注释学派运用查士丁尼文本的方式决定的，——尽管它可能并不是查士丁尼本来设计的或古罗马原文本存在的。因此，它的研究风格就是以简短注释或标注为特征。这些简短的注释或标注是注释学派在特定的片段中加入的，目的是用于相互之间进行比较，以提出问题或暗示一个解决方案。随着时间的推移，后来的注释学者将这种注释工作发展为评论。

13 世纪的注释学者以评论学派（或后注释学派）而获得成功。尽管很难划分出什么时候是晚期注释学派的结束和早期评论学派的开始，但我们可以确切地说，评论学派是以对法律的系统评论和综合为特征的。[2] 这种不同的研究方式是必要的，这是因为以下的两种理由：

第一，《民法大全》不再是作为法律学术研究基础的一套成文规定。教会法地位上升，并成为大学的课程。接着，神学家和哲学

---

〔1〕继伊尔内留斯之后，其四位法学博士胡戈里努斯（Hugo）、马尔体努斯（Martinus）、布尔加鲁斯（Bulgarus）和雅科布斯（Jacobus）继承了他的研究。其后，布尔加鲁斯的学生阿佐（Azo）成为该学派承前启后的“法学大师”，他依照《民法大全》编辑了《阿佐概述》（*Snmma Azonis*）。而晚期最杰出的代表人物是阿库尔西乌斯（Accursius，1182—1260 年），他因编著了最完整而又最广泛流传的《通用注释》（*Great Gloss*；又称 *glossa ordinaria*）而影响深远。

〔2〕评论学派的代表人物主要有法国的雅克奎斯、波埃尔、古里兰、彼特鲁斯、费伯和意大利的巴尔多鲁等。其中，巴尔多鲁的研究影响很大，以致于欧洲法学界将评论学派统称为“巴尔多鲁主义者”。

家转而对亚里士多德的著述进行系统研究。对于亚氏的伦理学和政治学的研究，最终产生了系统的自然法哲学和后来的众所周知的自然法运动。这不仅为罗马法的研究开拓了视野，也使得继续固守注释《民法大全》文本的方法显得有些不合时宜。

第二，直到1200年，罗马法实际上是作为有约束力的法律被吸收到意大利的，它只是在没有地方习惯法规定或者与制定法不冲突的情况下，才适用。因此，就有必要让它切合并适应当地的实际情况，并与中世纪的法律大背景相协调。在西欧发生了几个“罗马法移植”，这导致了罗马法在欧洲大部分地区的司法实践中，获得了权威的地位。从这个角度说，是罗马法与各种地方法（如日耳曼蛮族法、封建习惯法）的比较与“交流”，促进了对查氏《民法大全》的评论和理论提炼；更进一步地讲，是社会发展推动了评论学派，并使之在对罗马法的研究中替代注释学派的方法而成为主流。

在15至17世纪出现了第三批学者——即古典人文主义学者。他们以法国的Bourges大学为基地，反对注释学派和评论学派对于罗马法进行的研究，倡导回到原始的罗马法文本和本源。他们相信真正研究罗马法的唯一方法就是深入考察古典罗马法文本，而不是被注释学派或评论学派已经“注水”了的东西。但是，他们的研究没有获得需要一部定位于实践的“活的法律”的律师们的支持；这种特殊的逻辑也没有普及开来，或者是获得人们的普遍认同。所以说，学术化的罗马法的传播，主要是通过波伦那的讲座和学者对罗马法的传播，并将它渗透到司法和立法实践之中；注释学派和评论学派解释后的罗马市民法成为法律、法律注释体系的共同基础，并作为一种共同的法律语言和学术研究的对象，传递给后世。这常被称为一种“普通法”（或jus commune）。可见，从12世纪到大约16

世纪，《民法大全》成为整个欧洲的法学基础。[1]

通过上面的考察，我们有理由相信，罗马法的学术品格是后来的法学家们“锻造”出来的。因为“复活”那些已经死去了的法制史上的查士丁尼僵尸的，是后世的法学家们；如果没有他们的再构造——注释文本并使之适应变化了的社会，罗马法很可能还只是历史博物馆角落里的羊皮纸堆。日本学者吉野悟教授曾经不无深情地提到了罗马法的这种学术品格。他说，“罗马法不仅意味着过去了的古典时代罗马制定法总体，也不仅仅意味着查士丁尼帝编纂的罗马法法典，它是历经千年的罗马法史中，经过罗马法学家建议、教育等多种途径加工之后，于裁判过程中形成的法，更是作为专业学问发展起来的法学。……罗马法具有学术性（学问的性质）。”[2] 然而，这一学术性质却并不是查士丁尼大帝所倡导的；相反，他曾下令于《民法大全》之后，不得再对法典进行讨论、评说。[3] 其实，《民法大全》本身并不是一部严谨而具有逻辑的法典，它更象一件学术作品。徐国栋教授说，“这种现象，不过证明了罗马法是学者主导型的法而已!”[4] 它既包括各种敕令的汇编，又包括法学入门知识介绍，也有各种理论的综述。因此，它的产生，就是以各

---

〔1〕 *See* Peter de Cruz, *Comparative law: in a changing world*, 2nd ed. Cavendish Publishing Limited, 1999, pp. 55-57.

〔2〕 [日] 吉野悟：《罗马法与罗马社会》，近藤出版社1976年4月10日版，第2页。

〔3〕 查士丁尼《Tanta 敕令》（《关于〈学说汇纂〉的批准》）第21条和《Deo auctore 敕令》（《关于〈学说汇纂〉的编纂》）第12条。参见 [古罗马] 查士丁尼：《关于〈学说汇纂〉的批准》，陈虹译，徐国栋校，载梁慧星（主编）：《民商法论丛》（1998年第1号）总第10卷，法律出版社1998年10月第1版，第835-836页；又参见 [古罗马] 查士丁尼：《关于〈学说汇纂〉的编纂》，范敏译，徐国栋校，载梁慧星（主编）：《民商法论丛》（1998年第1号）总第10卷，法律出版社1998年10月第1版，第841页。

〔4〕 徐国栋：《“查士丁尼组织编订并颁布〈学说汇纂〉和〈法学阶梯〉的四个敕令”校者说明》，载梁慧星（主编）：《民商法论丛》（1998年第1号）总第10卷，法律出版社1998年10月第1版，第823页。

种学说、流派和理论存在为背景的。而于此之后，也未能如查氏所愿地中止学术的发展。相反，经过千年的学术砥砺（特别是注释法学派的努力），成就了概念法学而形成完善而严谨的体系。

吉野悟教授从学术合理性、技术性、层次技巧及实用性四个方面探讨了罗马法所具有的学术品格。[1] 他的这种分析是令人信服的。

第一，罗马法本身所具有的学术合理性。这种合理性表现在：其一，罗马法顺应社会构造和权力组织，吸收社会正义，而这种对应方式合理；其二，罗马法在顺应这种状况之时，又发挥了国家社会统制工具职能，而这种职能的方式也合理。

第二，罗马法具有学术性的技术性。罗马法学家活跃于立法、裁判、行政、教育等所有领域，而使罗马法在这些方面素材丰富。职业法学家作用下的法技术与法原理的关系也成为经常研究的课题。

第三，总体上罗马法具有法层次上的思考技巧。这是为现实解决问题而进行的思考技巧，它也是一直支撑罗马法教育的实用性的东西。

第四，罗马法是将实用性作为学问来建构而描述出来的。越是把这种学术性明朗化，其实用性就越能作为理论而得以实现。

归纳而言，其核心在于两点：第一，罗马法在抽象的社会正义和具体的社会生活之间找到了一些原则、价值和信念；第二，为适用这些原则、价值和信念提供了一种技术。在公元前 100 年至公元后 250 年的这一段时间里，罗马法学家发展了类推和演绎推理的技

---

〔1〕［日］吉野悟：《罗马法与罗马社会》，近藤出版社 1976 年 4 月 10 日版，第 8－9 页。

巧，这产生了它极度复杂和先进的法学。[1] 德国法学家萨维尼(Friedrich Karl von Savigny，1779－1861年）在《论当代立法和法理学的使命》一文中说得更明确。

> 一切事物都取决于是否有主要原则，正是由于有了这种主要原则才使罗马法学家成为伟大的法学家。他们科学中的概念和公理看来不是武断地产生的；这些人都是现实的人，经过长期和亲密的交往，他们了解到他们的存在和血统。为此，他们进展的整个方式具有确定性，而这种确定性除了数学，在别的地方是找不到的；可以毫不夸张地说，他们是用概念在计算。这种方法根本不是一位或极少数伟大的作家所独有的，相反，是大家所共有的。……因此，不能完全否认编纂《民法大全》有其所依据的思想。……他们的理论和实践是一样的；其理论是为了立即应用而形成，其实践通过科学的处理而变得高雅。他们认为每一条原理都可以应用在一个判例上，每一个判例都是法规所决定的。他们善于运用从一般到特殊，又从特殊到一般的方法，他们的才华是无法否认的。[2]

萨维尼认为，这种学术品格不是某个个体的成就或方法，而是

---

〔1〕对于法学家解释技巧的讨论，请参见 Alan Rodger, "Labeo and the Fraudulent Slave", *in* A. D. E. Lewis & D. J. Ibbetson, *Roman Law Tradition*, Cambridge University Press, 1994. pp. 15－31。

〔2〕［德］弗里德曼·卡尔·冯·萨维尼：《论当代立法与法理学的使命》，转引自法学教材编辑部（编）：《西方法律思想史资料选编》，北京大学出版社 1983 年 2 月第 1 版，第 532 页。另一中文翻译译本，请参见清华大学法学院许章润先生中译本，该译本似仿萨氏所用德语古语（然实译自英文本），较为晦涩，因此，这里还是采用原法学教材编辑部编译本。但此处及以下引用该著述文献时，也参考了许章润先生译本，特别致谢。又参见［德］弗里德曼·卡尔·冯·萨维尼：《论立法与法学的当代使命》，许章润译，中国法制出版社 2001 年 11 月第 1 版，第 23－24 页。

一个学术共同体所“共有的”。[1] 并且，“其科学的材料是前一时期传下来给这个时期的法学家的，其中大部分材料甚至来自自由共和时期。不仅是这些材料，而且还有那些有益的方法本身也来源于自由时期”。[2] 于是，他得出结论：“我们不得不说，显示罗马法卓越的法律天才不属于某一特定时期，而属于整个国家。”[3] 不仅如此，“事实上，罗马法的详尽的规范是由职业法学家阶层发展起来的，并使之高度复杂化。它那吸引着各个时代的职业律师们的高深的推理技术意味着罗马法不是普通人可以轻易领悟到的。”[4] 可见，罗马法时代的学术性还在于“立法层”的学者们与“实务界”的律师们结为一体。这种现象，不仅会让学问具有合理性、实用性，而且还会增加它的包容性和丰富性，从而跨越学术与世俗情感之间的障碍，使得彼此都能够得到长足发展。

因此，决定罗马法学术品格的是罗马法的价值理念，是一种根植于生活的深刻信念和精神。但是，正如有的学者所说，“决定一个信念是否合理，并不是这个或那个文化的合理性规范，而是一个关于合理性的理想性理论，一个为某一信念在任何可能世界的相关

---

〔1〕罗马法律知识在最初保留在祭司团，据《学说汇纂》记载，“对于所有这些法(即十二表法、市民法和法律诉讼三种早期法律) 来说，解释方面的知识和诉讼都保留在祭司团那里，从祭司团中每年选择一人处理私人事务。人民几乎在一百年中实行着这一习惯”(*D*．1，2，2，6.)。罗马法最初便具备这一学术共同体。关于罗马法早期对法的解释被祭司垄断的情况，请参见［意］朱塞佩·格罗索：《罗马法史》，黄风译，中国政法大学出版社 1994 年 4 月第 1 版，第 100 页以下。

〔2〕萨维尼这里所说的“这个时期”是指法理学“享有的崇高地位”的公元 3 世纪。参见法学教材编辑部（编）：《西方法律思想史资料选编》，北京大学出版社 1983 年 2 月第 1 版，第 532 页。

〔3〕转引自法学教材编辑部（编）：《西方法律思想史资料选编》，北京大学出版社 1983 年 2 月第 1 版，第 533 页。

〔4〕Peter Stein，*Roman Law in European History*，Cambridge University Press，1999，Pre．Ⅰ.

场合成为合理信念提供必要条件和充分条件的理论。”[1] 罗马法的学术品格为罗马法的理论、信仰和精神提供了理论支持，并形成了其丰腴而广茂的合理性土壤。在这片理论的沃土之上，罗马法在理想与现实之间找到了一座桥梁，大陆私法精神得以健康成长。格罗索先生的评价是中肯的：“对市民法的整理应归功于法学理论的发展；这是直接将法律传统整理为一系列具体的规范，是对法律思想发展进程的整理，这使得罗马法可以达到技术上的完善程度。”[2]

二、学术法的意义

萨维尼把法律的发展分为三个阶段：第一阶段是自然或习惯法，存在于民族的共同意识之中；第二阶段是学术法，通过法学家的意识而体现出来，具有双重性，即它既是民族生活的一部分，又是法学家的一门特殊科学；第三阶段是法典编纂，即使习惯法与学术法统一。[3] 按照萨维尼的看法，学术法是职业法学家群体来完成的一种法律科学化，它必然导致法典化。因此，学术法的意义在反对法典化的萨维尼那里有着另外的一层意义。在罗马法史上，公元2、3世纪五大著名法学家的活动是罗马法成为一种学术化的法律的重要标志。[4] 当然，罗马帝国第一任皇帝奥古斯都将“皇帝

---

〔1〕[美] 希拉里·普特南：《理性、真理与历史》，童世骏、李光程译，上海译文出版社1997年2月第1版，第113页。

〔2〕[意] 朱塞佩·格罗索：《罗马法史》，黄风译，中国政法大学出版社1994年4月第1版，第264页。

〔3〕王哲：《西方政治法律学说史》，北京大学出版社1988年8月第1版，第410页。又参见张宏生、谷春德（主编）：《西方法律思想史》，北京大学出版社1996年11月重排本第1版，第349－350页。

〔4〕这里指的罗马五大著名法学家是：盖尤斯（Gaius，117－180年），主要著作《法学阶梯》；保罗（Paulus，121－180年）；乌尔比安（Ulpianus，170－228年），曾任罗马皇帝的司法大臣，著有罗马法令的注释，共81册，还有对罗马早期萨比尼学派著作的注释，共51册；帕比尼安（Papinianus，212年以前），曾任司法大臣；莫德斯蒂努斯（Modestinus，250年前后）。

权威所拥有之解答权”（Jus respondendi ex auctoritate principis）赋予著名法学家的敕令，也是使学说具有拘束力，并得以繁荣的因素。从某种角度来说，查士丁尼的法典汇纂只是在“一切文化生活都不景气的时候，又将繁荣时期的遗迹搜集起来以满足当时的需要”。[1]因此，我们更有理由认为它本身就是一件学术法阶段的成果。联系萨维尼的观点，如果我们把大陆私法的发展作为一个整体来看待，《民法大全》应该是属于学术法阶段的纪念物，而近代的法典编纂运动才真正产生逻辑严谨而体系完善的法律的形式理性：大陆法私法法典（或民法法典）。

然而，学术法是否必然地导致于法典编纂呢？这也是一个值得追问的问题。也许我们可以把德国民法典的抽象而理念化的成就归功于萨维尼。他毕竟延缓了一项仓猝而草率的立法活动，从而使许多学者转向法律史和民族精神的研究，为德国民法典的诞生作好了更为充分的理论准备。但是，同样地，英美法千年的学术积累却只弄出一个“美国法律整编”。是法官缺乏抽象法典的创造欲，还是学术研究尚未获得应有的价值或达到一定积淀？这尚待研究。不过，这种追问似乎表明学术法并不是法典化的充分条件。但是，有一点却是肯定的：法典编纂的前提必须是有丰富而繁荣的学术或理论背景；换句话说，学术法是成熟的法典编纂的必要条件。

在英美法学者看来，“大陆法有欢迎法典编纂的风气，而又活跃着产生这种风气的推动力量。”[2]罗马法的学术品格就是营造这种风气的重要因素。但是，随着大陆法法典化的行进，人们也都认识到，纯粹性的大陆法性格也正在随之丧失。民法典制定的结果，

〔1〕［德］萨维尼：《论当代立法和法理学的使命》，转引自法学教材编辑部（编）：《西方法律思想史资料选编》，北京大学出版社 1983 年 2 月第 1 版，第 533 页。

〔2〕F. H. Lawson, *A Common Lawyer Looks at the Civil Law*, University of Michigan Law School, 1953. 转引自《英美法与欧洲大陆法》，小堀宪助等译，日本比较法研究所 1974 年 3 月 30 日再版，第 56 页。

“使至今为止的、经常被大陆法法学家作为伟大范本研究的罗马法法源研究的学术研究价值大大丧失。这是很难避免的事情。”〔1〕学者们的这种无奈的叹息很容易使人联想起“春蚕到死丝方尽”的诗句。然而，由学术法编织起来的法典却远非一件美丽的霓裳。人们今天的评价是褒贬不一的。这就不免使人发掘出作为学术法的罗马法的更重要的价值，即它为一种开放的法学方法提供了理论准备，并使之成为可能。

在法学上，法源就是指法的形成形式或法得以成立及存在的形态。“换言之，就是被认定为法律的素材。”〔2〕罗马法法源包括成文法和习惯法。“成文法包括法律、平民决议、元老院决议、皇帝的法令、长官的告示和法学家的解答。”〔3〕所谓长官的告示，实际上就是大法官告示，主要指裁判官法。〔4〕裁判官法完全是在大法官司法实践的基础上建立起来的，其告示包含了一些法律原则。〔5〕而大法官更可以运用是否赋予诉权、抗辩权和准许回复原状等手法，使他认为合法而不合理的权利丧失，也可以使合理而不合法的关系获得事实上的法律保护。这类似于英美衡平法。大法官的这种“衡平权”是必须有理论支撑的；否则，不仅其告示会因不合时宜

---

〔1〕F. H. Lawson, *A Common Lawyer Looks at the Civil Law*, University of Michigan Law School, 1953. 转引自《英美法与欧洲大陆法》，小堀宪助等译，日本比较法研究所 1974 年 3 月 30 日再版，第 57 页。

〔2〕[日] 中川善之助、远藤浩、泉久雄（编）：《民法事典》，青林书院新社 1982 年 12 月 10 日第 3 版，第 4 页。

〔3〕*J*. 1, 2, 3.

〔4〕裁判官是古代罗马掌管国家司法民事部门的长官，设于公元前 367 年，其地位仅次于执政官，由民众大会选举产生，一般任期一年。后来，由于大批的异邦人来到罗马城，裁判官的设置也嫌不足，人们设置了另一位裁判官，叫作外事裁判官，在异邦人中执法。*See D*. 1, 2, 2, 28.

〔5〕告示（Edictum）分为常年告示（edictum perpetuum）和临时告示（edictum repentinum）。常年告示主要公布大法官的施政纲领；临时告示则针对某一个别事件发表意见。

而被后任废弃，而且以“合理”来检验法律的方法也会受到置疑。因此，这一来自于“市民法的活的声音”须有赖于罗马法学术性的理论为背景。

法学家的解答是那些被赋予判断法律权利的人所提供的意见。“他们的一致决定和意见具有这样的权威，根据宪令规定，审判员也不得拒绝遵从。”[1] 因此，查氏将《法学阶梯》和《学说汇纂》规定在法典之中，而且宣告“它们将对所有的时代有效，并与朕的敕令一起发生影响，它们的效力要表现在所有的审判、所有的案件中”。[2] 而事实上，这种解答是作为一种学问在实践中增长的产物，我们甚至可以把它们看作是一种纯粹的学术研究的结果。这不同于出庭帮助当事人的辩护士（orator）。[3] 当然，辩护士也必然是一些对法律理论精通的人才能胜任。

由此可见，古罗马成文法中并不单纯是法律文本及皇帝的敕令，其中不乏将法律作为“艺术”的理论知识增长的产物。而不成文的习惯法，则更是有赖于通过学术和伦理获得人们的认可。查士丁尼说，“古老的习惯经人们加以沿用的同意而获得效力，就等于法律。”[4] 要在那些古老的习惯与风俗的荆丛中发掘出法律，实际的标准就只能是属于学术的、伦理的。从习惯到习惯法，学理的建构是关键。因此，从某种角度看，法源的多元化既有赖于法律媒介生活方法的多元化，也是学术理论发展的结果。

---

〔1〕*J*. 1, 2, 8.

〔2〕[古罗马] 查士丁尼：《关于〈学说汇纂〉的批准》（第23条），陈虹译，徐国栋校，载梁慧星（主编）：《民商法论丛》（1998年第1号）总第10卷，法律出版社1998年10月第1版，第836－837页；

〔3〕法学家的活动主要是三个方面：第一，对具体法律问题的解答（respondere）；第二，撰拟契据（cavere），担任当事人顾问；第三，协助当事人了解诉讼的程式。他们不出庭辩护。辩护士则是由能言善辩之士进行，但不一定是出色的法学家。

〔4〕*J*. 1, 2, 9.

然而，学术性的罗马法似乎还不止于此。大法官还直接创设了一种债务，以补充市民法债务的不足。[1] 例如，尽管绘画的板从属于绘画作品，板的所有人在市民法上并无正式诉权（actio directa），但大法官却可以授与其准诉权（actio utilitis）。[2] 同样，在因时效问题发生的所有权转移中，即使条件尚未成就，大法官也可以依职权赋予诉权。[3] 在罗马法上，这种大法官运用诉权的范围十分广泛，包括对物之诉和对人之诉。这种诉权的行使是法学理论在实践中的运用，从而逐渐形成的与法律文件相对立的产物。而“法学家的解答”也很容易疏离已经编纂的法典。梅因爵士曾对此进行过有趣的论述。

> 在罗马有一种法律，具有非常类似我们判例法中我所说的那些特点的，称为“法律解答”，即“法学家的回答”。这些“解答”的形式，在罗马法律学的各个时期中有极大的不同，但自始至终它们都是由对权威文件的注解组成的，……在新法律学逐步形成的过程中，它的作者们自认为非常专心地尊重着“法典”的原来文字。他们只是在解释它，阐明它，引伸其全部含义；但其结果，通过把原文凑合在一起，通过把法律加以调整使适应于确实发生的事实状态以及通过推测其可能适用于或许要发生的其他事实状态，通过介绍他们从其他文化注释中看到的解释原则，他们引伸出来大量的多种多样的法律准则，为“十二铜表”法的编纂者所梦想不到的，并且在实际上是很难或者不能在其中找到的。法学专家的全部论文都受到尊重，

---

〔1〕 最初，只有按照市民法所规定的债务。但随着社会发展，大法官根据职权承认其他债务，称为大法官法上或长官法上的债务，以补充民法债务之不足。因此，查士丁尼将债务分成两类，即市民法上的或大法官法上的债务。*See J*. 3, 13, 1.

〔2〕 *See J*. 2, 1, 34.

〔3〕 *See J*. 4, 6, 3.

因为它们是被假定为完全符合“法典”的。[1]

正是这种富于讽刺意义的貌合神离，使罗马法并未陷入一种琐碎、冗肿不堪的注释，而是发现了我们生活的基本准则和法律判决的价值所在。这种法学研究方法甚至抛开了法典本身，而是在寻找法律文本的基础和生活的哲学。罗斯科·庞德教授认为，组成罗马法法律体系的法令（Precept）由两部分组成：命令性成分和传统性成分。前者是哲学家指导下的立法创作；后者是法学家在实际争讼中所提供的“经济的产物”。[2] 这在司法实践和法学研究的结合中，罗马法形成了开放而进取的法学方法。于是，在罗马人的法律生活中，我们就看到了这种画面：他们利用“告示”作为一种进行解释的手段，来“广泛推行他和同时代的其他法学专家认为是法律基础的那些原则”。最后，裁判官们超出了既定法的范围，而直接根据希腊哲学——主要是公正与正义——来进一步推动法律的前进。[3]

实际上，学术化的罗马法为法律适用提供了一种我们今天所称的法律文本之外的东西。难怪有人说，“人类社会所有的私法关系及冲突，基本上都可以在罗马法中找到调整手段和解决方法。”[4] 因为这种法学方法本身就是开放的，它不拘于现存的敕令、决议和告示等；它是在变动的社会中寻找一种法的价值，以提高它应付社

---

〔1〕［英］亨利·梅因：《古代法》，沈景一译，商务印书馆1959年2月第1版，第20－21页。

〔2〕［美］罗斯柯·庞德：《通过法律的社会控制·法律的任务》，沈宗灵、董世忠译，杨昌裕、楼邦彦校，商务印书馆1984年4月第1版，第2页。

〔3〕郭华成：《法律解释比较研究》，中国人民大学出版社1993年11月第1版，第12页。

〔4〕杨振山、龙卫球：《罗马法的传统性和法律方法》，载《中国法学》1995年第1期。

会问题的能力。在今天看来，这就是对法律文本主义或法律实证主义的克服。美国法学家罗纳德·德沃金（Ronald M. Dworkin，1931年— ）教授就认为，“实证主义是一种规则模式，而且是为了一种规则体系的模式。它所主张的关于法律是单一的基本检验标准的这个中心思想，迫使我们忽视那些非规则的各种准则的重要作用。”〔1〕换句话说，法律实证主义的方法使人们失去了对法律原则、价值和政策的考究，不能将法律作为一种“整体性的法律”（Law as integrity）加以看待，〔2〕自然，也就更不可能在法律文本之外去寻找一种解决社会问题的方法。因为法源的多元化以法律原则和价值为核心，也以此成为法学方法论的基础，从而使裁判官获得一种衡平价值。

当然，我们也不能忽视历史的另外一面。公元130年沙维斯·犹利安的《永久敕令》（*Edictum Perpetuum*）从另外一个角度也宣告了罗马裁判官法发展的终结；公元426年狄奥多西二世和瓦伦丁尼安三世发布的所谓“关于援引的法律”（即《引证法》），〔3〕实则是结束了法学家争鸣时代。随着君主权力不断加强，使得“民众的立法活动、判断官的造法工作、元老院的立法活动和法学理论的创造寿终正寝”。而法学家们的法学理论也就蜕变得“仅具有编纂性

---

〔1〕［美］罗纳德·德沃金：《认真对待权利》，信春鹰、吴玉章译，中国大百科全书出版社1998年5月第1版，第40页。

〔2〕沈宗灵：《现代西方法理学》，北京大学出版社1992年6月第1版，第125页以下。

〔3〕即《致罗马元老院》（*ad senatum urbis romae*）。这项敕令承认帕比尼安、保罗、盖尤斯、乌尔比安和莫德斯汀的论著具有法源效力。由以上五人援引的其他法学家也受到同样的承认，但必须与原著进行核对。发生歧义时，多数人观点有效；如果持不同意见人数相等，帕比尼安的观点为准；如果找不到后者的观点，审判员可以根据自己的观点裁量。参见［意］朱塞佩·格罗索：《罗马法史》，黄风译，中国政法大学出版社1994年4月第1版，第399－400页。

质的工作”了。〔1〕这是罗马古典法学理论开始没落的标志。

今天，我们已经接受了这样的观点：“成文法、习惯法与法理，为法律之三大渊源。”〔2〕这是在克服“法典万能主义”之后的结果，也是罗马法的学术品格的复活。

第四节　小结：古典模式对世俗情感的精美表达

罗马法史学者经常将具体的历史事件作为分析问题的基础，而不去进一步追问事件背后的因素。他们认为，罗马法律传统的复活根源于两个并存条件。其一，是11、12世纪的文艺复兴，这是罗马法复兴或者说是“第二次生命”（Nicholas语）的第一个重要因素。虽然，查士丁尼的《法学阶梯》、《帝国法典》和《新律》从其公布的6世纪就陆续为人们所熟知，但是四部曲中最重要的一部——《学说汇编》却鲜为人知。这种情况一直持续到11世纪其两大版本的出现：一个是在意大利成功保存下来的比萨手抄本（Littera Pisana）或弗罗伦丁手抄本（Fiorentina），这一版本出现于《学

---

〔1〕［意］朱塞佩·格罗索：《罗马法史》，黄风译，中国政法大学出版社1994年4月第1版，第397页。

〔2〕杨仁寿：《法学方法论》，台湾中华书局1986年版，第247页；另参见中文简体本，中国政法大学出版社1999年1月第1版，第205页。1912年1月1日施行的《瑞士民法典》第1条和1929年10月10日施行的《中华民国民法典》第1条都明确规定：民事法律未规定者，依照习惯；没有习惯者，依照法理。1995年1月1日施行的《俄罗斯联邦民法典》第3条、第5条和第6条也有类似的规定。但其表述为无习惯者，是以“类推适用”；而不能法律类推者，则根据“民事立法的一般原则和精神及善意、合理、公正的要求予以确定”。这种适用，实际上也是建立在学理基础之上。参见《瑞士民法典》，殷生根、王燕译，中国政法大学出版社1999年8月第1版，第3页；又参见林纪东、郑玉波、蔡墩铭、古登美（编纂）：《新编六法（参照法令判解）全书》，台湾五南图书出版公司1986年9月改订版，第63页；又参见《俄罗斯联邦民法典》，黄道秀、李永军、鄢一美译，中国大百科全书出版社1999年2月第1版，第3-5页。

说汇编》产生的那个时代；另一个是 Codex Secundus，在中世纪失传，但它的内容被各种各样的复制版保存下来，而自孟森（Mommsen）后又为人所知。所有的中世纪的学者都以第二个文本为研究的依据。在文艺复兴以前，对弗罗伦丁手抄本的研究很少，人们把它近乎视为圣迹。Codex Secundus 体现出来的模式充分显示了它已经融入了伦巴第（Lombardic）法律社会。因此，虽然对其进行研究的最早的可靠证据将它定位于波伦那，但真正研究的开始可能是在帕度亚（Padua）著名的伦巴第（Lombard）法学院。12 世纪早期，在伊尔内留斯和他的学生——即所谓的“四博士”：胡戈里努斯（Hugo）、马尔体努斯（Martinus）、布尔加鲁斯（Bulgarus）、雅科布斯（Jacobus）的圈子中，形成了一股强势的学术传统。[1]

文艺复兴知识为罗马法的复兴提供了一个发射台，而真正点火发射的还是那场政治斗争。因此，罗马法复兴的第二个因素是皇帝和教皇之间发生的“策封权斗争（Investiture Crisis）”，也就是，是谁、在什么时候赋予主教和牧师以教会和世俗职能的权力象征。这一斗争在 1075 年到 1122 年处于高峰。在很长的一段时期里，皇帝和教会权力机构都鼓励人们去寻找支持他们事业的论据。查士丁尼《民法大全》中保存下来的罗马法被拿出来用于这一目的。而把这一古老的智慧用于新政治的最主要的学者，就是皇帝的拥护者彼得·克拉苏（Peter Crassus）。值得一提的是，他是拉文纳（Ravenna）人，二次被征服的意大利的拜占廷首都。在这里，罗马法被生动地保留下来。据猜测，查士丁尼文本本身也是在这里被保存下来的。

---

〔1〕 *See* Peter de Cruz, *Comparative law: in a changing world*, 2nd ed. Cavendish Publishing Limited, 1999, p. 54. 一些学者认为，核心原因是 11 世纪晚期伊尔内留斯开办的讲座（lectures），他在以法律为主要课程的第一所现代欧洲大学波伦那（Bologna）首次就《学说汇纂》讲座。而他讲座成功的关键在于，查士丁尼的《民法大全》是研究的对象，而不是通俗化的日耳曼版，也不是从商品交易法（lex mercatoria）中派生出来的习惯法，更不是地方市镇和基层治理者设计的法律。

在最初一个世纪，学者们很大一部分的工作就是从查士丁尼《民法大全》不同种类的观点和材料中分析出它所包含的意义。13世纪早期，在伊尔内留斯和阿佐（Azo）、阿库尔西乌斯（Accursius）之间起着承前启后作用的是四代高徒，从四博士到他们的学生 Rogerius，Placentinus，Pllius，再到学生的学生，到 Johannes Bassianus。[1] 老师们在对文本进行解释探索的过程中，创造了丰富多彩的文学；[2] 他们因对文本的解释而被后人铭记（在特定的时候也为人所恶）。阿库尔西乌斯因编著了最完整而又最广泛流传的注释——《通用注释》（*Great Gloss*，又称 *glossa ordinaria*）而获得名声，同时也臭名昭著。该注释最后成为标准手抄本，后来又成为《民法大全》的印刷版。

诚然，后来的人们批判注释者狭隘的文本主义，缺乏对文化语境的考虑。但是，正是这种狭隘，使得他们获得了后继者可以倚重的有关罗马法文本的最初知识。这一点，没有人可以与他们相提并论。而且，还不能忘记的是，Bolognese 学校不是作为一个研究机构而成立的，它是为了实际的迫切需要而作为教学机构成立的：它必须反复强调，这时的罗马法不是一个枯燥的大学课程，而是适用于整个欧洲的日常实用品。波伦那的法学院成为研究罗马法文本的中心，所有试图在教会以外获得一个优雅职位的人都去那里研修。在欧洲大陆仍保留着的法律联接公共管理的传统，也起源于此。[3]

---

[1] *See* William M. Gordon, "Going to the Fair - Jacques de Révigny on Possession", *in* A. D. E. Lewis & D. J. Ibbetson, *Roman Law Tradition*, Cambridge University Press, 1994. pp. 73 - 97.

[2] 15世纪开始的人文主义法学研究，在一定程度上也得益于早期注释学派研究中存在的一些文学性质。因为最先采取人文主义研究方法的学者，大部分都不是法学家，而是其他的一般人文主义学者，如诗人波利田，就把罗马法文献视为古典文化的瑰宝。

[3] *See* David Ibbetson & Andrew Lewis, "The Roman Law Tradition", *in* A. D. E. Lewis & D. J. Ibbetson, *Roman Law Tradition*, Cambridge University Press, 1994, pp. 2 - 3.

其实，对罗马法传统复兴过程的描述，只是我们分析问题的一个背景性的知识，至多为我们讲述了一个学术法的历史传承过程。罗马法复兴的真正原因在于它内在的、本质性的地方。克鲁兹在这方面的研究是比较成功的。他归纳了关于这一时期罗马法成功与流行的很多原因，认为主要有以下六个方面：

第一，当时的政治和经济条件为研究和接受《学说汇纂》这样的著作提供了土壤。用政治术语来说，就是人们急切需要一个法律体系能够把当时的社会要素统一和组织起来。政府权力要求中央集权以防分裂。经济上，社会出现重商现象，工商业需要能够应对急剧变化的商业交往、复兴的海上贸易和没落的封建主义的法律。罗马法能够为促进和加强贸易生命提供法律技术。

第二，《学说汇纂》具有权威意义。它形式上是用拉丁文写就的著作，是罗马帝国的产物；它在全盛时期所向无敌，充满荣耀和至上的权力；它代表统一，给人们以统一法律的希望。这些影响，从未在人们的头脑中被真正地抹去。中世纪的著作很稀有，任何著作都带有权威的光环，特别是对于普通市民而言。拉丁文荏苒是文明世界的共同语言，是西方教会用于交流的语言，是牧师和有教养的文明人的语言。

第三，很多人也认为，查士丁尼是神圣罗马帝国之主，他创造了《民法大全》；他的著作同时具有教皇和皇帝的权威，是真正的帝国立法表现。所以，意大利律师几乎把学习《学说汇纂》作为一种义务。

第四，《学说汇纂》对于中世纪的律师来说，是一个挑战智慧的集大成。很难理解各种各样的主题中它的语言和顺序；不适应它的法律处理方式；它以古老的救济体系为基础，没有参考概念而只是列举了一些已决案件。它的研究吸引着许多高智商的人们，他们后来成为了这方面的专家，并通过罗马法的解释技术获得了立身之本。

第五，《民法大全》中包含的罗马法，同样为实际问题提供具体的解决方法和思路。它拥有一个严格概念构建起来的结构，清晰而又简单地对几乎所有的情况和问题作出不同的反映。

第六，还有人认为，是“罗马法的理性特征和它不受任何特定时间与地点左右”（Lawson 语，1977）使它获得了巨大的成功。[1]

这些研究，或多或少地触及到了罗马法流传至今的根本性原因。有位葡萄牙学者曾经说，罗马法有今天的地位的正当理由有两点：第一，是罗马法教授依然存在；第二，是罗马法关于“公正”（aequitas）、“物性”（natura rerum）和“自然法”（ius naturale）的法理特性，为克服“法条主义”、“法的专断主义”，特别是战后法的无能为力所造成的危机，提供了“一副解毒剂”。[2] 这种说法，也有一定的道理。因为罗马法教授的存在不是一个简单的现象，它代表了罗马法的一种学术经历和历史传承，以及由此所形成的这种传统在大陆法生活中的主导性地位。然而，我们更可以从罗马法的内容及其内在价值或精神上去寻找罗马法经久不衰的原因。通过本章前面的论述，我们了解到，罗马法在私权统一、制度模式建立和学术法培养这三个方面的超越或贡献，是使大陆法私法古典模式最终形成和确立的主要原因或因素；而尤其值得一提的是，在这些众多的因素中贯彻始终的是罗马法在其中所表现出的世俗化倾向。这种世俗化，是与罗马人的务实品质相一致的、长期的发展过程。私法的统一推动了这种世俗化运动，因为“异邦人”的“地方性知识”改变了由知识精英阶层所形成的法律统治术的机械和僵化；严谨而完善的私法体系又使这种世俗化过程不致于一盘散沙；而学术性的

---

〔1〕 *See* Peter de Cruz, *Comparative law: in a changing world*, 2nd ed. Cavendish Publishing Limited, 1999, pp. 54－55.

〔2〕［葡］叶士朋：《欧洲法学史导论》，吕平义、苏健译，中国政法大学出版社 1998 年 6 月第 1 版，第 68－69 页。

罗马法学不仅为这一运动提供理论基础，并且弥补了法律规范本身的局限性。如果说古希腊法把人从天上带到人间的话，那么，罗马法则让回到人间的人们过起了凡夫俗子的生活。

罗马法最伟大的成就，就是表达了我们作为“凡夫俗子”的这种世俗情感。例如，在“债的关系”理论中，古希腊人尽管抽象出了人的行为可以分为“自愿行为”（契约）和“非自愿行为”（侵权行为）两种，但他们却没有能够走得更远；而罗马人便将这种抽象加以具体化，并切入了人们生活的具体形态。罗马人并未将侵权救济仅仅局限在存在暴力或暴力威胁的情况下。[1] 假如你将自己的马借给安东尼用于犁地，但是他却用于赛马，这也构成侵权。因为安东尼没有正确地使用马；他超越了自己的权限，你可以起诉他。但安东尼是否知道他超越了权限会带来不同的后果呢？在西塞罗的推动下，罗马人发现了“故意”，这在决定一人是否对他的行为负责时具有重要意义。“从某些角度来说，罗马侵权法发展得很完善。事实上很多相类似的责任类型都已经被精确地划分。罗马法学家分类和区别的能力极强。主要体现在他们对于过失所做的精确而细致的划分上。”[2] 可见，古罗马人对人们世俗情感的表达是较为精美和细腻的。

这种世俗化倾向在哲学上的反映，就是使实证精神具备了丰富

---

〔1〕 我们的损害（injury）一词来源于罗马法的 iniuria，是指对人的损害，而与 furtum（转移财产）相对。当然，如前所述，在对人身损害的处理上，罗马人比希腊人（包括我们现代制度）更加原始；这种救济往往是以“以眼还眼”为原则的。*See* René A. Wormser, *The Story of the Law: And the Men Who Made It – From the Earliest Times to the Present*, Simon and Schuster, 1962, pp. 131 – 132.

〔2〕 René A. Wormser, *The Story of the Law: And the Men Who Made It – From the Earliest Times to the Present*, Simon and Schuster, 1962, p. 132.

性与合理性。[1]孔德说，“现实科学要达到真正哲学的高度，必须同时具备增补与系统化的双重条件。”[2]罗马法是开放的、体系化的。在关涉私人生活领域，它丰富、广阔并且保持逐步增长的丰富性、增补（如大法官法）特征；而且在对社会生活百科全书式的描述中，又不失严谨和缜密，即具备系统化特征。前者表现为丰富性、增补性；后者表现为合理性、系统性。通过前者，罗马法发现了人类生活的普遍良知；通过后者，罗马人则又找到了理解或把握生活的哲学精髓。这样，罗马法便在世俗化倾向中，使哲学精髓与人们的普遍良知达成一致、和谐，克服了早期希腊中的一种“ought to be ”的趋向，缓解了人类在“实然”与“应然”之中的困境。因为“to be”与“ouhgt to be”的分裂实际上“间离了生活事实”。[3]换句话说，罗马人选择了一条“尊重生活”的现实道路。循着这条路，罗马法把它的私法概念、规则、原理和价值带给了我们，使之最终成为我们今天生活的一部分。

当然，罗马法的世俗化并没有抛弃古希腊人建构的精神家园。古典私法模式是建立在希腊精神和罗马法务实品质相结合的基础上的。正是这种结合，才能够对人们的世俗情感以精美的方式进行表达。康德曾经说过，“那种较精致的感情，主要是如下两种：崇高

---

〔1〕有很多人认为，“罗马法学家主要阐述私法制度问题，对法律哲理方面的问题并没有显著的贡献”。笔者认为，这种观点是值得商榷的。正如本文前面所谈到的，这种缺哲理的说法，如果是同古希腊人对哲学的虔诚和迷恋相比较而言的话，是可以接受的。事实上，罗马人的法律生活并不缺少哲学内涵，只不过罗马人在哲学上表现出了合理化、伦理化和世俗化的倾向，而这种倾向却也不失为一种哲学精髓。参见沈宗灵：《比较法研究》，北京大学出版社 1998 年 9 月第 1 版，第 83 页。

〔2〕[法] 奥古斯特·孔德：《实证精神》，黄建华译，商务印书馆 1996 年 12 月第 1 版，第 35 页。

〔3〕赵汀阳：《论可能生活》，北京生活·读书·新知三联书店 1994 年 9 月第 1 版，第 6 页。

的感情和优美的感情。”〔1〕也就是说，美分为两种形态：崇高之美和优美之美。这就是王国维先生所说的“壮美”与“优美”。依据此说，古罗马人创造的这种法律之美应该是一种“优美”；而古希腊人所表达的是法律生活的“崇高之美”。“崇高使人感动，优美则使人迷恋。”〔2〕大陆法私法古典模式的精美设计同时蕴涵了这两种美。古希腊人那睿智而深刻的私的理性和理念，只能在夜深人静时靠哲人的感悟方能获得；而古罗马人实实在在的世俗生活则表现在人们白天忙碌的具体规则之中。在私法上，这也是两种不同的情操。“对崇高的事物具有感情的那种心灵方式，在夏日夜晚的寂静之中，当闪烁的星光划破了夜色昏暗的阴影而孤独的皓月注入眼帘时，便会慢慢被引到对友谊、对鄙夷世俗、对永恒性的种种高级的感受之中。光辉夺目的白昼促进了我们孜孜不息的渴望和欢乐的感情。”〔3〕人们往往在白昼忙碌的欲望中痛苦与欢乐，却经常忽视了在夜深寂静时寻找心灵的归属，这也正是目前私法发展中浮躁感强烈的根本所在。当我们失去了私法的精神，失去了培育这种精神的大陆法私法的精神家园的时候，我们也就会失去表达我们普通情感的世俗生活，最终就会使我们失去真实的自我。

---

〔1〕［德］康德：《论优美感和崇高感》，何兆武译，商务印书馆2001年11月第1版，第2页。

〔2〕［德］康德：《论优美感和崇高感》，何兆武译，商务印书馆2001年11月第1版，第3页。康德将崇高分为三种，即“令人畏惧的崇高”、“高贵的崇高”和“华丽的崇高”。

〔3〕［德］康德：《论优美感和崇高感》，何兆武译，商务印书馆2001年11月第1版，第3页。

第四章　私法精神与制度选择的历史契合

——古典经验：通过民法进行社会控制的方法

西方有句谚语："罗马不是一天建起来的。"的确，罗马法、罗马法系或大陆法法系的形成 有着古老的渊源和漫长的历史。大陆法私法传统实际上在古希腊便奠定了基础，罗马法又对古希腊法进行了超越，而经过中世纪日耳曼习惯法和教会法的改造，由此才形成了我们今天所称的大陆法私法体系。正是从这个意义上，有人也将大陆法系称作"罗马——日耳曼法系"；也就是将德意志法作为与罗马法并列的大陆法法律渊源。而实际上，即使是在中世纪罗马法没落、日耳曼习惯法滋生的时代，也表现出了罗马法与日耳曼法融合、并以罗马法为主流的发展趋势。当然，教会法的兴起也为近代大陆法的发展提供了很大的帮助。然而，从大陆法的源头来看，我们仍可以将大陆法的形成看成完成于罗马法时代。也就是在这种意义上，美国法律史学家艾伦·沃森（Alan Watson）先生说，"若给民法法系下一个通用的定义，那就是指这样的法系，在该法系中，无论是过去还是现在，查士丁尼的《民法大全》的全部或部分内容都当作属地法，或至少被当作直接的具有最高效力的强制力，或者指从这一法系派生而出的其它法系。"〔1〕的确，发展至罗马法时代的大陆法私法，其框架、结构和体系已基本成熟和定型。这也是为

---

〔1〕［美］艾伦·沃森：《民法法系的演变及形成》，李静冰、姚新华译，中国政法大学出版社 1992 年 6 月第 1 版，第 5 页。

什么罗马法经常地被视为大陆法发展的起点，并可以在经历了几千年的风雨而历久弥新的原因所在。

当然，诚如笔者一再强调的，本文对大陆法私法发展的溯源并将其推至古代希腊，并不在于得出一个大陆法私法从《格尔蒂法典》→《民法大全》→《拿破仑法典》式的结论；其关键在于：于这种正本清源的过程中，发现一种私法精神与制度形成之间的历史性基础，并从中得出一些法律进化的有益启示。诚然，在大陆法私法古典时期发展的这幅波澜壮阔的画卷中发掘其历史价值，是需要众多智慧并进行长时间思索的过程。通过本文的研究，在于了解大陆法的私法精神与制度选择的历史性契合，从中发掘到将一种私法精神贯彻于制度之中的重要意义；并发现运用私法（或民法）手段进行社会治理的一些方法，从而获得古典法学发展的一些历史经验及其在今天的社会意义。有鉴于此，本章的论述在价值论和方法论两个方面展开。文章认为，在价值论上，古典法学给我们有两个重大启示：(1) 应当确立民法发展中不变的“私的”理念；(2) 应当确立私法在法律体系中的优越地位。同时，在方法论上，古典法学在以下三个方面的含义对我们今天的私法（民法）发展有着重要意义：(1) 将私法作为一个整体加以学术研究；(2) 法律移植是法律进化的重要方式；(3) 民法法典化的成就及其限制。本章将分别论述这些问题。

第一节　私的本位：民法在制度转换中不变的理念

通过上面的论述，我们不难发现，大陆法古典时期的法学成就主要是私法领域。导致大陆法私法繁荣的原因有很多，但其中重要的莫过于追求人性张扬的私法精神一直贯穿于整个社会之中。从某种角度说，就是指大陆法国家一直生活在民法理念之下。

一、民法理念及其现代转换

民法的理念到底是什么？通过前面的历史研究，我们可以简单地归结为“私的本位”或“私的精神”。但不幸的是，我们似乎很难在中国的历史文化中发掘出这种具有“私的”本位或精神的东西。因为中国历史上的皇权对老百姓的生活干预得如此“彻头彻尾”，使得人们在社会生活中很难或者说“不敢”形成一个“私”的观念和空间。但是，历史研究从来就不拒绝思想之间的借鉴意义。一位研究中国历史的学者关于主权与授权问题的研究，可以让我们理解“私的”观念与空间的存在对“政权”本身所具有的重大意义。

> 君主的主权，只能用在监督，不应直接用于行政。无论怎样锐利的刀刃，也经不起不断的滥用，磨到主权本身钝了，没有了信用、没有尊严。〔1〕

这种论述，旨在说明“君相”之间应该有所分际，行政与监督之间应是两条轨道，皇权或称“王权”应是一种“凌空监督”。同样，对于私法之干预问题，亦复如斯。公权应处于幕后，即对老百姓的日常生活也应尽量地体现“无作为的政府是最好的政府”的理念。因为每个个体的私人生活是纷繁复杂的，只有他们自己相互间的自由安排，才是最有效的，也最能体现他们自己的自由意志。将一个多种需要和有效率的机制变成政府的“一言堂”，即使是强有力的政府，也容易误了天下人的各自自家的“私事”，最终也使政府丧失权威，从而也就误了“天下事”；而一个没有能力的政府的过多干预，更是致使民不聊生、怨声载道，最终会导致其垮台。所以，通过民法进行社会控制，实际上是一种放任的“控制”方法，

---

〔1〕［英］许倬云：《从历史看组织》，上海人民出版社2000年7月第1版，第20页。

只是为“私的”空间提供“外部的”制度性保障而已。

著名社会学家和哲学家马克斯·韦伯（Marx Weber，1864—1920年）尽管对私法与公法的区别感到困难，但他也能认识到这种“私的”东西的重要性。他说，“如果一切具有赋予权益要求的、客观的法的性质的准则都不存在，即如果整个从根本上适用的准则在法学上都具有‘规章’的性质，也就是说：所有私人的利益不是作为有保障的主观的权益要求，而是仅仅作为那些规章效力的反映，才有获得保护的机会，那就不存在着‘私’法了。只要达到这种状况——它以往从未普遍存在过——，那么整个的法都溶解到行政管理的一个目的上：‘政府’。”[1] 而实际上，现代社会是建立在我们自己的决定权之上的：按社会契约理论的说法，人是生而平等自由的，国家和政府只是人民自由协议的产物；而人民之所以交出一部分自由和权利，其目的也只在于实现更大的自由与权利。换句话说，人的本性要求他们生活在自己的决定权利之下。

当然，这种“私的本位”的理念发展到今天，又经历了一个历史转换的过程。经过“从身份到契约”的发展过程（——这一过程使得“私的本位”的理念更具有普遍性，将分阶层的或家庭中的人具体化，从而波及每个个体生命），近代民法的理念实际上是法国大革命确定的。大革命倡扬人权的内容大多数通过宪法、行政法、刑事法和诉讼法得以保障；而民法则主要通过对人格权和所有权的保护来实现人类的“自由和平等”。“意思自治”、“私的自治”和“自律”就是近代民法的基本理念，今天我们也称之为“自己决定权”。但是，人类实际上不是平等的，甚至也不是自由的。法国思想家卢梭（J. J. Rousseau，1712—1778年）曾无不感慨地说：“人

---

〔1〕［德］马克斯·韦伯：《经济与社会》（下卷），约翰内斯·温克尔曼整理，林荣远译，商务印书馆1997年12月第1版，第3-4页。

是生而自由的，但却无往不在枷锁之中。"[1] 市场的失败使得完全放任于市场则不能建立公正的社会关系；资本的肆意和血腥使得人们重新认识劳动价值并引起劳动运动激化，由此遭到社会主义者和宗教人士的批判。1930 年世界经济危机最终导致了古典自由经济体制的解体，国家以维持经济秩序和保护社会弱者为由开始介入私人领域，从"夜警国家"向"福利国家"转型。于是，为弥补自由经济的不足，开始进行经济计划，对企业的自由进行一定程度上的限制；为实现实质上的平等，也以"权利滥用"为由来限制强者和富者的自由；抽象的、形式上的自由和平等开始向具体的、实质的自由和平等转化。这一时期的民法，强调"保护弱者"，并通过国家规制加以实现。这种公权力量的介入，引发市民生活中社会关系及其调整手段的变化，从而产生新的法律门类，如经济法、劳动法、社会保障法、环境法、知识产权法和科技法等。这就不仅导致了大陆法系以民法典为核心的民事体系被逐步肢解，而且也带来民法理念的变化——即在自由与平等的关系中，比过去更强调平等、博爱及社会连带关系。这实际上就让民法直接负担了政治义务和社会责任，——而在过去，民法是超脱于此之外，至多是间接地发挥

〔1〕［法］卢梭：《社会契约论》，何兆武译，商务印书馆 1980 年 2 月修订第 2 版，第 8 页。卢梭的这句话中，前半句是针对绝对君主制和封建专制而言的。因为当时英国王权专制论的代表人物罗伯特·菲尔麦爵士在《先祖论》一文中"企图要为全人类设置锁链"，但他的政治理论体系则建立在"一个很小的范围"里，其理由是："没有人是生而自由的"。

但是，对卢梭这句话的后半句，我们则往往根据他在《社会契约论》第一卷第一章中后面的论述，认为这是针对那些"自以为是其他一切的主人的人"来讲的，旨在说明当政者须为民服务，否则人民根据"约定"便可以将他们赶下台去。然而，卢梭此语更多地是在强调我们每个人都受到一定条件、环境等因素的制约，"生而自由"与"生活得自由"是两个不同的概念。"自己的决定权"往往是在生活的意义上强调意思自治，但我们自己在作出决定时，往往要受到诸多因素的制约。又参见［英］洛克：《政府论》（上篇），翟菊农、叶启芳译，商务印书馆 1982 年 11 月第 1 版，第 3－4 页。

着作用。

二、新的问题：技术理性——私人生活头顶的悬剑

然而，事情还远非到此为止。随着现代科学技术特别是信息技术、生物技术的迅猛发展，社会现象中人和物更加多样化、国际化。尤其严重的是，现代科技所形成的“技术理性”或“工具理性”[1]日益成为了统治人们的工具和手段，这就引起了市民生活及其社会关系日趋复杂化。

法兰克福学派[2]认为：技术理性或工具理性是当代科技进步和理性观念的产物，它已渗透入社会的总体结构和社会的各个方面，成为单面社会、特别是单面文化的思想根源。法兰克福学派的理论家们认为，当代发达工业社会中，统治者借着技术手段将自己的意志内化为被统治者的心理意识，使人们丧失判断能力、批判能力而成为思想僵化、缺乏革命精神的单面人；统治的合理性在科技进步和生产力的制度化过程中获得了合法性的基础。这样，“生产

---

〔1〕有的著作中将“technische Vernunft”或“technische Rationalität”翻译为“工艺理性”或“工艺合理性”。这主要是从技术的实践意义上理解的，并没有什么实质上的差别。

〔2〕法兰克福学派是20世纪二三十年代在德国兴起的一个思想学说流派；四五十年代后流入美国，以后在美、德两地都得到了发展。其影响也波及欧美学术界、思想界，十分广泛和深远。该学派第一代代表人物有霍克海默、阿多诺、马尔库塞、波洛克、弗洛姆等；第二代代表人物有哈贝马斯、施密特、涅格特、韦尔默尔等。也有学者将法兰克福学派划分成三代，即将韦尔默尔等列为第三代代表人物。其实，到了第二代以后，法兰克福学派便在理论和政治立场上分歧很大，他们没有一致的理论纲领和研究计划，政治立场上甚至针锋相对。因此，有人认为，连第二代学者是否还是法兰克福学派都成问题；甚至认为第二代已经是该学派的回光返照了。这里，作者坚持将其分为两代的划分方法。在法兰克福学派第一代学者中，其思想观点较多趋于一致；但到了第二代，便出现了左、右分裂，并理论纷呈的局面。作为一种批判社会理论，法兰克福学派在西方以“新马克思主义”著称，其思想渊源复杂，在受到马克思主义理论影响的同时，也广泛受到了弗洛伊德心理分析理论、海德格尔存在主义、青年黑格尔派及乌托邦理论等诸多理论和学说的影响。

力在其科技发展的水平上，在生产关系面前似乎有了一种新的状态和地位。这也就是说，生产力所发挥的作用从政治方面来说现在已经不再是对有效的合法性进行批判的基础，它本身变成了合法性的基础。"〔1〕按照马尔库塞（Herbert Marcuse，1898—1979 年）的说法，即技术和统治——合理性和压迫——达到了特有的融合。因此，科学技术在现代社会中已经成为作为意识形态的制度框架（der institutionelle Rahmen）中的一部分。他说，"技术理性的概念，也许本身就是意识形态。不仅技术理性的应用，而且技术本身就是（对自然和人的）统治，就是方法的、科学的、筹划好了的和正在筹划着的统治。统治的既定目的和利益，不是'后来追加的'和从技术之外强加上的，它们早已包含在技术设备的结构中。技术始终是一种历史和社会的设计；一个社会和这个社会的占统治地位的兴趣企图借助人和物而要做的事情，都要用技术加以设计。统治的这种目的是'物质的'，因而它属于技术理性的形式本身。"〔2〕这样，在现代社会里，科技已经不再具有中立性。他说，"面对这种社会的极权主义特点，那种技术'中立性'的传统概念不再能维持下去。技术本身不能脱离开技术所赋予的效用。这种工业技术社会是一种已经在各种技术的概念和构成中运转的统治制度。"〔3〕

当然，从表象上或从某种角度看，科技进步和不断的科技进步

---

〔1〕［德］尤尔根·哈贝马斯：《作为"意识形态"的技术与科学》，李黎、郭官义译，学林出版社 1999 年第 1 版，第 41 页。

〔2〕Industrialisierung und Kapitalismus im Werke Max Weber，载 Kultur und Gesellschaft Ⅱ，Frankfurt/M. 1965. 转引自［德］尤尔根·哈贝马斯：《作为"意识形态"的技术与科学》，李黎、郭官义译，学林出版社 1999 年第 1 版，第 39－40 页。这里，马尔库塞批评了马克斯·韦伯的"合理性"、"合理化"的观点。

〔3〕［德］马尔库塞：《单面人》，张伟译，载上海社会科学院哲学研究所外国哲学研究室编：《法兰克福学派论著选辑》（上卷），商务印书馆 1998 年 10 月第 1 版，第 488－489 页。这里，马尔库塞《单面人》译本选自美国波士顿 1964 年版。该书中文译本还可以参见另外一种，即《单向度的人》，上海译文出版社 1989 年版。

推动了社会的发展，并正在不断地满足人们的各种希求，消解着社会各阶层之间的矛盾，如科技所带来的丰富的物质基础使蓝领阶层减少，缓解了人与资源之间的紧张关系，人们享受着由工业社会所缔造的美好和富裕。然而，正如马尔库塞所认识到的，这富裕和美好的工业社会作为一个整体却是不合理性的。他说：

> 但这个社会作为一个整体来看，却是不合理的。社会的生产率破坏人的需要和人的才能的自由发展，社会的和平由经常的战争威胁来维持，社会的进步依赖于平息（个人的、民族的、国际的）生存斗争的各种现实可能性的压抑。这种压抑，极不同于我们的社会以往的、较不发达的阶段所具有的特点，今天不是一种自然状态的和技术上不成熟的状态起作用，而相反地是实力地位起作用。当代社会的各种能力（智力的和物质的）比以往任何时候要大得不可估量，这意味着社会对个人统治的范围比以往任何时候要大得不可估量。我们的社会，在一个极高的效率和一个不断提高的生活水平的双重基础上，以技术而不是以恐怖来克服离心的社会力量而显出特色。〔1〕

从这些论述中，我们可以发现，科技在给人类带来的显现的（如人的需求的增长、环境破坏、战争残酷等）和隐性的（“虚假的”意识形态、丧失自我、失去自由等）困惑与满足中，正在发挥着日益增长的巨大作用，特别是其同时也具有重大的政治意义。工人和老板欣赏相同的电视节目、打字员和雇主的女儿打扮得一样妩媚、黑人开着“卡迪拉克”等等，并不表明各个阶级的消失，只是

---

〔1〕［德］马尔库塞：《单面人》，张伟译，载上海社会科学院哲学研究所外国哲学研究室编：《法兰克福学派论著选辑》（上卷），商务印书馆1998年10月第1版，第483－484页。

表明下层人们分享“用来维持现存制度的各种需要和满足所达到的那种程度”。[1] 虽然科技进步的成就避免了人们在意识形态方面的抱怨和指控，并使合理性的“虚假意识”成为真实意识，但是这并不意味着“意识形态的终结”；相反，“在一定意义上说，发达的工业文化比它的前身是更加意识形态化的”。[2] 此时，作为意识形态的科学技术现在已不再处于政治系统和社会生活的幕后，而是居于前台，对统治人们发挥着直接的工具性和奴役性的社会功能。而且，科学技术愈发达，人们所受到的奴役和统治就愈为深重。[3]

科学技术的这种意识形态化是科学技术的一种“异化”，它阻碍了人们对于真实事物的判断，将人们的行为捆绑在技术、机器之上，使人被物化，并成为科技的附属物。霍克海默（Max Horkheimer，1895—1973 年）说，“不仅形而上学，而且还有它所批判的科学本身，皆为意识形态的［东西］；科学之所以是意识形态，是因为它保留着一种阻碍人们发现社会危机真正原因的形式，……所有掩盖以对立面为基础的社会真实本质的人的行为方式，皆为意

〔1〕［德］马尔库塞：《单面人》，张伟译，载上海社会科学院哲学研究所外国哲学研究室（编）：《法兰克福学派论著选辑》（上卷），商务印书馆 1998 年 10 月第 1 版，第 496 页。

〔2〕［德］马尔库塞：《单面人》，张伟译，载上海社会科学院哲学研究所外国哲学研究室（编）：《法兰克福学派论著选辑》（上卷），商务印书馆 1998 年 10 月第 1 版，第 499 页。

〔3〕马尔库塞说，后工业社会是一个“利用技术而不是利用恐怖”进行统治的社会；这个社会窒息或压抑了“人们要求自由的需要”。而且这种“社会压抑性的支配，越是合理的、生产性的、技术性的和总体性的，受支配的每个个人可用以解脱奴役和夺取自身解放的各种手段与方法，就越是不可想像的。”参见［德］马尔库塞：《单面人》，张伟译，载上海社会科学院哲学研究所外国哲学研究室（编）：《法兰克福学派论著选辑》（上卷），商务印书馆 1998 年 10 月第 1 版，第 495 页。

识形态的［东西］。"〔1〕而且，科技一旦被意识形态化以后，对于传统的统治方式的认识也发生了变化。资本主义社会过去所进行的资产阶级的"双重统治"，即以人对自然和人对人的统治为特征的统治，现在则以科技为媒介或中介来完成。

科技、工业制度与资本主义官僚体制的结合，带来了"建立在科学精神思想上"的社会管理体制的僵化。于是，霍克海默和阿多诺（Theoder Wesengrund Adorno，1903—1969年）提出了一种新的启蒙理论。他们认为，"启蒙本身是对自己的绝对否定，它不是进步的直线式的实证主义，而是通过新的社会野蛮、通向它自己制造的、管理的世界的强制集体的途径。"〔2〕官僚主义工业社会所形成的"理性之蚀"使社会僵化，这种实证主义或实用主义"使自主的理性，即启蒙运动的至善合理化了，而且把它归结为抽象的目的关系与中介关系。"〔3〕如海德格尔（Martin Heidergger，1889—1976年）一样，霍克海默、马尔库塞等也看到了国家社会主义和技术世界的基本关系，但他们却批判了这种关系，认为它并不是对"内在的真理和伟大"的肯定，并揭示苏联社会抑制和社会变化的前景就是压抑个体的自由和人性而只能"自由地"集体行动。〔4〕霍克海

〔1〕Max Horkheimer, kritische Theorie, eine Dokumentation, Herausgegeben Von A. Schmidt, Bd. 1, S. Fischer Verlag, 1977, S. 5. 转引自［德］尤尔根·哈贝马斯：《作为"意识形态"的技术与科学》中译本序，李黎、郭官义译，学林出版社1999年第1版，第2-3页。又参见［德］霍克海默：《批判理论》，重庆出版社1989年版，第5页。

〔2〕［德］H. 贡尼、R. 林古特：《霍克海默传》，任立译，商务印书馆1999年1月第1版，第48页。

〔3〕［德］H. 贡尼、R. 林古特：《霍克海默传》，任立译，商务印书馆1999年1月第1版，第48页。

〔4〕［德］马尔库塞：《单面人》，欧力同、邵水浩译，张伟校，载上海社会科学院哲学研究所外国哲学研究室（编）：《法兰克福学派论著选辑》（上卷），商务印书馆1998年10月第1版，第522-527页。

默认为“法西斯极权国家是工业社会转变为野蛮的唯理主义的顶点。”〔1〕同时，他批评了那些只集中于现实的一个方面而排斥其它方面的社会理论，认为它们导致了一个经常为法兰克福学派攻击的方法论上的谬误：拜物教。“霍克海默与劳动拜物教的对立表达了其唯物主义的另一个方面：人对感性幸福的要求。”〔2〕他认为资产阶级文化与个人固有的满足之间存在敌对，而且从总体上已经忽视了个体的满足。这样，科学技术从一种人类的解放力量转而成为了人类解放的桎梏，而我们却还无法去砸烂这个枷锁。它的影响在今天是如此的深入，以致于我们无法去假设失去了对现代科技依赖以后的社会生活。它是一枝无法让人拒绝的“毒树之花”!〔3〕近代社会通过宪政体制“基本上”〔4〕解决了作为“利维坦”的国家权力问题，从而使民事权利有了一个自由的空间；但科学技术却在我们不经意中渗透进来，让市民生活的头顶上再次挂着一只“悬剑”。尤其令人担忧的是，我们许多人似乎对此尚一无所知。

---

〔1〕[德] H. 贡尼、R. 林古特：《霍克海默传》，任立译，商务印书馆 1999 年 1 月第 1 版，第 50 页。

〔2〕[美] 马丁·杰伊：《法兰克福学派史（1923－1950）》，单世联译，广东人民出版社 1996 年版，第 69 页。霍克海默认为，虽然资本主义社会的理论包括有边沁（Bentham）和曼德维尔（Mandeville）的功利主义（Utilitarianism），但是，早期资产阶级时代的典型意识形态是康德式的。由于看不到个体利益与公共道德的统一，康德在幸福和义务之间设定了一条不可弥合的鸿沟。尽管在资本主义充分发展的时代他给予两者以一定的重视，但义务在总体中的优先远在个体满足之上，这一倾向日益发展到后者被完全忽视的程度。

〔3〕科学家兼作家的 C·P·斯诺先生说，“我们无法退入一个根本不存在的没有技术的伊甸园。我们不能检视自己，从任何个人救世原理中得到安慰，并依托于我们善良天性支持我们自己。谁要是这么做，就会从他自身所发现的最坏意义上的浪漫主义幻想那里受到折磨：他未曾运用理性去探究非理性的东西。”参见 [英] C·P·斯诺：《两种文化》，纪树立译，生活·读书·新知三联书店 1994 年 3 月第 1 版，第 4－5 页。

〔4〕我之所以说“基本上”，是因为宪政体制是一个逐步完善并在国家权力不断冲击下而动态发展的过程。

三、解决途径：市场逻辑——理性之蚀与公共产品的连接点

科技发展及其所造成的“理性之蚀”，似乎为新增长理论提供了解释力，也为积极的政府介入提供了理论上的支持。该理论认为，内生的（而不是外生的变量）技术进步是经济实现持续增长的决定因素。[1]而且，市场经济本身无法决定一国经济发展战略重点，政府应该选择重点产业加以扶持，并增强它们在国际市场的竞争力，创造出新的比较优势。这就为“看得见的手”在市场经济条件下提供了比较丰富的政策内涵。经济学家们为技术条件下的经济增长开具了药方，这些有：P·罗默、R·卢卡斯、R·巴罗等人认为政府应向研究开发提供补贴和提供公共基础设施等以促进经济增长；L·琼斯、S·雷贝洛等人认为政府应实施降低税收和促进技术贸易等政策以促进经济增长。新增长理论家的这些研究成果无疑具有重要指导意义，并为众多国家发展实践所证明。这就使我们认识到，可以通过政府这只“看得见的手”消除市场机制造成的资源配置扭曲，即通过政府和市场两只手来共同实现帕累托最优。[2]看来，一个国家的经济增长，也是国家与市场下的企业“合谋”的结果；而它们合谋的“媒介”就是法律。因为这种“合谋”并不表明不存在冲突，甚至可以说，就是在冲突和矛盾中实现“合谋”

---

〔1〕新增长理论又称内生增长理论，是产生于20世纪80年代中期的一个西方宏观经济理论的分支。通常认为其产生的标志是1986年保罗·罗默的论文《递增收益与长期增长》和1988年卢卡斯的论文《论经济发展机制》。新增长理论是由一些持相同或相似观点的经济学家所提出的各种经济增长模型而构成的一个松散集合体。参见朱勇、吴易风：《技术进步与经济的内生增长——新增长理论发展述评》，载《中国社会科学》1999年第1期。

〔2〕新增长理论认为，“在经济中存在外部性或垄断因素的前提下，分散经济可以实现均衡增长，但这种动态均衡一般不是帕累托最优。这时可以通过政府这只‘看得见的手’消除市场机制造成的资源配置扭曲，即通过政府和市场这两只手的共同作用使经济实现帕累托最优。”参见朱勇、吴易风：《技术进步与经济的内生增长——新增长理论发展述评》，载《中国社会科学》1999年第1期。

的，——与企业的私人性相比较，政府更加注意公共福利；而法律为其矛盾提供了消融场所和最后的界限。所以说，从某种角度上看，产业技术政策〔1〕是政府通过法律来“诱导”企业，使之在主观地为自己的同时也客观地为了社会。当然，政府的这种法律“诱导”应因产业、技术的不同而采取不同的手段，只有这样才能保持一个良好的社会创新机制。因此，这实际上是目前法学界还没有引起重视的法律对策学研究的领域。

而且即使是我们认同了哈佛大学公共政策专家史蒂文·凯尔曼（Steven Kelman）教授的看法——“我们只有一个政府”，〔2〕而同时企业也愿意在政府的“诱导”下“就范”，我们仍然面临新的问题。因为我们所有的理论都是建立在自工业革命以来科学主义带给人们美好幻想之上的。“泰坦尼克号”的沉没其实并没有让多少人清醒过来，科学家的乐观主义也并未因为人文学家们的悲天悯人而有所消减；相反，技术进步与日益增长的财富迷惑了人们的双眼，并衍生为各个学科中的理性主义倾向。在此影响之下，正统经济学家们将“经济增长”变成了“不可动摇，不可否定的信念”。但是，正如我们在分析苏格拉底所讲述的“城邦正义”那样，将“生产又多

---

〔1〕产业政策是指政府为了实现某种经济和社会目标而制定的有特定产业指向的政策的总和。产业技术政策是指政府利用科技来实现某种经济和社会目标的特定产业指向的政策的总和。关于产业政策的定义，请参见江小涓：《经济转轨时期的产业政策——对中国经验的实证分析与前景展望》，上海三联书店、上海人民出版社 1996 年 4 月第 1 版，第 6 页以下。

〔2〕［美］史蒂文·凯尔曼：《制定公共政策》，商务印书馆 1990 年 6 月第 1 版，第 247 页。

又好”的产品作为我们的生活信念，这或许从根本上就是一个错误!〔1〕“技术理性”或“工具理性”本身就像一个挥之不去的梦魇；而且它还造就了一幅工业社会的可怕景象：“生态的破坏、战争的威胁、社会秩序的急剧转变、人们思想和意识上的不安，在在都显示知识增长并非一个可以无限膨胀的气球。”〔2〕这似乎也还不单是资源的有限性问题。伴随着以公共利益和公共目标为借口的各种形式的国家干预政策出台，曾经被人们世代珍视的自由，如今只能在技术理性与社会发展的双重压力下艰难地残存在人们的生活中，甚至大有被淹没的危险。而同时，因为政策、特别是产业政策，往往是应对性的，而且技术因素也变动不居；但与此相反的是，法律则需要一定的稳定性。于是，法律的保守趋向与政策的激进作风本身就存在的张力，在这里又被进一步拉大。那么，在产业技术政策领域里就出现这样的情况：除了抽象价值，如技术进步、经济增长和社会发展等取向上政策与法律可以同构以外，在具体规则和制度方面，“合谋”就难以达成。一旦二者不能“合谋”，按照时下流行的博弈论来说，也就无法实现纳什均衡。在公共政策和法律的制定中，就出现了“囚徒困境”式的情形。

---

〔1〕著名经济学家加尔布雷思认为，以“经济增长”作为“目标”，必然导致为生产而生产，而不问产品的实际效用如何。要增长，就要有技术革新，有新技术、新发明。……这一切都是同“对人的关心”大相径庭的；不把人们从这些错误的信念之下“解放”出来，“经济增长”不可能是公众的幸福，而只会是祸患。参见［美］约·肯·加尔布雷思：《经济学和公共目标》，蔡受百译，商务印书馆1980年6月第1版，中译本序言。

〔2〕［美］华勒斯坦等：《学科·知识·权力》，刘健芝等编译，生活·读书·新知三联书店、牛津大学出版社1999年3月第1版，第1页。

西方福利经济学[1]在产业技术政策方面为我们提供的一种思路，但以往大家都将其视为一种国家权力的体现，认为是一种公权力量。实际上，在市场逻辑的范畴中，它是以社会福利——即生产“公共产品”[2]为目的的。“所谓市场逻辑，就是个人权利的自由交易。”[3]在市场的眼光中，公共产品生产的主体同样是一个市场的参与者，同样参与着以“个人权利”为基础的市场交易，只是它们具有更强烈一些的引导性意义而已。因此，将应对技术理性和经济增长的产业技术政策纳入市场逻辑，同样也是引导或促进以个人权利为基础的某一方面的自由交易。这从另外一个角度，也是国家

---

〔1〕西方福利经济学是由英国剑桥学派的庇古建立起来的，他以国民收入总量和收入分配平均为目标的福利最大化思想，后来受到了实证经济学的抨击。于是，自1939年以来又产生了新福利经济学，代表人物有勒内、卡多尔、希克斯、柏格森和萨缪尔森等。他们认为，一种社会变革是否给个人带来好处，由它在市场上显示的偏好来判断；其核心思想是实现“帕累托最优”（paretion optimum）。参见［英］李特尔：《福利经济学评述》，陈彪如译，商务印书馆1965年5月第1版。

〔2〕一般来说，公共产品就是指其在消费上的不具有排他性（或非排他性）的物品。如有人认为，“所谓公共产品意指一个人对某些物品或劳务的消费并未减少其它人同样消费或享受利益。如国防、路灯、无线电广播、环境保护、新鲜空气等。公共产品的特性表现为：（1）消费的非竞争性；（2）提供的非排他性”（胡代光、周安军：《当代西方经济学者论市场经济》，商务印书馆1996年第1版，第18－19页）。它实际上是表明公共产品的本质在于消费的“公共”性质。不过，公共产品的理解还不仅仅是经济上的概念。斯垂唐（Hugh Stretton）和奥查德（Lionel Orchard）就认为，“出于分析的目的，经济学家把诸如灯塔之类不能基于任何使用的支付而生产的产品叫公共产品。”而另一方面，从政治选择的目的看，公共产品还包括这三类产品：“一类是国防、法律和秩序、灯塔、街道和路灯等，不属于任何人而又提供给任一个人，每个个体使用者并不为此而单独付费；二类是有可能收费却通常不收费的产品，如高速公路、桥梁、天气预报、公共图书馆、国家公园等；第三类是可以很好地在市场中收费，政府却以免费或低于成本价的形式提供给全体或部分公民。”*See* Hugh Stretton & Lionel Orchard, “Public Goods, Public Enterprise”, *in Public Choice*, ST. Martin’s Press, INC., 1994, p. 54.

〔3〕张曙光：《个人权利和国家权力》，载刘军宁、王焱、贺卫方（编）：《市场逻辑与国家观念》，生活·读书·新知三联书店1995年11月第1版，第2页。

公权力量如何切入私人领域，并在哪些方面切入的问题。

实际上，西方社会福利政策已经从经济层面的资源再分配发展到强调经济与政治发展之间平衡的后福利国家阶段。这种公共政策“将资源再分配推向更深入的经济再分配领域，从而超越了过去将社会福利定位在对少数弱势群体的救济上的做法，使恢复社区精神、重构秩序与自由之间的社会关系成为一种道德的主要关怀”。〔1〕这样，就把人的发展作为了一种社会资本来看待，迫使人们从对社会的依赖转向对自己的依赖。可见，现代西方社会已经走出社会化保守主义趋向，公共福利或公共产品转向提供更多的基础设施和创造机会，这也就必然同时面临重申自由主义的命题。不过，早期“公共产品”观念的形成，却极具公权和职能主义特色。

大卫·休谟在政府溯源时就认为，政府的职能就是为了“促进某种公共目的”，并借以“进一步扩展它的有益影响”。他说：“两个邻人可以同意排去他们所共有的一片草地中的积水，因为他们容易互相了解对方的心思，而且每个人必然看到，他不执行自己任务的直接结果就是将整个计划抛弃了。但是要使一千个人同意那样一种行为，乃是很困难的，而且的确是不可能的。因为各人都在寻找借口，要使自己省却麻烦和开支，而把全部负担加在他人身上。政治社会就容易补救这些弊病，执政长官可以拟定促进那种利益的任何计划。”〔2〕休谟从人性的角度认识到人类固有的自私、褊狭心理，提出国家或国家存在的理由，即通过生产公共产品而“在某种程度上免去人类所有的这些缺点”。这就是今天经济学常常谈到的公共产品外部性、非排他性，并由此而产生的“搭便车”行为。

---

〔1〕C. F. Delaney (ed), *Liberalism - Communitarianism Debate*, Lanham, Maruland: Rowman and Littlefield, 1994. *See* A. Ezioni (ed), *The Spirit of Community*, New York: Grown Publishing, 1991.

〔2〕[英] 休谟：《人性论》(下册)，关文运译，郑之骧校，商务印书馆1980年4月第1版，第578－579页。

休谟几乎是最早论及由政府生产公共产品的思想家。而亚当·斯密（Adam Smith，1723—1790年）则独具慧眼地发现了技术和产业发展对某种产品成为公共产品的重要性。他采用历史分析方法考察了军队在欧洲的演变过程以后认为，由于技术的进步和产业的升级所形成的资本需求量增加，致使维持安全所需的费用逐渐不可能由个人提供。他说，"在更为进步的社会里，上战场作战的人，以自己的费用维持自己就全不可能了。这其中有两种原因：一是制造业的进步；一是战争技术的改良。"〔1〕尽管斯密先生在这里主要分析国防这种典型的公共产品，但这些论述告诉我们：公共产品并非天生是公共产品，技术进步和产业升级往往促进公共产品的生产与供给的增加。这一点在现代社会也表现得很明显，如在网络技术环境的建设，几乎不可能完全依赖个人；同时，这种技术也使产品更为公共化：只要我们愿意，通过网络，我们自己的信息很快就可以成为公共产品。甚至随着所谓"国际公共产品"（即通讯技术、信息技术、航空航天技术等环境下的产品）的出现，使多国政府或大型跨国公司来协调成为必要。

其实，将一种"权力"纳入生产产品的分析路径，本身就是一种市场逻辑的产物；而且技术进步也促使公共产品向私人产品转化，摆脱对政府的依赖。因为技术的进步带来生产能力的提高，可以消除原有产品消费的外部性，使原来私人生产无利可图的产品变得有利可图，从而不必要政府来生产。如消防问题，由于以往技术比较落后，消防只能由公共提供；但技术改进后的复杂的自动灭火系统就使一些消防工作变得私人化了。又如计算机过去往往是学校公共服务的一部分，但技术与现代产业的发展，使得相当多的学生有能力拥有个人电脑，电脑也就成为私人消费了。

---

〔1〕［英］亚当·斯密：《国民财富的性质和原因的研究》（下卷），郭大力、王亚南译，商务印书馆1974年6月第1版，第257－258页。

现代经济学家们越来越重视技术对公共产品的影响，认识到技术水平往往决定着哪些方面可以通过市场机制来解决，哪些方面则不能进入市场。经济学家戈丁（K. D. Goldin）认为，技术在决定一种产品是否是公共产品方面“取决于排除设施的技术和个人偏好的分散化”。〔1〕同时，公共产品自身的生产技术也往往成为一种产品是否为公共产品的条件。他在《平等机会和选择性机会》一文中认为，影响公共产品形成的技术包括：一是排他性技术；二是产品本身的生产技术。〔2〕所谓排他性技术，主要是指监控技术，也就是防止搭便车行为的技术能力。因为如果缺乏低成本的排他性技术，私人生产无法通过市场价格来实现，则只能导致产品或服务的公共部门垄断。极端的例子比如国防，人们无法测量每人的收益，排他性的监控技术几乎不可能，只能由国家或政府提供。而相反，如果对信息高速公路的使用可以用监控技术记录，消费收费成为可能，则可以通过市场由私人来完成。而公共产品本身的生产技术水平，比如稳定的自动化灭火技术就使一些消防工作变得“私人化”，而新的演播技术就使娱乐变得“公共化”。可见，技术往往成为一件产品能否具有排他性的重要条件，也是影响公共产品和私人产品之间相互转化的重要因素。而随着技术条件的变化，公共产品与私人产品之间的区别将不再是绝对的了。这就难怪许多经济学家们要感慨，公共产品的排他特性“基本上是一个技术问题”。〔3〕

由此可见，技术本身也是具有两面性（指公共性和个体性两个方面）的。而且无论技术如何发展，市场是可以进行公共产品生产

---

〔1〕 Tyler Cowen, *the Theory of Market Failure*: *a critical examination*, Geogrge Mason University Press, 1988, p. 75.

〔2〕 *See* K. D. Goidin, “Equal Access vs Selective Access: a critique of public goods theory”, *in Public Choice*, Vol. 29 (Spring), 1977.

〔3〕 [美] 安东尼·B·阿特金森、约瑟夫·E·斯蒂格里茨：《公共经济学》，上海三联出版社 1994 年第 1 版，第 619 页。

的，而产业技术政策本身就是市场理念的产物。布鲁贝克尔（E. R. Brubaker）认为，通过生产前订立契约，有可能实现公共产品的私人生产。因为企业家的“不生产”是一种很有效的排他手段，只有社会成员在根据自己的偏好承诺支付的费用达到公共产品生产所需的最低成本之时，企业家才进行生产。这样，当个人面对这种可置信威胁时将会如实提供自己的评价。〔1〕而戈丁先生则建立了两个名词：“均等进入”（equal access）——所有人都可免费自由使用的状态；“选择性进入”（selective access）——允许将不付费者排除出去的情况。在他看来，是否选择性进入，关键为：一是技术能否达到，二是观念能否意识到。〔2〕而科斯（Ronald H. Coase）则运用实证的方法，证明传统意义上被政府公共生产的产品，在实际中被私人大量地提供着，而这个原因只在于灯塔与港口的联合提供。这一点为大量的公共产品私人生产的信奉者提供了信心，也似乎发现了通过私人产品的排他性来获得公共产品排他性的手段。〔3〕另外，德姆塞茨（H. Demsetz）也证明，通过竞争的市场可以有效地提供具有排他性的公共产品。他将可以无成本增加消费者的产品称为公共产品，而把排他性作为假设条件存在。〔4〕

实际上，约翰·穆勒（J. S. Mill，1806—1873年）早就为国家

---

〔1〕 *See* W. F. Brubaker, “Free Ride, Free Revelation, or Golden Rule?”, *in Journal of Law and Economics* Vol. 18 (April), 1975, pp. 147－161. 这里，布鲁贝克尔忽略了企业家的不完全信息状态，实际上并未解决偏好显示问题。

〔2〕 *See* K. D. Goldin, “Equal Access vs Selective Access: a critique of public goods theory”, *in Public Choice*, 29 (Spring), 1977, pp. 53－71.

〔3〕 *See* R. H. Coase, “The Lighthouse in Economics”, *in Journal of Law and Economics*, Vol. 17, 1974, pp. 357－376.

〔4〕 *See* H. Demsetz, “The Private Production of Public Goods”, *in Journal of Law and Economics*, Vol. 13 (October), 1970, pp. 293－306. 这其实只是反映了具有非竞争性的公共产品的市场生产，所以他的证明过程并不完全，因而这种理论也并不被人作为解决公共产品私人生产的有效途径。

或政府提供公共产品确立了市场基础。他认为，“在需要法律干预之时，并不是否定个人的判断，而仅是影响该判断而已。人们除非协调行动，否则将难以影响个人判断，但如果没有法律的效力和约束，又将难以产生有效的协调行动。”但同时，“公共服务的提供是重要的，却没人感兴趣，因为这些服务的提供，并不必然自动地获得适当的报酬”。其原因是“个人不具备任何手段去截留或控制那些利益，而避免其流向他人，也难以收取费用以保障和补偿创造者”。穆勒认为，政府“不要使人民永远处于这种状态，而应该想法消除这种无能为力的状态”。[1] 他认为，政府插手于某些产品生产的理由就在于，“提供了普遍的便利”。[2] 而这种“普遍的便利”应当在以下情况之下：(1) 个人不具备正确评价事物利益的能力之时；(2) 个人缺乏远见而又签订无法废除的契约之时；(3) 利益分歧的劳工与经理人员谈判之时；(4) 政府需要对公司实施调节之时。他说，“也不可能用任何普遍适用的准则来限制政府的干预，能限制政府干预的只有这样一条简单而笼统的准则，即除非政府干预能带来很大便利，否则便决不允许政府进行干预。”[3] 这些论述虽然是在谈论政府干预问题，但实际上却在向我们说明，政府的公共职能必须以个人自由与个人利益为基础标准，而不是过多地参与和干预“私人物品”的生产与交换，同时也应该在市场逻辑之下“安排好‘公共物品’的供给。”[4] 总之，私的本位同样是一剂

〔1〕［英］约翰·穆勒：《政治经济学原理》（下卷），胡企林、朱泱译，商务印书馆1991年9月第1版，第570页。

〔2〕［英］约翰·穆勒：《政治经济学原理》（下卷），胡企林、朱泱译，商务印书馆1991年9月第1版，第371页。

〔3〕［英］约翰·穆勒：《政治经济学原理》（下卷），胡企林、朱泱译，商务印书馆1991年9月第1版，第371页。

〔4〕樊纲：《作为公共机构的政府职能》，载刘军宁、王焱、贺卫方（编）：《市场逻辑与国家观念》，生活·读书·新知三联书店1995年11月第1版，第13页。

"解毒良药"。

四、小结：私的本位的"复归"——民法在制度转换中不变的理念

诚然，无论是将科技作为意识形态还是将科技看成"纯粹性"生产力，它都正在改变着、而且还会继续改变着我们的行为模式和社会生活，也必然还会引发并将更进一步导致市民社会基本结构和法律制度的变化。就目前看，为适应知识社会和知识经济时代的需要，各国对民法的修改主要涉及到与"规制缓和"的关系问题。因为"福利国家"存在着财政困难，被称为"国家的失败"的国家介入的限界问题便出现了。日本学者能见善久教授认为，规制缓和与私法之间的关系有两个现象：其一是规制不一定要消失，法院也可以依据法律介入，也就是还存在司法规制上的必要，称为"从行政规制向司法规制转化"的情况；其二是国家的介入即使是司法性质的也不受欢迎。当然，由于现代社会结构中存在着规模化、模式化的成熟市场机制，因此，对于已经不必要的规制或者本来就不应该存在的规制，不存在什么规制缓和的问题。规制缓和也不是要回到"冷酷的生存竞争的资本主义"初期，因为市民社会中市民及其民事活动本身就必须"残留有人们生存中的一种温情脉脉的东西，是仅靠市场的合理性不能完全调整的东西"。[1]

总的说来，从二战以来科技、经济增长所带来的现代市民社会变化看，在今天，维持社会的基本结构出现了一些新的特征。这些变化主要表现在以下四个方面：(1) 在生产层次上的变化。首先是产业构造的变化和生产力水平的飞跃，这产生了战后消费者问题的物质基础；其次是生产主体层次上，已经从个人、家族完全转换为企业，出现了企业的社会权力化；再次是特大企业的出现，又缩减

---

〔1〕［日］星野英一："民法典百年与时下的立法问题"（上），载《法学教室》第210期，有斐阁1998年3月版，第11页。

了市场逻辑发挥机能的平面扩张，原来靠市场交换实现的财产上的获取，因企业的规模扩大和内部分工而变为内部财产的移转，中间组织逐渐在社会生活中出现和扩张。(2) 在消费层次上的变化。市民社会的大众化带来并逐步确立了消费主体在社会中的压倒性多数地位。首先是市场供给的商品种类和数量的增大，消费者主体经济力量和购买力也飞跃性增强。这样，消费主体在市场中缔结的法律关系的意义就格外重要，从而也带来了传统法律问题性质的变化。其次是家族和地域共同体的职能随着共同体的弱化和各种服务产业的出现而被代替。这被称之为是生活社会化一环的“市场社会化”或“生活的商品化”。原来共同体进行的非市场的供给被市场的供给和服务所代替，市场原理由此便渗透到了社会的各个角落。(3) 在生活世界内部发生的变化。国家开始介入原来由共同体自律解决的人格关系的空间，这是社会社会化带来的法的空间的扩大，也是法化的第三种形态。(4) 非市场领域中经济体系与生活世界的接触面扩大。企业经济活动对市民生活环境和健康的破坏日益加大并日趋显现。以上四个方面的变化，是生产层次上法的空间的缩小与性质的变化（非法化）；而与此相适应的却是社会生活中法的空间在扩大，即社会生活的“法律化”。二者同时深化，可归结为法的空间的扩大和位置的移动。民法的适用领域和对象由此也发生了移动，即“从以市场中的商品交换为媒介的法向同时以市场中的商品交换和生活世界的人格关系为媒介的法转化”。〔1〕

而这些规范层次上的变迁必然引发市民社会基本法——民法的理念的变化。实际的结果是以自由竞争为基础的竞争更加激烈，如无形智慧财产领域；同时人格权种类和形态不断丰富并日益扩张，“侵权”也更是成为一个敏感的话题。因此，民法生活中关于财产

〔1〕［日］吉田克己：“现代市民社会的构造与民法学的课题”(1)，载《法律时报》第68卷第11号，日本评论社1996年10月版，第57页。

关系和人身关系的两个维度进一步向经济自由与人格权张扬方面转化；并且，二者出现了前所未有的紧张关系。由此，规制缓和带来民法理念的调整，并表现在民法制度和规范的修改上，即向两个方向行进：一种是在流向上推进和深入的，即理念的实现还不彻底，而并不损害其它理念彻底推进；另一种是与“从自由到平等”、“博爱与连带的渗透”这种流向相反的，即曾经被制约的自由又放归自由或者进行更少的制约。后者又分为两种情况，即本来应该加以制约却又制约过度和本来不应该加以制约的却制约了的情况。可见，规制缓和是另一种运动，旨在将一些与私法格格不入的东西排斥在外，实现民法作为私法本位的理念，实现民法价值体系地一致性。但这显然不是对近代法的一种简单“复归”，只是在说明古典私法学所确立的“私的”理念根本就没有什么变化，它们不过是随着社会的发展被丰富和发展罢了。

由此可见，作为对现代法国家介入的矫正，以网络与信息技术出现为特征的后现代市民社会虽然仍是现代社会的延续；但民法理念已开始从市场规制、具体和实质正义转向规制缓和、抽象权利与个案结合，并试图将更广泛的领域纳入法律生活。这一方面表现了人们对科技发展所带来的变动不居的社会生活的恐惧，从而试图通过法律寻求稳定；另一方面说明在技术社会所形成的“技术理性”或“工具理性”中，人们逐渐感到失去了自己的同时试图重新认识自我。这种方向性的转变实际上就契合了民法作为“私的本位”的核心：关注人，关注自己！民法的变迁实际上是一种思想的变迁，一种理念的变迁。而无论如何变化，民法理念问题归根到底就是民法中怎样来对待人、如何实现自由人的问题。这是民法不变的理念。

第二节 确立私法在法律体系中的优越地位

提出私法在人们的社会生活中占有重要地位，恐怕比较容易为人们所接受。但是，要更进一步地强调私法在法律体系中具有优越地位，总是很容易遭致人们的非议。然而，古典私法学为我们展现了一个个性张扬与社会发展相协调的私法境界。而于此之中，不仅私法本身就具有基础性地位，而且私的理性与自然理性存在内在的一致性。因此，即使是经历着法律的社会化趋向，笔者依然要呼吁：确立私法在法律体系中的优越地位。

一、私法的境界：个性张扬与效益增长之间的协调发展

社会生活非政治化、非意识形态化，而是通过私法（民法）进行治理，这是研究大陆法私法古典时期的发展给我们最大的启示。界定权利归属和结构、通过契约聚合各种资源、用债与责任来平衡和救济私人关系、给人们生活以家庭的温情和扶助等等，这都构成了古希腊人和古罗马人的法律控制手段。“作为法律的首要目的的，恰是秩序、公平和个人自由这三个基本的价值。”[1] 通过民法来组织社会生活，它有效地将国家权力排斥在私人生活之外，达到了“无为而治”（即自治）的境界。在这个境界中，关注私的个体及其真实意思表示，成为法律的首要目标。而且以此为基础切入社会生活，既符合人性，实现了人的权利和自由（“个人自由”），又带来了社会竞争和社会正义（“公平”），也达到了“各归其所”的秩序状态（“秩序”）。无怪乎梁启超先生要说，“罗马法所以能依被千祀，擅世界第一流法系之名誉者，其优秀之点不一，而最有价值

〔1〕［英］彼得·斯坦、约翰·香德：《西方社会的法律价值》，王献平译，郑成思校，中国人民公安大学出版社 1990 年 12 月第 1 版，第 3 页。

者，则私法之完备是也。”[1] 而且，先生还将私法（民法）之得失，视为“文明进退稍长之关键”。[2] 此乃颇有见地之论也！因此，可以说，古典私法之发达，实实在在地给西方文明提供了“权利文化”（而非“权力文化”）的发展背景；甚至对今天的西方文明的成就，也有着决定性意义。

私法昌明下的这种“文明”境界，可以从两个方面认识：一是社会生产上的；一是社会生活上的。关于社会生产方面的状况，新制度经济学派代表人物张五常教授的“合约结构”理论，为我们研究这个问题提供了切入点。

> 把几个不同所有者的资源联合起来进行生产，就得通过合约部分地或完全地转让产权。[3] 部分转让权利的合约，如出租或雇佣都包括一个结构。构成合约结构的条款或条件通常用来规定（a）参与者之间的收入分配，和（b）资源使用的条件。在存在转让权的情况下，这些条款与市场上的竞争一致或

[1] 梁启超：《论中国成文法编制之沿革得失》（1904），载梁启超：《梁启超法学文集》，范中信选编，中国政法大学出版社 2000 年 1 月第 1 版，第 174 页。

[2] 梁启超：《论中国成文法编制之沿革得失》（1904），载梁启超：《梁启超法学文集》，范中信选编，中国政法大学出版社 2000 年 1 月第 1 版，第 175－176 页。

[3] 张五常教授认为，“如果所有的资源都只进行完全转让，那么，就只存在所有者生产，就不存在有关资源使用的合约条款。这里之所以强调部分转让如出租和雇佣，是因为（1）它们更直接地导向涉及到的问题，和（2）它们有助于更清楚地说明合约的功能”（——原作者注）。张教授五常先生的这种说明，也表明本文这里所指的“界定权利归属和结构”之“权利”的复杂性；对于财产权而言，它还不单是所有权问题，还包括于所有权之上所设置的权利分层或分配（即他物权，如用益物权和担保物权）。依法规定他物权的各种形态，实际上本身就是在“诱发”人们的利用财产和创造财富的欲望，也必然导致广泛的契约行为（如租赁、借贷和出典等），更大限度地利用财产，以发挥其经济效益和社会功用。

由其决定。[1]

表面上看，张教授五常先生这里所说的只是一个合约（契约）的一些条款及其结构；但实际上，“自由市场上大量合约的存在表明，如果所有的合约条款由政府的调控措施取代将会出现什么样的困难局面。”[2]所以，实际的问题不仅仅为是否存在“合约权”的问题，而且还包括“私有产权”（财产所有权）的确立问题。因为利用合约或契约进行交易的前提就是财产或资源的专有性，只有在“权利”属于不同的主体时，才存在交易或转让的问题。同时，为了更充分地发挥资源的效用和追求效益最大化，人们往往还要在所有权基础之上设置更多的不同用途的权利结构（典型的如用益权和担保权）。另外，据一种经济学的解释，当事人双方经过“博弈”而安排的契约，往往能够给双方都带来利益，实现利益最大化。因此，政府或公权的意义就在于安排私有产权，即安排“私有产权支配所有的资源，产权被排他性地界定和执行，资源的使用受市场合约的引导”。这种安排虽然成本很高，但收益却是最大的。[3]也只有这种安排，才会让我们“在收获的时候，有值得收获的东

---

〔1〕张五常：《合约结构和非专有资源理论》，载张五常：《经济解释——张五常经济论文选》，易宪容、张卫东译，朱泱校，商务印书馆2000年11月第1版，第82－83页。引文中的重点符号为原作者所加。

〔2〕张五常教授还在注释中举例说明了我国当时产权约束和调控措施与市场合约相抵触的情况。他认为“结果是存在各种由政府监管的合约，复杂无比且不协调。”参见张五常：《合约结构和非专有资源理论》，载张五常：《经济解释——张五常经济论文选》，易宪容、张卫东译，朱泱校，商务印书馆2000年11月第1版，第107页及注释④。

〔3〕张五常：《合约结构和非专有资源理论》，载张五常：《经济解释——张五常经济论文选》，易宪容、张卫东译，朱泱校，商务印书馆2000年11月第1版，第100－101页。

西”。[1]

正是在这种意义上，一个契约（或合约）的结构依赖于法律体系、社会习惯和交易中的技术性因素。“法律框架越完备，社会管制和社会习俗联系越强，则订立的契约内容特定性越小。政府通过使用警察力量和法庭帮助私人所有者执行契约并降低交易成本，尤其是政府行使权利维护契约制度的行动具有系统性和可预测性时，情况更是如此。政府也降低了订立契约活动的成本，它提供了一个衡量和度量标准体系。”[2] 可见，在私法安排的秩序状态中，国家仅仅起着“外部的”和“配合性质的”作用。不过，不要忽视了国家的这种“不可缺少”作用。因为国家不仅规定了所有权的结构，而且“最终对所有权结构的效率负责，而所有权结构的效率则经济增长、停滞或经济衰退”。[3] 特别重要的是，国家确立私权权属并保护其交往的规则，从而使之成为一个有效益而安全的体系。[4] 著名经济学家道格拉斯·C·诺思（Douglass Ceil North）教授认为，这种能够带来持续经济增长——包括所有权结构在内的体系，不仅仅出现在工业革命以来的两百年，而且早在公元前八千年和公元后头两个世纪的罗马帝国的和平时期，也曾存在过。[5] 并且，在古希腊和罗马，这个体系几乎对私人生活无所不包。有位外国学者

---

〔1〕这里借用了张五常教授的一句话。他认为，在非专用资源条件下存在租金消散的问题，将会出现“到了收获的时间，没有什么东西值得收获”的情形。

〔2〕[冰] 思拉恩·埃格特森：《新制度经济学》，吴经邦等译，商务印书馆 1996 年 10 月第 1 版，第 45 页。

〔3〕[美] 道格拉斯·C·诺思：《经济史上的结构和变革》，厉以平译，商务印书馆 1992 年 10 月第 1 版，第 18 页。

〔4〕国家通过民法对安全的关心问题，参见 [德] 威廉·冯堡：《论国家的作用》，林荣远、冯兴元译，中国社会科学出版社 1998 年 3 月第 1 版，第 124 页以下（主要参见第十一章）。这里不再展开叙述。

〔5〕[美] 道格拉斯·C·诺思：《经济史上的结构和变革》，厉以平译，商务印书馆 1992 年 10 月第 1 版，第 23 页。

说，“在我看来，古希腊尚未存在法律不能介入领域的观念，即使是在柏拉图的《法律篇》中开篇明确提出了这个问题——认为规定禁止饮酒不明智，但并不是因为它不当介入私权领域。而后他又指责构建婴儿看护的详尽规则，但却是因为这看起来可笑，而非从总体上反对。”〔1〕如斯，成为私法繁多而复杂的理由乎？或为考量的因素之一也。

最近的一篇讨论财产权正当性依据的论文，将我们的视线纳入到了一个私法境界中人们生活的新视角。张恒山教授认为，财产所有权的不可侵犯性在于：物主获得物（所有权的对象）的方式是对他人无害的，以致于是他人同意的；财产所有权得以确立的核心和关键是社会群体根据无害性义务准则而给予的一致公认。〔2〕这是在说明私法境界中人们的生活态度问题。张恒山教授的这种观点，实际上与时下谈论法律与道德关系中的“底线道德”论不谋而合。这里，我们不去分析在资源有限性条件下财产权的排他性是否会挑战“无害”论主张；他的分析，为我们私法生活中的人与人的相互关系——“相安无事”，提供了法律或道德的基础。他所描绘的私法文明下的这种景象，至少在两种情形或视角意义重大：第一种情况是资源极大丰富及整个社会的生存空间尚未构成彼此排斥；第二种情况则是从他人或对方的角度（即相互关系的另一端）说明了我们权利存在的理由。所以，我们姑且可以将张恒山教授的这种描绘看成私法境界中的一种“消极意义”上的生活状态。

笔者在考察财产权合法性基础的时候，则更多地是从积极意义上着眼的。因为作为一种基本人权的延伸，财产权本身就是作为实

〔1〕 S. C. Humphreys, “Law, Court, Legal Process”. 该文为作者在日本新潟大学的一次研讨会上提交的论文。日文为葛西康德、高桥秀树翻译，曾发表于日本法学刊物《法政理论》第31卷第2号，新潟大学法学会1998（平成10）年11月20日版，第254－288页。

〔2〕 张恒山：“财产所有权的正当性依据”，载《现代法学》2001年第6期。

现私有财产而提出的；财产权的设置，“或源于自然理性，或体现人的意志，或实现正义，或协调社会利益，或追求效益最大化”等。[1] 因此，财产权本身就负载着个人权利和社会目标的双重价值。而且这是一个“历史之观念而非逻辑之观念”。[2] 当然，在这些众多的目标与价值中，财产权制度的安排是分层次的：首要的是实现“私有”（——即使是在所有权属于国家或集体时，其时之“国家或集体”也是作为一个平等人格意义上“私的”权利主体），焕发起作为人的尊严和情感；其次才会涉及到理性人利用财产，追求效益最大化；再往后，才涉及社会公正与利益平衡等问题。这种观念下的生活，提倡了个人奋斗和个人价值的实现，体现了一种积极的自由主义精神。[3]

当然，我们还可以分析私法境界之中人们的家庭生产与生活。这方面，私法总是表现出两重性：互助与压制。温情、扶助和传承等是一方面；而另一方面则是义务、制约和“众目睽睽”下的拘谨等。这与人身关系中存在的人格权与身份权划分息息相关：人格权旨在倡扬个性；身份权则强调社会连带关系。这种两重性的生存状态，也形成了私法境界中的保守与惰性。这也是为什么在民法典制定中亲属篇总是存在较大争议的重要原因。不过，总的说来，从古典时期到现代法，家庭生产与生活是在从大到小地萎缩；私法境界在这片天空下正在为人们尽量地卸下“身份”的包袱，越来越喜欢将我们打扮成一个具有更多社会意义的“人”，如婚姻契约、夫妻分别财产等。总之，生活在私法境界之中，我们更多的是作为一个个体的生命而存在的；个人价值与理性思索的结果，也最终使得个

---

〔1〕易继明、李辉凤：“财产权及其哲学基础”，载《政法论坛》2000年第3期。

〔2〕谢在全：《民法物权论》（上），中国政法大学出版社1999年1月第8版，第118页。

〔3〕易继明：“评财产权劳动学说”，载《法学研究》2000年第3期。

性张扬、效益增长和社会发展之间从总体上是协调发展的。

二、形成私法基础地位两点理由：学术的和生活的

私法的基础性地位，有两个容易理解的理由：一是我们法律体系中的诸多理论和学科，都是以私法理论及其发展为前提和基础的；另一个就是如前所述，因为我们人类生活的各个方面都与私法(民法）息息相关。

由于第一个原因本身关涉公私法理论问题，而理论问题往往只是在跟我们从生动而复杂的现实生活中提炼出的一些简单而抽象概念打交道，因而它没有第二个原因那么直观和显而易见。不过，如果我们以家族制度（Patriarchalism）为典型来谈论这个问题，就比较容易理解一些。前面在论述古希腊城邦制时我们已经说过，“家父”和“夫权”观念在塑造西方私法文化中“人”的形象方面，起到了重要作用。其实，这个生机勃勃的“人”的形象并没有仅仅停留在私法意义上，她很快就开始在更多地是由公法来支配的公共领域寻求自己发展的空间。“父权制家庭体系与财产私有制体系的融合，是私人领域最为重要的基础；私人领域往往无需对自身做出解释，既不需要提供有关自身行为的信息，也不需要为自身行为辩护。因此，私有财产和父权制间接地成为公共领域的基础。”〔1〕可见，尽管哈贝马斯及其他一些著作家试图论述：“政治理论家之所以能将理论战斗的结果表现为契约理论的胜利，是因为他们对父权制的性别或婚姻层面缄默不言”，但是，他们谁也不能否认，民主法治国家是对父权制（patriarchy）“加以现代化”的产物。〔2〕

事实上，家族制度中包括了两个维度：以父与子为核心的父权

---

〔1〕 A. W. Goulder, *The Dialectic of Ideology and Technology*, N. Y., 1976, S. 103. 转引自［德］哈贝马斯：《〈公共领域的结构转型〉1990年版序言》，曹卫东、王晓珏、刘北城、宋伟杰译，学林出版社1999年1月第1版，第35页注释［20]。

〔2〕［德］哈贝马斯：《〈公共领域的结构转型〉1990年版序言》，曹卫东、王晓珏、刘北城、宋伟杰译，学林出版社1999年1月第1版，第8页。

维度和以夫与妻为核心的夫权维度。其中，夫权思想只是属于家父观念的一个辅助性的和“策略性的”范畴。而正如法国近代著名法学家莱昂·狄骥（Léon Duguit，1859—1928年）所说，公法的基本原则和制度都是建立在两种观点上的：“第一个观念就是国家主权学说，它认为国家主权的原初主体就是作为一个人格享有者的国家，另一个观点则是个人权利学说，它认为个人享有一种与国家主权相抗衡的不可让渡、不可侵犯的天赋权利。”〔1〕从家庭到氏族再到国家，这正是早期政治家亚里士多德们的一种自然演化的论点，成为国家主权学说的当然基础。同时，如前所述，“个人权利”这一思想产生，首要的就是要在社会生活中确立一个具有独立人格的“人”。因而，公法中个人权利学说实际上是建立在私法意义上的个人的自然权利基础上的，这种个人权利之所以“归属于个人，仅仅因为人之为人的属性”。这也正是私法为什么要将个人的概念定位在“自然人”（而不是公法意义上的公民）上的原因。“这种权利先于，甚至高于国家的权利。之所以要建立国家，就是为了有效地保障个人的权利。”对这种私法意义上的个人权利基础性地位的确认，也就决定了政府行为的限度，确定了公法的发展方向。〔2〕而在个人权利与民主法治国家之间所运用契约理论，在公法领域只是一个虚拟的假设前提，——如果没有私法领域中人们相互缔结契约的经验和理论支撑，它是无法建立起来的。因此，在这个意义上，我们实际上也可以说它直接来源于私法中的个人交易理论。

第二个方面的原因之所以比较容易理解，是因为它显在而直观地存在于你我的现实生活之中。根据一种简单地划分，我们人类社

〔1〕［法］莱昂·狄骥：《公法的变迁》，郑戈译，辽海出版社、春风文艺出版社1999年6月第1版，第9页。

〔2〕［法］莱昂·狄骥：《公法的变迁》，郑戈译，辽海出版社、春风文艺出版社1999年6月第1版，第10页。

会丰富多彩的生活实际上可以被分为维持作为人（或者人类）的物质生存部分和不直接与生存相连的多少有着宽裕和自由的精神享受部分。前者维系了我们的生存与繁衍，对应的社会制度是“家族”和“经济”，其目的在于维持和确保安全地生活。后者多少有着宽裕和自由的精神享受部分是指艺术、学问和宗教等，——那些原始的图腾和舞蹈一直在诉说：人类不论处于怎样艰难困苦境地和多么简朴的生活环境中，都会对艺术、对心灵和对生命的意义进行着不断地诠释与不懈地追问。而所有这些关涉我们普普通通的人类生活的各个方面，都与私法（民法）有着密切的关联。这方面，星野英一教授进行了很好的论述。

(一) 生存的维持——“经济”和“家族”

维持人类的生存，换言之就是确保衣食住行，特别是食物。在自给自足的时代，这是作为生产单位的大家族和更大的民族共同体的任务。近代以后，成为个人的事情。这些都要通过私法的“扶养”来处理。在以分工为基础的自由主义的资本主义时代，人维持生存是通过企业追逐利润的经济活动而间接实现的。大多数人受雇于企业，靠薪金获得衣食住行；而从事生产的自营业者靠收入维持生活的条件。家庭在很多情况下是指不同的地方生产流通出来的物品的消费单位。这样，维持人类生存的家庭的作用只有通过消费生活才能实现，并受其限制。而这在某种角度上说，意义是十分深刻的。因为不能自给自足，生存很容易便受到失业和自营业破产的威胁。这种维持人类生存的生产和流通成为了资本主义市场“经济”的重要任务。当然，以生产技术的发达为最重要基础的资本主义经济运行的原动力是追逐利润，而间接上却起到了维持人类生存的作用，这也颇具有一些讽刺的意味。

(二) 人类生存的存续——“家族”

家族自古就发挥着诸多的机能，而在近现代却出现了明显的衰退。生育孩子和维持人类存续的机能，只要不希望人类灭亡，就不会丧失。只要人类有性的追求，即使不进行任何规制，也可以通过动物的本能来维持。然而，最近的研究表明，即使是动物世界，也有一定的秩序。那么具有头脑的人类就出现了更多的规范，即：只有在一定的男女之间形成排他的性关系才正当，而在一定男女之间产生的孩子要获得优先的待遇。所以，正统家族的构成人员中，有着很多重要的权利义务；特别是在扶养和继承财产上的权利义务。这些规范，在国家出现以前就存在；而在宗教团体中则更为严格；但近代国家中，它成为了市民法规制的领域。

(三) 维持与确保安全

在以家族、氏族和地域共同体为社会单位的时代，防止人们不受天地异变和外敌入侵的任务主要是由共同体来完成的。在家族成员被杀伤的情况下，认可家长对加害人或其所属的家族的首领进行复仇的权利，这在欧洲也并非是久远前的事情。近代国家出现以后，这成为了国家的任务。因为，分散到各个方面的权力被国家吸收而进行统一行使。保全基本人权虽然说是政治团体的目的，但是，在基本人权中除了自由、所有权、反抗暴政和压迫之外，人权宣言还列举了安全。这样，对于自然灾害和天地巨变的预防及解决、包括传染病的预防及食品等在内的公共卫生事业、对于人灾的警察（事故预防、取缔犯罪等)、消防以及其他对于被害者的救济等等，都是国家必须谨慎处理的事情。然而，市民法并非与这些事情无缘，在受害和加害者之间，民法是认可损害赔偿请求权的。因此，在维持和确保安全方面，市民法也作出了一定的贡献。

(四) 艺术、学问、宗教和娱乐等

这里涉及到创造活动和享受创造物两个方面。问题出现较多的是国家从限制到振兴这一态度的变化，同时也存在人与人之间出现的一些新问题。对于未经许可复制使用自己创造物（作品、著作等）的人，可以请求其停止，并可以要求损害赔偿。这些对于创造物的权利是通过著作权法来保护的。著作权同样是私权的一种形态，它是与所有权有共同点的权利，是所有权在现代社会的一种发展。著作权、专利权、商标权和动植物新品种权等被称为“无体财产权”或“知识产权”。保护这些权利的法律作为市民法的特别法而与私法有着非常密切的关系。人们在不给他人带来麻烦的情况下，可以自由地享受艺术和文学成果，也可以尽情娱乐，信奉宗教。但是，超出了限制就要进行损害赔偿，这也是根据市民法来进行的。

因此，私法或市民法（民法）几乎涉及到了我们生活中的各个方面，并对此进行规范，加以保护。[1] 这是我们比较容易理解私法重要地位的一个方面。但是，涉及面广或比较重要并不能说明私法就应当具有优越地位。两种通常可以用来反对“私法优位”观点的是所谓“公法优位”的论调：一种看法是，认为宪政制度才是社会发展和私人生活安定的基础；另一种观点则认为，刑法才是国家和社会安全的有力保障。同时，还有一种似乎是较容易为大家所接受的折中的观点认为：公法与私法无所谓谁具有优越地位的问题，它们之间相互依存，甚至认为区分二者仅仅是因为它可以提供一种研究方法上的便利。实际上，问题也不仅仅在于方法或表现出的内容上，它在本质上是因为“私的”东西所形成的理性乃是符合自然律的；它与自然理性相互契合、相一致。

三、私法优越地位的实质：私的理性与自然理性的一致性

自然理性与私的理性之间的这种关联和一致性，我们可以从意大利思想家维柯（Giovanni Battista Vico，1668—1744 年）关于“人的时代”所包含的“自然理性”的论述中，找到依据。

在人的时代，自由民主政体或君主独裁政体已发展出来

---

〔1〕 以上关于人类生活四个方面的论述，主要参见［日］星野英一：《民法劝学》（民法のすすめ），岩波书店 1998 年 1 月 20 日初版，第 40 页以下。

了，情况就大不相同。在自由民主政体中公民们掌握着公众利益的大权，公众利益是由公民们分享的，掌握公众利益大权的人民有多少，所划分的小份数也就有多少。在君主独裁政体下，臣民们受指令各管自己的私人利益，让掌权的君主专管公众利益。此外，我们还应加上曾产生上述两种政体的一些自然的原因（这些原因和曾产生英雄体制的那些自然原因正相反），也就是我们前已提到的对安逸生活的爱好，对婴儿的温情，对妇女的爱情，对生命的愿望（贪生）。由于这一切原因，今天人们都被诱导到关注可以使自己和旁人在私人利益方面达到平等的最微细的项目。这就是这里要讨论的第三种理性，即自然的理性所要考虑的利益平等（aequum bonum），法学家们把它称为自然平等（aequitas naturalis）。这是人民大众所能懂得的唯一理性，因为只要涉及他们本身，他们就会关注到法律方面的一些最微细的考虑，只要是这种考虑是明摆着事实的案情所要求的。至于君主专制体制下，就要有少数擅长治理国政的专家在内阁中遇到紧急情况时，按照民政公道出谋划策，还要有许多擅长私法的司法人员按照自然公道去专为各族人民行使法律。〔1〕

这段话表明，自然理性本身就是关涉人们私人生活一种理性，而且在它面前，任何人都具有一种“自然平等”。当然，从文中论述可见，这种理性的产生有三个方面的因素。首先是在英雄时代已经建立起了以“民政公道”（civilis aequitas）为核心的法律制度。正如维柯所说，“民政公道在一切法律中就是一位皇后”。这种民政公道是“一种可然判断，不是象自然公道那样是一切人都能自然就

〔1〕［意］维柯：《新科学》（下册），朱光潜译，商务印书馆1989年6月第1版，第508页。

认识的，只有少数资禀高超的人，凭审慎、经验或学识才认识到什么是维持人类社会所必要的东西”。[1] 这也是我们所说的“精英政权”存在的理由。其次，对于私人利益的关注是人性的一种自然反映，而作为社会制度的建构要旨就是要体现这种人性特征。因此，英雄时代要使英雄们的私人利益在公共利益中占有较大份额；而在人的时代，人们对身边的事物都有“自觉的”自然理性，因而私人利益及其平等性在社会结构中必须作为制度设计的基础。最后，人们对个人情感的偏好是我们社会丰富和发展的源泉。诚如亚里士多德的看法，“人各求其所肖，嗣续的愿望出于生物本性，政治法度终究不能毁灭自然本性。”[2] 那么，亲情、友情、好恶以及对生命的感受，会时时牵系于我们心中，并诱使我们进行一定的作为与不作为。

正因如此，自然理性的高涨往往能够促使一个国家私法体系的发达与完备。“希腊——罗马世界”理性的高涨成就了西方世界早期的私法文明；[3] 而天才荟萃的16、17世纪的“最大的功绩当属使私法体系化”，[4] ——当然，这些成就的先导是重塑自然法理论的价值。然而，自然法的出发点即“自然理性”本身就是在摆脱了

---

〔1〕[意] 维柯：《新科学》(下册)，朱光潜译，商务印书馆1989年6月第1版，第150页。

〔2〕[古希腊] 亚里士多德：《政治学》，吴寿彭译，商务印书馆1965年8月第1版，第438页。

〔3〕正如我们前面论述到的，有的学者甚至认为，正是这种诞生在希腊的崇尚理性的精神，使得“东方与西方”、“现代世界与古代世界”产生了区分。参见 [美] 伊迪丝·汉密尔顿：《希腊方式——通向西方文明的源流》，徐齐平译，浙江人民出版社1988年11月第1版，第5页。

〔4〕这是有的学者在论述比较法思想近代发展时对德国莱布尼茨 (Gottfried Wilhelm Leibniz, 1646 - 1716年)、普芬道夫 (Samuel Pufendorf, 1632 - 1692年)、托马修斯 (Christian Thomasius, 1655 - 1728年) 和沃尔夫 (Christian Wolff, 1679 - 1754年) 等努力成就的一种评价。参见 [日] 大木雅夫：《比较法》，范愉译，朱景文审校，法律出版社1999年4月第1版，第37页。

“神的理性”和“国家政权的理性”[1]以后产生的一种“私的理性”。所以，18世纪自然法学的伟大成就——“自然法法典编纂”(Naturrechtliche Kodilikationen) 运动产生的一些法典，主要是一些私法规范，也即我们常说的民法典。

诚然，也有人认为“自然”或者“自然理性”是一些模糊而含混不清的词汇。但是，针对这种说法，英国罗马法学者巴里·尼古拉斯（Barry Nicholas）教授说过这样一段话：

> “自然本性”一词即使是不确切的，它也对法的解释和分类提供了具有一定意义的手段。某一物或者法律制度的“自然本性 (nature)”通常是其内在特点，而且法学家竭力根据这种内在特点追溯有关的规则。某些动物的自然本性是野蛮的，因此，我们只能在对它们实际加以控制的范围内拥有它们；海洋的自然本性是向所有人开放的，因此，它不受私人所有权的影响，等等。根据类似的观点，人们还认为：某些取得所有权的方式是自然的，或者说产生于自然法或者自然原因，因为这些方式似乎不可避免地随有关事实的出现而完成。例如，我想让你成为某物的所有主，这样做的“自然”方式是把该物交给你。如果一所房子是用我的材料建造在你的土地上的，按照这种合并的自然本性，整个房子都应当是属于你的。这些取得方法是自然的，当然被认为是普遍的，因而也应被认为是属于

[1] 维柯从荷马式的三个时代（神的时代、英雄的时代和人的时代）出发认为，“理性有三种：神的理性，国家政权的理性，和自然理性。”所谓“神的理性”是只有神才懂得的，人只是凭借神的启示才能懂得；而所谓“国家政权的理性”则来自于乌尔宾（Ulpian【?】）对“民政公道”（civilis aequitas）所作的至理名言般的解释，它指只有政府中的少数专家才懂得什么是对保存人类生存最为重要的，并不是一切人都自然地懂得这些。参见［意］维柯：《新科学》（下册），朱光潜译，商务印书馆1989年6月第1版，第506-507页。

"万民法"的。[1]

因此，尽管我们在今天的私法（民法）制度中不能明确地知道"自然理性"的定义，而且在法哲学层面上的考察往往也不是具体民事制度研究的重心，但是，私法制度就是直接渊源于这种朴素的自然法学观。也正是这种蕴涵在古人们思想中的这些简单的、似乎是符合"情理"的"自然"原因，形成了我们今天的市民社会交往规则，并成为我们世代相依的生活信念。从前面的论述中可以发现，在这种生活信念之下，公权力量的行使只是作为私人自由生活的协调与保障而存在的，而"私的理性"才是人们长足发展的基础和人类始终不渝的价值追求。

应当承认，私法优越地位真正确立是在近代社会。虽然早在罗马法中就承认私法与公法的划分，但那只是针对作为奴役奴隶的自由人和拥有特权的征服者即市民的法而作出的。因此，无论从社会基础上还是从其技能上，都与今天的公私法划分有着完全不同的地方。而在日耳曼法以及其它法系中，法往往被认为是统治者的领主对于被统治者的臣民进行命令和禁止的工具而一体地加以实施的，所以也就没有划分公私法的余地。无论怎样，承认今天这种意义上的公私法之别，也只是在尊重个人生活的经济和政治基础建立起来之后，特别是法律开始保障私有并确立其神圣不可侵犯的地位以后，——这也确保了以其为基础的交易自由。也即，从权力支配之下将有关以私有（资本）为基础的自由交易的私的生活解放出来，于其之上确立了私法的领地，而保障私法顺利运行的是公法。这样，公私法的区别就明确了。从而，也明确了二者在人们生活中所具有的目的与手段之间的意义，这就事实上昭示了作为私法的目的

---

〔1〕［英］巴里·尼古拉斯：《罗马法概论》，黄风译，法律出版社2000年12月第1版，第56页。

在社会生活中的基础性和核心地位。当然，这种法律思想是与作为推进资本主义体制基调的个人主义和自由主义互为表里的。而拿国家来说，它只要能够维护进行自由交易的自然经济秩序即可，即承担所谓的“夜警国家”的角色即可。故此，虽然表面上近代民主国家是由宪政塑造的，但在近代市民法的根基中就贯穿着私法地位优越的基调和潜流；而其中，又确立了自己的决定权、私人所有的财产不可侵犯、与交易密切联系的尊重个人意思的契约自由等基础性原则。

四、私法优越论与法律社会化运动的非理性

如上面所述，古典民法理念经过近代以后，有一个历史转换过程，在此过程中，从自由和平等的关系来说，比自由更强调平等，出现了“博爱与连带”的民法新理念。这种古典民法理念向现代民法理念转换的流程，也可以说是“市场经济社会的减退和市民社会的扩大”〔1〕。而在法律上，随着诸如社会政策立法、劳动法等所谓的社会法领域的形成，也造成了公法向私法的渗透。但是，是否我们就可以因此而否认私法的优越地位呢?〔2〕的确，自20世纪以来，社会经济发生了显著变化，自由放任主义的弊端日益显现，“整个私法领域面临着前所未有的挑战，于是私法的调整或者说革新也就成为必然，这主要体现为对所有权绝对的修正、对契约自由的限制以及创设无过错责任原则等，其基本精神是注重社会公益、强化国家干预，这就使民法从纯粹的私法变为兼具公法某些内容与特征的法律部门，此所谓‘私法公法化’的趋势。”〔3〕梁慧星教授在北京大学作的一次演讲中曾对20世纪民法发展进行了回顾。他

---

〔1〕［日］星野英一：《民法典百年与时下的立法问题》（上），载《法学教室》第210期，有斐阁1998年3月版，第10页。

〔2〕［日］末川博（主编）：《民事法学辞典》，有斐阁1960年6月1日初版，第820页。

〔3〕余能斌、王申义：“论物权法的现代化发展趋势”，载《中国法学》1998年第1期。

从民法的基础、理念、价值取向、制度模式和法学思潮五个方面将近代民法与现代民法进行比较认为，现代民法面临着许多“难题”：对人性的尊重与威胁、人的物化现象、对大规模受害的救济和科技引发的新问题（如生命体法构想、电子合同、权利数字处理中心和信息产品责任等）。〔1〕其实，这都是科技发展和社会化程度加强在人们社会生活中的一些表现，而法律理论家们则试图通过所谓“法律社会化”运动进行应对。而伴随这种法律社会化运动的全面展开，自然地，人们要提出“公法战胜了私法吗?”〔2〕的问题。

这种旨在追求实质正义的法律社会化运动也可以简单地归纳为自由法学运动；而在法哲学层面上，又可称之为非唯理主义对古典时期形成的唯理性或理性主义的反动。德国著名学者阿图尔·考夫曼（Arthur Kaufmann，1923 年 5 月 10 日——2001 年 4 月 11 日）教授说，“形式主义的唯理性无休止的增长直至成为一种纯功能主义的系统唯理性，可它必然会达到一个顶峰，然后物极必反地向下滑落。”〔3〕这位拉德布鲁赫先生的门生甚至认为这是“非唯理主义的永久复归”。诚然，为了矫正形式正义的缺陷，在私法领域不仅涌现了一些新兴的介入了行政规制性质的学科如知识产权法、竞争

---

〔1〕 梁慧星：“从近代民法到现代民法——20 世纪民法回顾”，载《中外法学》1997 年第 2 期。梁慧星先生认为，从以下五个方面可以简单地将近代民法到现代民法的发展概括为：平等性和互换性为基础→平等性和互换性丧失；形式正义→实质正义；法的安定性→社会妥当性；以抽象的人格、财产权保护的绝对化、私法自治和自己责任为基本模式→以具体的人格、财产所有权的限制、对私法自治或契约自治的限制和社会责任为基本模式；概念法学→自由法学运动。

〔2〕 [德] 迪特尔·梅迪库斯：《德国民法总论》，邵建东译，法律出版社 2000 年 11 月第 1 版，第 14 页。

〔3〕 [德] 阿图尔·考夫曼：《后现代法哲学——告别演讲》，米健译，法律出版社 2000 年 9 月第 1 版，第 8 页。这里，笔者将考夫曼教授的生卒年月日详细记载，以纪念这位刚刚离我们而去的当代德国著名法哲学家。中文纪念文章，参见米健：“考夫曼先生追忆”，载《比较法研究》2001 年第 3 期。

法、社会保障法和环境法等，而且就是在传统的研究门类中也存在大量的所谓“社会化”趋势，如契约领域中的事实契约和社会关系理论。但是，这种对权利为基础的私法的反动已经不仅仅是对形式正义的一点点修正，它们实际上正在摧毁我们已经建立起来的“权利大厦”，使我们在享受社会福利的同时也失去了自由和竞争能力；而我们几乎已经变成为一张社会网络中的一个微不足道的点，正在被我们自己曾经编制的温暖的衣裳包裹得近乎窒息。于是，我们不禁追问：非理性会永久地复归吗？

如前所述，古典模式经过近代转换至今，实际上使得民法在财产关系和人身关系的两个维度上向经济自由和人格权张扬方面转化，这种转化被日本学者吉田克己教授认为是“从以市场中的商品交换为媒介的法向同时以市场中的商品交换和生活世界的人格关系为媒介的法转化。”〔1〕它表明，现代法与近代法的关系仅仅是进行一些修正，而不是对立，更不是一种反动。现代法只是根据社会发展，对于基于形式主义的一些问题进行矫正，但以“社会化”为基础的论调显然是一种矫枉过正。换句话说，现代法旨在恢复被形式主义所掩盖并使之于实质相背离的部分，其要旨在于更加接近于一种自然理性，恢复作为一个自主的“人”的价值与生的意义，它并没有改变以“私的”本位为基础的基调。也就是说，现代法同样是在追求一种更符合人的本性的东西，它是古典时期和近代以来“私的理性”的延续。萨维尼晚年在论及法律与道德（das sittliche）时，甚至认为法律主要是体现人类本性的，是一种道德规定性的体现。因为人在外部世界中最重要的因素是与其同伴“在本性与命运上的联系”，并“互惠共存”；而法律服务于道德的目的就在于“保障每

〔1〕［日］吉田克己：《现代市民社会的构造与民法学的课题》（1），载《法律时报》第68卷第11号，日本评论社1996年10月版，第57页。

个个体意志中存在的力量的自由发展”。[1] 如果我们剥除其中的基督教精神（Christiantity），这位杰出法学家以下的说法不失为一段著名的话。

> 所有法律共同的职责可以简单地归结为对人类本性的道德确定，如同在基督徒生命观中所表现的那样。……法律承认这个目的就足够了，它没有必要在其之外再设置一个公共福利名义之下的一个完全不同的目的，在政治经济方面另行确立一个独立于它的道德原则。因为后者试图对我们讨论的领域进行一个超本质的延展，这只能有助于增加、提高达到人类道德目的的手段，但它并未包括新的目标。[2]

也正是在这种意义上，私法问题往往是带有“通性”的问题。据有位学者的调查，美国私法判例中的80%，与不论是美国、加拿大、法国、阿根廷或日本等任何地方的结果相似，只有余下的20%可以看到国别的差异。[3] 因此，从这个角度看，私法研究也积累了各国人民的生活经验，吸引了无数学者的智慧，并为其它学

---

〔1〕 萨维尼也重视自由在法律中的地位，“坚持自由对于法律的发展及国家精神生命功能的发挥是必不可少的”。参见［德］弗里德里希·卡尔·冯·萨维尼：《现代罗马法体系（第八卷）：法律冲突与法律规则的地域和时间范围》，李双元、张茂、吕国民、郑远民、程卫东译，法律出版社1999年9月第1版，第312页和第315页注释。

〔2〕 ［德］弗里德里希·卡尔·冯·萨维尼：《现代罗马法体系（第八卷）：法律冲突与法律规则的地域和时间范围》，李双元、张茂、吕国民、郑远民、程卫东译，法律出版社1999年9月第1版，第315页。这里，笔者省略了其中有关基督教精神的论述。

〔3〕 当然，这是撇开了法律体系性考察而从功能主义角度来研究所得出的结论。Cf. Rheinstein, supra note 16, p. 553. 转引自［日］大木雅夫：《比较法》，范愉译，朱景文审校，法律出版社1999年4月第1版，第88页。

科的发展提供资源。由此也造就了私法的学术品格，这也正是私法在法律体系中具有优越地位的另一方面的原因。这一点我们在谈论罗马法的学术品格时已经探讨过，这里不再展开论述。

五、小结：积淀市民生活的智慧

总之，私法是一个国家和民族智慧的集中体现，在各国法律体系中都具有重要的基础性地位。因为作为公法的目标，往往与统治者的一时之快相关，并经常随着政权的更迭而被强力所改变；但私法则不同，它更多地依从于人类普遍理性、世俗情感、民族习俗和习惯，它是一国人民之间世代相依的生活与交往规则，是一国人民生活的艺术，只有它才具有发展的稳定性和绵延性。也就是在这种意义上，我们才能理解拉德布鲁赫的这段话："按照法学的思考方法，国家法是所有其他法律的源泉：它创造了国家并规定着国家的意志构成，根据这种国家意志，又进一步产生了制定法形式的其他法律规则。但以历史的思考方法来看，这种关系恰恰相反：涉及我的和你的、商业的和交往的、家庭的和继承的法律，即私法，构成了较为稳定的基础，而国家法则构成了可以改变的'上层建筑'。"〔1〕也因此，人们在衡量一国的法律是否成熟或达到某种文明程度的时候，便主要关注其私法是否体系化和发展成熟。不论一个国家在通过公法对它予以整顿和保障方面的功能如何，私法直接起源于普通大众，产生于个体的诉讼。习惯与先例，商人的惯例及法院的惯例，不只是原创性的，而且是法律进步的永久工具。〔2〕而这种历史精神中发掘的"工具"必须通过学术法进行媒介，从而发现法律规范、原则、观念及这些法律观念的谱系。

---

〔1〕［德］拉德布鲁赫：《法学导论》，米健、朱林译，中国大百科全书出版社1997年7月第1版，第56页。

〔2〕［德］弗里德里希·卡尔·冯·萨维尼：《法律冲突与法律规则的地域和时间范围》，李双元、张茂、吕国民、郑远民、程卫东译，法律出版社1999年9月第1版，第310－311页。

柏拉图曾经借助一位雅典的来客说过这样的话，他认为每个立法者制定每项法律的目的是获得“最大的善”。但何谓“最大的善呢”？那位雅典客人说道：

> 最大的善既不是对外战争也不是内战（但愿我们永远不要诉诸两种战争中的任何一种），而是人们之间的和平与善意。〔1〕

这位雅典客人的话，也许是对私法之优越地位的最好诠释。

第三节　将私法作为一个整体的学问

关于大陆法私法古典时期发展的探讨，实际上只是在我们放弃了今天大陆法系名目繁多的分类体系之后，才得以进行的。今天，在民法体系之外，发展起来的一些部门法可以称之谓“民法家族”（如商法、劳动法、知识产权法、经济法、环境法和科技法等）。但是，这些“家族成员”却显示出带有一些社会法性质或公权的特色；而作为私法一般法的民法，似乎很难再具有过去一般法上的意义。将私法作为一个整体加以研究，实际上是在重新构筑民法的一般价值和完整的体系。

一、问题提出

艾伦·沃森教授在法律移植过程中强调了罗马法所具有的“体效应”（block effect），这不仅是单元体或区组的整体性问题，还关

〔1〕［古希腊］柏拉图：《法律篇》，张智仁、何勤华译，孙增霖校，上海出版社 2001 年 7 月第 1 版，第 6 页。

系到我们是否能够将私法本身作为一个整体。〔1〕他认为，“长期以来有一个事实被人们低估了，这个事实是罗马法对于法律制度结构的影响是整体性的，一方面影响了法律家研究法律的方法，另一方面影响了私法规范，这种影响是决定性的，它决定了民法法系区别于普通法系的基本特征。”〔2〕而实际上，罗马法对私法规范、方法及其社会精神的整体性影响被忽视或“低估”仅仅是一种表象，在它的背后支撑的是：私法本身就已经被分解而分崩离析了！其实，如前所述，在古希腊和罗马，私法一直是作为一个整体为我们所掌握的，而且，罗马法的主要成就也是在私法学中。〔3〕事实上，民法法典化问题，也首先是将私法作为一个整体加以整合性研究的问题。因为没有将私法作为一个整体的统摄性研究，民法典就不会具有私法一般法的包含性，也容易迷失掉自己所追求的价值目标。

不幸的是，在今天，面对以生产学术制品为己任的现代学术体制，日趋复杂的学科分类体系实际上已经消减了人们对学问的拓展和自省能力，正在将我们变成大规模知识生产车间的“手工生产者”，——即使是借用了现代信息技术，也不能使我们比一个机械工人高明多少，因为我们几乎已经习惯于用“手”去工作而不是用“脑”在思考。不仅如此，而且由于自 20 世纪 80 年代开始的中国社会科学重建工作缺乏对学术制度本身的合理性（legitimacy）问题的自主性思考，“亦即大体上在不考虑社会科学知识的性质以及这种知识增长的规定性的境况下诉求学术制度的恢复和建构，从而致

〔1〕［美］艾伦·沃森：《民法法系的演变及形成》，李静冰、姚新华译，中国政法大学出版社 1992 年 6 月第 1 版，第 20－31 页。

〔2〕［美］艾伦·沃森：《民法法系的演变及形成》，李静冰、姚新华译，中国政法大学出版社 1992 年 6 月第 1 版，第 252 页。

〔3〕英国罗马法学家巴里·尼古拉斯认为，“罗马法学家把他们的兴趣放在了私法上，正是私法赋予罗马法第二个发展阶段以重要意义。”参见［英］巴里·尼古拉斯：《罗马法概论》，黄风译，法律出版社 2000 年 12 月第 1 版，第 2 页。

使这种对学术制度的追求滞留于形式层面；更进一步讲，本来为了抵御意识形态及其他社会经济因素对社会科学的干预而建构的学术制度，结果由于对建构学术制度的学术判准的不意识，而使意识形态及其他社会经济因素嵌入于这些制度之中，并透过这些制度而展现出社会经济等需求在另一种形式下对中国社会科学的无处不在的渗透和支配”。[1] 这样，学术研究中的“手工劳动”，与依附于政治、资本和职称的所谓“专家学者”相结合，构成了一种越陷越深而又不能自拔的恶性循环：通过这些“专家学者”，政治、经济和其他领域中非科学或学问性质因素，获得了合法性基础；而通过对政治、经济等资源的利用，“专家学者”们又获得了稳定的而无以动摇的“学术地位”。而最终，这些做法又反过来强化了这种学术制度及其背后的非学术性因素对学术研究的支配性，从而使得社会科学研究又丧失了自主性品格。[2] 这些所谓的“专家学者”们似乎忘了，“社会科学只有拒绝迎合让它充当合法化或社会操纵工具的那些社会力量，才能构成其自身。而社会科学家们也只有借助自

---

〔1〕 邓正来：《关于中国社会科学的思考》，上海三联书店 2000 年 12 月第 1 版，第 5 页。

〔2〕 按照邓正来先生的看法，20 世纪 80 年代为了回应此前 30 年间社会科学意识形态化以及知识分子独立人格基本丧失的状况，社会科学的重建主要是通过“中国社会科学学科性建设”和“知识分子心态和品格”的设问方式以及对此类问题的回答来展开的。前者试图通过社会科学的学科恢复和学科建制以使中国社会科学摆脱意识形态的束缚；后者试图通过对中国知识分子“入世”心态的检讨来唤醒其特立独行的精神与人格。但是，经过这些年的发展，邓正来先生认为，在“知识这个向度”，我们还很难说中国社会科学获得了“相应的自主性”。本文研究的出发点，一如邓正来先生所说，并不在于对中国社会科学目前已经取得的成就进行一概否定，而是试图通过认识一些尚不足的部分，以期对进一步建构中国社会科学（主要是私法学）提出一点建设性意见。参见邓正来：《关于中国社会科学的思考》，上海三联书店 2000 年 12 月第 1 版，第 1－2 页。

己研究所确立起来的逻辑，才能确立自身的地位。”〔1〕

在社会科学这种叙事式的发展进程中，狭隘的法学学科分类体制不仅使人们失去了对学术所应有的人文主义理想和关怀，并且使学术体制一方面成为偏见的生产地，而另一方面则成为某些人谋求专业地位和建立所谓“学术权威”的场所。尤为严重的是，法学本身是一门实践性很强的学问，因而它所面临的诱惑也就更多。中国社会科学院青年学者孙宪忠博士曾对那种动辄把某种制度归结为“市场经济”或“计划经济”的定性做法表示过不满，认为这是“一种看起来与阶级分析的方法有所背离，但是从研究方法看却属同类的研究方法”。〔2〕而在我看来，从严肃的学问角度出发，这种“研究”与其说是研究，倒不如说他们是依附于时事政治的一种媚俗。因此，是否将法学看成学问，在当代中国几乎也成为了一个问题。从这个角度看，尽管我也并不十分赞赏诸如“学问中国”之类的江湖豪情和“漫话法学”式的闲情逸致，〔3〕但相较之下，“学问中国”毕竟有一种试图将学问看成学问的情怀，而“漫话法学”也竟有一种远离尘嚣的悠然。因为这些研究毕竟可以在一种近乎“自娱自乐”的学问中并在一定程度上完成学术的独立性和自主性建构。我们不能放弃社会科学自身的操守而去逢迎政治和经济，从而

---

〔1〕 P. Bourdieu, *In Other Words*: *Essays Toward a Reflexive Sociology*, Cambridge: Polity Press, 1990, pp. 27-28. 当然，值得令人欣慰的是，有的学者已经主意到了“为政策效力”与保持“理论的彻底性”上的矛盾。参见张维迎：《企业理论与中国企业改革》，北京大学出版社 1999 年 3 月第 1 版，前言部分。

〔2〕 孙宪忠：《关于民商法的研究方法》，载《法律科学》1999 年第 2 期。这种不满，也表现在徐国栋先生难能可贵的、带有“自省”性质的、对“商品经济的民法观”的反省之中。当然，其中对古希腊罗马时期商品经济问题的一些过犹不及的论述，本文有不同的看法。参见徐国栋：《民法基本原则解释——成文法局限性之克服》（增订本），中国政法大学出版社 2001 年 9 月第 1 版，“第 4 版序言”第Ⅰ-Ⅳ页。

〔3〕 因为本人认为，学问应当是一个严谨、审慎、凝练而虔诚的话题。

让政治和金钱去为所欲为。政治概念会减弱法学的学问价值或学术性；而金钱则可以腐蚀一个学者的灵魂。私法学术性的建构更需要学术人能够战胜自己的私欲!

拉德布鲁赫曾说过，那些有理由去为自身的研究方法而忙碌的科学，往往是一种病态的科学。[1] 这位20世纪早期的德国法学家当然不知道中国法学目前的研究状况。考虑到缺乏基本研究范式的“中国国情”，我们姑且可以将他的这番话当作一种“坐着说话腰不疼”的说法。[2] 不过，在当今中国，我们也有理由认为在私法研究领域存在着某种“病态”，而且有理由认为这种病态还不能用“中国传统文化中缺乏私法文化或权利文化”[3] 之类的老生常谈的问题加以搪塞了事。但是，当我们仔细琢磨目前私法研究中关键问题到底出在哪的时候，这个看起来无处不在的“问题”，又似乎无

〔1〕拉德布鲁赫说：“就像因自我观察而受折磨的人多数是病人一样，有理由去为本身的方法论费心忙碌的科学，也常常成为病态的科学，健康的人和健康的科学并不如此操心去知晓自身。”参见［德］拉德布鲁赫：《法学导论》，米健、朱林译，中国大百科全书出版社 1997 年 7 月第 1 版，第 169 页。

〔2〕例如，在自由主义和个人权利得到充分张扬的国家中，有些学者开始怀疑公私法区分的意义，并认为这种划分在实践中缺乏“实益”。而实际上，他们却正生活在权利文化所构筑的制度之中，这也是一种“饱汉不知饿汉饥”的现象。在我国，缺乏权利文化的洗礼，法律制度建设中自然缺乏权利和人性基础，而“私法”更是一门待补的课程。

〔3〕2001 年 9 月《私法》第 1 辑第 1 卷（北京大学出版社 2001 年 9 月第 1 版）的稿约，也似乎印证了这一点。在这次向两位研究中国法律史的学者约稿中，有位学者提出要谈有关“中国私法公法化”的问题，而另一位学者则欲探究中国古代私法思想，但经研究，却认为中国古代没有什么私法思想。当然，更有甚者，有的学者认为中国法律史的研究没有什么意义，如果要有的话，就是要证明中国古代没有什么法学。从某种角度看，这也并不是没有道理的，——尽管这多少有些历史虚无主义之嫌。关于后一种观点，法律史学界有着“法学”与“律学”之争。参见张中秋：《中西法律文化比较研究》，南京大学出版社 1999 年 6 月第 2 版，第 230－251 页；又参见何勤华：《法学形态考——“中国古代无法学论”质疑》，载《法学研究》1997 年第 2 期。

处可寻。好在我们这里还可以从一些结论性的现象入手，进行一种反向推论，或许从中能够发现问题的实质所在。

尽管我们的新闻媒体经常会出现一些“十年索赔案”之类报道，但一种权利受到侵害以后常常找不到正当的司法途径而不得不求助于法律之外的力量或干脆放弃权利的事例，在中国社会几乎是屡见不鲜的。将问题归结为老百姓权利意识淡薄的说法，是一种不负责任的做法。因为现实中国的“语境”，[1]使得我们几乎普遍存在一种“失语症”：权利主张的结果，不仅是“得不偿失”，往往还要承受更大的精神痛苦。因此，事实上，权利文化的缺乏，可以说是权利实现的“道路”不畅问题；换句话说，也是具体权利交往和实现的制度与规则缺乏，或者说它们本身不具备正当性。在现实中国，伴随着新中国诞生和改革开放发展起来的民事、商事和经济等规范，从总体上看，规范本身的不具备正当性的问题，要比规范缺乏的问题要严重得多。而具体的权利制度与规则存在的“不正当性”的问题，实质上是这些制度与规则中没有将老百姓自己的事当作他们“自己的”事来看待，——也即没有将“私人的”东西当成“私人的”；按照一句学理性的话来说，就是这些制度与规则缺乏一种“私法的精神”。然而，私法精神的获得决不仅停留在“自由”、“平等”、“博爱”或“意识自治”等这些口号上，它更多的是要通过学术化的理论抽象、具体规则和制度建立以及其内部相互和谐一致等途径来贯彻和实现。从这个角度说，“具体法治”的提法，在

---

〔1〕尽管有的学者在谈论“语境”时试图与一般社会学眼光有所不同的做法显得有些“玄学化”的色彩，但其“力求语境化地理解任何一种相对长期存在的法律制度、规则的历史正当性和合理性”的出发点也提醒我们：对今天的社会事实和法律制度之间的关系也不能忽视。同时，这种研究进路和方法在历史合理性的保守主义论调和制度变革的激进言论中所获得的“左右逢源式”的解释力，也是值得注意的。参见苏力：“语境论——一种法律制度研究的进路和方法”，载《中外法学》2000 年第 1 期。

当今中国具有重要的现实意义。〔1〕

当然，将法学作为学问的命题，并不等同于法学是否能够作为一种严格意义上的“科学”的问题，——实际上，它并没有要求法学成为一种具有“客观性”或者“唯一真理性”的东西。一个国家属于何种法律体系或建立什么样的制度形式，是具有多样性的制度选择问题。本人认为，将私法作为一种学问，就应当为人们的日常生活情感提供一种知识准备，对老百姓的“想当然”和在“情理”之中的东西，进行辨析，并加以理论化和知识化，从而抽象出合理的规则和生活的基本理念，由此而建构起一种权利文化。

二、将私法作为一个整体的理论与社会基础

如前面提到的，与私法理念和权利文化发展方向相反，自 20 世纪已经出现的所谓“私法公法化”趋向。这种趋向主要表现为所谓“社会法”的不断涌现：“由于对‘社会法’的追求，私法与公法、民法与行政法、契约与法律之间的僵死划分已越来越趋于动摇，这两类法律逐渐不可分地渗透融合，从而产生了一个全新的法律领域，它既不是私法，也不是公法，而是崭新的第三类：经济法与劳动法。”〔2〕而实际上，私法最初的划分并不是这种部门法的划分方法，更多地是一种整体性的看法。因为公权的介入之要旨在于维护自由竞争秩序，或使弱者能够进行真实的意思表示，所以这种价值取向上的立法本身就是私法领域的当然内容；而从理论上看，这种私法精神的统一的基础则是自然理性。自然律、自然法或自然理性等抽象概念是人类早期生活经验的总结，也是古人们留传给我

---

〔1〕 北京大学法学院贺卫方教授在最近发表的一篇短文中，提出了“具体法治”的问题，而且他新近出版的文集，也以此为书名。参见贺卫方：《具体法治》，载《现代法学》2002 年第 1 期；又参见贺卫方：《具体法治》，法律出版社 2002 年 1 月第 1 版。

〔2〕 [德] 拉德布鲁赫：《法学导论》，米健、朱林译，中国大百科全书出版社 1997 年 7 月第 1 版，第 77 页。

们今天法律生活的主要成就。这一点，本文已经在前面多处论及，这里不再赘言。

诚然，自然理性只是私法能够作为一个整体的理论基础，而其社会基础则是民法或市民法作为市民社会的基本法的存在。在本文前面的论述中，我们已经讨论了罗马帝国早期市民法和万民法的区别，以及通过授予异邦人以罗马市民资格而“带来了私法权利的统一”的问题；而且也正是这种私权上的统一，才使得罗马法具有超越希腊法狭隘的城邦气息而成为“普通法”或“世界法”的气势。这样的民法，才是一种“大民法”，它包容了所有与建构市民社会相关的“私人性”的法律。这种民法力求在世界范围内建立起一种普遍性的“共同文法”〔1〕(a common grammar of legal thought)。这也正是自然理性在世俗社会扩张的具体反映。

但是，近代民族国家的建立对此提出了疑问。即使是在全球经济一体化的今天，法律全球化的说法也仍然是一个小心翼翼的话题。因为经济全球化是在以发达国家为主导的全球产业重组，而法律又具有国家强制性和意识形态色彩。因此，有的学者认为，“法律全球化”〔2〕理论是“一种不切实际的幻想”。〔3〕这种对法律全球化所持的否定观点，很容易在感情上被发展中国家所接受。因为，如同在全球经济一体化过程中发达国家起主导作用一样，法律全球化的倾向，也是以发达国家为主导的，甚至就是以美国为主导的法律“美国化”。

然而，这种批判却忽视了两个前提。其一是，所谓“法律全球

〔1〕［英］巴里·尼古拉斯：《罗马法概论》，黄风译，法律出版社2000年12月第1版，第2页。其实，这种对“共同法”的追求在罗马法发展的两个时期都是一致的。

〔2〕有人在法律“全球化”和“国际化”之间进行一些区分，这是没有多大意义的。实际上，法律全球化是法律国际化更为深刻的一种发展或表现。

〔3〕沈宗灵：“评‘法律全球化’理论”，载《人民日报》1999年12月11日（星期六），第6版。

化”仅仅是一种趋势，一种事物发展的势态；它并不意味着需要存在一个“清一色的法律帝国”，也并不意味着要在全球建立一个“世界政府”或“国际政权”，从而颁布法律，通行全球。其二是，法律不仅仅是“国家意志，即国家主权的体现”，它首先是、或者更多的是与大多数普通人生活息息相关的，是一种共同体生活的规则。这种规则首先表现为自然法、商业习惯和民族风俗等，是一种符合普遍正义的、具有合理性的规范。而对于其中的一些根本性的规则和原理，不论是否披上“国家主权”或“国家意志”的外衣，它们都将存在下去，否则，更迭的只能是与之相冲突的“政权”或“政府”。这就是为什么不少国王或皇帝虽然可以志得意满地宣称“朕即是法律”，但那些世代相依的法律及其原则其实并没有什么变化，而相反变换的却总是“城头大王旗”的原因。当然，这种争议，又可以回溯至由来已久的对法律的本质属性和本源问题的探讨。本文不拟在此对这个问题作全面地回答，但通过对国际商事法的考察，我们可以了解到法律全球化理论所具有的经济和法律制度演化的深刻背景，从中我们可以发现，“市民法与万民法”或者“国内法与国际法”在私法学研究中可以统合的可能性。

从历史上看，国际商事法的发展可以划分为四个发展阶段：第一阶段由支配着中国、印度、波斯、阿拉伯、腓尼基、希腊和罗马的商人在各贸易港口及内陆（如“丝绸之路”）贸易行为的古代社会的商业惯例和习惯性做法所构成；第二阶段由支配着中世纪欧洲商业交易的港口和集市之间的普遍适用的商人习惯法所组成；第三阶段是在 18、19 世纪民族国家兴起、特别是国家主权学说之时，将商人习惯法纳入国内法后的时期，典型的如 1807 年法国《商法典》等；第四阶段即从 20 世纪开始的，特别是二战以来，对 19 世纪过分夸大的国家主权采取公正批判态度的时期，这也是国际贸易在全球兴起的时期。[1] 透过历史，我们可以看到，国际贸易和商业的发展从来就是超越地域和国界的，只是到了近代才被置于国内法之下。正如有的学者所评价的，“鉴于政治与社会发展的一般趋势，各国把商人习惯法纳入国内法的进程无疑是不可避免的；而商法的编纂，无论采用欧洲大陆国家喜欢的成文法的方式，还是普通法国家采纳的司法形式，在开始阶段都使实施此项编纂的国家明显地从中受益。今天，当我们用公正的和批判的眼光看待此项发展时，我们开始怀疑，从长远来看，不利因素是否超过了有利的因素。”[2]

这种怀疑是合理的。国际商事法在第四阶段出现的国际主义复归，印证了这一点。今天，这种经济全球化趋势还取决于：(1) 科技的不断进步与发展；(2) 世界市场格局的逐步形成；(3) 经济趋同化（人均所得趋同、经济需求格局趋同、生产能力趋同）快速发展；(4) 全球范围普遍适用的规则被制定出来；(5) 各国政府具有共同的信念与行为的一致。[3] 就是在“以地为界”或“以民族为限”的农业和工业经济时代，都没有妨碍商业发展的触角，更不用说向知识经济转变过程中国际商业与贸易的发展了。而来自罗马俱乐部的报告“增长的极限”，更是说明在资源有限性的地球村落，

---

〔1〕 国内有学者在研究商事法历史时，也大致进行了这样的划分，但对于近代商事法和现代商事法的界限及不同的理念，未明确加以分析。参见任先行、周林彬：《比较商法导论》，北京大学出版社 2000 年 10 月第 1 版，第 141 页以下。

〔2〕 ［英］施米托夫：《国际商法：新的商人习惯法》(1961)，载［英］施米托夫：《国际贸易法文选》，程家瑞编辑，赵秀文选译，郭寿康校，中国大百科全书出版社 1993 年 12 月第 1 版，第 10 页。

〔3〕 诚然，承认这种趋势对我们是痛苦的。因为“全球化的含义实际上意味着西方就是标准，全球化是西方的全球化，不是中国传统价值语系的全球化，全球化意味着西方文明的话语权在全球范围内得到承认和普及。”参见陈春文：“全球化格局与中国的私民社会传统”，载《科学·经济·社会》1999 年第 2 期。

我们必须以全球的视野面对问题。[1] 所以，“经济全球化是我们正在面对的现实，而且，它不仅只是过去年代的趋势的某种延续或者回复。”[2]

当然，对这种全球共同价值的认同，并不排斥价值的多元化，它只是表明，在最基本的价值内涵中，我们人类的许多信念是相通的。正如康德所揭示的：“用哲学上的术语说，现象内的‘常住的’是‘本质’，而变化的现象是它的附性”。[3] 在全球化进程中那些法律的内在价值就是这种所谓“常住的”和“本质的”东西，是不变的；而各国也都是相通的，相同的。正是在此基础上，尽管世界是可以分为几大法系、多种政权形式和政府组织结构等，但是，它们在实现最基本的权利和正义，在追求人民幸福与最大利益方面，都是相同或相通的。诚然，这种相同或相通也并不表明各阶层和各国之间没有利益之争；相反，这是一个利益争斗中发展与协调的社会。从国内法的角度看，由人民的“市民生活”与“政治生活”的双重性构成了“私权”与“公权”的紧张关系；而从国际法的角度看，发展中国家与发达国家所形成的两个主要的利益集团始终存在难以消弭的矛盾。但是，这些矛盾与冲突并不是不能协调的，因为制度本身就是发展的，具有灵活性。正如人们所看到的，“国际贸易的本质是运动的、发展的，因此，它不易受法律体制的规则与程序的制约，除非该法律体制本身是灵活的、发展的。”[4] 这种灵活性，从WTO的发展可见一斑：从关税协定到对非关税壁垒的限制；

---

〔1〕[美] D. 梅多斯等著：《增长的极限》，于树生译，商务印书馆1984年5月第1版。

〔2〕[英] 安东尼·吉登斯：《第三条道路：社会民主主义的复兴》，郑戈译，黄平校，北京大学出版社、三联出版社2000年1月第1版，第33页。

〔3〕郑昕：《康德学述》，商务印书馆1984年8月第2版，第169页。

〔4〕[瑞士] 奥刘佛·隆：《关贸总协定多边贸易体制的法律及其局限》，董守云译，左羽校，中国社会科学出版社1989年2月第1版，第46－47页。

从关贸总协定到世界贸易组织的形成；从各国信念要求一致到对有关条款的保留，以及对发展中国家的例外等。

不仅是发展中国家与发达国家之间存在利益冲突，就是在实行自由贸易和市场经济政策的国家，这种不同利益和条件下的冲突与协调也是存在的，而国际协定或条约则为这些冲突与矛盾提供了协调与合作的最好舞台。例如瑞士 1966 年加入关贸总协定时，由于其地理、气候及安全方面的特殊原因而要对其农业加以特殊保护，于是，瑞士在 1958 年临时加入后的一段时间内与缔约国全体就农业问题寻求解决方案，终于在加入时就此方面达成协定。1966 年 4 月 1 日《瑞士加入议定书》第 4 节规定，"在适用总协定第 11 条的规定方面，瑞士在必要程度上保持现状，以允许它根据其农业立法实行进口限制。"当然，此项保留也是附条件的：对各个缔约国的贸易利益造成最小的损害；非歧视地实行符合关贸总协定第 13 条规定的数量限制；每年向缔约国全体报告为此项保留而采取的措施；准备每三年由缔约国全体对保留条款的适用进行彻底的检查；等等。〔1〕

可见，法律全球化不仅有条件、有可能，而且有必要，更是一种发展趋势。简单地将"法律全球化"理论看成二战后初期西方法学家鼓吹的"世界国家"、"世界政府"或"世界法"之类思想，这是一种冷战时期的思想。当然，与此同时，各国在法律全球化进程中完全可以采取不同的策略。例如，有人说，国际经贸关系中的国际法律规则或惯例，对包括中国在内的发展中国家来说，大体上可分为三类：一是其规则是合理的，在现阶段就可以接受和采纳；二是其规则尽管是合理的，但在经济发展的现阶段，马上接受尚有困难，将分阶段逐步接受和采纳；三是其规则是不合理的，不仅不能

---

〔1〕［瑞士］奥刘佛·隆：《关贸总协定多边贸易体制的法律及其局限》，董守云译，左羽校，中国社会科学出版社 1989 年 2 月第 1 版，第 29 页。

接受，而且要加以反对，通过建立国际经济新秩序去加以修正。[1]这种指导策略是正确的。其实，这本身也就是承认经济法律一体化这一世界进程的做法。只是我们在其中却不可缺乏合作精神，也不能放弃法律全球化和一体化的信念，否则，我们则成了一种狭隘的民族主义，最终会把自己拒之于“地球村”之外。——实际上，协调与合作的实质在于“take”和“give”。而这种“交易”的基础，只有在打破了近代民族国家壁垒以后，才能全面地形成。

因此，建立在“自然理性”和“共同法”基础上的私法本身就是一个联系的整体，它不仅使“不存在本质性区别”[2]的民法与商法之间可以携起手来，也使得国内法下诸多“涉外部分”（即往往称之谓“涉外民法”、“涉外经济法”或“民事诉讼法的涉外部分”等）成为“民法学”的研究范围。而实际上，现代西方法学界纯粹法学派的代表人物汉斯·凯尔森（Hans Kelsen，1881—1973年）教授早就对此有过论述。

> 要把国家的所谓“国内事务”和“对外事务”区别为两种不同的法律调整的事项是不可能的。一国的每一项所谓的国内事务都可以成为国际协定的规定事项，因而转化成为一项对外事务。例如，雇主与雇员之间的关系肯定地是国家之内的“内部”关系，对其加以法律调整是一项典型的“国内”事务。但是，一旦一国与其他国家缔结一项调整这种关系的条约，这种关系就成了一项对外事务。如果我们丢开空间的隐喻，我们就发现，试图在国内法和国际法的规定事项之间作出区别，纯粹

---

〔1〕沈宗灵：“评‘法律全球化’理论”，载《人民日报》1999年12月11日（星期六），第6版。

〔2〕［德］沃尔夫岗·塞勒特：《从德国商法典编纂历史看德国民商法之间的关系》，邵建东、焦美华译，载范健、邵健东、戴奎生主编：《中德法律继受与法典编纂——第四届费彝民法学论坛文集》，法律出版社2000年11月第1版，第2页。

是一种空洞的赘言。[1]

诚然，凯尔森教授这种国际法与国内法的一元论主张是有其理论基础的，与他对法律与国家的看法相一致。的确，我们如果放弃了国家的政治意义，将它作为一种法律现象看待，国家与法律也是一元的。[2] 同时，较之国际公法来说，国际私法与私法更为接近，它们同是属于"私人"领域的交往规则，在自然属性上具有更多的一致性。哈德良时期的罗马法学家彭波尼甚至在"调整国家间关系的规则"（国际公法）意义上使用过"万民法"（ius gentium）。[3] 而且从具体内容上看，国际私法不外乎包括法律适用、管辖权和外国判决的承认与执行三大部分，这些都是民事法律适用的基本规范。也正是因为这样的原因，早先的国际私法方面的立法大都是散见在《民法典》或单行的民事法与商事法之中。即使是今天国际私法领域出现了集中化的发展趋势，而其中之一的立法形式仍然是在《民法典》中设专篇专章规范（如加拿大魁北克省国民议会 1991 年 12 月 18 日通过的新的《民法典》第十卷、美国路易斯安那州 1992

---

〔1〕［美］汉斯·凯尔森：《国际法原理》，王铁崖译，华夏出版社 1989 年 9 月第 1 版，第 336－337 页。

〔2〕凯尔森教授认为，从纯粹法学观点来看，"国家只是作为一个法律现象，作为一个法人即一个社团来加以考虑。"国家由国内法律秩序创造，并由国际法律秩序把它们相互联系起来。参见［奥］凯尔森：《法与国家的一般理论》，沈宗灵译，中国大百科全书出版社 1996 年 1 月第 1 版，第 203－205 页；又参见沈宗灵：《现代西方法理学》，北京大学出版社 1992 年 6 第 1 版，第 171－178 页。

〔3〕［英］巴里·尼古拉斯：《罗马法概论》，黄风译，法律出版社 2000 年 12 月第 1 版，第 56 页及其注释①。

年生效的《民法典》第四篇等)。[1] 因此,正像凯尔森教授所说,"国际法与国内法的区别也只是相对的",二者显著的区别只是在效力范围方面表现在一定地域和一定时间上的不同。[2]"国际法律秩序只有作为包括一切国内法律秩序在内的一种普遍性法律秩序的一部分,才是有意义的。"[3] 而且随着全球化趋势的加强,那种早就被萨维尼所说的国际私法中趋同化趋势也在加强——"即普遍承认内外国人之间法律地位平等,以及在处理这一问题的过程中形成了一般习惯法规则"。[4]

三、小结:欣慰与担忧

实际上,大陆法的许多学者已经开始检讨近代立法中取消罗马法的效力而进行的民族国家法典化活动。他们认为,这不仅是使法学家不再为共同的"普通法"和全人类服务(而是为各自的臣民或国王服务),而且使得罗马法过去通过市民法与万民法的融合而促进各地改革和世界经济普遍发展的人类精神丧失。因此,那些在罗马法基础上发展起来的后裔们(如德国民法、奥地利普通民法、法国民法、日本民法和中国民法通则等),它们"放弃了罗马法最大的优点,即罗马法的世界性、历史性、在固定的综合理论上的灵活

---

〔1〕晚近国际私法的这种集中化的发展趋势有两种表现形式:一种是保留国际私法作为《民法典》的一部分的专篇专章的立法方式;另一种是制定专门性的国际私法,即法典化。法典化国际私法立法的典型有罗马尼亚、意大利、列之敦士登和突尼斯等。参见韩德培、杜涛:《晚近国际私法立法的新发展》,载韩德培、余先予、黄进(主编):《中国国际私法与比较法年刊》(2000年·第3卷),法律出版社2000年8月第1版,第12-13页。

〔2〕[美]汉斯·凯尔森:《国际法原理》,王铁崖译,华夏出版社1989年9月第1版,第333-334页。

〔3〕[美]汉斯·凯尔森:《国际法原理》,王铁崖译,华夏出版社1989年9月第1版,第335页。

〔4〕[德]弗里德里希·卡尔·冯·萨维尼:《现代罗马法体系(第八卷):法律冲突与法律规则的地域和时间范围》,李双元、张茂、吕国民、郑远民、程卫东译,法律出版社1999年9月第1版,第63-64页。

性。这是我们必须修改的大错误。我们不容许忘掉共同的母体，不许忘掉罗马法几千年的发展中得到的经验和基本原则。但更重要的是，因为我们都是一家人，所以我们也必须互相学习，减少特色，发展共同点”。〔1〕也许，《欧洲民法典》制定问题的讨论，就是在这种对古典法学发展的反思中进行的。〔2〕

当然，将私法作为一个整体，在中国还具有双重意义：一是塑造中国私法研究领域中以权利为本位的研究范式；二是为各个学科的研究提供基础理论。将私法作为一个整体，并不意味着要将现代社会中业已发展起来的私法分类研究——如劳动法、竞争法、社会保障法和经济法等都取消；相反，是为了促进其学科专业分类的发展，只不过还要为这些专业化的研究指明方向，确立一个基础价值和法律方法，——用句时髦的话来说，就是要为它们寻找“快要失落的家园”。在认识论上，有时这种基础价值的诉求和法律方法是统一的。这种基础理论的研究，对目前正在进行的民法法典化也具有重要意义：它一方面可以协调并保持法典化中内在的一致性，以及它与现代社会多样性之间存在的冲突；另一方面，可以使过去带有“管理法”性质诸如婚姻法、房地产法之类的法律，和大部分游离于法典之外侵权行为法，都统合起来。同时，这种研究也有利于我们在法制建设中去了解和吸收一些英美法的因素。因为在英美法中，随着今天案件（先前的判例和等待的适用的案件）增多，运用哲学方法在判例中寻找法律原则并加以学术化和立法化也是一种趋势。“由于具体案件数量很大，主题相关的判决堆积如山，因此，能将这些案件统一起来并加以理性化的原则就具有一种倾向，并且

〔1〕［德］弗兰克·闵策尔：“求大同：德国民法典立法的成果和错误——纪念德国民法典生效一百周年”，载《中外法学》2001 年第 1 期。

〔2〕徐海燕：“制定《欧洲民法典》的学术讨论述评”，载《当代法学》1999 年第 2 期。

是一种合法的倾向，即在这个原则的统一化并加以理性化的能力范围内将其自身投射和延伸到新案件上去。它有这种身份，这种身份来自自然的、秩序的和逻辑的承继。对这一原则的遵从超过对其挑战的任何一个其它原则，它们无法以诉诸历史、传统、政策或正义来作出更好的说明。”〔1〕

同时，笔者也遗憾地看到，就在本文的研究与写作过程中，中国民法经济法学会“分家”了。随之而来的各个更专业化和更具体的学会如民法学会、商法学会、经济法学会、知识产权法学会和财税法学会等，也许会将各个专业学科的研究引向深入，但担忧也会不可避免地出现：我们是否会在专业的隔膜和门类复杂的学科分类中失去建构作为私人法律生活整体的能力？而且，我们又是否会在设计精美的、细碎的制度的时候，忘记作为自己决定权为基础的私法自治的理念？最终，我们是否会失去一种开放的眼界，并在制度的夹缝中失去以个体自由为主导的奋斗精神？我想，这些担忧或许并非杞人忧天吧。

---

〔1〕 Benjamin N. Cardozo, *The Nature of the Judicial Process*, Sixth Printing (March, 1928), Yale University Press, 1921, pp. 31－32. 中文译本参见［美］本杰明·卡多佐：《司法过程的性质》，苏力译，商务印书馆 1998 年 11 月第 1 版，第 16－17 页。这里，本人将原文中“Homage is due to it over every competing principle that is unable by appeal to history or tradition or justice to make out a better right.”一句翻译作了一点调整。

第四节 法律移植与法律进化

法律移植（legal transplant）625[1]，是指一个国家或地区，将其他国家或地区的法律（体系、内容、形式或理论）吸纳到自己的法律体系之中，并予以贯彻实施的活动。[2]法律进化论是法律的动态研究，"其目的在依法现象之时间的观察，以明法律之发生与发展之理法。"[3]从法律进化论的角度看，大陆法古典时期从古希腊到古罗马的渐进发展，也是法律移植技术不断运用的过程。关于法律移植是否能够或者怎样促进法律进化乃至人类文明进步，已经有了不少论述。本节主要讨论：(1) 在法律进化过程中，法律移植需要什么样的学术前提；(2) 古典法学的发展在什么样的层面得益

〔1〕在西方法学中，与"移植"相当的词还有"借鉴"（borrowing，drawing on）、"吸收"（assimilation）、"模仿"（imitation）、"输入"（importation）、"影响"（influence）、"转移"（transfer）、"传播"（spread）、"引进"（introducing）等。现任清华大学法理学教授的王晨光先生认为，在我国，从约定俗成的角度看，使用"借鉴与吸收"这两个词更便利和准确。沈宗灵先生也赞成这种观点。华东政法学院法律史教授何勤华先生在2001年秋于北京大学所作的"法的移植与法的本土化"的演讲中，更加强调要使用"移植"一词。他认为这种从生物学引申而来的词语，其"拿来主义"色彩浓厚，也应当是当今中国社会所追求的语境。笔者赞成何勤华教授的这种看法。参见沈宗灵：《论法律移植与比较法学》，载《环球法律评论》（原《外国法译评》）1995年第1期；又参见王晨光：《不同国家法律间的相互借鉴与吸收》，载沈宗灵、王晨光编：《比较法学的新动向——国际比较法学会议论文集》，北京大学出版社1993年11月第1版，第102页；又参见沈宗灵：《比较法学的一些理论问题——国际比较法学会述评》，载《中国法学》1992年第4期。

〔2〕何勤华：《关于法律移植的几个基本问题》，载何勤华主编：《法的移植与法的本土化》，法律出版社2001年5月第1版，第537页。

〔3〕[日] 穗积陈重：《法律进化论》，黄尊三、萨孟武、陶汇曾、易家钺译，中国政法大学出版社1997年12月第1版，第1页。穗积陈重（1856—1926年）先生将法律看成"社会力"之一种，而社会力有静态与动态之分，因此法律也有静态与动态之说。

于法律移植的结果；（3）法律移植如何造就了欧洲大陆法律文化传统的一体化；（4）古典法学发展中法律移植技术的运用对我们今天的启示。

一、法律移植的学术前提：比较法研究

法律移植必须有一个逻辑前提，那就是对“植体”与“受体”的彼此了解；同时，在选择植体时，也需要对可能被移植的各种植体进行对比研究。这就是说，比较法的研究是法律移植不可或缺的起点，也是一个必备的学术前提。这也表明，在我们引进或移植外国法律制度的时候，必须具备较为深厚的比较法学功底。这一点，似乎还没有引起部门法的学者们的足够重视。

在古代希腊，所有城邦的共同点是：“在各城邦之间的关系上，城邦是独立自主的。城邦对城邦都划定了边界，可以宣战或议和，互派大使，签订条约，缔结同盟。”〔1〕从这个角度看，古代希腊作为一个“国家”历史的整体，是不存在的。然而，尽管他们在政治上四分五裂，并且对抗冲突，但他们在文化生活与精神实质方面，却一直是统一的。共同的神庙与宗教活动、〔2〕定期的节日和赛会惯例等，是古希腊人共同文化与作为一个统一体的标志。不仅如此，在法律生活领域，柏拉图的《法律篇》就是对各个城邦法律进行比较研究的成果；亚里士多德的《政治学》也是以对希腊或蛮族各城邦制定施行的153部根本法的研究为基础的；梭伦曾以同样的方式制定了雅典的法律；而古罗马的十大执政官也是对古希腊各城邦进行调查之后才制定《十二表法》的。可见，比较法的实践范

〔1〕［英］休特利、达比、克劳利、伍德豪斯：《希腊简史——从古代到1964年》，中国科学院世界历史研究所翻译小组译，商务印书馆1974年10月第1版，第21页。

〔2〕其中，比较著名的神庙是德尔斐（Delphi）和奥林匹亚。同时，古代希腊的“神谕”也是十分有名的。它是一种为神解答疑问的答语。自公元前7世纪以来，德尔斐城的神谕最为著名。

例，我们可以追溯到古代希腊。[1] 一位比较法学者说，“把比较的方法应用于立法目的的最早例子见于古希腊和古罗马，他们访问那些能够提供给他们法律模式的城市，以便将其实施于自己的国家。”[2] 正是在这个意义上，法国著名比较法学家勒内·达维德(René David，1906 年—)说，“对不同地区的法制进行比较研究，其历史同法学本身同样古老。”[3] 看来，以比较法的研究作为法律移植的起点，这是人类社会中早就存在的一个较为普遍的法律现象。

在对法律早期史的研究中，“人们确信，早在古代社会就开始了比较法的过程，因为那时一些希腊城市（cities）部分或全部采用其他城邦（States）的法律。其理论基础似乎是其他城邦的法律或法律制度更优越或更先进、更复杂，应该被充分效仿或借鉴。效仿并非是对外国法的简单地采用，而是采用先进于自己的法律。这个过程很可能在其它古代社会也被重复。”[4]这表明，在法律移植中似乎有一个认识论的前提：作为植体的法律比作为受体的法律要优越、先进或进步。那么，比较法的研究在对各种植体进行考察后，必须将主要精力集中在对代表“先进文化”的法律的研究上。那么，何种法律代表“先进文化”呢？直观的看法往往将国家力量作为一个衡量标准，但法律文化对国家政治和经济等要素的反映不可

---

〔1〕 比较法的研究和实践活动不同于将比较法学作为一门专门的学科研究。一般认为，将比较法作为一门学科是 20 世纪的事情，特别是 1900 年 7 月 31 日 - 8 月 4 日在巴黎召开的国际比较法大会——这次会议促进了比较法学作为一门独立学科的发展。

〔2〕 Peter de Cruz, *Comparative law: in a changing world*, 2nd ed. Cavendish Publishing Limited, 1999, p. 20.

〔3〕 [法] 勒内·达维德：《当代主要法律体系》，漆竹生译，上海译文出版社 1984 年 11 月第 1 版，第 7 页。

〔4〕 Peter de Cruz, *Comparative law: in a changing world*, 2nd ed. Cavendish Publishing Limited, 1999, p. 11.

能如此“镜面反射”。古希腊城邦中雅典和斯巴达就是两个典型的事例：雅典的民主在今天看来无疑是进步的；但斯巴达的军事动员力量却也让柏拉图和亚里士多德十分赞赏。因此，在比较法的研究中，保持一种开放的心态是十分重要的。

无论怎样，法律移植始终是以比较法的研究为起点的。正如Ehrmann在1976年的著述中曾经论述过比较法存在的理论基础，他指出，“只有分析不同的法律文化，才能认识到什么是偶然的而不是必然的，什么是法律规范和法律机构中永恒的而不是变化的，什么是二者存在的基础原则。单一文化的法律会把它赖以存在的道德理论视为是想当然的。”〔1〕人们只有在对不同的法律制度与文化的对比中，才会发现另外一种法律生活也具有可能性；也只有在比较法的研究中，才会将法律发展和制度构成中的那些必然的、永恒的制度与现象“照单全收”，并协调或磨合它们与偶然性之间可能存在的各种冲突。按照法国比较法学家爱德华·朗贝尔（Edouard Lambert）的说法，“比较法应当逐步地消除那些使文明阶级和经济形态相同的各民族彼此乖离的各种立法上的偶然性的差异。比较法应当减少那些不是基于各民族的政治、道德或者社会特性而是由于历史上的偶然性、暂时的存在或者不是必要的原因所产生的法律上的差异。”〔2〕这就表明，比较法的目的就在于要在相同的文明区域之间进行法律移植，并最终形成同一法律文化；同时，又使那些有着不同文明特质的民族或国家的法律差异减少，并逐渐趋同。中国政法大学比较法研究所的米健教授对这一点说得很清楚。他认为，比较法学不必要在它到底是一门专门的学科还是一种方法问题上争论下

---

〔1〕 *See* Peter de Cruz, *Comparative law: in a changing world*, 2nd ed. Cavendish Publishing Limited, 1999, p. 11.

〔2〕［德］K·茨威格特、H·克茨：《比较法总论》，潘汉典、米健、高鸿钧、贺卫方译，潘汉典校，贵州人民出版社1992年9月第1版，第4－5页。

去，比较法学者要明白自己的社会职责和历史使命。他认为，质言之，比较法学者的社会职责主要是通过对本国法律和外国法律的比较研究，提出改进和完善本国法制的设想，指出其可行的方法和途径；而他们的历史使命就是，应从全人类和整个世界的高度，本着对全人类和整个世界的关怀，对所有民族国家法律及其相应制度中所蕴含的人类共性予以探究和阐明，进而从人类社会的角度发现和确立可以普遍适用于人类社会或整个世界的共同法或普遍法。[1]这也说明了比较法研究本身存在的价值就在于法律移植；并通过法律移植建立起更加广泛的共同的法律文化，为人们共同的生活基础和现代国际交往创造条件。

二、古典经验：法律移植是法律进化的重要方式

罗马法的产生及其传播本身就是一个法律移植现象的典型代表。正如我们前面论述到的，罗马法本身就是从移植和继受希腊法而开始自己发展的；在随后的大陆法系国家的法律发展中，也一直是被移植和被继受的对象，——不论这种移植与继受是被迫的或是自愿的。"由于殖民化的作用，罗马日耳曼法系赢得了非常广阔的地盘，在这些土地上今天还实施着属于这个法系或同这个法系非常接近的法。在其他一些不曾受到欧洲大陆各国统治、但现代化的需要或西方化的愿望曾经引起欧洲思想渗透的国家，一种自愿接受的

---

〔1〕 米健："从比较法到共同法——现今比较法学者的社会职责和历史使命"，载《比较法研究》2000年第3期。沈宗灵先生也认为，比较法学的一个重要目的就在于通过不同国家（或地区）法律的比较研究，有选择地借鉴或移植其他国家（或地区）的法律，从而改进本国立法。而相较之下，日本比较法学家大木雅夫先生更加重视国际法律统一的问题："现在我们只考虑一个国际法律统一问题大概就已足矣。"参见沈宗灵："论法律移植与比较法学"，载《环球法律评论》（原《外国法译评》）1995年第1期；又参见［日］大木雅夫：《比较法》，范愉译，朱景文校，法律出版社1999年4月第1版，第78页。

现象曾产生同样结果。"〔1〕由于欧洲大陆对古代罗马法的普遍适用，移植与继受是一种无处不在和习以为常的事情，因而关于移植与继受的说法也被很多学者看成了一个历史范畴。〔2〕《民法大全》在近代各国民法典颁布之前成为欧洲各国的"普通法"的现象，足以说明罗马法的"可移植性"。罗马法的传播使得罗马法成为整个欧洲社会的"普通法"。〔3〕这种法学的扩张，也促进了罗马法及其学说在欧洲大陆被普遍地接受。因为存在着"多个法律渊源"（Coing语，1973年），这就意味着法官可以从众多的可能的渊源和权威著述中选择适用，而不局限于缺少类似规定的地方法。于是，就出现了法官在裁断案件时会沿引罗马法而不是习惯法或地方法的情况。这样，罗马法后来作为法院适用的一部分而被接受了。

至于罗马法的其它"移植"情况，法国大规模引入罗马法是在13世纪；而在意大利、西班牙和法国南部，罗马法从未消失过；在北部欧洲，只有习惯法保留着，并且各地都不相同。在法国北部，移植罗马法发生得要比德国早，但波及的范围不大，且是渐进式的。中世纪以前，德国并未移植罗马法，真正的移植发生在大约

〔1〕［法］勒内·达维德：《当代主要法律体系》，漆竹生译，上海译文出版社1984年11月第1版，第25－26页。达维德教授将现代世界的主要法系分为三大类：罗马日耳曼法系、普通法系和社会主义法系。其对罗马法系的认识，不同于本文以"希腊——罗马"法系为基础的视角。

〔2〕在这种意义上，有的学者这样理解继受的概念："继受一词意味着中世纪后期的某段历史发展，可解释为因这种发展使古代罗马法和教会法在欧洲大陆被广知，以致于获得了妥当性。"参见ヘルムート·コーイニグ：《欧洲法文化的源流（ヨーロッパ法文化の流れ）》，河上伦逸译，上山安敏校，ミネルヴァ书房1983年，第21页。

〔3〕中世纪晚期最后出现的欧洲普通法是地方制定法和习惯法的混合物，是一种为学派解释的罗马法和教会法。另一方面，英国法院从未接受罗马法，尽管事实上它很早就知晓和讲授罗马法，因为它发展早期是法院中心主义，具有强有力的君主制度，以及早期英国法的实用主义特征。

1495年。不管怎么说，罗马法的移植伴随着16世纪完成了。[1] 艾伦·沃森先生从罗马法的发展中得出一个著名的论断："不论起源的历史条件如何，私法规则在其存续的生命中与特定的人民、时间和空间并没有内在的紧密关系。"[2] 并且，他还用饱含深情的笔触写道：

> 恰如经验所证明的那样，罗马法的规范和制度，在一定程度上是其他法律体系不能比拟的，但它们可以运用于完全不同形态的社会里：在以奴隶制为基础的经济制度里，在封建社会里，在资本主义类型的国度里等等；在政治或宗教信仰各异的国家里，无论这些国家是专制政体、君主政体、寡头统治还是共和政体，也无论这些国家的人民是异教徒、天主教徒、加尔文教徒还是路德教教友。罗马法的灵活性既是区域的又是历史的；不仅是冰冷的魁北克，炎热的巴拿马，阳光充足的南非，而且西欧绝大多数大陆国家——水泽遍地的低洼地国家荷兰，干旱的山区国家西班牙，还有昔日田园式的普鲁士，今日工业发达的西德，它们现在的法律制度皆以罗马法为基础。各个国家和地区究竟从罗马法中借鉴了什么，随时随地有所不同；甚至还发生了重大的变动；不过那更能说明罗马法的"可移植性"现象。[3]

---

〔1〕 *See* Peter de Cruz, *Comparative law: in a changing world*, 2nd ed. Cavendish Publishing Limited, 1999, p. 57.

〔2〕 [美] 艾伦·沃森："法律移植与法律改革"，载《法律季刊评论》（英文）1976年第92卷；转引自沈宗灵："论法律移植与比较法学"，载《环球法律评论》（原《外国法译评》）1995年第1期。

〔3〕 [美] 艾伦·沃森：《民法法系的演变及形成》，李静冰、姚新华译，中国政法大学出版社1992年6月第1版，第20－21页。

尽管本人并不同意沃森先生的法律移植无机论，[1]但他所揭示的罗马法、私法的可移植特性，还是颇有见地的。我们的法律并非如孟德斯鸠们所说，只能“适合于该国的人民”，而“一个国家的法律竟能适合于另外一个国家的话，那只是非常凑巧的事”。[2]构成我们生活的许多基础，实际上是相同的，特别是在私人生活领域，法律的可移植性会更明显。这一点，从上面的论述中也可见一斑。因为在这个领域，阻碍法律移植的“纯粹政治因素”[3]并不是一种客观的存在。正如我们今天所说，市场经济、经济规律没有“姓资”“姓社”的问题，它有其自身的客观规律。这一点，私法并不同于公法“有奶便是娘”的历史逻辑。

总之，当我们把大陆私法传统推向《十二表法》以前时就会发现，大陆私法的演化也并不是在一种纯粹的罗马法传统下的演进（《十二表法》→《民法大全》→《拿破仑法典》，都是在罗马法一元文化下的演进模式）；相反，在罗马法形成之初，便是对古希腊法的一种继受。而后来罗马法进行世俗化运动而“超越”希腊法，其前提条件就是移植与继受。而且，这种法律移植和继受还不单是表现在《十二表法》和图里乌斯改革在具体内容上，也表现出了对希腊文化的一种皈依。哲学家罗素说得好：“正是希腊的天才激动

---

〔1〕关于对艾伦·沃森法律移植无机论的评价，请参见郑强：“法律移植与法制变迁——析艾伦·沃森的法律社会理论”，载《环球法律评论》（原《外国法译评》）1997年第3期。

〔2〕[法] 孟德斯鸠：《论法的精神》（上册），张雁深译，商务印书馆1961年11月第1版，第6页。孟德斯鸠认为法律与一国的政治、经济、文化、地理、环境、习俗等密切相关，具有不可移植的特性。

〔3〕英国比较法学家奥·卡恩·弗罗因德（O. Kahn Freund）曾将孟德斯鸠所说的构成法律精神的因素分为两类，即环境因素（地理因素、社会和经济因素、文化因素）和纯粹政治因素。参见沈宗灵：“论法律移植与比较法学”，载《环球法律评论》（原《外国法译评》）1995年第1期。

了别的民族，才使得别的民族传播开了他们的被征服者的文化。"[1]因此，尽管北京大学的朱苏力教授在"世纪末日的交待"尚言："关于法律移植，我确实认为法律移植不大可能"，[2]而且这话听起来也颇显真诚，但却不足以为诫。

三、欧洲大陆同一法律文化传统：法律移植的一项成就

到底是同一文明区域为比较法或法律移植提供了基础，还是比较法研究和法律移植现象在城邦之间的普遍展开为古代希腊和罗马城邦之间形成共同的法律文化创造了条件？这是一项更加具体的研究。一种比较接近事实的说法是，二者的互动关系为彼此的共同发展创造了条件。不过，从以上的论述中我们可以发现，是古典法学开创了法律移植的传统，并使得古代希腊——罗马的思想与法律文化在欧洲大陆生根发芽。而且，即使是在20世纪东欧经历了巨大的震荡或制度再构造，但当代欧洲的法律传统和文化依然是以希腊哲学和罗马法为基础而建构的。瑞典隆德大学法学教授莫戴尔（K. Å. Midéer）说，"虽然欧洲各国在民族国家时期已发展了自己的本国法律文化，自中世纪以来，它们在共同渊源中存有一般的认同。这些共同渊源可以归为三个部分：希腊哲学、罗马法和罗马天主教教会的社会伦理。"[3]

当然，我们认为欧洲大陆在古典法学中就开创了共同的法律传统，并不表明他们一成不变地一直生活在古希腊和罗马的规则与观念中，只是说明古典法学为欧洲的法律文化提供了发展的基本观念、价值取向和法律方法。事实上，古典法学也是随着社会而不断

---

〔1〕［英］罗素：《西方哲学史》（上卷），何兆武、李约瑟译，商务印书馆1963年9月第1版，第139页。

〔2〕苏力：《送法下乡——中国基层司法制度研究》，中国政法大学出版社2000年10月第1版，自序第Ⅲ页。苏力先生这篇自序题目即为"世纪末日的交代"。

〔3〕［瑞典］K·Å·莫戴尔：《当代欧洲的法律传统和文化》，聂秀时译，高鸿钧校，载《环球法律评论》（原《外国法译评》）1999年第1期。

发展的。比如关于公法和私法的划分问题，这种划分列于《法学阶梯》和《学说汇纂》之首，[1] 为大陆法系权力划分原则的基础，使得民事法庭将公法的有关问题交由行政渠道处理，并一度用于将政府的行为置于法律控制之外。而实际上，来自于乌尔比安的这种划分显然只是一个粗略的描述；现在，人们通常通过人在各种各样的“法律关系”中的不同而进行了更为精确的划分。但是，这种提炼严格地说并不是罗马法的事物。因为罗马人没有对“关系”（Relation）进行分类。不过，在罗马法上，通常司法行政官就其行使职权行为不受民事法庭审判，[2] 而且政府当局也不受普通裁断和有关产权转让以及合同法律规则的约束却是事实。然而，我们还不能由此而武断地得出结论说，对于公法和私法的现代划分以及将其交付不同的裁断渠道的方式，是直接照搬罗马法的法律原则。因为没有成文规定将司法行政官的豁免以及政府不受财产转让规则的约束与公法联系起来，而且事实上罗马人也从未明确阐述过这些原则。当然，也许罗马人认为这是不言而喻的；也许他们根本就没有把它和私法联系在一起。但是，尽管如此，大陆法关于公法与私法的区分并由此确立不同的司法救济途径，在大多数人看来，它毫无疑问地暗示了从乌尔比安开始的一个明确的罗马法论断。[3]

除了罗马法对古希腊法的移植与继受以外，欧洲法制史上另外一次大的法律移植与融合的活动发生在罗马法与日耳曼法之间。“就在基督教从内部征服罗马帝国的同时，日耳曼蛮族部落正从外部威胁着罗马帝国。”[4] 公元5世纪中叶，在西罗马帝国的废墟上

---

〔1〕 *See J* . 1, 1, 4; *D* . 1, 1, 1, 2.

〔2〕 *D* . 47, 10, 32.

〔3〕 *See* H. F. Jolowicz, *Roman Foundations of Modern Law* , Oxford at the Clarendon Press, 1957, pp. 49－51.

〔4〕 ［美］菲利普·李·拉而夫、罗伯特·E. 勒纳、斯坦迪什·米查姆、爱得华·伯恩斯：《世界文明史》（上卷），赵丰等译，商务印书馆 1998 年 5 月第 1 版，第 387 页。

建立起来的东哥特、西哥特、法兰克、汪达尔和勃艮第等日耳曼王国，大多数是直接从原始社会转向封建制国家，仍然保留着大量的习惯法，并在日耳曼人中广泛适用。而同时，日耳曼征服者让罗马自由人“仍保持其自由，相互间仍得自由生活在其罗马法之下”。〔1〕那时的西方国家仍然沿用着原来罗马地方政府的行政管理模式，它以罗马法为依托，同时也适用日耳曼习惯。“当然，罗马法观念也就毫不奇怪地渗透到这些日耳曼国家的法典之中，虽然，罗马法已然被改版得不伦不类。基督教会一直使用罗马法的概念和方法，甚至在那些无望施展的地区，如盎格鲁——萨克森地区。而罗马法的那些最基本的观念，在熟悉 Seville 语源学的 Isdore 著作的学术圈子里，依然保持着活跃。”〔2〕因此，随着罗马人和日耳曼人的交往频繁，“日耳曼人遂因此与罗马人间发生极密切之接触，由此可知，尔后条顿因素之吸收入罗马因素之中，以及日耳曼征服者之接受被征服人民之语言文字，究不过一时间问题耳。”〔3〕历史似乎重演了一幕罗马人征服希腊人的故事，而结果同样是通过法律移植而建立起了自古希腊哲学开启的法律道路。

但是，法律移植中也存在另外一种不同的事例。罗马人对不列颠的四百多年统治几乎没有留下什么，而罗马法学研究在英国也没有开花结果。“当中世纪时，英国学者中仍埋头于罗马民法与寺院法之研究，不遗余力。然而，罗马法研究对于英国法官与律师之影响，仍不如大陆各国法官与律师所受罗马法研究影响之大。揆诸理由，盖在英国不以为精通罗马法乃从事法律职业之充分适当的准

〔1〕［美］孟罗·斯密：《欧陆法律发达史》，姚梅镇译，中国政法大学出版社 1999 年 3 月第 1 版，第 86 页。

〔2〕David Ibbetson & Andrew Lewis, “The Roman Law Tradition”, *in* A. D. E. Lewis & D. J. Ibbetson, *Roman Law Tradition* , Cambridge University Press, 1994, p. 2.

〔3〕［美］孟罗·斯密：《欧陆法律发达史》，姚梅镇译，中国政法大学出版社 1999 年 3 月第 1 版，第 89 页。

备，乃至更不以罗马法为法律教育之一必要部门，故与大陆之情形完全不同。”[1] 仔细分析其中的原因，当然也有英国司法系统的个性、地产制度和保守文化等因素，但这也说明一点：法学理论和学术研究只是法律移植中的一个因素（学说移植），影响罗马法在英国移植与传播的还有法律职业教育。这种教育为法律移植提供共同的知识背景，并直接或间接地影响司法实践和国民法律意识。其实，学者们已经开始讨论法律移植的三种方式：立法移植、司法移植和理论移植。[2] 而实际上，统一的法律文化的形成，除了法律制度（立法与司法）、法学学说和法律职业教育的移植以外，更是需要长时间的磨合的过程。

四、小结：异质文明区域法律移植的可能性

耶林在《罗马法的精神》一书中曾经说过，“只有傻瓜才会因为金鸡纳霜产于外国的土壤而拒绝服用它，继受外国法律制度并不是一个民族性的问题，而是一个简单明了的合目的性和必要性的问题。”[3] 这样一个简单明了的道理，在异质文明区域间的法律移植过程中，却经常不能被人们所接受。但是，正如我们所见到的，从异质文化到同一法律文化，法律移植发挥着重要的作用，甚至就是法律移植的直接结果。而且，时至今日，从异质文明区域进行成功法律移植来看，日本是一个典型。作为一个过去与我们处于同一文明区域的岛国，日本从最初对中华帝国李唐王朝法律制度的学习与

---

〔1〕[美] 孟罗·斯密：《欧陆法律发达史》，姚梅镇译，中国政法大学出版社 1999 年 3 月第 1 版，第 289 页。

〔2〕张德美：“浅论法律移植的方式”，载《比较法研究》2000 年第 3 期。在这三种方式并列的情况下，本文更愿意用“学说移植”来替代“理论移植”。因为立法和司法中可能本身就存在某种理论，而学说之说，更显思想纷呈的一面。法律移植更应强调由学说纷争而造就的氛围。

〔3〕[日] 大木雅夫：《比较法》，范愉译，朱景文校，法律出版社 1999 年 4 月第 1 版，第 74 页。

模仿，到明治时期对欧洲大陆法律的移植，再到二战以后对美国法律的精心接纳，它的法律制度经历了数次剧烈演变；但在实现法律的更新与进化的同时，又能使外来法律文化不着痕迹地根植于大和民族的土壤之中，并成为其国民性的一部分。应当说，今天我们从文化上往往将日本纳入西方文明的一部分，这种认识就是一项法律移植的成就。当然，日本也有其独特的地理环境，这也造就了日本民族的一些特性：第一，由于没有大规模的外族入侵，日本社会文化发展不曾中断，因而日本容易保持自己强烈而鲜明的个性；第二，在交通不发达、物质贫乏和相对孤绝的生存环境下，欲摆脱自身野蛮与落后，就必须经常吸取域外先进文化，从而养成了善于主动吸取外来文明的习性；第三，在吸取外来文明过程中，信奉实用主义的价值观，致使日本民族很早就形成了多维价值观模式；第四，由于与中国大陆地缘接近，注定了日本文化从一开始就受到汉文化广泛而深入的影响。[1] 第一、第四这两个特性，说明了对日本经验研究的价值；而第二、第三这两个特性，则是中国传统所缺乏的，也说明了日本在法律移植过程中可能遇到的阻力会更小。而且由于中国历史传统更悠久、本土制度更精密，这就更增加了我们在移植外国法律制度时的难度。因为“受体系统内部联系越紧密、越精致，对异物的排斥越剧烈，移植越困难”。[2] 这也是我们在吸取日本经验时要特别加以注意的。

古典法学的产生与传播给我们的启示不仅使我们认识到异质文明到同一法律文化本身就是法律移植的结果，而且说明了在法律进化中，法律移植是一种重要的手段。何勤华教授甚至大而概之地认

---

〔1〕马作武、何邦武：“传统与变革——从日本民法典的修订看日本近代法的冲突”，载《比较法研究》1999年第2期。

〔2〕陈传法：《法律移植简论——从发展的观点看》，载何勤华（主编）：《法的移植与法的本土化》，法律出版社2001年5月第1版，第5页。

为，法律移植是法律发展的规律之一。他从辩证唯物主义哲学、社会学、文化学和历史学四个角度进行了分析。虽然在他的论证过程中有些概念化的色彩，但毕竟从另外一种角度说明了法律进化的一种规律。[1] 当然，法律移植之初，社会抵制力量总是不可避免的，如日本近代“法典论争”中延期派还一度“胜利”。[2] 但我国社会发展至今，经过了近代风雨和新中国“吐故纳新”，传统与习俗力量之阻碍，已经不成其为气候。这也是我们在制定民法典时可以博采众长而无文化心理阻隔之虞的有利条件。

这种有利条件，也为我们引进外国法制时进行广泛而深入的比较法研究提供了时间和空间两个方面的基础。清末修订法律馆[3] 拟定民律草案宗旨就有四点：一是“注重世界最普通之法则”；二是“原本后出最精之法理”；三是“求最适于中国民情之法则”；四

---

〔1〕其实，何勤华教授的这四个角度，也可以成为说明法律移植之艰难或不可行的理由：如辩证唯物主义哲学中对事物特殊性的强调；社会学中对法律系统依赖外部社会系统的认识；文化学和历史学中民族性和历史性的重视等等。因此，笔者认为，何勤华先生的论述虽在结论和角度上具有一定的意义，但其论理之不足，也是明显的。参见何勤华：《关于法律移植的几个基本问题》，载何勤华（主编）：《法的移植与法的本土化》，法律出版社 2001 年 5 月第 1 版，第 537 – 538 页。

〔2〕谢怀栻：《大陆法国家民法典研究》，载易继明（主编）：《私法》第 1 辑第 1 卷，北京大学出版社 2000 年 9 月第 1 版，第 56 – 58 页；又参见杜颖：《日本民法典的百年历程》，载梁慧星（主编）：《民商法论丛》（2001 年第 3 号）总第 20 卷，香港金桥文化出版（香港）有限公司 2001 年 9 月第 1 版，第 486 页；又参见刘永光：《日本民法典的制定及法典论争》，载徐国栋（编）：《中国民法典起草思路论战——世界民法典编纂史上的第四大论战》，中国政法大学出版社 2001 年 10 月第 1 版，第 459 – 464 页；又参见马作武、何邦武：《传统与变革——从日本民法典的修订看日本近代化法文化的冲突》，载《比较法研究》1999 年第 2 期。

〔3〕1907 年清廷颁发谕旨：“派沈家本、俞廉三、英瑞充修订法律大臣，参考各国成法，体察中国礼教民情，会通参酌，妥慎修订，奏明办理”（《德宗景皇帝实录》卷 579）。于是，便成立独立的法律修订馆。参见李贵连：《沈家本年谱长编》，张国华审订，台湾成文出版社有限公司 1992 年 9 月第 1 版，第 247 页。

是“期于改进上最有利益之法则”。〔1〕这种宗旨是在外国压力之下，而且求尽快废除“治外法权”和获得关税自主权之紧迫目的，因此，于此情形下，其对比较法研究的重视程度是不言而喻的：既求采各国之长；又重视中外对比而兼收。〔2〕反观时下民法典编纂情形，私法学之比较研究尚停留在改革开放后教科书阶段，〔3〕而教义学上阐释也多以近代法为蓝本，对现代私法学及其前沿问题缺乏系统研究；同时，时下法典编纂之需，外无他国政治压力；内无自身经济基础“必然的”和“内在的”推动，惟当前改革深化之为要也。但改革需要，更多的是对单行法之要求，或是对一种开放的民事权利理念尊重之需要；而匆忙于一成文法典，甚或束缚改革开放之手脚，或者置法典之权威于不顾，也未可知之也。〔4〕日本民法典今天的成就，在于它是“比较法的产物”，是一种“混合的、

〔1〕张国福：《中华民国法制简史》，北京大学出版社1986年1月第1版，第29－30页。

〔2〕关于清末民初比较法学产生的情况，请参见陶广峰：《清末民初中国比较法学的产生》，载《法学研究》1998年第1期。

〔3〕这种说法，丝毫没有否认当前私法比较研究中一些富有成效的初步成就，它们主要包括：(1)梁慧星先生主持的《民商法论丛》和“中国民商法专题研究丛书”；(2)中国政法大学罗马法研究中心主持的对罗马法文献的翻译及研究；以及(3)由徐国栋先生开创的中南财经政法大学民商法典研究所对外国民商法典的收藏等工作。

〔4〕时下制度转型之时，改革措施每每出现“突破”甚至“修改”成文法律之“限制”的现象，这已经对法律的权威和民众的法律信仰造成了很大的伤害。这种伤害现在可能是潜在的，但它将在很大程度上成为我们法治理想实现的最大制约因素。正如萨维尼先生所说，“如果我们的能力不敷应对，则我们竭思改善的自身状况反而必会为一部法典所损害。”参见［德］弗里德曼·卡尔·冯·萨维尼：《论立法与法学的当代使命》，许章润译，中国法制出版社2001年11月第1版，第35页。

选择的”继受。[1] 因此，笔者认为，以比较法研究为我们法律移植之起点，深入下去而累积有所成，或可贡献于世界民法史上一项伟大成果。

另外还要强调说明的是，古典私法学发展表明，法律移植是一项长期、复杂的浩大工程，只有通过法律制度（立法与司法）、法学学说和法律职业教育的综合影响，才能形成与之相应的法律氛围和法律文化。这有些像艾伦·沃森先生所强调的罗马法的“体效应”(black effect)。[2] 因为靠单一的法律移植方式，很难使植体的法律根植于受体的社会环境，更不易使之“本土化”而成为我们生活的一部分。

第五节 民法法典化及其限制

民法法典化（Codification）已是今天我国学者们津津乐道的话题。而且，在中国领导人的推动下，民法典的起草工作正在紧锣密鼓地进行着。民法典起草工作小组成员梁慧星先生将当前我国民法典编纂的思路归纳为三条，即所谓“松散式、联邦式”思路、“理

---

〔1〕 何勤华：《当代日本法学——人与作品》，上海社会科学院出版社 1991 年 12 月第 1 版，第 303 页。实际上，现在的日本民法典，移植和继受了法国法、德国法、英国法和美国法，并于其中形成了统一法律制度。又参见［日］石川明：《德国民法典对日本民法及民法学的影响》，陈卫佐译，载易继明主编：《私法》第 1 辑第 2 卷，北京大学出版社 2002 年 3 月第 1 版，第 343－352 页；又参见曲阳：《比较法学与日本民法典制定——对本土化问题的另一种思考》，载何勤华主编：《法的移植与法的本土化》，法律出版社 2001 年 5 月第 1 版，第 142－148 页。

〔2〕 艾伦·沃森：《民法法系的演变与形成》，李静冰、姚新华译，中国政法大学出版社 1992 年 6 月第 1 版，第 20 页及译注。

想主义”思路和“现实主义”思路。[1] 徐国栋教授则认为，所谓“松散式、联邦式”的思路并非制定民法典的思路，而是反民法典的，因此严格地说，当前民法典编纂的思路实际上只有“理想主义”与“现实主义”两种。同时又认为，这两种思路从形式上看是理想主义与现实主义的竞争，但实质上是“新人文主义”与“物文主义”的竞争。[2] 从“三条思路”到“两种主义”，民法典的制定在学者们中间引发了渐进而深入地探讨。在这些争鸣中，徐国栋教授的观点无疑被认为是受到罗马法影响较大的一种。[3] 然而，古典法学告诉我们的难道仅仅只有这些吗？我们是否可以从中获得一些更大的启示呢？同时，中国民法法典化的现实又使得我们必须去考察法典化的内在品质、历史成就以及它在现代法学中的位置；并且通过这种考察，分析制约民法法典化的因素，从中得出一些有益于我国民法学发展的意见。

---

〔1〕梁慧星：“当前关于民法典编纂的三条思路”，载《中外法学》2001年第1期。另外，关于梁慧星先生本人的立法思路，还可以参见他主持的“中华人民共和国民法典大纲（草案）”。大纲全部内容，请参见梁慧星主编：《民商法论丛》（1999年第1号）总第13卷，法律出版社2000年1月第1版，第800－832页。

〔2〕徐国栋：《两种民法典起草思路：新人文主义对物文主义》，载徐国栋（编）：《中国民法典起草思路论战——世界民法典编纂史上的第四大论战》，中国政法大学出版社2001年10月第1版，第137－183页。

〔3〕谢怀栻先生在接受《环球法律评论》访谈时说，徐国栋教授“把民法典分为人法和物法，这是从罗马法来的”。王利明先生也认为，徐国栋教授的这种思路是“主张回复罗马法”。徐国栋先生本人在2002年4月6日于北京大学举办的“中国民法百年：回顾与前瞻”研讨会上表示，将他的思路归结为“回复罗马”只是部分地准确，罗马是回不去的，只是想开启一条另外的思路。笔者认为，徐国栋先生的思路根植于古希腊哲学和罗马法学；换句话说，古典法学是他的所谓新人文主义立法思路的理论基础。参见谢鸿飞：《“制定一部好的中国民法典”——谢怀栻先生访谈录》，载《环球法律评论》2001年第3期；又参见王利明：《论中国民法典的体系》，载徐国栋（编）：《中国民法典起草思路论战——世界民法典编纂史上的第四大论战》，中国政法大学出版社2001年10月第1版，第105－133页。

一、自然法法典编纂运动及其内在的缺陷

也许，我们可以将大陆法法典化的倾向归结为大陆法国家革命性、理性主义和法律学术性等密不可分的原因，但是，毫无疑问，近代法典化成就是在人文主义指导下的自然法运动的直接产物。16至18世纪的自然法运动改变了把民法系统化的方法。

> 通过演绎法，他们发明了为数不多的一般性概念，又将这些概念经过一系列的一般抽象、原则化和分类的演绎发展，最终达到了抽象的底线，因此明确了适用于实际情况的特定规则。[1]

自然法运动代表了理性主义的再次异军突起。尽管这次自然理性的增长与古希腊罗马时期的自然法“科学化”倾向已经有所不同，但它们同样是为了在人类生活和人性之中寻找永恒不变的理性；同样认为“任何社会的法律都应运用人类和社会内在而固有的原则派生出来的理性”（Nicholas 语，1962 年）。因为“理性是真正的第一法律，是生命的灿烂光华”。[2] 近代自然法学派的始祖荷兰人格老秀斯（Grotius，1583—1645 年）将自然法看成一种“正当的理性法则”，认为其根本性原则是：各有其所有和各偿其所负。[3] 我们姑且不论这是否是自然法或私法在人类生活中的根本原则，但他的荷兰法学的文章也旨在剔除法律中的一些非理性因素或再现“真正罗马的”特征，目的是要在法律中注入充分的“逻辑性”因

---

〔1〕 Peter de Cruz, *Comparative law: in a changing world*, 2nd ed. Cavendish Publishing Limited, 1999, p. 58.

〔2〕 [英] 约翰·托兰德：《泛神论要义》，陈启伟译，商务印书馆 1997 年 5 月第 1 版，第 35 页。

〔3〕 张宏生、谷春德（主编）：《西方法律思想史》，北京大学出版社 1996 年 10 月重排本第 1 版，第 91 - 92 页。

素。

近代自然法运动引起了人们对法典编纂的再次关注，似乎法典是保存系统化而内在联系的规则或原则体系的最好方式。的确，这一运动带来了不小的成就：第一，它导致公法的复兴，这是一个规范政府与市民之间关系的法律分支，但在数世纪以来都在罗马法中占有相当重要的地位；第二，集数世纪以来罗马法研究的大成，并实现了其研究目的而走向法典化，这样就将大学里对于罗马法的理论讲授转向了生活中活的法律，这甚至可以说是民法史上的一个重要分界线；第三，通过法典化现象实现了理论法和实践法的融合，并从经常令人迷惑不解的各种各样的习惯和实践中，产生了统一的法律规则体系；第四，通过法典化形成了系统的法律解释，以适应18世纪的社会现状；第五，自然法运动同样证实了：主权国家在制定和改革法律中发挥着重要作用，具有强大的优势和力量，由此，立法实证论在自然法思想那里也获得了再生。〔1〕这些理论成就在实践中的早期体现就是1756年到1794年编纂了一些早期法典。〔2〕当然，最为重要的编纂事件是1804年《拿破仑法典》的实施。这是一个具有里程碑意义的事件，不仅因为它意味着法国拥有了自己的一部统一法律，还因为很多国家采用、效仿甚至复制了这部法典。在比利时、意大利、西班牙、荷兰、埃及、加拿大魁北克

---

〔1〕 *See* Peter de Cruz, *Comparative law: in a changing world*, 2nd ed. Cavendish Publishing Limited, 1999, pp. 58－59.

〔2〕 典型的是1756年《巴伐利亚马克希米里安民法典》（*Codex Maximinaneus Bavaricus Civilis*）和1794年《普鲁士国家普通邦法》（*Allgemeines Landrecht für die Preussischen Sttaten*）。谢怀栻先生对这些早期的法典也有一些论述，请参见谢怀栻：《大陆法国家民法典研究》，载易继明（主编）：《私法》第1辑第1卷，北京大学出版社2000年9月第1版，第17－20页。

省、美国路易斯安那州以及西部和南部一些州[1]等国家和地区，都以一种或他种形式采用了这一法典，或者是受到其深刻的影响。

但是，令人遗憾的是，自然法理性存在一个最大的内在缺陷；有时，这个缺陷可能还是致命的。它具体表现为：一方面，它试图用自然理性的完美形式——法典来统摄人类生活；另一方面，却对人订法表现出了不信任："人订的法既不清楚也不普遍，既非永恒如一也非经常有效。"[2]表面上看，这种自相矛盾仅仅是人类生活的规律性与人们认识或智识程度之间的冲突，但是它实质上还隐含了两个无法言说但又不得不道出来的命题：

> 第一个命题，或许我们自古希腊和罗马时期就开始追求的所谓"理性"、"自然理性"和"自然法"这些东西本身就不存在；换句话说，也许从根本上讲人类生活本身就是非理性的，我们甚至一直就生活在非理性的秩序之中。
>
> 第二个命题，我们生活的这个世界始终处于发展与变化之中，而我们只能对既有的市民生活规律进行总结，至多也只能对未来的生活进行有限地预测，因此正如人们评价《拿破仑法典》时所说的，"再完美不过的民法典也因为'风车和磨房'的规定失去了它的无所不包性"。[3]

---

[1] 1812年被批准加入美国联邦的路易斯安那州遵从法国法典编纂传统至今，而西部和南部各州，在有些领域如家庭和财产领域中，至今仍然保持着某些法国法律的概念和传统。参见［美］彼得·哈伊：《美国法律概论》（第2版），沈宗灵译，北京大学出版社1997年9月第1版，第1页。

[2] ［英］约翰·托兰德：《泛神论要义》，陈启伟译，商务印书馆1997年5月第1版，第43页。

[3] 江平："制定民法典的几点宏观思考"，载《政法论坛》1997年第3期；又参见江平：《江平文集》，中国法制出版社2000年12月第1版，第361页。

这两个命题，多少会对我们人类的智识构成一些打击！当代德国著名私法学家克雷斯蒂安·冯·巴尔（Christian von Bar，1952 年— ）教授描绘了在这两个命题之下侵权行为法的“非法典化”现象：“现代大多数关于物所致的损害的责任的法律规定都是在民法典之外的特别法中建立起来的。这个现象不单对旧法典而言是不幸的。而在意大利、葡萄牙和荷兰，侵权行为法已经有许多关于对物造成的损害之责任的规定，除非将其合并到民法典中，否则欧盟的一些指令会使情况变得更糟糕。〔1〕存在于有关国家的‘普通法’中的‘法律上的独立王国’〔2〕的数量也是大量的。某一特别领域的规定是否整合到民法典中去，各国的情况不一样，这使得任何试图对欧洲法律有一个全面了解的人都会陷入疑惑不解的境地。”〔3〕法律发展史中的这种现象，实际上是在告戒我们：我们必须时常要修正和完善自己的生活信念，甚至不得不改变自己的生活轨迹。

有两个事件足以让人们提出自然理性与自然法本身是否具有理性的问题。第一个事件，就是如我们所见到的罗马法复兴的一个重要的政治因素——即 11、12 世纪展开的皇权和教权之间“策封权斗争（Investiture Crisis)”。事实上，他们都从查士丁尼《民法大全》

---

〔1〕到目前为止，只有荷兰将《欧盟产品责任指令》纳入民法典（第 6：185—193）之中；随着时间的推移，法国已经放弃了效法荷兰的计划。所有其他（欧盟）国家都在民法典之外制定了其产品责任的特别法律。——原引注释。

〔2〕参见 Cian 在 ZeuP 上的文章，载 1993 年，第 120、127 页。又参见 Cian 在 Riv. Dir. Civ 上的文章，1998 年，第 5 页以下：如果参考民法典对各种特别法进行解释，“法律上的独立王国”之形成可以防止。——原引注释。又参见［德］克雷斯蒂安·冯·巴尔：《欧洲比较侵权行为法》（上卷），张新宝译，法律出版社 2001 年 12 月第 1 版，第 142 页及其注释［598］。

〔3〕［德］克雷斯蒂安·冯·巴尔：《欧洲比较侵权行为法》（上卷），张新宝译，法律出版社 2001 年 12 月第 1 版，第 144 页。

中找到了各自事业的依据。[1] 另一个事件，就是17世纪那些拿了贵族的钱的学者们歪曲历史地证明农奴制度合法性的“可耻的事情”。他们不仅在罗马法中找到了农奴制正当性的历史基础，而且还说明农奴是不被允许学习 Stryk 著作《学说汇纂的现代用法》（*Usus Moderus Pandectarum*）的。[2] 其实，我们只要反观一下没有法典化传统的英美法国家，也便释然地觉得：没有一部民法典，人家似乎也生活得挺好！一种法律文本上的优势是否能够说明其在法学方法上的优越性呢？普通法着重具体问题的具体解决，往往是针对出现的损害而进行救济，较少有对行为模式的进行正面设计；大陆法则以法律行为（意思表示）为核心来设计当事人的行为模式，以逻辑上的“行为——结果”之目标模式进行制度设计。普通法针对具体问题的损害救济更为灵活与实用，也给当事人更多的自由空间；相较之下，大陆法对当事人的行为预设则显得僵化和抽象，并限制了行为人的意思表示。因此，作为一种法学方法，普通法实际上有着一种无可比拟的优势，[3] 甚至连萨维尼也认为“法典编纂乃是文化衰退的表现”。[4]

---

〔1〕 *See* David Ibbetson & Andrew Lewis, “The Roman Law Tradition”, *in* A. D. E. Lewis & D. J. Ibbetson, *Roman Law Tradition*, Cambridge University Press, 1994, p. 2.

〔2〕 [德] 弗兰克·闵策尔：“求大同：德国民法典立法的成果和错误——纪念德国民法典生效一百年”，载《中外法学》2001年第1期。

〔3〕 当然，普通法的判例与衡平方法，在很大程度上也是受到其保守主义、经验主义和司法制度构造等因素影响而形成的，其司法上的激进与立法上的保守相辅相成。相反，大陆法立法上的激进与司法上的保守也与之具有异曲同工之妙。但在法学方法上，英美法则更接近生活，具有很强的包容性、开放性和实用性。

〔4〕 当然，萨维尼的这种看法也只是在针对蒂堡（Anton Friedrich Justus Thibaut, 1772－1840）教授当时把民法法典化作为民族统一象征的做法所作的反驳，其实他也不是绝对反对法典编纂，他只是认为民法典的编纂应该在德国的科学文化发展成熟以后才能进行。参见［日］大木雅夫：《比较法》，范愉译，朱景文校，法律出版社1999年4月第1版，第195页。

二、古典法学中法典化成就及其学术背景

而事实上，法律史所揭示的大陆法私法传统在古典时期并不像今天大陆法国家民法典的刻板和僵化，它是一幅波澜壮阔的历史画卷。古典法学的方法是开放的：成文法典、王（rex）或皇帝的决定、裁判官法、习惯法及学术法等，都成为了法律渊源。而且，那时的法典所记载的色彩丰富的生活画卷尽管琐碎、复杂，但却绝对是贴近你我现实生活的。也许正如一位学者所告诫的："不应把生活只看作是一种固定的规范，而必须把它作为一种变化发展的东西来考虑。也就是说，法是一种具有过程性形象的东西。"〔1〕事实上，欧洲大陆各国在法典编纂之前，法律注释、学说、习俗和司法惯例，也几乎与《民法大全》具有同样的地位和作用。德国学者弗兰克·闵策尔（Frank Münzel）对《民法大全》有一个不算严谨但却耐人寻味的评价：

> 总之，"民法大全"不是什么崭新的法律。基本上等于那时已有效的罗马法的概述。一方面处理了法律的混乱，形成很强的系统性。另一方面也形成很强的历史性，有时用制度的发展过程说明制度的内容。因为"民法大全"的主要部分是来自于法学论文，所以其"法学味儿"也很强。〔2〕

这段话中，弗兰克·闵策尔先生不仅肯定了《民法大全》所具有的逻辑化和系统性，而且说明了与之相随的历史性和学术化。徐国栋先生曾经考察了罗马法这种学术背景的历史，认为罗马法在完

---

〔1〕［日］高柳贤三：《英美法源理论》，杨磊、黎晓译，有斐阁1953年第7版，西南政法学院外国法制史教学参考丛书第二集，第2页。

〔2〕［德］弗兰克·闵策尔：《求大同：德国民法典立法的成果和错误——纪念德国民法典生效一百年》，载《中外法学》2001年第1期。

成法律的世俗化后，最初严格意义的法学著作是绥克斯都斯·埃流斯·佩都斯（Sextus Aelius Petus）题为《三分》（Tripertita）的著作。这部著作由三个部分组成：第一部分是十二表法；第二部分是法学家对十二表法的解释；第三是诉讼。徐国栋先生认为，在这一结构中，包括了对制定法的解释，这标志着罗马法学的进步。[1]其实，从大陆法私法古典时期的研究中可以见到，通过法律手段介入人们的社会生活，在古希腊和罗马并不是靠单一的立法。梅因爵士说过，“据我看来，这些手段有三，即‘法律拟制’、‘衡平’和‘立法’。”[2]诚然，梅氏这里所说的法律拟制要超出罗马法上的“拟制”，甚至与“衡平”在实质上有些相同（二者区别主要表现在“拟制”对法律的表面尊重，而“衡平”则公开地干涉法律）。然而，法律史已经清楚地表明，古代希腊人、罗马人已经清楚并实实在在地通过这三种手段去媒介他们复杂的社会生活了。而且，在媒介生活的同时还涉及到法律解释和推理等技术。

关于法律拟制（υποόχρισιs）的典型，可以用罗马法财产转移中从“要式买卖”到“略式买卖”转化的事例，来举例说明。古罗马的财产转移从原始时代流传下来，具有很严格的程式，这就限制了财产的自由流转。随着个人财产出现、物物交换及贸易的发展，必然要促进财产的自由流转。“这对于罗马人来说，也是一个难题，因为完善一个制度远比摧毁一个旧的制度要难得多。”[3]首先出现的是所谓能够使交易简单化的第二类财产即“略式转移物”（res

---

〔1〕参见徐国栋先生2002年4月5日下午在北京大学所作的题为“共和晚期希腊哲学对罗马法之技术和内容的影响”的报告。作为评议人，本人也获得了一睹先生文章的机会。在此，对徐国栋先生和会议的组织者表示感谢。

〔2〕[英] 亨利·梅因：《古代法》，沈景一译，商务印书馆1959年2月第1版，第15页。

〔3〕René A. Wormser, *The Story of the Law*: *And the Men Who Made It* – *From the Earliest Times to the Present* , Simon and Schuster, 1962, p. 138.

nec mancipi)，诸如羊、工具和产品之类不为家庭所必需的财产的转移，它们实际上可以通过简单地交付的方式（traditio）进行转移。随着商业的发展和财产交换的频繁进行，特别是新型财产投入到社会，为了使交易能够更加顺利和便捷地进行，人们就假设财产不是“要式转移物”（——即使它对于家庭的存续来说是必要的），从而就不需要严格仪式的要式买卖的程式。直到查士丁尼的时代，才从根本上就废除了要式转移物（res mancipi）与略式转移物（res necmancipi）的古老区分。〔1〕这就是一种典型的法律拟制技术的运用。黑格尔曾经对古典法学中的这种法律手段大加赞赏，认为这种方法同样是对“理性的最高要求给以满足”。他说，“罗马法学家和裁判官的不连贯性应被看做他们的最大德行之一，因为他们会用这种办法避免了不公正的苛酷的制度。”〔2〕

关于衡平方法，希腊思想中早已有之。正像它选择的用语“?πιε? κεια”本身所隐喻的那样，它的意思是柔软而又能够屈伸的东西，与法律的严格和严厉相对。柏拉图在《论法律》（*The Laws*）中将它总结为有时必须容许存在违反严格正义的宽容和仁慈(clemency)。但是亚里士多德第一次为它做出了一个明确的定义。当然，他并未抛弃原有的隐喻内容，他对衡平的定义也无人能够超越。在主要的论述片段中，他解释说，衡平并不与正义相左，它本身就是一种正义，只是不是遵循法律的正义。毋宁说它是法律正义的矫正，因为每一部法律都必须做出一般规定，“而精确地做出一般规定是不可能的”，所以才产生它存在的必要性。因此，在立法者没有预见到的情况出现、而这种情况又不受他已经制定的规则约

〔1〕*C*. 7, 31, 1, 5

〔2〕黑格尔在这里还举例——罗马法学家和裁判官为保存《十二表法》的文字，借助fictio，拟制而把filia（女儿）当作filius（儿子），来说明这种“不连贯性”所具有的德性。参见［德］黑格尔：《法哲学原理》，范扬、张企泰译，商务印书馆1961年6月第1版，第10页。

束的情况下，衡平就有必要介入了。[1] 亚里士多德的这种思想在古罗马的学者著述中也再现了，例如西塞罗就曾经指出，尽管一般情况下要信守诺言，但在有些情况下也不尽然，因为还有不损害他人和为共同利益而行为的更高原则。另外，尽管保管的东西应该归还，但把剑归还给已经疯狂的寄存者是犯罪。[2]

三、现代法学中的法典化危机

通过私法来组织社会生活，[3] 是西方法律早期令人惊叹的方式，但大陆法系国家经过学术化的洗礼以后，都不约而同地走上了一条法典化的道路。这种在动荡时期不失为一个有效而“安全”的对私人生活试图无所不包的法典化秩序体系，随着社会生活的复杂化、多样化，其缺陷也日益凸显。其实，《法国民法典》起草委员会的成员泼泰利斯早就针对其缺陷强调过司法功能的重要性。他认为，法典一旦制定，就必须保持成文形式。但与此相反，人永远不会一成不变，而是不断地改变着，并“在每时每刻产生着某种新的

---

〔1〕 *See* H. F. Jolowicz, *Roman Foundations of Modern Law*, Oxford at the Clarendon Press, 1957, p. 54.

〔2〕 *See* Plato, *Rep*., i. 332a; *D*. 16. 3. 3I pr.

〔3〕 这里所说的社会是指市民社会。市民社会在欧洲的传统社会中与国家同义，意思是政治组织的社会。也是以自由的市民为社会构成成员而拥有法律秩序的社会。而这里市民社会的法，不仅包括私法还包括宪法和刑法等公法。然而19世纪的德国，出现了建构从垄断政治权力的国家分离的单纯市民社会的要求。与此相对应，市民法就被理解为以人格、所有和契约的自由为基本原理的经济市民社会的法秩序。这种意义上说市民法是以私法为中心的。而这种意义上的市民法的代表可以说是民法。对于市民社会可以从多种视角进行把握，一种是人们缔结市民关系的场，是作为实然方式的现实市民社会；一种是缔结法规范层次上的市民关系的场，是法规范层次上的编成方式的市民社会；一种是有关现实市民社会编成方式的理念，是作为应然方式的市民社会。研究市民社会与法的互动关系对这三个方面都必须作以考虑。参见［日］石尾芳久等（编）：《日本近代法120讲》，法律文化社1992年1月25日初版，第195页；又参见［日］吉田克己：《现代市民社会的构造与民法学的课题》(7)，载《法律时报》第853号，日本评论社1997年5月1日版，第71页。

组合、新的事实和新的结果”。因此他认为，必须发挥司法判例的功能：“那些难得和非同寻常的案子，那些不能被立法理性处理的问题，那些没有时间去解决的各种简单争议，及所有那些将使预见的企图成为徒劳，并且不成熟的预见将必然导致危险的事物，我们统统留给案例法去处理。应该让经验去逐渐填补我们遗留下的空缺。”〔1〕但是，随后发展起来的注释（Exegetical）学派却坚持认为成文法是最完美的法律。于是，进入现代社会，在法典化的民法体制之外，商法、侵权行为法和知识产权法等日渐发达起来；而在知识经济时代，如果试图在私人生活中依然保持一统天下的民法典体系，无异于要去忍受“骨趾增升”的痛苦。因此，尽管民法作为“私的本位”的理念是不变的，但民法法典化方法在今天却显现了其局限性。有人甚至认为，现代社会中传统民法典的一些内容已经过时，许多内容已经被大量单行的法规所肢解（或替代），一些基本原则也被扩充或扩张。这样，由于社会发展导致的对民法典的补充和修正已经远远超过了民法典本身，“可以说民法典已沦为补充单行法规之不足的地位”。〔2〕

近代以来，国家的基本原理是由宪法来建构的；而民法建构的则是社会的基本原理。〔3〕这个基本原理所涉及到的市民法律生活包括四个方面：第一是日常生活规范（包括财产关系的规范和家族关系的规范）；第二是关于市场经济的基本原理、市场运行以及其中发生的具体交换的规定；第三是关于市民社会的基本原理以及其中的人们之间的关系的制度规定；第四是不仅是有关于私法的，而

〔1〕 A. von Mehre & J. Gordley, *The Civil Law System* (2nd Ed.), Boston: Little, Brown, 1978, Ch. 1. 转引自张千帆：“《法国民法典》的历史演变”，载《比较法研究》1999年第2期。

〔2〕 高富平：《民法法典化的历史回顾》，载《华东政法学院学报》1999年第2期。

〔3〕 [日] 星野英一：《民法典百年与时下的立法问题》（上），载《法学教室》第210期，有斐阁1998年3月版，第7页。

是贯穿于整个法律的制度的技术性安排。从近代市民革命，经过产业革命，到资本主义确立这一段时期，市民生活基本上可以通过一部法典将其主要内容承载于其中。然而，现代市民社会从资本主义进入垄断时期开始，[1] 又存在着一个后现代市民社会。这是以计算机技术和网络的出现为特征的现代市民社会飞速发展的阶段，也就是知识经济时代的所谓知识社会形态。这一时期，家族关系瓦解；企业财团人格化；市场穿透人们日常生活的屏障进入每一个个人和家庭（如网络）；财产与人身的两分法受到挑战（如知识产权）等等；这一时期的发展表明，传统的法典化的归纳体系已经无法囊括我们全部的市民社会生活，市民法法典化体系失去了其包容性。

同时，法律所具有的稳定性也受到了冲击，例如20世纪80年代以来，日本著作权法几乎每隔一、二年就修改一次。[2] 这些大都是现代科技所带来的影响。而且这样频繁修订的倾向，今后还会

---

〔1〕日本经济学家加藤荣一对资本主义发展阶段的划分与这种划分方式基本一致，他把资本主义的发展阶段分为三个，其一是前期资本主义，从产业革命完成到19世纪80年代初，古典自由主义阶段；其二是中期资本主义，第二次世界大战到20世纪70年代的高度经济增长期，也是实现长期动态均衡的时期，资本主义的又一个全盛期；这二者之间是世纪末经济不景气时期，分为前期资本主义构造崩溃期（19世纪70年代至90年代中期）、帝国主义阶段转换期（至第一次世界大战）、中期资本主义构造形成期（第一次世界大战到第二次世界大战刚刚结束）。参见［日］吉田克己：《现代市民社会的构造与民法学的课题7》，载《法律时报》第853号，日本评论社1997年5月1日版，第73页。

〔2〕从1984年以来，日本著作权法就进行了多次修订：1984年，对租赁音像制品的著作权派生的权利-出租权等进行了修改；1985年，为保护计算机软件又作了修改；1986年，对数据库的保护，将有线放送权放入有线送信权；1987年，延长了著作邻接权的保护期间；1989年，缔结保护表演者条约后对国内法进行了完善；1991年，延长著作邻接权的保护期间，承认外国的的表演者也享有音像制品的出租权；1992年，引进个人录音录像补偿金制度；1994年，依据WTO协定的规定进行修改；1996年，修改了摄影作品的著作权保护期间；1997年，将放送权和有线放送权改组为公众送信权，创设了送信可能化权；1999年，有关回避技术保护手段的规制，对权利管理信息改变的有关规制，创设了转让权。

更加明显。这样，法典化的民法与变化着的社会生活关系将会更加紧张。换句话说，如果我们不想用法律去曲解生活的话，在知识经济时代民法典将不再具有应有的稳定性。

当然，还有另外一种方法，即将那些与传统法理相容而又较为稳定的内容纳入民法典，而将其他内容排斥在民法典之外，并通过单行法加以规范。但这种失去了包容性的民法典也将失去对社会生活的普遍关怀，也就失去了作为私法一般法的意义。而随着知识经济影响进一步深入，民法典也将偏安一隅，最终会失去自己。那么，我们是否还有一种所谓的“万全之策”呢？

民法解释学试图消解民法法典化方法存在的局限性。近年来，法的解释理论也出现了一些变化。20 世纪 60、70 年代是科技、经济高速增长时期，法的解释理论也出现了部分的修正：人们不再关注权利最初合法性理由，而是将问题个别化并从效果开始进行考察。利益衡量论就是主张将对什么利益进行怎样的保护，并通过对具体问题的认识来确定，这是对现实问题进行个别地捕捉的方法。利益衡量论的出现，主要是针对当时基于关联性理论的探讨而提出的，而关联性理论则是基于法的概念的连锁和从近代法的存在方式演绎出来的解释论方法。这种探讨主要有三种：第一，像传统的类推解释一样，从既存的法律规范和法律概念创造新的法律规范；第二，对不同的法律规范和法概念进行横向比较，明确相互之间的关联；第三，对民法的部分领域或者整体体系进行再构筑，即重构。〔1〕但是，关联性理论是人们对最初权源和理性的一种期待，而这是不能由利益衡量理论所提供的。正如一位日本学者所指出

〔1〕［日］濑川信久：《民法解释方法论的今日状况》，载《私法》第 60 号，有斐阁 1998 年 4 月版，第 8－9 页。

的，利益衡量论给人们一种非合理主义的态度。[1] 因为利益衡量论追求的所谓“实质正义”是依据价值判断；而这种价值判断又是一种感觉的问题，是无法探究的一种态度。换句话说，以心理和感情为依据的实质论缺乏一些客观的标准。同时，利益衡量论通过个别化作出的处理虽然对个别现象有效，但还不适应民法的变化，因而一旦出现众多超越原有民法框架的新问题，就无法提供一般性规则，也不能对司法活动加以及时指导。因此，对既存的民法典框架和轮廓进行大幅度地调整或重建，是现代私法学（民法学）重要课题。也许，正如萨维尼的观点，通过学术化重建的学术法阶段以后，法律就会向法典化转变。但在知识经济时代初期或很长一段时期，我们还将无法用一部民法典去把握社会生活。[2]

本人曾经撰文指出，民法法典化方法的局限性可能从根本上来自于知识社会中法律的“回应性”特征凸显。[3] 所谓回应性的法律，它是在保持法律的完整性的条件下来实现法律对社会的适应与开放的。这实际上是一种试图将形式正义与实质正义统合的尝试，是两者结合的产物。换句话说，这是一种地道的法律现实主义的思维模式。这种思维模式对法学方法提出了更高的要求，即要“使完

---

〔1〕[日] 濑川信久：《民法解释方法论的今日状况》，载《私法》第60号，有斐阁1998年4月版，第13页。

〔2〕当然，在知识经济或后现代社会的法学研究是可以先行的，确也取得了一些成就。如近来最突出的是在契约法领域。契约的再生引起来广泛的影响。而后现代问题研究出发，开始强调自由主义和个人的自己决定权，要求对国家对契约的干预进行划界。在契约关系中，要求重视理性和契约正义而不是意思的呼声也越来越高。在侵权行为领域，强调古典侵权行为的理论框架丧失了实效性，要求创造后现代侵权行为的范例。家族法领域也出现了这种动向，一方面批判近代家族法欠缺实效性，建立后现代的家族法；另一方面出现了要求在家族法领域强调自己决定权的有力主张。

〔3〕易继明：“知识社会中法律的回应性特征”，载《法商研究》2001年第4期。

整性和开放性恰恰在发生冲突时相互支撑”。[1] 而现实所反映的情况却是，在变化的现代社会中，近代法典化运动所成就的那些民法典，它们既不能开放地面对社会生活，又没有能够保持对市民生活的整体性关照（即完整性缺失）。例如，民法典之外发展起来的大量侵权行为法和知识产权单行法“找不到家”似的讨论，从某种意义上完全可以看成为民法典及其理论的失败。因为完全以人们正面行为为基础的训导式规范和以“有体物”为主、将“无体物”拟制有体物甚至排斥无体物而进行的制度设计，已经无法弥补我们不时受到的侵扰，也无法适应知识社会以信息和知识为基础并通过创新推动的社会发展进程。于是乎，诸如《法国民法典》、《德国民法典》和《瑞士民法典》等都出现了大规模的修订；彼此独立甚至相互冲突的单行法层出不穷；行政指令和部门规章对私法干预性规制不断涌现；对法律条文扩张性解释也屡见不鲜；而判例法不知不觉中成为了大陆法炙手可热的话题。这些现象实际上在向我们昭示：民法法典化危机出现了！

当然，危机的出现并不是要否定民法法典化本身所具有的功能和意义。它只是说明，是否编纂成文法典，二者是各有利弊的。“法典化的国家，利在于律师可以不通过接触成千上万的法律书籍而执业；但另一方面，许多律师指出，在法典体制下，法律停滞不前，只有通过法院的创造才能使法律在变化的时代和观念中获得适应和有效利用。他们认为，如果司法观点不被视为法律，那么法律怎么能够如此发展呢?”[2] 因此，危机给我们启示至少有两点：一是表明传统民法典体系已经不能包容现代生活，私的自然理性需要

---

〔1〕［美］诺内特、塞尔兹尼克：《转变中的法律与社会》，张志铭译，中国政法大学出版社 1994 年 4 月第 1 版，第 85 页。

〔2〕René A. Wormser, *The Story of the Law: And the Men Who Made It – From the Earliest Times to the Present* , Simon and Schuster, 1962, p. 222.

被重新归纳、整理和抽象；二是也说明，是否制定民法典的问题可能仅仅是一个可供选择、且并非唯一选择的命题，——任何一种选择都会附带有相关的“配套”课题：如果选择法典化的立法模式，就会存在如何加强法律文本与社会实践生活相互“磋商”的问题；而反之，则如何从根本上进行司法体制、甚至是政治制度整体和框架性的改革，又会成为一件必要的配套工作，因为即使法律文本的正义可以由官僚科层体制下的法官来实现，但是自由裁量的法官却是需要通过政治制度结构性制约和保障来进行审判的。因此，本文在这里意在强调成文法典只是具有一种有限的合理性：如果对法典抱有的过分期望，以为可以一劳永逸地解决所有问题，这或许从根本上就是一个错误；而要想保持民法典真正具备包容一切“私的生活”的“自然理性”，就必须对现代社会中私人生活进行更深入的理论抽象和准备。

另外有一点要说明，近年来，法学界、特别是法理学界较为亲睐判例法，这不仅是因为英美法国家、特别是美国对当今社会影响巨大，我国也有很多学者学自英美法，而且还因为法理学站在批判者的角度，他们始终比民法学者站在建设者的位子上具有更多的说话空间。那些对法典化倾向的立法表示出了一些微词的学者们，他们往往喜欢将霍姆斯（O. W. Holmes, 1841—1935年）的一句——“法律的生命不是逻辑而在于经验”视为经典，并作为一种立论的依据。但是，正如卡多佐（Benjamin N. Cardozo，1870—1938 年）法官所说，“霍姆斯并没有告诉我们当经验沉默无语时应当忽视逻辑。除非有某些足够的理由（通常是某些历史、习惯、政策或正义的考虑因素），我并不打算通过引入不一致、无关性和人为的例外来糟蹋法律结构的对称。如果没有这样一个理由，那么我就必须符合逻辑，就如同我必须不偏不倚一样，并且要以逻辑这一类东西作为基础。”卡多佐法官对他前任的这句话的诠释是较为克制的，但他表达了在法律方法中作为一种哲学、唯理性或逻辑方法的重要性。实际上，在科技与社会突飞猛进的今天，我们很难再去“经验”这个社会。而学术法可以将这些纷繁复杂的案件与社会生活加以提炼，从中找寻到一些法律的原则，并通过将这些原则加以文本化而向世人宣示。应当强调，在制度文明的进程中，法典在促进改革和稳定生活秩序中发挥着重要的作用；而且，在现代社会构成法律渊源的结构中，“宪法高于制定法，而一个制定法——如果与宪法一致——则高于法官的法。在这个意义上，法官制定的只是第二等的法律，并且它从属于立法者制定的法律。”〔1〕

四、制约民法典成长的主要因素

梁慧星先生曾经说过，“依据法律发展史，法律的发展轨迹，是由习惯法进到成文法，再进到法典法。”〔2〕这话不错；但我们进一步地分析还可以发现，在从成文法到法典法的过程中，往往有一个学术法的发展和积淀时期。〔3〕按照人类思维习惯，从对某一具体案件的命令或告示到对某一类事情进行规范；从各种单行法的颁布到对其相互协调而发现它们的内在机理；尔后，才有可能对某一领域甚至整个人类私人生活进行归纳和总结，从而形成完整的私法法典。这一渐进过程，对人类思维和理性的要求也越来越高。在进

〔1〕［美］本杰明·卡多佐：《司法过程的性质》，苏力译，商务印书馆1998年11月第1版，第4页。

〔2〕梁慧星：《制定民法典的设想》，载《现代法学》2001年第2期。这里必须说明，关于成文法与法典区分，在西方法律传统中也存在一些不同的看法。这里所言“法典”，如艾伦·沃森教授所说，首先是一种成文的作品；其次，它还用来对相当广泛的法律领域里最根本的原则和基础规范进行权威性陈述，诸如整个民法、商法、民事诉讼法或刑法等。参见艾伦·沃森：《民法法系的演变及形成》，李静冰、姚新华译，中国政法大学出版社1992年6月第1版，第144页。

〔3〕如前所述，萨维尼把法律的发展分为三个阶段，即自然或习惯法、学术法和法典编纂。按照萨维尼的看法，学术法是职业法学家群体来完成的一种法律科学化，它必然导致法典化。参见王哲：《西方政治法律学说史》，北京大学出版社1988年8月第1版，第410页；又参见张宏生、谷春德主编：《西方法律思想史》，北京大学出版社1996年11月重排本第1版，第349－350页。

行法典化归纳和总结中，首先要创制一些基本概念，如自然人、法人、所有权、物权、债的关系及法律行为、责任等；其次要抽象出私人生活中人们交往的一些基本理念和原则，如平等、自愿和诚实信用等原则；再次，就是要将私人生活进行类型化，如区分财产关系和人身关系、家庭生活与社会生活、个体的自然人生活与团体的法人生活、主体性规范和行为性规范等等；最后，才涉及到利用那些概念和原则，并在各种逻辑分类的编章与体系中对私人生活中的人的具体行为进行规范与设计。而在所有这些归纳与抽象中，为了使得法典结构完整和合理并不致于琐碎而冗长，就必须运用演绎、推理、排列等逻辑手段和法律技术。这些都必须具有相当的学术积累和准备，方能够实现。由于私法生活包罗万象，对私的理性的抽象与归纳就有更高的学术要求。同时，如前所述，与法典颁布配套的还需要相应的法律解释、法律推理、法律拟制与衡平等法律技术。因此，法律学术传统及发展程度，成为制约民法法典化成长的第一个直接的因素。

制约民法法典化的第二个因素是国家“公权力”对私的空间的形成、认同、干预方式及程度的问题，这也可以说是法典化的权力制约或政治因素。正如本人所强调的，古希腊和罗马社会私法之发达，其根本原因在于公与私二者是在对抗的结构中共同生长的，它的“私”是一种阳光下“公开的”私，而不同于东方文化中仅仅强调“阴私”而依附于公。换句话说，在整个西方社会结构中存在一个可以与“公”进行对抗的“私”的因素，它公开地支撑着一片私人生活的独立空间，并成为“权力”因素无法干预的“权利”空间。这就可以有效地制约权力对私法的“非建设性”干预，并使之仅仅成为保障私法发展的工具。〔1〕王利明先生认为，民法典的制定可以形成的一道藩篱，它可以有效地抵御行政力量对私人生活的干预。〔2〕这是从民法典的功能进行分析的。它表明民法典在一定意义上可以为我们私人生活的空间提供一个支撑的框架。

私的空间仅仅是私法发达的前提，而政治因素也影响或制约私法是否能够法典化。马克斯·韦伯曾经说过，“从罗马帝国后期的汇编到查士丁尼法典，以及在中世纪君主对罗马法的法典化，如西班牙的斯特法典，其推动力主要是想通过法律保障的建立使行政机器的功能更加准确，同时提高君主的威望，尤其使查士丁尼皇帝对此极其重视。”〔3〕同时，如前所述，政治制度本身对法学方法的选择也有制约作用。适用判例法，就必须有政治传统来保障法官的地位，而且法官的选拔机制也制约着或保障了法官的素质。法典化立法则不同：通过政治的强制力将法典颁行全国，该法典或许就是为了“改天换地”的革命新秩序；或许总结了一些既有的习俗和规范；或许将一些冲突与矛盾的规则加以统一。这些主要是靠政权力量来推动的，甚至体现为一种政治信仰，这就很不同于英美判例中的遵循前例或渐进改革的模式。而且在这种政治强权的推动下，法官只是“执行”这种信仰的官僚工具，无须太多的能动性工作，也

〔1〕提出公法干预的“建设性”与“非建设性”，其区分的标准是：这种干预是否是为了实现私法本身的理念和价值。像反不正当竞争法本身就是为了实现自由和有效的竞争，其指向与私法理念一致，则其中的公权力量的介入就是一种建设性干预；而像房屋买卖合同登记中行政强制性按标的收费之类的干预，行政部门旨在通过这个环节来“创收”，与私法理念不相协调与一致，因此就是非建设性干预。

〔2〕王利明先生认为，民法典的制订，也是限制法官的自由裁量、保证法官公正执法的重要步骤。同时认为颁行民法典，可以为各类行政规章的制订提供依据，从而保障依法行政，将“行政规章”调整排斥于外。参见王利明：《论中国民法典的制订》，载《政法论坛》1998年第5期。

〔3〕[德]马克斯·韦伯：《论经济与社会中的法律》，埃德华·希尔斯、马克斯·莱茵斯坦英译，张乃根译，中国大百科全书出版社1998年9月第1版，第269页。

无须太高的法律素质。

另外，还有一个政治方面影响统一法典形成的明显因素，就是政治或民族国家是否独立和统一，或者这种独立和统一的要求与呼声之高低的问题。《德国民法典》问世之所以晚《法国民法典》几乎一百年，就是因为德国政治权力不统一，各个邦国割据势力强大。[1] 而有殖民地历史的国家的民法典制定（如1898年《日本民法典》、我国清末民初民事立法活动等）表明，解决“治外法权”、谋求司法与关税独立，也是制定民法典的一个重要理由之一。[2] 这些因素，也往往使得制定民法典负载着较为沉重的政治使命。但这些政治使命完成的前提必须是公权力在一定的区域范围内实现了

---

〔1〕K·茨威格特教授和H·克茨教授认为，拿破仑倒台后中欧复辟势力抬头，德意志大小王公的王朝割据，很快使得制定统一法律的机会丧失殆尽。而德国科隆大学教授诺伯特·霍恩（Norbert Horn）认为，直到俾斯麦时代，这种政治上的外部条件才又有所改变，由此可以说《德国民法典》是一部“迟到的民法典”。参见［德］K·茨威格特、H·克茨：《比较法总论》，潘汉典、米健、高鸿钧、贺卫方译，潘汉典校，贵州人民出版社1992年9月第1版，第259页；又参见［德］诺伯特·霍恩：《百年民法典》，申卫星译，米健校，载《中外法学》2001年第1期；又参见娄进波：《〈德国民法典〉的发展及其评述》，载《环球法律评论》（原《外国法译评》）1993年第3期。

〔2〕关于《日本民法典》制定时的论述，请参见谢怀栻：《大陆法国家民法典研究》，载易继明（主编）：《私法》第1辑第1卷，北京大学出版社2000年9月第1版，第55页；又参见杜颖：《日本民法典的百年历程》，载梁慧星（主编）：《民商法论丛》（2001年第3号）总第20卷，香港金桥文化出版（香港）有限公司2001年9月第1版，第486页；又参见刘永光：《日本民法典的制定及法典论争》，载徐国栋（编）：《中国民法典起草思路论战——世界民法典编纂史上的第四大论战》，中国政法大学出版社2001年10月第1版，第450－451页。关于我国清末民初民事立法活动，请参见张国福：《中华民国法制简史》，北京大学出版社1986年1月第1版，第36页以下；又参见张生：《民国初期民法的近代化——以固有法与继受法的整合为中心》，中国政法大学出版社2002年2月第1版，第19－21页。

政治的统一，并为私法的发展提供了一个相对独立的空间。[1] 从这个角度来说，二者是可以达到相互促进、彼此增长的“双赢”效果的。但细心的人不难发现，这种效果的达到首先需要一个公权力或政治因素发动。这个动因有时也是不可缺少的。因此，不论是否具有权利文化背景，政治因素同样是制约民法法典化的重要因素。

制约民法法典化的第三个重要因素是经济方面的。徐国栋先生在否定自己过去商品经济民法观时曾经有过一些过犹不及的论述。他认为过去为证明商品经济民法观的正当性而把起源推到古代，并有“古希腊商品经济的土壤”、“罗马帝国发达的商品经济”的提法，是应该加以修正的。他还用历史学家摩西·芬利关于古代城市具有寄生性而非生产性的论述，来支持他的这种修正。[2] 其实，国栋先生关于这一点的考证过于狭隘。姑且不论古希腊和罗马较之其它地缘文明商品经济发达之事实，就单从古代城市这种特征来看，城市之寄生性恰好表明其对商业贸易的依赖，因为非生产性决定了它必须通过贸易和商业途径生存下来。而且，古代希腊和罗马实际上是以地中海为中心发展起来的，商业贸易一直具有重要地位。只是后来伊斯兰教教徒的入侵，才阻止了这种商业的繁荣，导致西欧回到农业状态，从而以土地为基础“分封建制”（封建制），并构成中世纪西欧经济的基础。[3] 实际上，古代希腊和罗马社会商业文明发达对契约和平等精神的培养，一直是我们分析西方私法

〔1〕 这里强调说明的是，说“公权力”为私法发展“提供”空间，并没有表明公权力是私法发展的前提或者是公权力的统一会在“私权利”之前，只是说明二者都需要一个独立和统一的发展空间。其实，有时候我们会发现，更多的是私权利的统一和协调一致在前，并决定着公权力的发展。

〔2〕 徐国栋：《民法基本原则解释——成文法局限性之克服》，中国政法大学出版社2001年9月增订第1版，第四版序言；又参见该书1992年2月第1版，第60、81页。

〔3〕 [比] 亨利·皮朗：《中世纪欧洲经济社会史》，乐文译，上海人民出版社2001年7月第1版，第1页以下。

文明有别于其它地区文明的重要线索。

正因为如此，市场和政治（科层组织）两分法一直是西方学术界研究问题的一个基本出发点。近年来中国社会组织与制度的变迁，也被认为是政治权力和新生的市场经济所推动的。[1] 中国学术界曾试图通过法律形式将转型经济中的经济手段纳入传统民法框架，典型的如将“经营权”、“承包经营权”纳入用益物权体系，并在立法中寻找依据（《民法通则》第82条、第80条第2款和第81条第3款）。[2] 作为一种经济手段，通过“经营权”独立而在国家和集体“资产权力”之下支撑起“私的”、“自主的”空间，从而增强企业活力和调动农民积极性，这无疑是成功的。但由于它们毕竟直接缘自于经济学范畴，与传统物权（所有权）体系缺乏“兼容性”，至少需要重新界定内涵。因此，它们实际上制约了物权法的制定：因为将它们弃而不顾的做法，会忽视它们在经济改革中的现实意义；而纳入物权体系，则又面临着利用传统民法对它们进行如何改造的问题。[3] 学术界曾一度试图在理论上论证所有制与所有权没有什么关系，以减轻民事立法在经济制度制约方面的负担。但

〔1〕周雪光：《西方社会学关于中国组织与制度变迁研究状况述评》，载《社会学研究》1999年第4期。

〔2〕钱明星：《物权法原理》，北京大学出版社1994年1月第1版，第130－132页。钱明星教授后来修改了他的用益物权体系。具体内容，请参见钱明星：《论我国用益物权的基本形态》，载易继明（主编）：《私法》第1辑第2卷，北京大学出版社2002年3月第1版。

〔3〕目前中国物权法制定的两个学者建议稿，就分别在这两个方面遇到了一些阻碍。全国人大法制工作委员会最近出台的征求意见稿，仍然会在集体所有权、土地承包经营权及其界定上，存在许多法律理论和社会实践中的问题。参见梁慧星（主编）：《中国物权法草案建议稿：条文、说明、理由与参考立法例》，社会科学文献出版社2000年3月第1版；又参见王利明（主编）：《中国物权法草案建议稿及说明》，中国法制出版社2001年4月第1版；又参见全国人大常委会法制工作委员会2002年1月28日印发的“关于《中华人民共和国物权法（征求意见稿）》的说明”。

在实践中，这仅仅是一种聊以自慰的说辞。这一点，还是经历了制度转型的俄罗斯人说得真切："从整体上看，中国所有制领域改革的难度、深度、规模都有可能大大超过改革头20年。"[1] 它们将同样制约着我国民法典的制定。

社会主义建设实践表明，经济因素对民法法典化的影响表现在两个方面：一是不同的经济体制下民法典的精神、结构和内容都会不一样；一是经济体制转型期的一些不确定性因素影响着民法典的制定和施行。有的学者研究计划经济和市场经济下法律的不同体现，认为在私有制社会里，法律与商品——市场经济的发展是不可分的：商品——市场经济愈发展，社会对法律的要求愈多；而当代中国社会主义市场经济的发展"也明显地证明了这一事实"。同时认为，中国经济改革进程对法制发展影响有三：第一，全国人大及其常委会立法的速度是不平稳的；第二，制定授权立法；第三，以较简明的《民法通则》和一些单行民事法律代替较完整的民法典。[2] 对于不同经济制度下民法典的不同，最明显的比较莫过于

---

〔1〕［俄］B. 波尔佳科夫："中华人民共和国的所有制关系改革——为中共十一届三中全会20周年而作"，赵国琦译，载《国外社会科学》1999年第5期。

〔2〕沈宗灵："依法治国与经济"，载《中外法学》1998年第3期。

前《苏俄民法典》[1] 和今天的《俄罗斯联邦民法典》[2] 的区别，这一点一望而知。而中国经济体制改革进程对民法典的现实影响，则是一个值得更深入、更具体地加以研究的课题。这些课题内容至少包括：(1) 过去经济改革中影响法制发展的那些因素是不是依然还存在？或者是否又有新的因素影响或制约法制建设？(2) 改革进程中导致的法制现状出现了哪些弊端？这些弊端是否是改革中不可避免的或是必须付出的代价？同时，消除或减少这些弊端的方法到底有哪些？(3) 以市场经济为目标模式的改革是否已经基本完成？这一进程是否还会制约民法典的制定？(4) 民法典的制定是否由经济推动而势在必行？当前经济形势下制定一部完整的民法典是否是唯一的或者是最好的一种选择？(5) 在当前经济制约下的民法典将会是一个什么样的民法典？其利弊得失到底在哪里？改革中出现的民事法律法规如何与之协调？等等。

第四个制约民法法典化的主要因素是文化方面的。我们谈论了

---

〔1〕 1922 年颁布的《苏俄民法典》是在列宁指导下的社会主义国家第一部民法典。它将土地、劳动和婚姻家庭等关系从大陆法传统民法中分离，另以《土地法典》、《劳动法典》和《婚姻家庭法典》等专门法予以调整。该法典后来影响了前苏联集团中的东欧及其它社会主义国家。俄罗斯在 1994 年以前适用的民法典是原苏俄最高苏维埃第六届第三次会议于 1964 年 6 月 11 日通过的“俄罗斯苏维埃联邦社会主义共和国关于批准苏俄民法典的法律”并于同年 10 月 1 日施行的《苏俄民法典》。该法典共分八编，依次为：总则；所有权；债权；著作权；发现权；发明权；继承权；外国人和无国籍人的权利能力·外国法、国际条约和国际协定的适用。参见中国社会科学院法学研究所民法研究室（编）：《苏俄民法典》，中国社会科学院出版社 1980 年 9 月第 1 版。

〔2〕 1994 年 10 月 21 日俄罗斯国家杜马通过《关于施行〈俄罗斯联邦民法典〉（第一部分）的联邦法律》（1995 年 1 月 1 日施行），该部分包括第一编“总则”、第二编“所有权和其他物权”和第三编“债法总则”第一分编“关于债的一般规定”及第二分编“关于合同的一般规定”。1996 年 1 月 26 日又通过《关于施行〈俄罗斯联邦民法典〉（第二部分）的联邦法律》（1996 年 3 月 1 日施行），该部分包括第四编“债的种类”。参见《俄罗斯联邦民法典》，黄道秀、李永军、鄢一美译，中国大百科全书出版社 1999 年 2 月第 1 版。

很多关于私法发展对权利文化背景的依赖和需求，毫无疑问，这是很重要的一个方面。同时，民族习惯、风俗及仪式等也在很大程度上影响着民法典的制定。不过，在这方面我们往往忽视了一个国家或民族的文化对一个国家或民族思维方式的影响。〔1〕实际上，是否通过法典化形式来表述市民生活，在很大程度上是由一个民族的思维习惯和方式决定的。虽然较之欧陆哲学，中国古典哲学注重人生感悟而不讲求逻辑，但中国人较为重视提炼而致“纲举目张”；而且集权体制的金字塔也容易形成人们通过“大一统”的方式思考问题，这也是为什么有人认为法典往往迎合了专制甚至本身就是专制工具的原因。〔2〕正如有人所说，在对法律的系统化和理性化方面，君主的臣僚们“对‘包罗万象’的体系有着特殊的兴趣”。〔3〕

总之，法典化是一个学术不断积累和完善的过程，这一过程同时受到政治、经济和文化等因素的制约，它们也决定着私法（民法）法典化的进程。

五、小结：我们真的做好了法典化准备了吗？——“三条思路”和“两种主义”之外

通过以上论述，我们可以得出这样的结论：将私法生活进行法典化是自然法和自然理性运动的产物，它在古典法学中取得了很大的成就；但由于自然法法典编纂运动本身存在其内在的缺陷，同时也受到学术传统、政治、经济和文化等因素的制约，因此古典法学

〔1〕在我国清末继受德国法的原因的论述中，人们往往只看到两国在成文法传统和帝国统治模式两个因素方面具有相同或相似的特点，却忽视了中国人在传统思维方式上与德国人所具有的相似性。

〔2〕中国林业大学法律系讲师李红海博士在对早期英国法与罗马法的相似性的研究中，试图论证专制是罗马法选择法典化的关键。参见李红海未刊稿“早期英国法与罗马法发展的相似性——一个宏观的比较”。

〔3〕［德］马克斯·韦伯：《论经济与社会中的法律》，埃德华·希尔斯、马克斯·莱茵斯坦英译，张乃根译，中国大百科全书出版社1998年9月第1版，第268页。

在进行法典化的同时，也广泛地运用了其它法律手段（如衡平、拟制和学术法等）。而近代法将法典化推向极至的做法，在现代社会中却出现了危机。联系到我国目前正在进行的民法法典化，我们不得不在“三条思路”和“两种主义”之外提出一个尖锐的问题：我们真的做好了法典化准备了吗？

当然，“三条思路”和“两种主义”都是以“制定中国民法典条件已经具备”这一判断作为基本前提，并且徐国栋先生还要为中华民族的光荣而敢望“一部优秀民法典”——即“21 世纪的民法典的桂冠”。[1] 这种判断是否过于乐观呢？张谷博士曾就目前民事

---

〔1〕梁慧星先生认为，我国时下制定民法典条件已经具备者有五：第一，经过 20 多年的经济体制改革，市场经济已经达到相当的规模；第二，改革开放以来的民事立法为民法典的制定提供了基础和经验；第三，民事审判有了相当的发展，积累了丰富的经验，出现了一批司法解释和判例；第四，民法教学和理论研究有了相当的发展；第五，国家确立以公有制为主体、多种所有制经济共同发展，为民法典制定奠定了经济制度和经济政策上的基础。关于梁慧星先生的论述，请参见梁慧星：“制定民法典的设想”，载《现代法学》2001 年第 2 期。

徐国栋先生早在 1994 年就对中国民法典的制定抱有很高的希望值，认为我们可以最大化地利用法典编纂的立法性改造民事立法，实现民事立法现代化。其理由主要有四：第一，遵循继受法国家制定民法典的普遍规律，先制定“比较理想而暂时不易实施的”先进民法典，然后施教、渐次施行，使文本变成活法；第二，为了中华民族的光荣，吸取三次法典编纂运动的经验，制定代表 21 世纪的民法典；第三，依法治国的方略和政治领导人对民法典的热心，使制定民法典的政治条件出现了有利的变化；第四，学者们有从理想出发考虑问题的权力，惟其如此，方能与实务界人士的思考“折冲”起来，成为现实的作用力。关于徐国栋先生的论述，请参见徐国栋：《东欧剧变后前苏联集团国家的民商法典和民商立法——法律史、民商法典的结构、土地所有权和国有企业问题》，载梁慧星（主编）：《民商法论丛》（1999 年第 2 号）总第 14 卷，法律出版社 2000 年 4 月第 1 版，第 186 页；又参见徐国栋：《两种民法典起草思路：新人文主义对物文主义》，载徐国栋编：《中国民法典起草思路论战——世界民法典编纂史上的第四大论战》，中国政法大学出版社 2001 年 10 月第 1 版，第 140－143 页。

另外，王利明先生于 1998 年也曾经撰文对中国民法典的制定给予很高的希望：“如果说 19 世纪初的法国民法典和 20 世纪初的德国民法典的问世，成为世界民法发展史上的重要成果，则 21 世纪初中国民法典的出台，必将在民法发展史上留下光辉篇章。”关于王利明先生的论述，请参见王利明：《论中国民法典的制定》，载《政法论坛》1998 年第 5 期；又参见王利明：《中国民法典制定的若干问题》，载王利明：《民商法研究》第 5 辑，法律出版社 2001 年 12 月第 1 版，第 36 页。

立法和理论水平问题揭了我们的十块“疮疤”，其所列之“事实”，虽未能契合徐国栋先生所论述问题之趣旨或语境，但他的结论却也颇为中肯：徐国栋先生过于乐观，“中国的民法科学还有漫长的路要走呢”!〔1〕其实，早就有人描绘了我国民法学界的这种状况：一方面，似乎大家都觉得是制定民法典的时候了；另一方面，当真正制定时，专家们都感到有些茫然：大家都觉得我们的理论准备是太差了。〔2〕因此，要想制定一部反映20世纪民法成就、影响21世纪的“世纪法典”，“首先要做的事情，便是了解民法法典化的历史和现状，而这样的工作我们似乎还没有开始。”〔3〕

理论与学术上的准备不足还只是问题的一个方面。如果单是如此，事情倒是不难解决的，比如邀请外国专家学者协助或参与制定本国民法典，这也是法律移植中经常见到的现象（——尽管这多少又会涉及到一些政治家与学者们的民族情感问题）。而且就是“三条思路”与“两种主义”的争论，也不像徐国栋先生所夸张的那

〔1〕张谷：《质疑“新人文主义”——评徐国栋“两种民法典起草思路：新人文主义对物文主义”》，载徐国栋（编）：《中国民法典起草思路论战——世界民法典编纂史上的第四大论战》，中国政法大学出版社2001年10月第1版，第214-216页。

〔2〕在2002年4月6日上午于北京大学举办的“中国民法百年：回顾与前瞻”研讨会上，与会专家学者如梁慧星先生、、徐国栋先生、张新宝先生、郭明瑞教授和尹田教授等，却又都不同程度地表达了对目前制定民法典理论准备不足的某些担忧。

〔3〕高富平：“民法法典化的历史回顾”，载《华东政法学院学报》1999年第2期。

样，认为它反映了哲学上对市民法“新人文主义”精神的理解。[1]实际上，在现代民法丰富而复杂的现象中，它至多只是民法典外部结构的安排问题；而这种安排，也更多的是关注民法在形式上的逻辑性和视觉上是否具有美感。博士生谢鸿飞先生差一点就触及到了这个问题的实质所在。他发现了一个“很有意义的现象”：在采取人法前置的国家，一般是没有总则的，比如法国民法典、瑞士民法典、意大利民法典、荷兰民法典等等；而采取物法前置的民法典，一般都设总则，比如德国民法典、日本民法典、我们民国时期民法典及俄罗斯联邦民法典等等。[2]可惜，谢鸿飞先生没有继续追问

---

[1] 这里要特别说明的是，徐国栋先生认为物法前置会将人的主体性淹没的说法，仅仅只是看到了事物的表象。如果一定要循着这种思路分析下去，我们同样也不难得出这样的一个结论：将人身关系法前置，也会制约人的发展，使已经“获得解放了的”人再次回到一个充满身份约束的世界中去。而这正是近代法所要竭力避免的。因为人身关系法虽然会对人格权进行一些规范，但更多的是以身份为主的内容；民法典一开始便将人置身于其中，实际上是制约和限定了人的自由发展。而近代人权运动的主要成就就在于：将人从家庭或家族中解放出来，使之成为一个具有更多社会意义的、生机勃勃的、自由的个体的人。这种社会意义上的人，在民法规范中，更多的是通过获得或利用财产、与他人进行交易中实现的。因此，如果循着徐国栋先生的这种思路和分析方法，更进一步地分析，我们完全可以得出一个与他所要强调的内容相反的结论。

同时要提醒徐国栋先生的是，自西塞罗开创的两分法的思维方式和罗马法中关于人法前置的模式，是有其深厚的古代法中身份性质的社会背景的。分析法律现象，同样不能脱离一定的历史和社会背景。关于徐国栋先生的论述，请参见徐国栋：《民法典草案的基本结构——以民法的调整对象理论为中心》，载《法学研究》2000年第1期；又参见徐国栋：《两种民法典起草思路：新人文主义对物文主义》，载徐国栋（编）：《中国民法典起草思路论战——世界民法典编纂史上的第四大论战》，中国政法大学出版社2001年10月第1版，第137－183页。

[2] 谢鸿飞：《论人法与物法的两种编排体例——兼求教于徐国栋先生》，载徐国栋编：《中国民法典起草思路论战——世界民法典编纂史上的第四大论战》，中国政法大学出版社2001年10月第1版，第318页。

下去。[1] 为什么会出现这种现象？因为民事法律关系涉及到主体、客体和法律行为三大要素，这是规范民事活动的前置性要素。从逻辑上看，不论是否设立“总则”编，关于“主体”（自然人与法人）的规范都必须前置，这是民事法律关系展开的逻辑起点，如前所述，这也是人类思维的一种习惯。因此，设立大的总则编，将主体规范纳入其中，就解决了这个逻辑前提；而没有大的总则，也必须将主体规范放入人法或人格权法之中并置于民法典的前面，以便为下面的民事规范提供逻辑基点。这样，我们便豁然开朗了：徐国栋先生也不必夸大其两编制结构的“哲学含义”；退一步地讲，我们

---

〔1〕曾经在北京大学攻读硕士学位的学友谢鸿飞先生（现为中国社会科学院法学研究所博士生）敏锐地发现了这种法律现象，但他却马上转入了是否设立总则和人法是否独立的问题的讨论上。作为一篇回应性质的文章，这种论述显然是不够的。当然，正如他在文章开篇所述，他的这篇文章也是属于“读书札记”一类。因此，我也理解学友的这种论述。

同样可以将他的这种安排理解为“八编制”。[1] 同样，我们也就能够理解王利明先生主张的在保持大的总则编前提下设立专门的“人

---

〔1〕 徐国栋先生在1998年12月便完成了他主持的民法典草案学者建议稿的民法典结构。他的结构虽称“两编制”，但实际内容是“八编制”。他的具体结构如下：

序编 小总则

第一编 人身关系法

第一分编 自然人法

第二分编 法人法

第三分编 亲属法

第四分编 继承法

第二编 财产关系法

第五分编 物权法

第六分编 知识产权法

第七分编 债法总论

第八分编 债法各论

附编 国际私法

不难看出，这种安排实质上是八编制的体例安排。而且，在这个“八编制”中进行人为的两分法加以割裂，反而产生了令人费解的端由：继承法虽然是以身份为基础，但它更多的是一种财产的处理和分配；知识产权法虽然在很多情况下（特别是在交易或世界贸易中）被作为一种智慧财产看待，但它却具有强烈的人身权利性质。究其实质，徐国栋先生更多地看到了人与物对立的一面，而没有看到二者同时也是统一的、密不可分的。其实，黑格尔早就论述了人（人格）与财产所有权的不可分离性。参见徐国栋：《民法典草案的基本结构——以民法的调整对象理论为中心》，载《法学研究》2000年第1期；又参见徐国栋：《民法典草案的基本结构——以民法的调整对象理论为中心》，载徐国栋（编）：《中国民法典起草思路论战——世界民法典编纂史上的第四大论战》，中国政法大学出版社2001年10月第1版，第61页；又参见易继明：《评财产权劳动学说》，载《法学研究》2000年第3期；又参见易继明、李辉凤：《财产权及其哲学基础》，载《政法论坛》2000年第3期；又参见［德］黑格尔：《法哲学原理》，范扬、张企泰译，商务印书馆1961年6月第1版，第50页以下。

格权编”所表现出来的单薄及其与其他编章的不协调现象。〔1〕当然，本文论述的目的并不是要说明我们应当或如何编制民法典的体例，而是要说明，当代立法的根本问题是在“三条思路”和“两种主义”这些外部形式的讨论之外。质言之，当前我国制定民法典根本性问题并不是在这种外部体例与结构的安排问题上，也不是“先长头发，后梳辫子”的问题，而是我们是否存在长出满头“黑又亮”的头发的养分、土壤和环境。换句话来说，我们是否为一种开放的民事权利及其保护方式提供了足够发展空间、社会氛围和背景？例如，对私法而言，政治禁忌是否已经被打破，或者被置于很不重要的地方？经济转型还没有完成不用去说，那么我们是否已经或者能够预见到市场经济模式确立以后的状况呢？而我们对自己广袤土地上的那些习惯、风俗和文化又有多少了解（——更不用去说发掘其中有利于我们制度建设的成分了!)？我想，这可能是我们许多政治家和学者们在时下热烈的争论中不愿意面对或者被掩盖了的问题。但正是这些问题，制约和限制了我国民法法典化进程。

诚然，折中的意见总是有的：清华大学法学院教授马俊驹先生在最近的一次学会年会上曾经表示，民法典制定的条件是否成熟，是一种相对的判断；谢怀栻先生也认为，我们的民法学水平虽然不能与德国制定民法典时的水平相比，但时不待我，而且是否出现了

〔1〕王利明先生关于设置民法典总则编的专门论述，尚未见到；但是，从相关文章的论述中我们不难发现，他主张将主体制度规范纳入总则编。同时，他主张人格权编主要对人格权的一般规定和具体人格权进行规范。另外，王利明先生主持的“中国民法典·人格权编”为总则编后的“第二编”。全编分两章共70条。具体内容，请参见中国人民大学民商事法律科学研究中心2002年3月8日编制《中国民法典·人格权编》。课题负责人为王利明教授；撰稿人为王利明和杨立新两位教授。关于王利明先生的相关论述，还可以参见王利明：“论中国民法典的制定”，载《政法论坛》1998年第5期；王利明：《论中国民法典的体系》，载王利明：《民商法研究》第5辑，法律出版社2001年12月第1版，第37-64页。

萨维尼一类的人，也没有一个具体的判断标准。[1] 但这种折中意见便没有将未来中国民法典定位在“世纪法典”的位置上了。那么，我们制定的民法典，到底仅仅是继东欧剧变以后法典编纂浪潮中的一个小小的音符，还是一部21世纪的宏伟乐章呢？回答这个问题，要从两个角度来看。第一个视角是，中国的社会现状是如何制约或决定了民法典的制定，换句话说，在这种状况之下只能制定出什么样的民法典。第二个视角是，历史赋予了我国民法典什么样的使命；同时完成这一历史使命是否具有可能性。因此，对这个问题的回答，实际上涉及到对中国现实社会的更深入研究和评价、对世界私法学发展的历史总结与前瞻、以及寻找私法权利开放性保护的路径与方法等等，这是一个更深入、更具体而又更宏达的课题。

第六节 小结：永恒的理念与多元的方法

罗马法学家 Andrea Alciati 对罗马法进行了全新的研究，他力图从大量的注释和评论中揭示出“纯粹的罗马法”。他并没有忽视其它法律渊源，包括习惯、封建法、日耳曼法、法国法、意大利法、教会法等，而且还认为这些法律在法的发展中都占有一席之地。不过，他强调只有罗马法才是法的发展基础，并认为对罗马法的真正理解，是我们了解法律历程的前提条件。他认为，罗马法本身并非完美无缺；使罗马法日趋完善和发展的，恰好是它可以吸收其它法律制度中的精华，甚至是旁系的哲学、艺术、历史和语言学的东西

---

〔1〕 马俊驹先生是在2000年民法经济法学会年会上说这番话的。该年会在清华大学法学院明理楼召开，这是民法学和经济法学在一起开的最后一次年会，此后学会就分家了。谢怀栻先生的观点，请参见谢鸿飞：“‘制定一部好的中国民法典’——谢怀栻先生访谈录”，载《环球法律评论》2001年第3期。

而获得修正和完善。[1] 这里，他所强调的，正是罗马法在法学方法上所具有的“开放性”的特点。他的学生 Jacques Cujas（1522—1590 年）将罗马法进行新视角的考察的运动引领到了极至，甚至认为查士丁尼的法律委员会把罗马法弄得一团糟，他们对罗马法的编纂活动使得罗马法法律的“原质”受到破坏。[2] 其实，尽管本文的出发点也旨在发现大陆法古典时期能够体现私法理念的一些“原质性”的东西；但从某种角度说，我们实在又很难发现什么是古典私法所具有的“原质性”，因为它总是跟着时代不断地被发掘出新的历史含义。

那么，那些使古典法学能够跟时代不断发展的开放性因素到底又是什么呢？通过前面的论述，我们知道，由罗马法最终确定成型的古典法学，它的精神家园在古代希腊。换句话说，是古希腊哲学为古典法学愈久弥新的发展提供了解释力。正如一位德国哲人所说，“希腊哲学和其他的希腊精神产品一样，是一种始创性的创造品，并在西方文明的整个发展过程中具有根本性的重要意义。从来没有一个民族比希腊人更公正地评价自己的天性和组织制度、道德和习俗。从来没有一个民族能比他们更清澈的眼光去看周围的世界，去凝视宇宙的深处。正是这种公正，与一种强烈的真实感以及一种同等强烈的抽象力相结合，使他们能够在很早的时期就能够认识到他们的宗教观念实际上是一种艺术想像的产物，并设置一个凭借独立的人类思想，即逻各斯的力量建立起来的观念世界，以代替

---

〔1〕 *See* René A. Wormser, *The Story of the Law*: *And the Men Who Made It* - *From the Earliest Times to the Present* , Simon and Schuster, 1962, p. 205.

〔2〕 Jacques Cujas 认为，只有通过找寻法律的根才能保持它并建立一个科学的体制，他疯狂地搜索罗马法古老的手抄本，并试图从这些古老的罗马法文本中发现新线索。*See* René A. Wormser, *The Story of the Law*: *And the Men Who Made It* - *From the Earliest Times to the Presen* , Simon and Schuster, 1962, p. 206.

神话的世界，可以自称按一种自然的方式去解释实在。"[1]正是这种"自然的方式"，使得古典法学一直可以在尊重"人与物"两个世界的和谐中得到发展，并且在世界走向人与物的分裂与对抗时恢复"纯粹的希腊精神"（如中世纪的文艺复兴），寻求一条符合人类本性的发展道路。这才是古典法学开放式特征的本质所在。

作为一种自然理性在私法领域的表现，"私的理性"在古典时期为大陆法私法发展提供了基本理念。这种永恒的理念表达了三层含义：一种生活态度、一种私法观念和一种归纳方法。自希腊哲学为起点的大陆法私法生活可以说是一种"智慧（σoΦíα）人生"：按照自己意愿生活（即"特立独行"【autarchie】），随遇而安，各归其所。在这种态度下，私法观念中强调个体的"私的"本位，突出自由意志中的个人主义，从而在法律行为中以真实的、自主的意思表示为模式，并使它拓展到宪法、国际法等法律门类，构成西方法学的基础。[2]而"理性"则赋予了古典法学归纳生活的逻辑化和体系化的方法：在价值体系和形成体系两个方面都强调逻辑的一致性。[3]同时，由于这种循着事物发展本性的理念的贯彻，古典法

---

〔1〕［德］E·策勒尔：《古希腊哲学史纲》，翁绍军译，贺仁麟校，山东人民出版社1992年12月第1版，第2-3页。

〔2〕江山：《法的终极原创与终极价值》，载郑永流（主编）：《法哲学与法社会学论丛》（一），中国政法大学出版社1998年10月第1版，第243页。

〔3〕徐国栋先生在2002年4月5日下午于北京大学所作的题为"共和晚期古希腊哲学对罗马法技术和哲学的影响"的演讲中，着重谈到了希腊逻辑学对罗马法技术的影响。他归纳这种影响具体有五个方面：（一）依靠希腊哲学提供的概念工具，罗马法建成了煌煌的蜂窝式的法律概念体系；（二）依靠"相似的"关节点，罗马法中发展起了法律的类推适用或扩张适用的技术；（三）依靠"原因的"关节点，罗马法中发展起了因果关系理论，为责任制度的合理建立奠定了基石；（四）古希腊逻辑学影响了罗马法学家的著作类型；（五）古希腊逻辑学为罗马法学家提供了一套法律类推方法。其实，正如笔者对其演讲进行评议时所说的，在形成理性方面，最重要的是确立了"概念→分类→推理→归纳"的法律整理和归纳方法，强调其中所蕴涵的逻辑性和体系化。

学在方法论上没有局限于观念世界的束缚，而是尊重生活，面对现实，因此，其媒介生活的方法也是多元的。正如学者们所认识到的，“罗马法律传统的特征在其巧妙的方法论那里体现得淋漓尽致，而在其实体法律规则那里却并不突出。”〔1〕因为实体规则是要随着时代和现实生活不断变化的，有的甚至要逐渐地被剔除或淘汰。那么，这是否像老师们经常告诫我们的：某种具体的知识其实并不是那么重要，而重要的是学习这种知识的方法呢？在现实生活中，“谁动了我的奶酪?”〔2〕的问题，简单而尖锐；而大陆法私法古典时期发展昭示我们的，恰恰也是法律要面对生活，正视生活。以此作为法学研究与发展的基点，生活才能丰富；法学方法才会多元化。

---

〔1〕 David Ibbetson & Andrew Lewis, “The Roman Law Tradition”, *in* A. D. E. Lewis & D. J. Ibbetson, *Roman Law Tradition* , Cambridge University Press, 1994, p. 1.

〔2〕 美国作家斯宾塞·约翰逊的小说《谁动了我的奶酪?》像一个现代寓言时刻在提醒我们：生活是在不断地变化着的。参见［美］斯宾塞·约翰逊：《谁动了我的奶酪?》，吴立俊译，中信出版社 2001 年 9 月第 1 版。

第五章　结束语：形成一种权利文化

文章至此，实际上已经可以从本文研究的主题中得出一个初步的结论。但是，大陆法私法古典时期的发展史时时在昭示着我们：蕴涵了私法精神的制度构成，既是一项权利文化的成就，也是培育私法文化即权利文化的基础；甚至可以说，国家盛衰、制度建构、私法精神等问题，其落脚点都在权利文化上。同时，现代法中诸多危机，也主要是由于忽视或背离了古典法学中权利文化的结果。因此，本章作为一结束语，将对私法文化的相关命题进行简要论述，这包括：（一）国家盛衰、制度建构和私法文化的养成；（二）现代法的危机与私法文化的复兴；以及（三）中国社会权利文化的形成。最后，本章再对全文研究进行总结。

第一节　国家兴衰、制度建构与私法文化的养成

法律进化理论往往使我们有一种理论预设，认为法律的进化是与社会发展、国家强盛成正比的。但是，这个从长远来说有一定道理的看法，在某一个局部或阶段却不一定正确。这一点在大陆法私法法典化过程中表现得尤为明显。查士丁尼的法典编纂活动就是一个明证。并不是法典编纂给东罗马帝国带来了什么，而是法学的发展给查士丁尼带来了一部《民法大全》；而法典也只能维护或复述一个既有的秩序，它不可能“创造”一个新世纪，更不能去挽回一个帝国的没落。这大概是一个多少都有点令人沮丧的结论。

耶林在《罗马法的精神》一书中说，“罗马帝国曾三次征服世界，第一次以武力，第二次以宗教，第三次以法律。武力因罗马帝国的灭亡而消灭，宗教随着人民思想觉悟的提高、科学的发展而缩小了影响，唯有法律征服世界是最为持久的征服。”〔1〕无独有偶，主持了法国民法典编纂的拿破仑也曾自豪地说，“我的光荣不在于打胜了四十个战役，滑铁卢会摧毁这么多的胜利……，但不会被任何东西摧毁的，会永远存在的，是我的民法典。”〔2〕法律发达史也印证了这些话。但是，这仅仅是事物的表象。在这些历史表象的背后隐藏着的是一个更为深刻的命题：法律的兴盛离不开武力和思想精神。拿破仑如果不是在马蹄上捆绑了人的解放思想和资本主义精神，其法典不可能远播四方；即使可以靠一时的武力维护，也不可能影响如此深远。〔3〕同样的道理，罗马人的第三次征服，也是携带了古希腊自然法思想和人文主义精神才会达到。如果没有古罗马强世武功，罗马法的影响不会那么广泛；而失去了希腊法人文主义的底蕴，罗马法的影响则不可能如此悠长、深远，特别是在经历了中世纪的黑暗年代以后，更不可能复兴。

---

〔1〕 耶林关于宗教问题的论述，在史料及其价值上，本人持有不同看法。限于文章主旨，这里不作评述。

〔2〕 转引自李浩培：《〈拿破仑法典〉译者序》，商务印书馆 1979 年 10 月第 1 版，第 iii 页。

〔3〕 学者们认为，《法国民法典》的通过，部分是因为拿破仑胜利的结果，但它的经久不衰的魅力一直延续到拿破仑的最终失败以后，却部分是因为法典的简洁和环环相扣，还有 19 世纪法国的地位和影响的原因。*See* Peter de Cruz, *Comparative law: in a changing world*, 2nd ed. Cavendish Publishing Limited, 1999, p. 59.

有人说，“罗马法最初是一个意大利城邦中心的地方法。[1] 它的法律随着其政治势力范围的扩张而扩张。到我们这个时代的最初的几个世纪，它的影响遍及甚至超越了地中海地区。最近发现了罗马法作为地方法适用于西班牙南部的有力证据。罗马律师和行政官伯比尼安据说曾在公元208年于北不列颠首都约克郡帮助皇帝司法。从古埃及的纸草文稿到阿拉伯的沙漠展示了罗马法律观念的波及范围，甚至在那些具有鲜明的地方传统的地区。罗马尼亚的一纸林木产权转让证书证明了被动地向城市标准靠拢的现象。”[2] 而另一方面，随着罗马政治荣耀的消退，它的法律影响也在减弱，甚至不得不借助于希腊法的外衣，才能仍然适用于东罗马帝国的境域内，直至1453年君士坦丁堡陷落。[3] 罗素先生对此说得更是一针见血：

罗马的法律是近代许多法典的根源，但是使得这些东西成

〔1〕研究罗马法历史的著述很多。综合考察罗马法历史的最新著述是F. Wieacker, Rmische Rechtsgeschichte, Vol. 1, Berlin 1988 continuing. 英文著述对此作出有益评述的是B·Nicholas著，H. F. Jolowicz编集的 *Historical Introduction to the Study of Roman Law*，剑桥1972年。最初是为补充W. W. Buckland的Textbook of Roman Law from Augustus to Justinian，现为第三版，Peter Stein，剑桥1963年一书而作。在Milan（1961-）编集的Ius Romanum Medii Aevi一书中对于中世纪罗马法的发展作了若干研究，该书有书目索引，J. M. Kelly的 *A Short History of Western Legal Theory*，牛津1992年，对于罗马法影响西方哲学的方式做了精妙的分析。Peter Stein的贡献跨整个领域，他的许多论文都收录在 *The Character and Influence of Roman Civil Law*，伦敦1988年一书中；还可参阅他的 *Regulae Iuris*，Edinburgh 1990年以及 *Teaching of Roman Law in England Aroud* 1200，伦敦1990年。——原引注释。

〔2〕David Ibbetson & Andrew Lewis, “The Roman Law Tradition”, in A. D. E. Lewis & D. J. Ibbetson, *Roman Law Tradition*, Cambridge University Press, 1994, p. 1.

〔3〕*See* David Ibbetson & Andrew Lewis, “The Roman Law Tradition”, in A. D. E. Lewis & D. J. Ibbetson, *Roman Law Tradition*, Cambridge University Press, 1994, p. 1.

> 为重要的却是罗马的军队。希腊人虽然也是可钦敬的战士，但他们并没有征服过，因为他们的军力主要地都消耗在彼此互相敌对上面。一直要等到野蛮的亚历山大，才把希腊文化传播到了整个的近东，并使得希腊语成为埃及、叙利亚和小亚细亚内陆部分的文学语言。[1]

从这个角度讲，希腊法所建构的大陆私法的主要框架、基本原则和自然法精神，也得益于罗马人的继受和传播。而且，古典时期的罗马人也通过他们的成就告诉人们：如果说，武力夺取一个国家、甚至拓展疆土是必须的话，那么，要使获得的政权稳定，使国家富于勃勃生机，利用法律这种和平的“技艺”则更是必不可少，尤其是那些关于民生的私法。

法律的兴盛也昭示了其衰亡的内在因素。如果失去了决定兴盛的两方面因素或其中之一的内在含义，其衰亡也就来临了。雅典的失败和基督教文化的入侵，都是可以让古希腊人和古罗马人去好好地反省的。这似乎又应验了中国人修齐治平的老话：“文治武功，内外兼修！”

内外兼修，首要的是历练内功。这实际上是在人民生活中如何形成自主意思和注入权利文化的问题，而这在当前中国尤其突出的就是中国民法的现代化的问题，这也是近年来我国学术界关注的焦点。但有的学者往往很自然地由此联想到目前中国民法所面临的法典化问题，从而几乎将民法现代化与民法法典化二者相等同看待，并赋予了中国民法法典化太多的历史使命。[2]其实，如前所述，是否法典化，完全是一种或然性（而不是唯一性）的制度选择（而

---

〔1〕［英］罗素：《西方哲学史》（上卷），何兆武、李约瑟译，商务印书馆 1963 年 9 月第 1 版，第 139 页。

〔2〕韩士远：“论中国民法的现代化”，载《法学研究》1995 年第 4 期。

真正成为问题的是选择一种模式以后的相应配套制度健全问题);[1] 而且，法典化与所谓“民法学的科学化”、“民法的活法化”并不是当然地具有一致性，相反会经常相互牴牾。法律往往可以被分为法律制度、法学理论和法律文化三个层面，而始终贯彻其中的是所谓的“法律理念”或“法律精神”。作为私法一般法的民法现代化，其最终是要建立一种能够贯彻私法理念或精神的法律文化，而我们可以将之称为“权利文化”。希腊——罗马世界所培育的西方文明之所以能够成为今天的文化主导，主要得益于这种文化的传播和发展。

第二节 现代法的危机与古典法律文化的复兴

现代社会人们已不再那么关注这种东西方差异，更多的是展开了后现代主义的讨论。考夫曼教授对后现代法学的种种学说进行考察后认为，“根据许多后现代论者的观点，现代论者对自由问题的理解从根本上就是错误的。也就是说，作为可能性的自由性太可以任意选择了（外部行为能力的范围越大，自由性越大），以至于人们最终完全可以将这种空洞的自由抛弃，紧接着当然还可以将罪责和责任（Schuld und Verantwortung）如此抛弃。”[2] 正是在这个意义上，19世纪末开始的法律社会化运动的发展为我们提供了一个十分危险的信号。

私法调整的生活关系主要表现为权利义务关系，而且往往是古典法中所谓的权利本位原则之下的权利——即私权。私权处于不断

---

〔1〕从这个角度说，将民法法典化看成一种手段而不是目的的看法是较为合理的一种观点。参见高富平：《民法法典化的历史回顾》，载《华东政法学院学报》1999年第2期。

〔2〕[德] 阿图尔·考夫曼：《后现代法哲学——告别演讲》，米健译，法律出版社2000年9月第1版，第7页。

地发生、变更和消灭中，而在私权变动的各个法律构成要件中最为重要的就是法律行为，特别是契约。这样，私权和私法法律行为就与公权和公法行为区别开来，相应的诉讼原则上也通过不同的程序进行。〔1〕私法是以自由意志为基础的，是个人主义和自由主义的集中体现，但即使是最能够体现意思自治的契约领域，今天也是让人们感到它并非是一个“自在自为”的地方。

就拿耶林在法学上的“伟大发现”即缔约过失理论来看，它本身就是在理性主义之外来寻求所谓的法律正义。这一理论认为，“于缔约之际，尤其是在缔约谈判过程中，一方当事人因可非难的行为侵害他方当事人时，应依契约法原则（而非依侵权行为规定）负责，至于契约是否成立，此一可非难的行为与契约内容是否有关，均所不问。”〔2〕这种契约责任的确立，实际上违背了过去严格定义下的意思自治与契约自由精神（甚至连契约还未达成），而是在借用“诚实信用”之类的虚妄条款，〔3〕去实现所谓的实质正义。典型的代表如《意大利民法典》第1337条的规定：“在谈判和缔约的过程中，双方当事人应当根据诚实信用原则进行之。”〔4〕而这些谈判和缔约前的所谓“诚实信用”义务包括很多：“无效原因的告知”（第1338条）；“法律或行业规范的自动插入”（第1339条）；“惯例条款的适用”（第1340条）；“租赁物的瑕疵责任的承担”（第1578条和1580条）；“借用物的瑕疵责任的承担”（第1812条）；

〔1〕［日］末川博（主编）：《民事法学辞典》，有斐阁1960年6月1日初版，第820页。

〔2〕［德］汉斯·德勒（Hans Dölle）：《法学上的发现》（Juristische Entdeckungen），王泽鉴译，载王泽鉴：《民法学说与判例研究》（第4册），台湾大学法律学系法学丛书编辑委员会1994年10月版，第8－9页。

〔3〕这里丝毫没有对“帝王条款”（诚实信用）的贬义，而是认为，形式理性的产生本身就代表了最大或最广泛的诚信；而我们在修正的意义上使用这一条款的时候，一定要主意其限度，——否则，就会对制度本身和相对人构成可能的伤害。

〔4〕参见《意大利民法典》，费安玲、丁玫译，中国政法大学出版社1997年6月第1版。以下引用该法典，均参见该译本。

“借贷物的瑕疵责任的承担”（第1821条）等。并且，该法典还将这种契约责任与侵权责任混同，并在这种责任的竞合中，将对某些行为追究责任方式的选择交给了当事人。该法第2043条对“不法行为的损害赔偿”的规定中，也包括这种契约中“不诚实”的行为。这种规定强调了法律的目的性和社会利益，认为在“个人与社会之间业已确立的合伙关系”中，“使个人的劳动——无论是体力的劳动还是脑力的劳动——尽可能地对他人有助益，从而也间接地对自己有助益，亦即使每一种力量都为人服务，这就是每个文明的民族都必须解决和应对的问题，并根据这个问题来调整它的整个经济”。[1] 这样，契约自由、意思自治在“我为世界”与“世界为我”的大同美景中消失，而所谓“我为自己而存在”[2] 的三维空间的基点也没有了，——即将个人的“私的”、“自由的”东西放在了次要的位置。

如果说耶林的这种做法还只是在契约之外的小小的“扩张”或“修补”的话，那么麦克尼尔（Ian R. Macneil）教授的关系契约理论则是对契约“内部”进行的“彻底地”改造。他认为现代契约是一种“关系性契约”（modern contractual relations），传统关于契约的定义[3] 只是法律上的或表面化的，而不是事实上的或实质上的契约的定义。而事实上，“承诺只能被合理地看作整个社会母体的一部分，所以个人意志只能是部分地自由的，原因是社会母体规定了

---

〔1〕*See* Jhering, *Law as a Means to an End*, transl. I. Husik (New York, 1924), P. 397; pp. 68–69. 转引自［美］E·博登海默：《法理学：法律哲学与法律方法》，邓正来译，中国政法大学出版社1999年1月第1版，第109页。

〔2〕耶林提出法律支柱的三个前提为：(1)“我为自己而存在”；(2)“世界为我而存在”；(3)“我为世界而存在”。他认为这三个前提正是法律的目的和内容所在。参见张宏生、谷春德（主编）：《西方法律思想史》，北京大学出版社1996年11月重排本第1版，第355页。

〔3〕《美国法律重述》（第二次）中说：“所谓契约，就是一个或一组承诺，法律对契约的不履行给予救济，或者在一定意义上承认契约的履行为一种义务。”

很多限制。"[1] 这样，一种"私的"概念被扩大化、社会化，而科技在此起到了推波助澜的作用。他说：

> 现代技术导致了产品和服务的高度专业化，因此，在现代关系性的交换中，要求高度的精确性。这是原始契约关系和现代契约关系之间最主要的区别之一。这是技术时代难以置信的专业化的直接结果。然而，现代契约关系并非一串简单的个别性交易。恰恰相反，现代技术的复杂性需要有将最特定最可度量的交换联结到持续进行的关系模式中的过程和结构。而且，任何现代关系也都牵涉到许许多多不能度量或不加度量的交换。例如，一个差劲的工人和一个优秀工人之间区别不是用薪水或产量来度量的，也是不能用薪水或产量来度量的。[2]

麦克尼尔的这种关系性契约理论，实际上使契约脱离了大陆法中"债"的范畴（——当然，英美法中也没有这个概念），几乎与他所要刻意避免的与卢梭的"社会契约论"[3] 相接近甚或相一致。连在解释学上对此理论大加赞赏的日本学者内田贵教授也认为，

---

〔1〕[美] 麦克尼尔：《新社会契约论》，雷喜宁、潘勤译，中国政法大学出版社 1994 年 12 月第 1 版，第 6 页及其注释 [16]。

〔2〕[美] 麦克尼尔：《新社会契约论》，雷喜宁、潘勤译，中国政法大学出版社 1994 年 12 月第 1 版，第 21 页。

〔3〕卢梭的社会契约论的核心思想是：人是生而自由和平等的，国家只能是人民自由的协议的产物；如果自由被强力所剥夺，则被剥夺了自由的人民就有革命的权利，去用强力夺回自己的自由。因此，国家的主权在民，而民主共和政体是这种思想的最佳体现。这一学说经常被用来解释近代国家和政体理论。参见卢梭：《社会契约论》，何兆武译，商务印书馆 1980 年 2 月修订第 2 版。

"采用这样的社会学观点，最终走向承认社会规范本身具有法源性。"〔1〕这种做法将个人的"意思表示"放在了一个"微不足道"的位置："在关系性契约中，内容和责任的渊源都来自关系本身，是缓慢进化的习俗与法律模式的结果，个人的承诺只有微不足道的意义。"〔2〕这种对契约的扩大化理解，使私人之间的交易行为变成为整个社会组织与结构关系网，具有鲜明的团体主义趋向。其实，我们也不难从这些论述中发现现代西方法中浓厚的法律社会运动的影子：狄骥（Léon Duguit）和埃利希（Eugen Ehrlich，1862—1922年）的社会连带关系法学、庞德（Roscoe Pound）的社会利益法学、卢埃林（Karl N. Llewellyn，1892—1962年）的现实主义法学和涂尔干（? mile Durlhem，1858—1917年）的社会分工理论等等。这些理论在私法领域内的生搬硬套，混淆了私人生存的社会背景与私人生活本身的区别。这不仅有违契约自由精神，也使作为"私法"的契约法具有了"公共的"和"社会的"色彩，甚至就是与社会一体的"公法"性质。如果说近代法抽象的形式主义（特别是德国法中的物权行为理论）是法律对生活的第一次凌辱的话，那么，这种将私权"社会化"的理论则是法律对人们自由意志的再次强暴。

这种对个体感受的忽视、人的被奴役和异化，与近代法在启蒙时期所追求的人本主义和自由精神的目的截然相反。历史的二律悖

---

〔1〕［日］内田贵：《现代契约法的新发展与一般条款》，胡宝海译，载梁慧星（主编）：《民商法论丛》（1994年第2号）总第2卷，法律出版社1994年12月第1版，第132-133页。这位日本东京大学的内田贵教授认为，"从解释论观点考察'关系契约'模式，与其说它存在于现实的社会事实之中，更应理解为它是在法的世界上以解释学方式构成的。即在实定法规范和判例中出现了用传统契约模式难以说明的新性质的规范。作为存在于该规范之背后的契约模式，通过解释学上所构成的契约模式就是关系契约模式。"由此，他说："至少在日本范围内作为对抗古典契约模式的新契约模式，从解释学上构成关系契约模式是可能的，这就是我的主张。"

〔2〕［美］麦克尼尔：《新社会契约论》，雷喜宁、潘勤译，中国政法大学出版社1994年12月第1版，第16页。

反在此重演，而导演正是科学技术。因为技术使过去显而易见的物品形骸化：我们可以见到耒耜上的破损，却很难知道具有优美外观的电冰箱内居然是废旧的电机；我们可以发现苹果已经腐烂，但却不能了解电脑主板已经损坏；我们可以自由地驾御马车，但却不能完全自如地控制飞速行驶的汽车……。是技术，使我们不能控制过去为我们所控制的"物的世界"；是技术，使我们的自由意志在法律形式与意思表示的实质中发生了隔离或割离，——而这，在过去的时代，它们是一体地被我们所掌握、所运用的。所以，事实上，科学与技术进步的"广泛的合理性（这种合理性促进效率和增长）本身就是不合理的"。[1] 而认为人们会在历史上将"破天荒地"地违背限制他们的自由和人性的必然性而自由地集体行动的想法，本身就是一种自欺欺人；并且，恰好相反的却是"手段损害了目的"。[2] 所谓法律社会化运动，不过是人们企图拨离形式而去追求实质正义的一种努力罢了。但形式正义却又是我们传统制度形成的基础，也只有它才是我们所能够"看得见的正义"！这样，在工业发展与现代技术的影响下，法学在形式理性与实质理性之间陷入了一种两难的困境。

另外有一点要说明，有些看似是出于"公共安全"的考虑，其实并不与私法自治相违背，甚至是私法自治原则的一种现代体现。例如，经常为人们所援用的英国法独创的禁反言原则（the doctrine

---

〔1〕［德］马尔库塞：《单面人》，张伟译，载上海社会科学院哲学研究所外国哲学研究室（编）：《法兰克福学派论著选辑》（上卷），商务印书馆 1998 年 10 月第 1 版，第 487 页。

〔2〕［德］马尔库塞：《单面人》，欧力同、邵水浩译，张伟校，载上海社会科学院哲学研究所外国哲学研究室（编）：《法兰克福学派论著选辑》（上卷），商务印书馆 1998 年 10 月第 1 版，第 525 页。书中原话为："对抗的共处形势可以说明斯大林主义工业化的这种恐怖特征。但是，它同时也推动了这种倾向于把技术进步作为统治工具，并使之持续化的各种力量；手段损害了目的。"

of estoppel）和德国法创造的法外观说（die Rechtsscheintheorie），往往被看成现代法以牺牲权利安全为代价而维持交易安全的一种方法，[1]但实际上，这只是因为法律本身就具有“外部性”（?uβerlichkeit des Rechts），从而也导致了法学发展中出现“外观优越”的原理。在私法领域实行私法自治原则，这就意味着个人自身是首当其冲的法的评价主体，但也绝不意味着我们必须将“道德的内部性”（Innerlichkeit der Moral）作为唯一的尺度。即便如此，原权利人和善意第三人的自由意志没有孰优孰劣的问题，这里的价值判断只存在在个人自身的生活关系中，我们是从安定的条件（权利安全）还是从进步的条件（交易安全）来选择我们的生活。因此，这完全是一个生活态度问题，并不意味着对私法自治原则的违背，并“使得私法逻辑一体性丧失”。[2]

当然，各国法律观念和理论都存在一定的“国情”问题。如美国在使用契约方面有比较冗长的传统，这与一个移民国家缺乏自身的稳定社会结构和社区信用有关。“因为在移民社会的美国，不能保证交易对方与自己共有相同的价值观。所以以书面确定契约条件的诱导性较高，也可以说是理所当然的。”[3]但是，过分强调“中

---

〔1〕［日］喜多了佑：《外观优越的法理》，千仓书房1976年5月20日版，第57页以下。

〔2〕［日］喜多了佑：《外观优越的法理》，千仓书房1976年5月20日版，第80页。

〔3〕［日］内田贵：《现代契约法的新发展与一般条款》，胡宝海译，载梁慧星（主编）：《民商法论丛》（1994年第2号）总第2卷，法律出版社1994年12月第1版，第126页。另外，我们也可以用美国弗吉尼亚大学布莱克（Donald J. Black）教授法律运作中的“关系距离”公式来说明这个问题：“关系距离预示并说明了法律的量：法律与关系距离之间的关系呈曲线型。在关系密切的人们中间，法律是不活跃的；法律随人们之间的距离的增大而增多，而当增大到人们的生活世界完全相互隔绝的状态时，法律开始减少。”这样，传统社会中人们关系密切，对法律及其完整性并不十分甚至较少依赖，那么其完备的书面契约就缺乏社会关系基础。参见［美］布莱克：《法律的运作行为》，唐越、苏力译，中国政法大学出版社1994年4月第1版，第47页以下。

国特色”或某种特殊性的做法可能会使我们不自觉地远离全球视野，从而对现代各国法律理论的发展潮流视而不见，最终阻碍自身的发展。同样，如果我们没有一种权利文化作为背景而去奢谈法律的社会化，那么我们离专制可能就只有一步之遥。因此，对我们而言，当务之急并不在于进行所谓“革命性”的民主建设，而是通过点滴的权利规则的建立，来实现人们的“私人的”权利，这才是我们制度的坚实基础。

现代法的这种漠视个人自由，实际上表明了它自身存在着重大危机，也预示着古典法学的伟大复兴即在。这不仅是因为需要对现代法的矫正，而且在于知识社会似乎又将我们拉回到了“蛮荒”时代，——在这个时代，理性、权利和个性的张扬，都在召唤着我们：重新捡拾起那些成就我们今天生活基础的多元方法，恢复我们作为一个生命个体的“私的”信心。

第三节　私法精神与中国社会权利文化的形成

有一种几乎被普遍接受的观点认为，东西方法律观念存在差异：西方人认为法律是正义和权利的象征，因此市民们应该为确保法律公正和权利得以实现而进行斗争；但东方人则认为正人君子都以礼为治并重视社会责任，因而人们较为注重伦理和精神方面，而认为法律仅仅是一种不得已而为之的补救性技术。[1] 由此，人们

〔1〕这种观点经常在东西方学者对东西方法律文化差异进行比较中论及，而东方学者在反思本土文化中尤其如此。*See* David, “Introduction to the ‘Different Conceptions of the Law’”, in: *International Encyclopedia Comparative Law*, Vol. 2, chap. 1, 1975, p. 3et seq. 又参见［美］鲁思·本尼迪克特：《菊与刀》，吕万和、熊达云、王智新译，商务印书馆1990年6月第1版，第17、135页。另外，关于中国“以礼入法”形成过程的论述，请参见瞿同祖著述《中国法律与中国社会》（中华书局1981年12月第1版），特别是其中第六章第三节和附录文章《中国法律之儒家化》。

得出一个结论认为：西方是一种权利文化，而东方则是以义务为本位的一种文化。然而，也许正如大木雅夫教授所说，我们关于东西方人在权利意识方面的这种知识可能是错误的，它不过是“学者们的童话”而已。“一般说来，诉讼会吞噬时间、金钱、安逸和朋友(Lawsuits consume time, and money, and rest, friends.)，对东西方而言，都是一种常识。国民性中的所谓‘好讼’或‘厌讼’倾向之说，恐怕归根结底还是起因于学者的分类癖。”〔1〕

不过，在中国社会中，重刑轻民、重视公法，这是一种较为普遍的现象。《史记·舜本纪》记载：“五刑有服”。《集解》引马融曰：“墨、劓、宫、 、大辟也。”《左传·昭十四年》晋叔向曰：“恶而掠美为昏，贪以败官为墨，杀人不忌为贼。昏、墨、贼、杀，为皋陶之刑也。”《尚书·吕刑》孔传曰：“吕侯以穆王命作书，训畅夏赎刑之法，更从轻以布告天下。后为甫侯，故又称甫刑。”《困学纪闻》(卷六) 曰：“昭六年，子产铸刑书。二十九年，赵鞅荀寅铸刑鼎。至定九年，邓析作竹刑，则书于竹简矣。然甫刑云，明启刑书，则其来已久。”国学大师陈登原（1899—1975年）先生尝考古法典云：“战国之时，楚有宪令，魏有法经，韩有刑名，秦有狱官文学，齐有法律。”〔2〕不论是托古之传说还是古史翔实之记载，总之，一望而知，我国古之法典，刑名杀伐之声，不绝于耳。“我国法律界，最不幸者，则私法部分全付阙如之一事也。”个中原因，乃因为“儒法两派，不能调和，此所以法令虽如牛毛，而民法竟如麟角也。”〔3〕但即使在今天，也有人认为，法治问题“归根结底，

---

〔1〕［日］大木雅夫：《比较法》，范愉译，朱景文审校，法律出版社1999年4月第1版，第129页。

〔2〕陈登原：《国史旧闻》第一册（上），陈克艰重新校点，辽宁教育出版社2000年1月第1版，第148－152页。

〔3〕梁启超：《论中国成文法编制之沿革得失》（1904），载梁启超：《梁启超法学文集》，范中信选编，中国政法大学出版社2000年1月第1版，第174－175页。

是一个公法问题”。〔1〕其实，在法治意义上，我们是不容易区分“公法意义上的法治”还是“私法意义上的法治”的。因为“以水为治”之“法治”不同于“以刀为治”之“法制”，它讲求的法律之自然属性，以人性为基础，体现的是人类的共同理性。这却又不分是“立于公权之上”还是“立于私权之上”。归根结底，“依法治国”所表达的是一种治理国家的方略，而“法治”描绘了被治理的国家所处的一种状态。进一步地说，这种状态就是以一种个性张扬、权利文化发达为其社会背景和氛围。〔2〕而正如同本文开篇所说，这种社会背景和氛围，是以公私法二者在对抗的结构中方能形成的。

中国人的20世纪是一个令人激动而又沉重得不得不让人深思的100年。上半个世纪，充满忧患又富于希望；下半个世纪，让人兴奋又使人困惑。那生于忧患中的中国民法典（民国十八年民法典）如今还在我国台湾地区适用；而在兴奋中的人们虽然没有一部民法典，而新一轮的民法典制定工作毕竟可以令人再次激动不已。但是，经历了这沉重的百年，我们是否能抑制住时代的情感而使我们对眼前所做的一切更增加一些历史感呢？当然，这种历史感并非让人们去重返罗马、复归希腊，而是在面对实践的法治秩序的建构中不要忘记历史：法的过去和我们今天的所作所为在历史上可能的评价。这样，在历史宽广而多彩的舞台上，我们的心灵就会平静而悠长。而在我本人看来，私法领域中的法制完备更不能忽视私法的

---

〔1〕夏勇：《法治与公法》，载《读书》2001年第5期，第117－120页。同样的文字，又参见夏勇：《法治与公法》，载夏勇（编）：《公法》第2卷，法律出版社2000年12月第1版，第598－601页。

〔2〕中国社会科学院法学研究所研究员夏勇先生是我国当代法学界中较为突出的青年学者，他的文章与为人，都是为我辈所十分钦佩的。但先生的这种观点，我却不敢苟同。对夏勇先生该文的商榷文章，我著有“公法、私法与法治”（待刊稿）一文。

基本理念：自然理性和权利思想，——也许什么都会变，唯有这种基本信念是亘古不变的。

从某种角度说，权利文化也是一种最能体现人性和复归人性的文化，是一种最能反映生命之真的文化，我们甚至可以将它比拟地看成“童心文化”（而不是“童话文化”），这不同于一种单纯的“儿童文化”，它是一种经历社会与世俗历练以后的人性的自我舒展与张扬。[1]这使我想起了一位几经风雨现在旅居国外的作家的“人生最大的凯旋”。

> 回归童心，这是我人生最大的凯旋。
>
> 当往昔的田畴碧野重新进入我的心胸，当母亲给我的简单的瞳仁重新进入我的眼眶，当人间的黑白不在我面前继续颠倒，我便意识到人性的胜利。这是我的人性，被高深的人视为浅薄的人性，被浅薄的人视为高深的人性。
>
> 此刻我在孩童的视野中沉醉。大地的广阔与干净，天空的清新与博爱，超验的神秘与永恒，这一切，又重新使我向往。扬弃了假面，才能看到生命之真和世界之真。[2]

不过，私法文化和权利文化的形成还不能靠远离尘嚣以后的心灵回归，法律是实践性和斗争性的，正如耶林所说，“法是不断的努力。但这不单是国家权力的，而是所有国民的努力。”要想达到我们“人生的凯旋”，“处于必须主张自己权利的立场上，无论何人

---

〔1〕正是在这个意义上，周国平先生认为，孩子往往比大人更智慧，都具有一些苏格拉底式的气质。他认为如果一个人能够保持一颗童心，就会在成长过程中把单纯的慧心转变为一种成熟的智慧。参见周国平：《朝圣的心路》，广西师范大学出版社 2001 年 10 月第 1 版，第 153－154 页。

〔2〕刘再复：《独语天涯——1001 夜不连贯的思索》，上海文艺出版社 2001 年 3 月第 1 版，第 133 页。

都将参加这一国民的实践，把各自的绵薄之力投入到实现这世间的法理念中去。”〔1〕

私法是将普通老百姓的一种所谓的“大众情感”加以专门化的过程。在这种“专门化”过程中，私法理论完成了它的抽象（如法律行为及其模式），而理论与社会的结合又形成一种历史的积淀，最后便自然导致精神与制度磨合成一种私法文化。

第四节　结　　论

通过以上论述，或许可以毫不夸张地说，本文将大陆法私法发展推向了古代希腊。这不仅仅是一个时间概念上的突破，更主要的是发掘了大陆法系发展的历史基础，并为目前尚缺乏系统化研究的古典法学注入了新的历史内涵。从古希腊社会对私法精神的培育到古罗马法律世俗化运动中大陆法私法古典模式的确立，我们可以发现，古典时期大陆法私法传统是当时的社会土壤和环境的产物，而这种传统的形成又影响和塑造了欧陆人的生活及其民族性。美国著名社会学家查尔斯·霍顿·库利（Charles Norton Cooley，1864—1929年）认为，“人性”有三种意义，即我们可以简单地归结为生物遗传性、社会性和“行为取向特性”。他同时认为，“从更一般的意义上应该说，人类本性最基本的特点就是可教育性”。〔2〕这实际上就说明了人类本性的可塑性特征。正是建立在这种认识上，我们理解

---

〔1〕［德］鲁道夫·冯·耶林：《为权利而斗争》，胡宝海译，载梁慧星（主编）：《民商法论丛》（1994年第2号）总第2卷，法律出版社1994年12月第1版，第13页。

〔2〕［美］查尔斯·霍顿·库利：《人类本性与社会秩序》，包凡一、王湲译，华夏出版社1989年7月第1版，第19－21页。对人性的第三种意义，库利教授认为是“不易概括的”，如人性善或恶、吝啬或慷慨、保守或激进、平庸或能干等；并且认为这些行为的本性会随着外部环境的变化而变化。这里，笔者将这种特性概括为“行为取向特性”。

了欧陆私法的古典史，也从中发掘了一些有益于当前我国私法制度、学说和权利文化建设的具体命题或结论，——它们包括：(一)以“私的本位”为民法基本理念，确立私法在我国法律体系中的基础地位；(二)将私法作为一个整体看待，以比较法研究作为法律移植的学术起点，在制度建设中全面而客观地认识法典化现象，寻求实现我国民法现代化的多元方法；(三)理解国家兴衰、制度建构与私法文化的关系，培养私法精神，促进我国权利文化的形成。

附 录

参考文献

1.［古罗马］查士丁尼：《法学总论——法学阶梯》，张企泰译，商务印书馆 1989 年 12 月第 1 版。

2.［古罗马］查士丁尼：《学说汇纂：正义和法》，［意］桑德罗·斯奇巴尼选编，黄风译，中国政法大学出版社 1992 年 4 月第 1 版。

3.［古罗马］查士丁尼：《学说汇纂：公法》，［意］桑德罗·斯奇巴尼选编，张礼洪译，中国政法大学出版社 2000 年 3 月第 1 版。

4.［古罗马］查士丁尼：《学说汇纂：法律行为》，［意］桑德罗·斯奇巴尼选编，徐国栋译，中国政法大学出版社 1998 年 8 月第 1 版。

5.［古罗马］查士丁尼：《学说汇纂：物与物权》，［意］桑德罗·斯奇巴尼选编，范怀俊译，中国政法大学出版社 1993 年 12 月第 1 版和 1999 年 7 月第 1 版。

6.［古罗马］查士丁尼：《学说汇纂：债·契约之债》，［意］桑德罗·斯奇巴尼选编，丁玫译，中国政法大学出版社 1994 年 6 月第 1 版。

7.［古罗马］查士丁尼：《学说汇纂：契约之债与准契约之债》，［意］桑德罗·斯奇巴尼选编，丁玫译，中国政法大学出版社 1998 年 10 月第 1 版。

8.［古罗马］查士丁尼：《学说汇纂：债·私犯之债（Ⅱ）和犯罪》，［意］桑德罗·斯奇巴尼选编，徐国栋译，中国政法大学出版社 1998 年 4 月第 1 版。

9.［古罗马］查士丁尼：《学说汇纂：遗产继承》，［意］桑德罗·斯奇巴尼选编，费安玲译，中国政法大学出版社 1995 年 3 月第

1 版。

10. [古罗马] 查士丁尼：《学说汇纂：婚姻·家庭和遗产继承》，[意] 桑德罗·斯奇巴尼选编，费安玲译，中国政法大学出版社 2001 年 11 月第 1 版。

11. [古罗马] 查士丁尼：《学说汇纂（第 7 卷）：用益权》，米健译，法律出版社 1999 年 10 月第 1 版。

12. [古罗马] 查士丁尼：《学说汇纂（第 18 卷）：买卖契约》，刘家安译，中国政法大学出版社 2001 年 11 月第 1 版。

13. 杨振山、[意] 桑德罗·斯奇巴尼（主编）：《罗马法·中国法与民法法典化》，中国政法大学出版社 1995 年 11 月第 1 版。

14. 杨振山、[意] 桑德罗·斯奇巴尼（主编）：《罗马法·中国法与民法法典化——物权和债权之研究》，中国政法大学出版社 2001 年 11 月第 1 版。

15. 杨振山：《一部历史性的基本法律——纪念〈民法通则〉实施十周年》，载《中国法学》1997 年第 1 期。

16. 李开国：《民法通则的历史功绩与历史局限》，载《现代法学》1997 年第 4 期。

17. 徐国栋（编）：《中国民法典起草思路论战——世界民法典编纂史上的第四大论战》，中国政法大学出版社 2001 年 10 月第 1 版。

18. 梁慧星（主编）：《民商法论丛》（2001 年第 4 号）总第 21 卷，金桥文化出版（香港）有限公司 2001 年 12 月第 1 版。

19. 梁慧星：《是制定“物权法”还是制定“财产法”？——郑成思教授的建议引发的思考》，载“中国民商法律网站·学者论谈”（www. civillaw. com. cn），2001 年 12 月 24 日。

20. 郑成思：《几点事实的澄清及我的总看法》，载“中国民商法律网站·学者论谈”（www. civillaw. com. cn），2001 年 12 月 24 日。

21. 马俊驹、杨琴：《论社会主义市场经济与民法的完善》，载《法学评论》1996 年第 1 期。

22. 柳经纬、吴克友：《关于制定民法典的条件是否成熟的几个问题》，载《中国法学》1998 年第 4 期。

23. 王利明：《论中国民法典的制订》，载《政治论坛》1998 年第 5 期。

24. 高富平：《民法法典化的历史回顾》，载《华东政法学院学报》1999 年第 2 期

25. [德] K·茨威格特、H·克茨：《比较法总论》，潘汉典、米健、高鸿钧、贺卫方译，潘汉典校，贵州人民出版社 1992 年 9 月第 1 版。

26. C. H. S. Fifoot, *Frederic William Maitland*: *A Life*, Massachusetts: Harvard University Press, 1971.

27. S. F. C. Milsom, "Introduction", *in* Sir F. Pollock & F. W. Maitland, *The History of English Law*: *before the time of Edward* Ⅰ, Cambrige: Cambrige University Press (1968), vol. 1. civ.

28. [日] 大木雅夫：《比较法》，范愉译，朱景文校，法律出版社 1999 年 4 月第 1 版。

29. [美] 菲利普·李·拉尔夫、罗伯特·E·勒纳、斯坦迪什·米查姆、爱德华·伯恩斯：《世界文明史》(上卷)，赵丰等译，商务印书馆 1998 年 5 月第 1 版。

30. 苏珊·五德福特、苏珊·谢弗－克兰德尔、罗莎·玛丽亚·莱茨：《剑桥艺术史：希腊和罗马、中世纪、文艺复兴》(1)，罗通秀、钱乘旦译，朱龙华校译，中国青年出版社 1994 年 5 月第 1 版。

31. [德] 古斯塔夫·施瓦希：《希腊古典神话》，曹乃云译，译林出版社 1995 年 5 月第 1 版。

32. 张俊浩（主编）：《民法学原理》，中国政法大学出版社 1997 年 7 月修订版。

33. 魏振瀛（主编）:《民法》, 北京大学出版社、高等教育出版社 2000 年 9 月第 1 版。

34. H. U. Wehler, *Deutsche Gesellschaftsgeschichte* , Bd. 1, München, 1987.

35. [德] 哈贝马斯:《公共领域的结构转型》, 曹卫东、王晓珏、刘北城、宋伟杰译, 学林出版社 1999 年 1 月第 1 版。

36.《古代汉语词典》编写组（编）:《古代汉语词典》, 商务印书馆 1998 年 12 月第 1 版。

37. 陈戍国点校《四书五经》(上册), 岳麓书社 1991 年 7 月第 1 版。

38.《郭店楚墓竹简》。

39. 邓建鹏:"子思学派法律思想研究"(未刊稿)。

40. [日] 星野英一:《民法劝学》（民法のすすめ）（日文）, 岩波书店 1998 年 1月 20 日初版。

41. [日] 川岛武宜:《现代化与法》, 申政武、王志安、渠涛、李旺译, 王晨校, 中国政法大学出版社 1994 年 10 月第 1 版。

42. 韩忠谟:《法学绪论》, 台湾韩忠谟教授法学基金会 1994 年再版。

43. *Black's Law Dictionary* , 5th ed., West Publishing Company, 1979.

44. 张佩霖（主编）:《民法大辞典》, 湖南出版社 1991 年 10 月第 1 版。

45. 江平、王家福（主编）:《民商法学大辞书》, 南京大学出版社 1998 年 4 月第 1 版。

46. 徐开墅（主编）:《民商法辞典》, 上海人民出版社 1997 年 12 月第 1 版。

47. 佟柔:《我国民法科学在新时期的历史任务》和《论我国民法的调整对象及与经济法的关系》, 载《佟柔文集》编辑委员会

(编)：《佟柔文集——纪念佟柔教授诞辰 75 周年》，中国政法大学出版社 1996 年 6 月第 1 版。

48. 列宁：《列宁全集》第 42 卷，人民出版社 1987 年版。

49. 苏号朋：《民法文化：一个初步的理论解析》，载《比较法研究》1997 年第 3 期（总第 43 期)。

50.《云五社会科学大辞典·法律学》，台湾商务印书馆股份有限公司 1986 年 5 月第 7 版。

51. [日] 末川博（主编)：《民事法学辞典》（日文)，有斐阁 1960 年 6 月 1 日初版。

52. [葡萄牙] Carlos Alberto da Mota Pinto：《民法总论》（*Teoria Geral do Direito Civil*）（第 3 版)，澳门翻译公司等译，法律翻译办公室、澳门大学法学院 1999 年 12 月中文版。

53. 沈宗灵：《比较法研究》，北京大学出版社 1998 年 9 月第 1 版。

54. 王涌：《私权的概念》，载夏勇（编)：《公法》第 1 卷，法律出版社 1999 年 12 月第 1 版。

55. 王泽鉴：《民法总则》（增订版)，中国政法大学出版社 2001 年 7 月第 1 版。

56. 王泽鉴：《民法实例研习·民法总则》，台湾三民书局 1997 年 3 月版。

57. H. F. Jolowicz, *Roman Foundations of Modern Law*, Oxford at the Clarendon Press, 1957.

58. 梅仲协：《民法要义》，中国政法大学出版社 1998 年 6 月第 1 版。

59. 王利明（主编)：《民法》，中国人民大学出版社 2000 年 6 月第 1 版。

60. 俞江：《关于"古代中国有无民法"问题的再思考》，载《现代法学》2001 年第 6 期。

61. [德] 迪特尔·梅迪库斯:《德国民法总论》,邵建东译,法律出版社 2000 年 11 月第 1 版。

62. [日] 川井 健:《民法概论 (1):民法总则》(日文),有斐阁 1995 年第 1 版。

63. 中共中央马克思恩格斯列宁斯大林著作编译局 (编):《马克思恩格斯选集》(第 4 卷),人民出版社 1972 年 5 月第 1 版。

64. [英] 巴里·尼古拉斯:《罗马法概论》,黄风译,法律出版社 2000 年 12 月第 1 版。

65. [德] 拉德布鲁赫:《法学导论》,米健、朱林译,中国大百科全书出版社 1997 年 7 月第 1 版。

66. 张岱年:《中国古典哲学概念范畴要论》,中国社会科学出版社 1987 年 6 月第 1 版。

67.《庄子·天地第十二》,载《诸子集成 (3):庄子集解·庄子集释》,王先谦注,郭庆藩辑,上海书店出版社 1986 年 7 月第 1 版。

68. 中国大百科全书总编辑委员会《哲学》编辑委员会 (编):《中国大百科全书·哲学》第 1 卷,中国大百科全书出版社 1985 年 8 月第 1 版。

69. [古希腊] 亚里士多德:《范畴篇·解释篇》,方书春译,商务印书馆 1959 年 9 月新 1 版。

70.《荀子·天论篇第十七》,载《诸子集成 (2):荀子集解》,王先谦集解,上海书店出版社 1986 年 7 月第 1 版。

71. 武树臣 (等著):《中国传统法律文化》,北京大学出版社 1994 年 8 月第 1 版。

72. [德] 柯武刚、史漫飞:《制度经济学:社会秩序与公共政策》,韩朝华译,商务印书馆 2000 年 11 月第 1 版。

73. [英] 雷蒙德·弗思:《人文类型》,费孝通译,华夏出版社 2002 年 1 月第 1 版。

74. [美] 弗里德曼：《法律制度》，李琼英、林欣译，中国政法大学出版社 1994 年 6 月第 1 版。

75. [英] 麦考密克、[捷] 魏因贝格尔：《制度法论》，周叶谦译，中国政法大学出版社 1994 年 4 月第 1 版。

76. [英] 乔治·克拉克：《总导言：史学与近代史学家》，载 [英] G. R. 波特（编）：《新编世界近代史：文艺复兴（1493－1520）》，中国社会科学院世界历史研究所组译，中国社会科学出版社 1999 年 1 月第 1 版。

77. 王东杰：《重写"思想史"》，载《读书》2001 年第 1 期。

78. 葛兆光：《中国思想史——七世纪前中国的知识思想与信仰》(第一卷)，复旦大学出版社 1998 年 4 月第 1 版。

79. 何勤华：《西方法学史》，中国政法大学出版社 1996 年 6 月第 1 版。

80. 何勤华：《中国法学史》（第一卷、第二卷），法律出版社 2000 年 10 月第 1 版。

81. [意] 朱塞佩·格罗素：《罗马法史》，黄风译，中国政法大学出版社 1994 年 4 月第 1 版。

82. [意] 彼得罗·彭梵得：《罗马法教科书》，黄风译，中国政法大学出版社 1992 年 9 月第 1 版。

83. John Henre Merryman, *The Civil Law Tradition* , 2nd ed, Stanford University Press, 1985.

84. [美] 格伦顿、戈登、奥萨魁：《比较法律传统》，米健、贺卫方、高鸿钧译，中国政法大学出版社 1993 年 1 月第 1 版。

85. [澳大利亚] 瑞安：《民法的发展》，楚建译，载《外国民法资料选编》选编组（编）：《外国民法资料选编》，法律出版社 1983 年 6 月第 1 版。

86. [美] 伊迪丝·汉密尔顿：《希腊方式——通向西方文明的源流》，徐齐平译，浙江人民出版社 1988 年 11 月第 1 版。

87.［古罗马］M. T. 瓦罗：《论农业》，王家绶译，商务印书馆 1981 年 6 月第 1 版。

88.［美］戴维·林德伯格：《西方科学的起源：公元前六百年至公元一千四百五十年宗教、哲学和社会建制大背景下的欧洲科学传统》，王珺、刘晓峰、周文峰、王细荣译，中国对外翻译出版公司 2001 年 7 月第 1 版。

89. 夏勇：《确立和坚守人文社会学科的核心价值》，载《中国社会科学》2000 年第 1 期。

90.［古罗马］西塞罗：《国家篇·法律篇》，沈叔平、苏力译，商务印书馆 1999 年 8 月第 1 版。

91. 朱龙华：《罗马文化与古典传统》，浙江人民出版社 1993 年 10 月第 1 版。

92. 李天祜：《古代希腊史》，兰州大学出版社 1991 年 4 月第 1 版。

93. 中共中央马克思恩格斯列宁斯大林著作编译局（编）：《马克思恩格斯选集》（第 3 卷），人民出版社 1972 年 5 月第 1 版。

94.［英］亨利·梅因：《古代法》，沈景一译，商务印书馆 1959 年 2 月第 1 版。

95.［古罗马］西塞罗：《论共和国·论法律》，王焕生译，中国政法大学出版社 1997 年 4 月第 1 版。

96. 周枏：《罗马法原论》（上册），商务印书馆 1994 年 6 月第 1 版。

97. 张乃根：《西方法哲学史纲》，中国政法大学出版社 1993 年 9 月第 1 版。

98. Peter de Cruz, *Comparative law: in a changing world*, 2nd ed. Cavendish Publishing Limited, 1999.

99. 顾准：《希腊城邦制度》，中国社会科学出版社 1986 年 12 月第 2 版。

100. [法] 孟德斯鸠：《论法的精神》（上册），张雁深译，商务印书馆 1961 年 11 月第 1 版。

101. 李静冰（编）：《民法的体系与发展——民法学原理论文选辑》（编者的话），中国政法大学教材（《民法学原理》参考读物），1995 年。

102. [美] 罗斯科·庞德：《普通法的精神》，唐前宏、廖湘文，高雪原译，夏登峻校，法律出版社 2001 年 1 月第 1 版。

103. 朱龙华：《世界历史·上古部分》，北京大学出版社 1991 年 12 月第 1 版。

104. 周长龄：《法律的起源》，中国人民公安大学出版 1997 年 1 月第 1 版。

105. [德] 罗曼·赫尔佐克：《古代的国家——起源和统治形式》，赵蓉恒译，北京大学出版社 1998 年 10 月第 1 版。

106. [意] 贝卡里亚：《论犯罪与刑罚》，黄风译，中国大百科全书出版社 1993 年 6 月第 1 版。

107. 曲可伸（主编）：《世界十大著名法典评介》，湖北人民出版社 1990 年版。

108. René A. Wormser, *The Story of the Law – And the Men Who Made It – From the Earliest Time to the Present* , Simon and Schuster, 1962.

109. [美] 路易斯·亨利·摩尔根：《古代社会》（上册），杨东莼、马雍、马巨译，商务印书馆 1977 年 8 月第 1 版。

110. [古希腊] 亚里士多德：《政治学》，吴寿彭译，商务印书馆 1965 年 8 月第 1 版。

111.《不列颠百科全书》1977 年第 15 版，第 8 卷。

112. 丘日庆（主编）：《各国法律概况》，上海社会科学院法学所编译，知识出版社 1981 年 10 月第 1 版。

113. [法] 奥古斯特·孔德：《论实证精神》，黄建华译，商务印书馆 1996 年 12 月第 1 版。

114. [联邦德国] 施太格缪勒：《当代哲学主流》（上卷），王炳文、燕宏远、张金言等译，商务印书馆 1986 年 1 月第 1 版。

115. [东汉] 许慎：《说文解字》。

116. [古希腊] 修昔底德：《伯罗奔尼撒战争史》（上册），谢德风译，商务印书馆 1960 年 4 月第 1 版。

117. [英] 汤因比：《历史研究》（上），曹末风等译，上海人民出版社 1997 年 11 月第 1 版。

118. *Webster's Ninth New Collegiate Dictionary*, World Publishing Corp, 1988.

119. [法] 孟德斯鸠：《罗马盛衰原因论》，婉玲译，商务印书馆 1962 年 5 月第 1 版。

120. [英] 罗素：《西方哲学史》（上卷），何兆武、李约瑟译，商务印书馆 1963 年 9 月第 1 版。

121. 苗力田：《思辨是最大幸福》，载 [古希腊] 亚里士多德：《尼各马科伦理学》译序，苗力田译，中国社会科学出版社 1999 年 8 月修订第 1 版。

122. 曾世雄：《民法总则之现在与未来》，中国政法大学出版社 2001 年 10 月第 1 版。

123. [英] 登特列夫（A. P. d'Entrèves）：《自然法》，李日章译，台湾联经出版事业公司 1984 年 12 月初版。

124. [古罗马] 塔西佗：《塔西佗〈编年史〉》（上册），王以铸、崔妙因译，商务印书馆 1981 年 4 月第 1 版。

125. [古希腊] 柏拉图：《理想国》，郭斌和、张竹明译，商务印书馆 1986 年 8 月第 1 版。

126. 颜一：《流变、理念与实体——希腊本体论的三个方向》，中国人民大学出版社 1997 年 10 月第 1 版。

127. [英] 约翰·托兰德：《泛神论要义》，陈启伟译，商务印书馆 1997 年 5 月第 1 版。

128.［意］维柯：《新科学》（下册），朱光潜译，商务印书馆 1989 年 6 月第 1 版。

129. 王立民：《古代东方法研究》，学林出版社 1996 年 6 月第 1 版。

130.［日］高柳贤三：《英美法源理论》，扬磊、黎晓译，西南政法学院外国法制史教学参考丛书第二集（日本有斐阁 1953 年第 7 版）

131.［美］罗斯柯·庞德：《法律史解释》，曹玉堂、杨知译，邓正来校，华夏出版社 1989 年 4 月第 1 版。

132.［德］尼采：《希腊悲剧时代的哲学》，周国平译，商务印书馆 1994 年 7 月第 1 版。

133.［英］约翰·希克斯：《经济史理论》，厉以平译，商务印书馆 1987 年 7 月第 1 版。

134. 葛兆光：《古代中国社会与文化十讲》，清华大学出版社 2002 年 1 月第 1 版。

135.［古希腊］亚里士多德：《雅典政制》，日知、力野译，商务印书馆 1959 年 9 月新 1 版。

136. 陈盛清（主编）：《外国法制史》（修订本），北京大学出版社 1987 年 4 月第 2 版。

137. A. R. W. Harrison, *The Law of Athens* , Oxford at The Clarendon Press, Part I. Law of Family, Ⅳ. Guardianship, Section 4. Actions.

138.［古罗马］M. P. 加图：《农业志》第一章，马香雪、王格森译，商务印书馆 1986 年 6 月第 1 版。

139. 王阁森：《加图及其农业志》，载［古罗马］M. P. 加图：《农业志》，马香雪、王格森译，商务印书馆 1986 年 6 月第 1 版。

140.［日］星野英一：《私法中的人》，王闯译，载梁慧星（主编)：《民商法论丛》(1997年第2号) 总第8卷，法律出版社1997年12月第1版。

141. [美] 乔·萨托利：《民主新论》，冯克利、阎克文译，东方出版社1993年6月第1版。

142. 强世功：《"公的法律"与"私的法律"》，载邓正来（主编)：《中国书评》总第5期，香港社会科学服务中心、中国社会科学研究所1995年5月版。

143. 王云霞、何戊中：《东方法概述》，法律出版社1993年4月第1版。

144. [美] 詹姆斯·高德利：《法国民法典的奥秘》，张晓军译，载梁慧星（主编)：《民商法论丛》(1996年第1号) 总第5卷，法律出版社1996年7月第1版。

145. [古罗马] 优士丁尼：《法学阶梯》，徐国栋译，中国政法大学出版社1999年12月第1版。

146. [美] 罗斯科·庞德：《普通法的精神》，唐前宏、廖湘文，高雪原译，夏登峻校，法律出版社2001年1月第1版。

147. [德] 康德：《法的形而上学原理》，沈叔平译，商务印书馆1991年9月第1版。

148. 陈弘毅：《权利的兴起：对几种文明的比较研究》，周叶谦译，载《环球法律评论》(原《外国法译评》) 1996年第4期。

149. 王哲：《西方政治法律学说史》，北京大学出版社1988年8月第1版。

150. [古希腊] 亚里士多德：《尼各马科伦理学》，苗力田译，中国社会科学出版社1999年8月修订第1版。

151. [英] 阿伦·布洛克：《西方人文主义传统》，董乐山译，三联书店1997年10月第1版。

152. [德] 克雷斯蒂安·冯·巴尔：《欧洲比较侵权行为法》(上卷)，张新宝译，法律出版社2001年12月第1版。

153. 王泽鉴：《侵权行为法（第一册）：基本理论·一般侵权行为》，中国政法大学出版社 2001 年 7 月第 1 版。

154. 佟柔（主编）：《中国民法学·民法总则》，中国人民公安大学出版社 1990 年 8 月第 1 版。

155. 黄洋：《古代希腊土地制度研究》，复旦大学出版社 1995 年 6 月第 1 版。

156. 任先行、周林彬：《比较商法导论》，北京大学出版社 2000 年 10 月第 1 版。

157. 法学教材编辑部（编）：《外国法制史资料选编》，北京大学出版社 1982 年 10 月第 1 版。

158. ［英］A. 安德鲁斯：《希腊僭主》，钟嵩译，马香雪校，商务印书馆 1997 年 2 月第 1 版。

159. ［古希腊］柏拉图：《法律篇》，张智仁、何勤华译，孙增霖校，上海人民出版社 2001 年 7 月第 1 版。

160. 由嵘（主编）：《外国法制史》，北京大学出版社 1992 年 1 月第 1 版。

161. G. Y. Diosdi, *Comtract in Roman Law*, Translated by DR. J. Szabo, Akademi Kiado, Budapest, 1981.

162. 王卫国：《过错责任原则：第三次勃兴》，中国法制出版社 2000 年 5 月第 1 版。

163. Hammond, *A History of Greece To 322B.C.*, Oxford University Press, 1959.

164. ［英］汤因比：《历史研究》（上），曹末风等译，上海人民出版社 1997 年 11 月第 1 版。

165. ［英］休谟：《人性论》（上册），关文运译，郑之骧校，商务印书馆 1980 年 4 月第 1 版。

166. V. 奥斯特罗姆、D. 菲尼. H. 皮希特（编）：《制度分析与发展的反思——问题与抉择》，王诚等译，商务印书馆 1992 年

9 月第 1 版。

167. [德] 黑格尔：《法哲学原理》，范扬、张企泰译，商务印书馆 1961 年 6 月第 1 版 。

168. [德] 埃德蒙德·胡塞尔：《欧洲科学危机和超验现象学》，张庆熊译，上海译文出版社 1988 年 10 月第 1 版。

169. [德] 胡塞尔：《欧洲科学的危机和超越伦的现象学》（德国毕迈尔编），王炳文译，商务印书馆 2001 年 12 月第 1 版。

170. Peter Stein, *Roman Law in European History* , Cambridge University Press, 1999.

171. 徐国栋：《奎里蒂法研究》，载《第二届“罗马法·中国法与民法法典化”国际研讨会论文集（中文）》（中国·北京·1999）。

172. 胡长清：《中国民法总论》，中国政法大学出版社 1997 年 12 月第 1 版。

173. 杨共乐（选译）：《罗马共和国时期》（上），商务印书馆 1997 年 12 月第 1 版。

174. Franz Wieacher, “Privatrechtsgeschichte der Neuzeit”, 1. Aufl., 1952.

175. [日] 远藤浩等（编）：《民法（1）·总则》（第 3 版）（日文），有斐阁双书 1987 年版。

176. 易继明（主编）：《私法》第 1 辑第 1 卷，北京大学出版社 2000 年 9 月第 1 版。

177. [意] 桑德罗·斯奇巴尼：《〈民法大全选译（III）·物与物权〉说明》，范怀俊译，中国政法大学出版社 1993 年 12 月第 1 版。

178. 王泽鉴：《民法学说与判例研究》（第 8 册），台湾大学法律学系法学丛书编辑委员会 1996 年 10 月版。

179. 孙宪忠：《德国当代物权法》，法律出版社 1997 年 7 月第 1 版。

180. 郑玉波：《民法物权》，台湾 1988 年修订版。

181. 谢在全:《民法物权论》(下), 台湾 1995 年修订版。

182. 谢在全:《民法物权论》(下), 中国政法大学出版社 1999 年 1 月第 8 版。

183. [日] 柚木馨、高木多喜男:《担保物权法》, 有斐阁 1973 年版。

184. 钱明星:《物权法原理》, 北京大学出版社 1994 年 1 月第 1 版。

185. 谢邦宇 (主编):《罗马法》, 北京大学出版社 1990 年 10 月第 1 版。

186. 陈华彬:《物权法原理》, 国家行政学院出版社 1998 年 4 月第 1 版。

187. 王泽鉴:《民法学说与判例研究》(第 4 册), 台湾大学法律学系法学丛书编辑委员会, 1994 年 10 月版。

188. [美] E·A·霍贝尔:《初民的法律》, 周勇译, 中国社会科学出版社 1993 年版。

189. [美] E·A·霍贝尔:《原始人的法》, 严存生等人译, 贵州人民出版社 1992 年 8 月版。

190. 王利明:《合久必分: 侵权行为法与债法的关系》, 载《法学前沿》第 1 辑, 法律出版社 1997 年 9 月第 1 版。

191. 魏振瀛:《论债与责任的融合与分离》, 载《中国法学》1998 年第 1 期。

192. [日] 北川善太郎:《日本民法体系》, 李毅多、仇京春译, 科学出版社 1995 年 8 月第 1 版。

193. 史尚宽:《债法总论》, 台湾 1978 年版。

194. 史尚宽:《债法总论》, 中国政法大学出版社 2000 年 1 月第 1 版。

195. [日] 吉野悟:《罗马法与罗马社会》(日文), 近藤出版社 1976 年 4 月 10 日版。

196.“查士丁尼组织编订并颁布《学说汇纂》和《法学阶梯》的四个敕令”，陈虹、范敏、徐国栋译，徐国栋校，载梁慧星（主编）：《民商法论丛》（1998年第1号）总第10卷，法律出版社1998年10月第1版。

197. Alan Rodger, “Labeo and the Fraudulent Slave”, in A. D. E. Lewis & D. J. Ibbetson, *Roman Law Tradition* , Cambridge University Press, 1994.

198. 法学教材编辑部（编）：《西方法律思想史资料选编》，北京大学出版社1983年2月第1版。

199. [德] 弗里德曼·卡尔·冯·萨维尼：《论立法与法学的当代使命》，许章润译，中国法制出版社2001年11月第1版。

200. [美] 希拉里·普特南：《理性、真理与历史》，童世骏、李光程译，上海译文出版社1997年2月第1版。

201. F. H. Lawson, *A Common Lawyer Looks at the Civil Law* , University of Michigan Law School, 1953.

202. [日] 中川善之助、远藤浩、泉久雄（编）：《民法事典》（日文），青林书院新社1982年12月10日第三版。

203. [美] 罗斯柯·庞德：《通过法律的社会控制·法律的任务》，沈宗灵、董世忠译，杨昌裕、楼邦彦校，商务印书馆1984年4月第1版。

204. 郭华成：《法律解释比较研究》，中国人民大学出版社1993年11月第1版。

205. 杨振山、龙卫球：《罗马法的传统性和法律方法》，载《中国法学》1995年第1期。

206. [美] 罗纳德·德沃金：《认真对待权利》，信春鹰、吴玉章译，中国大百科全书出版社1998年5月第1版。

207. 参见沈宗灵：《现代西方法理学》，北京大学出版社1992年6月第1版。

208. 杨仁寿:《法学方法论》，台湾中华书局1986年版。

209. 杨仁寿：《法学方法论》，中国政法大学出版社1999年1月第1版。

210. William M. Gordon, "Going to the Fair - Jacques de Révigny on Possession", *in* A. D. E. Lewis & D. J. Ibbetson, *Roman Law Tradition*, Cambridge University Press, 1994.

211. [葡] 叶士朋:《欧洲法学史导论》，吕平义、苏健译，中国政法大学出版社1998年6月第1版。

212. 沈宗灵:《比较法研究》，北京大学出版社1998年9月第1版。

213. [法] 奥古斯特·孔德：《实证精神》，黄建华译，商务印书馆1996年12月第1版。

214. 参见赵汀阳：《论可能生活》，北京生活·读书·新知三联书店1994年9月第1版。

215. [德] 康德:《论优美感和崇高感》，何兆武译，商务印书馆2001年11月第1版。

216. [美] 艾伦·沃森：《民法法系的演变及形成》，李静冰、姚新华译，中国政法大学出版社1992年6月第1版。

217. [英] 许倬云:《从历史看组织》，上海人民出版社2000年7月第1版。

218. [德] 马克斯·韦伯：《经济与社会》（下卷），约翰内斯·温克尔曼整理，林荣远译，商务印书馆1997年12月第1版。

219. [法] 卢梭:《社会契约论》，何兆武译，商务印书馆1980年2月修订第2版。

220. [英] 洛克：《政府论》（上篇），翟菊农、叶启芳译，商务印书馆1982年11月第1版。

221. [德] 尤尔根·哈贝马斯:《作为"意识形态"的技术与科学》，李黎、郭官义译，学林出版社1999年第1版。

222.［德］马尔库塞：《单面人》，张伟译，载上海社会科学院哲学研究所外国哲学研究室（编）：《法兰克福学派论著选辑》（上卷），商务印书馆 1998 年 10 月第 1 版。

223.［德］霍克海默：《批判理论》，重庆出版社 1989 年版。

224.［德］H. 贡尼、R. 林古特：《霍克海默传》，任立译，商务印书馆 1999 年 1 月第 1 版。

225.［美］马丁·杰伊：《法兰克福学派史（1923－1950）》，单世联译，广东人民出版社 1996 年版。

226.［英］C·P·斯诺：《两种文化》，纪树立译，生活·读书·新知三联书店 1994 年 3 月第 1 版。

227. 朱勇、吴易风：《技术进步与经济的内生增长——新增长理论发展述评》，载《中国社会科学》1999 年第 1 期。

228. 江小涓：《经济转轨时期的产业政策——对中国经验的实证分析与前景展望》，上海三联书店、上海人民出版社 1996 年 4 月第 1 版

229.［美］史蒂文·凯尔曼：《制定公共政策》，商务印书馆 1990 年 6 月第 1 版。

230.［美］约·肯·加尔布雷思：《经济学和公共目标》，蔡受百译，商务印书馆 1980 年 6 月第 1 版。

231.［美］华勒斯坦等：《学科·知识·权力》，刘健芝等编译，生活·读书·新知三联书店、牛津大学出版社 1999 年 3 月第 1 版。

232.［英］李特尔：《福利经济学评述》，陈彪如译，商务印书馆 1965 年 5 月第 1 版。

233. 胡代光、周安军：《当代西方经济学者论市场经济》，商务印书馆 1996 年第 1 版。

234. Hugh Stretton & Lionel Orchard, "Public Goods, Public Enterprise", *in Public Choice* , ST. Martin' s Press, INC., 1994.

235. 张曙光：《个人权利和国家权力》，载刘军宁、王焱、贺

卫方（编）：《市场逻辑与国家观念》，生活·读书·新知三联书店1995年11月第1版，第2页。

236. C. F. Delaney (ed), *Liberalism – Communitarianism Debate* , Lanham, Maruland: Rowman and Littlefield, 1994.

237. A. Ezioni (ed), *The Spirit of Community* , New York: Grown Publishing, 1991.

238. [英] 休谟：《人性论》（下册），关文运译，郑之骧校，商务印书馆1980年4月第1版。

239. [英] 亚当·斯密：《国民财富的性质和原因的研究》（下卷），郭大力、王亚南译，商务印书馆1974年6月第1版。

240. Tyler Cowen, *the Theory of Market Failure: a critical examination* , Geogrge Mason University Press, 1988.

241. K. D. Goidin, "Equal Access vs Selective Access: a critique of public goods theory", *in Public Choice* , Vol. 29 (Spring), 1977.

242. [美] 安东尼·B·阿特金森、约瑟夫·E·斯蒂格里茨：《公共经济学》，上海三联出版社1994年第1版。

243. W. F. Brubaker, "Free Ride, Free Revelation, or Golden Rule?", *in Journal of Law and Economics* Vol. 18 (April), 1975.

244. R. H. Coase, "The Lighthouse in Economics", *in Journal of Law and Economics* , Vol. 17, 1974.

245. H. Demsetz, "The Private Production of Public Goods", *in Journal of Law and Economics* , Vol. 13 (October), 1970.

246. [英] 约翰·穆勒：《政治经济学原理》（下卷），胡企林、朱泱译，商务印书馆1991年9月第1版。

247. 樊纲：《作为公共机构的政府职能》，载刘军宁、王焱、贺卫方（编）：《市场逻辑与国家观念》，生活·读书·新知三联书店1995年11月第1版。

248. [日] 星野英一：《民法典百年与时下的立法问题》（上）

(日文)，载《法学教室》第210期，有斐阁1998年3月版。

249.［日］吉田克己：《现代市民社会的构造与民法学的课题》(1)（日文)，载《法律时报》第68卷第11号，日本评论社1996年10月版。

250.［英］彼得·斯坦、约翰·香德：《西方社会的法律价值》，王献平译，郑成思校，中国人民公安大学出版社1990年12月第1版。

251. 梁启超：《论中国成文法编制之沿革得失》(1904)，载梁启超：《梁启超法学文集》，范中信选编，中国政法大学出版社2000年1月第1版。

252. 张五常：《经济解释——张五常经济论文选》，易宪容、张卫东译，朱泱校，商务印书馆2000年11月第1版。

253.［美］道格拉斯·C·诺思：《经济史上的结构和变革》，厉以平译，商务印书馆1992年10月第1版。

254.［冰］思拉恩·埃格特森：《新制度经济学》，吴经邦等译，商务印书馆1996年10月第1版。

255.［德］威廉·冯堡：《论国家的作用》，林荣远、冯兴元译，中国社会科学出版社1998年3月第1版。

256. S. C. Humphreys, "Law, Court, Legal Process". 日文翻译：葛西康德、高桥秀树，载《法政理论》第31卷第2号，新潟大学法学会1998（平成10）年11月20日版。

257. 张恒山：《财产所有权的正当性依据》，载《现代法学》2001年第6期。

258.［法］莱昂·狄骥：《公法的变迁》，郑戈译，辽海出版社、春风文艺出版社1999年6月第1版。

259. 佘能斌、王申义：《论物权法的现代化发展趋势》，载《中国法学》1998年第1期。

260. 梁慧星：《从近代民法到现代民法——20世纪民法回顾》，

载《中外法学》1997年第2期。

261.［德］迪特尔·梅迪库斯：《德国民法总论》，邵建东译，法律出版社2000年11月第1版。

262.［德］阿图尔·考夫曼：《后现代法哲学——告别演讲》，米健译，法律出版社2000年9月第1版。

263. 米健：《考夫曼先生追忆》，载《比较法研究》2001年第3期。

264.［德］弗里德里希·卡尔·冯·萨维尼：《现代罗马法体系(第八卷)：法律冲突与法律规则的地域和时间范围》，李双元、张茂、吕国民、郑远民、程卫东译，法律出版社1999年9月第1版。

265. 邓正来：《关于中国社会科学的思考》，上海三联书店2000年12月第1版。

266. P. Bourdieu, *In Other Words: Essays Toward a Reflexive Sociology*, Cambridge: Polity Press, 1990.

267. 张维迎：《企业理论与中国企业改革》，北京大学出版社1999年3月第1版。

268. 孙宪忠：《关于民商法的研究方法》，载《法律科学》1999年第2期。

269. 徐国栋：《民法基本原则解释——成文法局限性之克服》(增订本)，中国政法大学出版社2001年9月第1版。

270. 张中秋：《中西法律文化比较研究》，南京大学出版社1999年6月第2版。

271. 何勤华：《法学形态靠——“中国古代无法学论”质疑》，载《法学研究》1997年第2期。

272. 苏力：《语境论——一种法律制度研究的进路和方法》，载《中外法学》2000年第1期。

273. 贺卫方：《具体法治》，载《现代法学》2002年第1期。

274. 贺卫方：《具体法治》，法律出版社2002年1月第1版。

275. 沈宗灵：《评“法律全球化”理论》，载《人民日报》1999年12月11日（星期六），第6版。

276. [英] 施米托夫：《国际贸易法文选》，程家瑞编辑，赵秀文选译，郭寿康校，中国大百科全书出版社1993年12月第1版。

277. 陈春文：《全球化格局与中国的私民社会传统》，载《科学·经济·社会》1999年第2期。

278. [美] D. 梅多斯（等著）：《增长的极限》，于树生译，商务印书馆1984年5月第1版。

279. [英] 安东尼·吉登斯：《第三条道路：社会民主主义的复兴》，郑戈译，黄平校，北京大学出版社、三联出版社2000年1月第1版。

280. 郑昕：《康德学述》，商务印书馆1984年8月第2版。

281. [瑞士] 奥刘佛·隆：《关贸总协定多边贸易体制的法律及其局限》，董守云译，左羽校，中国社会科学出版社1989年2月第1版。

282. [德] 沃尔夫岗·塞勒特：《从德国商法典编纂历史看德国民商法之间的关系》，邵建东、焦美华译，载范健、邵健东、戴奎生（主编）：《中德法律继受与法典编纂——第四届费彝民法学论坛文集》，法律出版社2000年11月第1版。

283. [美] 汉斯·凯尔森：《国际法原理》，王铁崖译，华夏出版社1989年9月第1版。

284. [奥] 凯尔森：《法与国家的一般理论》，沈宗灵译，中国大百科全书出版社1996年1月第1版。

285. 韩德培、杜涛：《晚近国际私法立法的新发展》，载韩德培、余先予、黄进（主编）：《中国国际私法与比较法年刊》（2000年·第3卷），法律出版社2000年8月第1版。

286. [德] 弗兰克·闵策尔：《求大同：德国民法典立法的成果和错误——纪念德国民法典生效一百周年》，载《中外法学》2001

年第1期。

287. 徐海燕：《制定〈欧洲民法典〉的学术讨论述评》，载《当代法学》1999年第2期。

288. Benjamin N. Cardozo, *The Nature of the Judicial Process*, Sixth Printing (March, 1928), Yale University Press, 1921.

289. [美] 本杰明·卡多佐：《司法过程的性质》，苏力译，商务印书馆1998年11月第1版。

290. 沈宗灵：《论法律移植与比较法学》，载《环球法律评论》(原《外国法译评》) 1995年第1期。

291. 王晨光：《不同国家法律间的相互借鉴与吸收》，载沈宗灵、王晨光（编）：《比较法学的新动向——国际比较法学会议论文集》，北京大学出版社1993年11月第1版。

292. 沈宗灵：《比较法学的一些理论问题——国际比较法学会述评》，载《中国法学》1992年第4期。

293. 何勤华（主编）：《法的移植与法的本土化》，法律出版社2001年5月第1版。

294. [日] 穗积陈重：《法律进化论》，黄尊三、萨孟武、陶汇曾、易家钺译，中国政法大学出版社1997年12月第1版。

295. [英] 休特利、达比、克劳利、伍德豪斯：《希腊简史——从古代到1964年》，中国科学院世界历史研究所翻译小组译，商务印书馆1974年10月第1版。

296. [法] 勒内·达维德：《当代主要法律体系》，漆竹生译，上海译文出版社1984年11月第1版。

297. 米健：《从比较法到共同法——现今比较法学者的社会职责和历史使命》，载《比较法研究》2000年第3期。

298. ヘルム－ト·コ－イニダ：《欧洲法文化的源流（ヨ－ロツパ法文化の流れ)》（日文)，河上伦逸译，上山安敏校，ミネルヴァ书房1983年。

299. 郑强：《法律移植与法制变迁——析艾伦·沃森的法律社会理论》，载《环球法律评论》（原《外国法译评》）1997 年第 3 期。

300. 苏力：《送法下乡——中国基层司法制度研究》，中国政法大学出版社 2000 年 10 月第 1 版。

301. [瑞典] K·Å·莫戴尔：《当代欧洲的法律传统和文化》，聂秀时译，高鸿钧校，载《环球法律评论》（原《外国法译评》）1999 年第 1 期。

302. [美] 孟罗·斯密：《欧陆法律发达史》，姚梅镇译，中国政法大学出版社 1999 年 3 月第 1 版。

303. A. D. E. Lewis & D. J. Ibbetson, *Roman Law Tradition* , Cambridge University Press, 1994.

304. 张德美：《浅论法律移植的方式》，载《比较法研究》2000 年第 3 期。

305. 马作武、何邦武：《传统与变革——从日本民法典的修订看日本近代法的冲突》，载《比较法研究》1999 年第 2 期。

306. 杜颖：《日本民法典的百年历程》，载梁慧星（主编）：《民商法论丛》（2001 年第 3 号）第 20 卷，香港金桥文化出版（香港）有限公司 2001 年 9 月第 1 版

307. 李贵连：《沈家本年谱长编》，张国华审订，台湾成文出版社有限公司 1992 年 9 月第 1 版。

308. 张国福：《中华民国法制简史》，北京大学出版社 1986 年 1 月第 1 版。

309. 陶广峰：《清末民初中国比较法学的产生》，载《法学研究》1998 年第 1 期。

310. 何勤华：《当代日本法学——人与作品》，上海社会科学院出版社 1991 年 12 月第 1 版。

311. [日] 石川明：《德国民法典对日本民法及民法学的影

响》，陈卫佐译，载易继明（主编）：《私法》第1辑第2卷，北京大学出版社2002年3月第1版。

312. 梁慧星：《当前关于民法典编纂的三条思路》，载《中外法学》2001年第1期。

313. 谢鸿飞：《“制定一部好的中国民法典”——谢怀栻先生访谈录》，载《环球法律评论》2001年第3期。

314. 张宏生、谷春德（主编）：《西方法律思想史》，北京大学出版社1996年10月重排版第1版。

315. ［美］彼得·哈伊：《美国法律概论》（第2版），沈宗灵译，北京大学出版社1997年9月第1版。

316. 江平：《制定民法典的几点宏观思考》，载《政法论坛》1997年第3期。

317. 江平：《江平文集》，中国法制出版社2000年12月第1版。

318. 徐国栋先生2002年4月5日下午在北京大学所作的题为“共和晚期希腊哲学对罗马法之技术和内容的影响”的报告以及该报告未刊稿

319. Plato, *Rep.*, i. 332a.

320. ［日］石尾芳久等（编）：《日本近代法120讲》（日文），法律文化社1992年1月25日初版，第195页。

321. ［日］吉田克己：《现代市民社会的构造与民法学的课题》(7)（日文），载《法律时报》第853号，日本评论社1997年5月1日版。

322. A. von Mehre & J. Gordley, *The Civil Law System* (2nd Ed.), Boston: Little, Brown, 1978, Ch. 1.

323. 张千帆：《〈法国民法典〉的历史演变》，载《比较法研究》1999年第2期。

324. ［日］濑川信久：《民法解释方法论的今日状况》（日文），

载《私法》第60号，有斐阁1998年4月版。

325. 易继明：《知识社会中法律的回应性特征》，载《法商研究》2001年第4期。

326. [美] 诺内特、塞尔兹尼克：《转变中的法律与社会》，张志铭译，中国政法大学出版社1994年4月第1版。

327. 梁慧星：《制定民法典的设想》，载《现代法学》2001年第2期。

328. [德] 马克斯·韦伯：《论经济与社会中的法律》，埃德华·希尔斯、马克斯·莱茵斯坦英译，张乃根译，中国大百科全书出版社1998年9月第1版。

329. [德] 诺伯特·霍恩：《百年民法典》，申卫星译，米健校，载《中外法学》2001年第1期。

330. 娄进波：《〈德国民法典〉的发展及其评述》，载《环球法律评论》（原《外国法译评》）1993年第3期。

331. 张生：《民国初期民法的近代化——以固有法与继受法的整合为中心》，中国政法大学出版社2002年2月第1版。

332. [比] 亨利·皮朗：《中世纪欧洲经济社会史》，乐文译，上海人民出版社2001年7月第1版。

333. 周雪光：《西方社会学关于中国组织与制度变迁研究状况述评》，载《社会学研究》1999年第4期。

334. 钱明星：《论我国用益物权的基本形态》，载易继明（主编）：《私法》第1辑第2卷，北京大学出版社2002年3月第1版。

335. 梁慧星（主编）：《中国物权法草案建议稿：条文、说明、理由与参考立法例》，社会科学文献出版社2000年3月第1版。

336. 王利明（主编）：《中国物权法草案建议稿及说明》，中国法制出版社2001年4月第1版。

337. 全国人大常委会法制工作委员会2002年1月28日印发的"关于《中华人民共和国物权法（征求意见稿）》的说明"。

338.［俄］B. 波尔佳科夫：《中华人民共和国的所有制关系改革——为中共十一届三中全会20周年而作》，赵国琦译，载《国外社会科学》1999年第5期。

339. 沈宗灵：《依法治国与经济》，载《中外法学》1998年第3期。

340. 中国社会科学院法学研究所民法研究室（编）：《苏俄民法典》，中国社会科学院出版社1980年9月第1版。

341. 李红海："早期英国法与罗马法发展的相似性——一个宏观的比较"（未刊稿）。

342. 徐国栋：《东欧剧变后前苏联集团国家的民商法典和民商立法——法律史、民商法典的结构、土地所有权和国有企业问题》，载梁慧星（主编）：《民商法论丛》（1999年第2号）第14卷，法律出版社2000年4月第1版。

343. 王利明：《中国民法典制定的若干问题》，载王利明：《民商法研究》第5辑，法律出版社2001年12月第1版。

344. 易继明：《评财产权劳动学说》，载《法学研究》2000年第3期。

345. 易继明、李辉凤：《财产权及其哲学基础》，载《政法论坛》2000年第3期

346. 中国人民大学民商事法律科学研究中心2002年3月8日编制《中国民法典·人格权编》；课题负责人为王利明教授；撰稿人为王利明和杨立新两位教授。

347. 王利明：《论中国民法典的体系》，载王利明：《民商法研究》第5辑，法律出版社2001年12月第1版。

348.［德］E·策勒尔：《古希腊哲学史纲》，翁绍军译，贺仁麟校，山东人民出版社1992年12月第1版。

349. 江山：《法的终极原创与终极价值》，载郑永流（主编）：《法哲学与法社会学论丛》（一），中国政法大学出版社1998年10

月第1版。

350. [美] 斯宾塞·约翰逊:《谁动了我的奶酪?》,吴立俊译,中信出版社2001年9月第1版。

351. 李浩培:《〈拿破仑法典〉译者序》,载《拿破仑法典》,李浩培、吴传颐、孙鸣岗译,商务印书馆1979年10月第1版。

352. 韩士远:《论中国民法的现代化》,载《法学研究》1995年第4期。

353. [德] 阿图尔·考夫曼:《后现代法哲学——告别演讲》,米健译,法律出版社2000年9月第1版。

354. 王泽鉴:《法学上的发现》,载王泽鉴:《民法学说与判例研究》(第4册),(台湾)国立台湾大学法律学系法学丛书编辑委员会1994年10月版。

355. [美] E·博登海默:《法理学:法律哲学与法律方法》,邓正来译,中国政法大学出版社1999年1月第1版。

356. [美] 麦克尼尔:《新社会契约论》,雷喜宁、潘勤译,中国政法大学出版社1994年12月第1版。

357. [法] 卢梭:《社会契约论》,何兆武译,商务印书馆1980年2月修订第2版。

358. [日] 内田贵:《现代契约法的新发展与一般条款》,胡宝海译,载梁慧星(主编):《民商法论丛》(1994年第2号)总第2卷,法律出版社1994年12月第1版。

359. [日] 喜多了佑:《外观优越的法理》(日文),千仓书房1976年5月20日版。

360. [美] 布莱克:《法律的运作行为》,唐越、苏力译,中国政法大学出版社1994年4月第1版。

361. David, "Introduction to the 'Different Conceptions of the Law'", *in International Encyclopedia Comparative Law*, Vol. 2, chap. 1, 1975.

362. [美] 鲁思·本尼迪克特:《菊与刀》,吕万和、熊达云、王智新译,商务印书馆 1990 年 6 月第 1 版。

363. 瞿同祖:《中国法律与中国社会》,中华书局 1981 年 12 月第 1 版。

364. 陈登原:《国史旧闻》第一册(上),陈克艰重新校点,辽宁教育出版社 2000 年 1 月第 1 版。

365. 夏勇:《法治与公法》,载《读书》2001 年第 5 期。

366. 夏勇(编):《公法》第 2 卷,法律出版社 2000 年 12 月第 1 版。

367. 周国平:《朝圣的心路》,广西师范大学出版社 2001 年 10 月第 1 版。

368. 刘再复:《独语天涯——1001 夜不连贯的思索》,上海文艺出版社 2001 年 3 月第 1 版。

369. [德] 鲁道夫·冯·耶林:《为权利而斗争》,胡宝海译,载梁慧星(主编):《民商法论丛》(1994 年第 2 号)总第 2 卷,法律出版社 1994 年 12 月第 1 版。

370. [美] 查尔斯·霍顿·库利:《人类本性与社会秩序》,包凡一、王湲译,华夏出版社 1989 年 7 月第 1 版。

371.《法国民法典》,罗结珍译,中国法制出版社 1999 年 10 月第 1 版。

372.《拿破仑法典(法国民法典)》,李浩培、吴传颐、孙鸣岗译,商务印书馆 1979 年 10 月第 1 版。

373.《德国民法典》,郑冲、贾红梅译,法律出版社 1999 年 5 月第 1 版。

374.《日本民法典》,王书江译,中国人民公安大学出版社 1999 年 2 月第 1 版。

375.《日本民法典》,曹为、王书江译,王书江校,法律出版社 1986 年 8 月第 1 版。

376.《瑞士民法典》，殷根生、王燕译，中国政法大学出版社1999年8月第1版。

377.《瑞士民法典》，殷根生译，艾棠校，法律出版社1987年1月第1版。

378.《俄罗斯联邦民法典》，黄道秀、李永军、鄢一美译，中国大百科全书出版社1999年2月第1版。

379.《意大利民法典》，费安玲、丁玫译，中国政法大学出版社1997年6月第1版。

380. 林纪东、郑玉波、蔡墩铭、古登美（编纂）：《新编六法（参照法令判解）全书》，台湾五南图书出版公司1986年9月改订版。

后 记

这篇论文所涉及的问题，是我在北京大学攻读硕士和博士学位研究的内容。

在硕士学位论文的评定中，尽管文章获得了一些好评，甚至有的评阅老师当时就比之以博士学位论文，但是，在 1999 年的那个夏天——即硕士研究生毕业的时候，我并没有任何兴奋和激动。相反，一种失落和寂寥无奈始终缠绕着我。我是一位 20 世纪 80 年代末期的大学生，那个时代的学生生活和 90 年代的学生生活，以我自己的经历来看，差距是很大的。有人说，80 年代是理想主义的，而 90 年代则是现实主义的。也许问题在于我以 80 年代的心情生活在 90 年代的风雨中；而这，也许正是造成我那些无尽的烦恼和痛苦的原因所在。也正因如此，在我毕业之际，我并未像多数同学那样，在自己的学位论文之后加上一点“后记”。而现在，在博士期间继续研究这个课题，并将它作为博士学位论文且计划付梓成书之际，就的的确确是“后记”了。

在博士阶段的研究中，与此问题相关的一些阶段性成果，曾在《中外法学》(1999 年第 6 期)、《法学》(2001 年第 8 期)、《外国法译评》(1999 年第 1 期)、梁慧星先生主编《民商法论丛》(总第 16 卷）和我自己主编《私法》(第 1 辑第 2 卷）等出版物上发表过。其实，这个课题的继续研究，也与梁慧星老师刊录我的那篇长达七、八万余字论文有关。在我将文章寄给了梁老师以后，梁老师很快就回信，说明文章较长，也可以考虑出书。而在当时，我觉得论文所涉及的问题，尚有诸多地方需要进一步研究，所以也就没有考虑出版的事情。

不过，有趣的是，当时由于我刚转攻读博士，收发信件混乱，未及时收到梁老师的回信，便冒失地给先生打了个电话。我与梁老师素昧平生，但提及文章，先生便详加说明，并附说早已发出的信函内容，令我感佩不已。而细想先生，除主编《法学研究》、《民商法论丛》和《中国民商法专题研究丛书》之外，还要主持民商法领域诸多研究课题、参加学术研讨和讲学等，可谓事务繁忙，而对一位后学小生的文章，尚能关切如斯，实在令人感动。先生治学，作风严谨，提携后进，实在令人高山仰止！

本书的出版，应该感谢谢怀栻先生，谢老在病中仔细阅读了本文，并欣然作序；另外，在攻读硕士和博士期间，很多老师对我关怀有加。授业恩师罗玉中教授自不待言，民法经济法学部、知识产权学院的诸位老师对我也是呵护备至。这里，我尤其要提及的是朱启超教授，激励学业，关心生活，令我终身难忘。而那些硕士和博士期间的同学们，我希望本文能够成为我们友谊的见证。当然，也应该感谢当时的朋友、现在的妻子——杜颖博士，感谢她我在学业和生活上的激励与照顾。

图书在版编目（CIP）数据

私法精神与制度选择 /易继明著. 一北京: 中国政法大学出版社，2002.10

ISBN 7-5620-2276-3

Ⅰ.私... Ⅱ.易... Ⅲ.私法-研究 Ⅳ.D90

中国版本图书馆CIP数据核字(2002)第082917号

书　　名　私法精神与制度选择
　　　　　　——大陆法私法古典模式的历史含义

出 版 人　李传敢

出版发行　中国政法大学出版社(北京市海淀区西土城路25号)
　　　　　北京100088信箱8034分箱　邮政编码100088
　　　　　zf5620@263.net
　　　　　http://www.cuplpress.com (网络实名: 中国政法大学出版社)
　　　　　(010)58908325(发行部) 58908285(总编室) 58908334(邮购部)

承　　印　固安华明印刷厂

规　　格　880×1230　32开本　11.125印张　285千字

版　　本　2003年1月第1版　2009年6月第2次印刷

印　　数　4001-6000

书　　号　ISBN 7-5620-2276-3/D·2236

定　　价　24.00元

本社法律顾问　北京地平线律师事务所